Peter Zeillinger

Nachträgliches Denken

RELIGION – GESCHICHTE – GESELLSCHAFT
Fundamentaltheologische Studien

herausgegeben von

Johann Baptist Metz (Münster / Wien)
Johann Reikerstorfer (Wien)
Jürgen Werbick (Münster)

Band 29

LIT

Peter Zeillinger

NACHTRÄGLICHES DENKEN

Skizze eines philosophisch-theologischen Aufbruchs im Ausgang von Jacques Derrida

Mit einer genealogischen Bibliographie der Werke von Jacques Derrida

LIT

Gedruckt mit Förderung des Bundesministeriums für Bildung, Wissenschaft und Kultur in Wien, sowie der Universität Wien

Die Deutsche Bibliothek – CIP-Einheitsaufnahme

Zeillinger, Peter:
Nachträgliches Denken : Skizze eines philosophisch-theologischen Aufbruchs im Ausgang von Jacques Derrida ; Mit einer genealogischen Bibliographie der Werke von Jacques Derrida / Peter Zeillinger. – Münster : Lit, 2002
(Religion - Geschichte - Gesellschaft ; 29)
ISBN 3-8258-6144-9

Grevener Str. 179 48159 Münster Tel. 0251–23 50 91 Fax 0251–23 19 72
e-Mail: lit@lit-verlag.de http://www.lit-verlag.de

Den Überlebenden: den Toten.

„Il y a là cendre."
„Es gibt da Asche: Es gibt Grund."

INHALTSVERZEICHNIS

Vorwort (Bekenntnis)

Jedes Buch erzählt eine Geschichte. Narrativität ist dem Text als solchem eigen. Es ist seine unmittelbarste Eigenschaft. Schon die Anordnung der Wörter und Sätze erweist sich als weder beliebig noch einfach vorgegeben. Sie erzählt eine Geschichte. Zudem bleibt der Text das Werk eines Autors, das heißt er weist über sich als Text hinaus auf einen anderen, einen historischen Kontext; eine andere Geschichte. Das Buch ist stets historisch, *geschichtlich*. Narrativität und historische Verortung formen auf diese Weise gemeinsam, mit dem Text oder gerade durch ihn, eine Erzählung – gleich mehrfach.

Auch dieses Buch erzählt eine Geschichte. Wie bei jedem literarischen Werk ist daher vielleicht die Chronologie der Ereignisse, die es haben entstehen lassen, kaum ident mit der erzählten Chronologie. Die erzählte Geschichte bleibt in diesem Sinne Konstruktion. Ihr ist nicht von vornherein zu trauen. Am Ende jedenfalls hat der Text die vorliegende Gestalt angenommen – *ihre* Geschichte hätte erzählt werden sollen. Doch kein Buch vermag als solches bereits jene Geschichte zu erzählen, die zu erzählen wäre. Diese Geschichte lässt sich nicht schreiben – vielleicht aber lesen. Manches auf dem Weg angesammelte blieb ungeschrieben; weit mehr noch ungedacht. –

Dem Verfasser bleibt nur der Hinweis (er wird immer den Charakter eines Bekenntnisses haben): Am Beginn stand eine Erfahrung. Der Text ist von ihr geprägt, motiviert. Sie findet sich in der Einleitung wieder und wird dort zu umschreiben versucht. Gegen Ende zeichnete sich eine Überzeugung ab. (Die nachgezeichnete Geschichte ihrer Entwicklung umfasst den Hauptteil des Buches.) Die dazu vorgelegte „chronologische Lektüre" zentraler Texte des französischen Philosophen Jacques Derrida versteht sich dabei als Versuch, als vielleicht notwendiger Versuch, darzustellen ohne selber sprechen zu müssen. Auch wenn dies immer schon geschehen sein wird. Dazwischen, zwischen Erfahrung und darstellender Lektüre, liegt – kaum sichtbar, aber erlebt – ein Zwischenraum, eine Zeitspanne (ihrer Geschichte sucht die Erzählung sich anzunähern), und in ihr der Aufbruch zu der wachsenden Überzeugung, dass jene fehlenden Grundlegungen, die die einleitende Erfahrung ausgemacht hatten und die noch im Nachwort gesucht werden – Zeugen mehrfachen Scheiterns –, kaum ohne jenes einer bestimmten Unmöglichkeit verpflichtete Denken, für das Derrida wahrscheinlich nur ein Name unter mehreren gewesen sein wird, adressiert werden können. Der Entwicklung dieser fruchtbaren Spannung bleibt die folgende Darstellung verpflichtet. – Stand am Beginn eine konkret erfahrene Unmöglichkeit, eine Krise, so bezeugt das Ende die Möglichkeit einer Hoffnung. Dazwischen liegt der Versuch ihrer (rationalen) Bewährung. Dies ist und bleibt die Struktur der Fundamentaltheologie. Auch wenn vielleicht kaum noch jemand „nach der Hoffnung fragt, die uns erfüllt" (1Petr 3,15).

* * *

Auch dieses Buch ist nur möglich geworden, indem *andere* es ermöglicht haben. Mein besonderer Dank dafür gilt Univ.-Prof.DDr. Johann Reikerstorfer, sowie Univ.-Prof.DDr. Johann Baptist Metz, denen ich fast alle Intuitionen verdanke, die mich hier bis zuletzt geleitet haben. Ohne die Führung und die Ermutigungen durch meinen Lehrer und Doktorvater, Prof. Reikerstorfer, dessen Grundlegung eines nach außen verantwortbaren fundamentaltheologischen Sprechens diese Arbeit verpflichtet bleibt, hätte ich wohl nicht die Kraft, vielleicht auch nicht den Mut gehabt, die Lektüren bis zum Ende zu führen. Die Auseinandersetzung mit dem Denken Derridas, wie wir sie in einem gemeinsam abgehaltenen Seminar zu Derridas »Negativer Theologie«, sowie in zahlreichen anderen Lehrveranstaltungen und Gesprächen an den Rändern unterschiedlichster Themenbereiche geführt haben, bot dazu stets hilfreiche Orientierung.

Prof. Metz war es zunächst gewesen, der mit dem Hinweis auf Derridas Dionysios-Zitat »Mit den Gebeten beginnen ...« den Stein ins Rollen gebracht hatte. Ohne den Horizont der neuen Politischen Theologie, die ich während seiner Gastprofessur in Wien (1994-1997) als sein Sekretär und Assistent in direktem Kontakt kennen lernen und studieren konnte, wäre der theologische Bezug in den Texten Derridas für mich wahrscheinlich verborgen geblieben. Sein Interesse und seine Anmerkungen zum Fortgang der Arbeit sind eine äußerst ermutigende Erfahrung gewesen.

Nicht zuletzt möchte ich auch Univ.-Prof.Dr. Josef Weismayer meinen herzlichen Dank aussprechen, dass er sich der Lektüre dieser Arbeit angenommen und sich bereit erklärt hat, ein Gutachten zu verfassen.

Mein Dank gilt aber auch Univ.-Prof.Dr. Hugh Silverman (Department of Philosophy, Stony Brook University, New York), dessen Lehrveranstaltungen zu Derrida am Wiener Institut für Philosophie, in Verbindung mit nicht wenigen durchwachten Nächten viele Hintergründe und Zusammenhänge erstmals deutlicher werden ließen. Durch seine Einladungen zu Vorträgen auf Internationalen Konferenzen in New York und Atlanta, sowie die Aufnahme in den Kreis des „International Philosophical Seminar", das zuletzt im Sommer 2001 zu Derridas *Politiques de l'amitié* stattfand, konnten zudem viele Ansätze bereits vorab vorgestellt und diskutiert werden.

Schließlich ist auch all jenen KollegInnen und StudentInnen zu danken, die die stundenlangen Diskussionen, Lektüren und Gespräche zu den hier erörterten oder schließlich auch wieder fallen gelassenen Texten und Themen, in und außerhalb von Lehrveranstaltungen und Lektürekreisen, auf sich genommen und ihre Perspektiven eingebracht haben. Ihren Anregungen verdanke ich wohl mehr als mir bewusst ist. *Es gibt da Asche* … – Besonders bin ich dabei Dr. Benjamin Taubald sowohl für seine Ermutigungen, als auch seine korrektivischen Anmerkungen zu Dank verpflichtet.

Es wäre schlicht falsch, würde man behaupten, der Verfasser hätte gewusst, wohin sein Weg führen würde, als er die nun vorliegende Arbeit begonnen hatte. Offensichtlich ist es ihm aber nicht alleine so ergangen:

Nach dem für die Wahrnehmung und Rezeption von Derridas Denken so entscheidenden Vortrag im Oktober 1966 in Baltimore, fand ein bemerkenswertes kurzes Gespräch mit Jean Hyppolite, dem damaligen Betreuer von Jacques Derridas *thèse d'Etat* statt, das Derrida 14 Jahre später bei der Verteidigung seiner erst im dritten Anlauf vorgelegten *thèse* noch einmal in Erinnerung rief:

> „»*[J. Hyppolite:]* … Allerdings sehe ich wirklich nicht, wohin Sie gehen.« Ich glaube, dass ich ihm etwa wie folgt geantwortet habe: »Wenn ich klar und im voraus sehen würde, wohin ich ginge, dann würde ich, da bin ich ganz sicher, keinen Schritt mehr tun, um mich dorthin zu begeben.«"*

Es gibt keine Wiederholungen, könnte Derrida sagen. Das Ereignis ist stets einzig. Andererseits gibt es nur Wiederholungen – das Ereignis wäre sonst nicht mitteilbar. Diese Wiederholung nennen alle *Schrift* …

* J. DERRIDA, Punktierungen – die Zeit der These (1980), in: H.-D. GONDEK / B. WALDENFELS (Hg.), *Einsätze des Denkens. Zur Philosophie von Jacques Derrida* (Frankfurt/M.: Suhrkamp, 1997), 19-39, hier: 22.

Hieraus ist also klar, dass man in der Geschichte der Menschheit nicht gleich mit Offenbarung anfangen kann, wie die, welche alle menschliche Kenntnis und Bildung von Offenbarung herleiten. Erst muss die Verborgenheit erklärt werden.

Schelling, Philosophie der Offenbarung (SW XIII, 188)

Einleitung

Dieses Buch versucht das Denken des aus Algerien stammenden französischen Philosophen Jacques Derrida für die Theologie nicht nur wahr-, sondern auch ernstzunehmen. Dabei waren und sind Barrieren zu überwinden, Grenzen zu überschreiten oder doch zumindest Abgrenzungen zu hinterfragen. Vor allem die eigenen. Dennoch scheint die Fruchtbarkeit dieser „Randgänge" dem gegenwärtigen philosophischen und verstärkt auch theologischen Denken leichter zugänglich zu sein als dies noch vor einem Jahrzehnt – zumindest im deutschsprachigen Raum – der Fall zu sein schien. Was ist geschehen? An diese Rückfrage schließen sich sowohl Motivation als auch These dieser Arbeit an: Hat sich etwas ereignet?

> „»Was ist los, was passiert eigentlich?« So fragen heute situationsempfindliche Literaten wie etwa der Ire Samuel Beckett in seinem Drama *Endspiel*. Was ist los, was passiert eigentlich? So haben früher einmal die Apokalyptiker gefragt und die »Zeichen der Zeit« erforscht – im Angesichte großer Gefahr. »Schreib', was ist ...«, lautet der Befehl in der sog. Johannes-Apokalypse (1,19), dem letzten Buch des Neues Testaments. Christliche Theologie hätte die »Zeichen der Zeit« zu erforschen, hätte sich ihnen zu stellen und sie – gelegen oder ungelegen – aufzunehmen in ihre Gottesrede. Christliche Theologie als Gottesrede mit Situationsvermerk, mit Zeitindex."[1]

Mit einem Zitat aus Samuel Becketts *Endspiel* hatte der Münsteraner Fundamentaltheologe Johann Baptist Metz die 1996 in Wien gehaltene Vorlesung „Einführung ins Christentum" begonnen und der ratlosen Frage einen (gleichlautenden) biblischen Imperativ gegenübergestellt. Eine kühne Verschiebung. Dem darin erkennba-

1 Tonbandabschrift einer Vorlesung von Univ.-Prof.DDr. Johann Baptist Metz vom 15. April 1996 an der Katholisch-Theologischen Fakultät der Universität Wien. Diese Vorlesungsreihe zur „Einführung ins Christentum" kam auf Einladung von Univ.-Prof.DDr. Johann Reikerstorfer zustande und wurde gemeinsam gestaltet. Der Vorlesungsbetrieb konnte in diesem Semester nur verspätet beginnen, da an den österreichischen Universitäten ein zunächst unbefristeter Streik gegen erste staatlich verordnete Einsparungen begonnen hatte. Auch dies ein Zeitindex.

ren Auftrag zum Wahrnehmen der Zeichen der Zeit soll allerdings auch die nachfolgende Darstellung des Aufbruchs, der mit dem Denken Derridas verbunden ist, verpflichtet bleiben. Diese Lektüre ist kein Selbstzweck. Daher kann ihr Ausgangspunkt – *erstens* – nicht schon in dem keineswegs Theologie intendierenden Werk Derridas selbst liegen. Im Gegenteil. Die Interpretation wird sich gegen eine theologische Vereinnahmung des jüdischen Philosophen verwehren und den Ansatzpunkt für ein theologisches Interesse an diesem Denken eigens ausweisen müssen. Da es aus theologischer Sicht offensichtlich ist, dass Derrida nicht als Theologe schreibt, ist es jedoch umso auffallender, Versuche der Verdrängung Derridas in die Sphäre religiösen Denkens seitens der Philosophie festzustellen. Jürgen Habermas' erstaunliche Reduktion des Denkens Derridas auf eine Spielart „jüdischer Mystik" verwechselt dabei ganz offensichtlich die Struktur eines Denkens mit dem religiösen Gehalt der Rede von Gott („Die Arbeit der Dekonstruktion dient dann der uneingestandenen Erneuerung eines Diskurses mit Gott"[2]). Dass in diesem Vergleich indirekt auch die Religion der politischen und philosophischen Irrelevanz geziehen wird, sollte beachtet werden. Gerade dort, wo der Vorwurf der „leerformelhafte[n] Beschwörung einer unbestimmten Autorität"[3] im selben Atemzug mit einer Nähe zur „jüdischen Mystik" genannt wird, sollte nicht zu früh eine Gesprächsbasis zwischen Theologie und Philosophie vermutet werden. (Vielleicht wäre diesbezüglich auch die breite *christliche* Rezeption von Emmanuel Levinas, mit dem Derrida in einem dreißigjährigen gegenseitigen, schließlich beide Werke prägenden Austausch gestanden ist[4], zu untersuchen. Wo liegen die Grenzen der Rezeption auf beiden Seiten; und vor allem: sind sie religiöser Art?)

Auch in der Theologie ist jedenfalls die Gefahr einer bloß modischen Annäherung an zeitgenössische gesellschaftliche oder intellektuelle Strömungen stets gegeben. Ihr wird nur durch eine ernsthafte und zugleich kritische Reflexion begegnet werden können. Dies bleibt gegenüber allzu großem Aktualisierungswüten im Auge zu behalten. Aus theologischer Sicht können daher – *zweitens* – auch nicht (positiv oder negativ beurteilte) „Zeichen der Zeit" als solche schon der gesuchte Grund, vielleicht nicht einmal der angemessene Anlass für den Einsatz der Gottesrede sein. Auch hier wäre der Verdacht berechtigt, dass die Rede von Gott den gesellschaftli-

2 J. HABERMAS, Überbietung der temporalisierten Ursprungsphilosophie. Derridas Kritik am Phonozentrismus (1985), in: *Der philosophische Diskurs der Moderne* (Frankfurt/M.: Suhrkamp, ^{6}1998), 191-218, hier: 218 Anm. 46.

3 Ebd. 214

4 Zur gegenseitigen Beziehung der Werke von Emmanuel Levinas und Jacques Derrida vgl. immer noch W. STEGMAIER, Die Zeit und die Schrift. Berührungen zwischen Levinas und Derrida, in: *Allgemeine Zeitschrift für Philosophie* 21 (1996) H.1, 3-24; wiederabgedruckt in: Th. FREYER / R. SCHENK (Hg.), *Emmanuel Levinas - Fragen an die Moderne* (Wien: Passagen, 1996), 51-72. Siehe auch: J. DERRIDA, *Adieu. Nachruf auf Emmanuel Levinas* (München-Wien: Hanser, 1999).

chen Plausibilitäten nur hinterherhinkt. Allerdings, und dies ist – *drittens* – der entscheidende Ausgangspunkt, allerdings inkarniert sich Theo-logie, das heißt lebendige Rede von Gott stets nur *in* und *mit Hilfe* der Wahrnehmung der konkreten Situation in die sie erfolgt. Andernfalls bleibt sie – zwangsläufig – abstrakt. Aus diesen Gründen wird eine zeitkritische Beobachtung der „geistigen Situation der Zeit" zunächst der genauen Lektüre der Texte Derridas und ihrer möglichen weiterführenden Konsequenzen *vorangehen* müssen. – Die Stellung und Verfolgung des oben erwähnten Zitats aus Samuel Becketts *Endspiel* am Beginn von Metz' Vorlesung zur „Einführung ins Christentum" eröffnet dabei in einem ersten knappen und nicht mehr als einleitenden Anlauf den Horizont für die weiteren Ausführungen.

Anfang der 90er-Jahre hatte Metz mehrfach Becketts *Endspiel* bemüht, um seine Diagnosen zur Zeit[5] vor allem im Sinne eines Zerfalls der Sprache zu charakterisieren. Nicht der Sprache Becketts selbstverständlich – dies wäre ein allzu bequemes Missverständnis, sondern, so könnte man dieses weit grundsätzlichere Ereignis zu umschreiben versuchen, als lautloses Erlöschen jener menschlichen Sprache, die, noch ihrer selbst gewiss, zu wissen schien, wen sie benennt und an wen sie sich richtet. Diese Diagnose eines Zerbrechens der Sprache war nicht neu, sie war nur, so sollte sich zeigen, bereits universal geworden. „Ein Schauer ohnegleichen hat Europa bis ins Mark durchbebt", hatte etwa Paul Valéry bereits 1919 in *Die Krise des Geistes* formuliert, „Es hat in allen seinen Nervenzentren empfunden, dass es sich nicht mehr erkennt, dass es aufgehört hat, sich selbst zu gleichen, dass es das Bewusstsein seiner selbst verliert."[6] Etwas war geschehen. Vielleicht war es sogar mehr und tieferes als an der äußeren Größe eines Ereignisses sichtbar werden konnte. Denn die Universalität einer Katastrophe liegt nicht einfach in ihrem Ausmaß allein. Dieses war und ist gerade für die Betroffenen *stets* unendlich, unhintergehbar und also universell. Es gibt aber auch die Erfahrung einer anderen, nicht mehr perspektivisch vermittelten *Universalität* einer Katastrophe. Sie liegt auch und besonders für die nachfolgenden Generationen darin, die Grundlagen ihrer Überwindung nicht mehr benennen zu können. Eine solche *Grundlagenkrise* affiziert dann auch die Sprache jener Vernunft, der dieses Nennen bisher aufgegeben war. Aus diesem Grund ist für Metz das von Beckett aufgezeichnete und wiedergegebene, immer subjektloser werdende Sprechen Ausdruck für eine tiefer liegende allgemeinere, ja universelle Krise, an die im folgenden auch unsere Überlegungen und, wie zu zeigen sein wird, auch Derridas Lektüren und Beobachtungen anschließen werden. Der Mensch, *wenn es ihn denn noch gibt,*

5 Vgl. den gleichnamigen Sammelband des Symposiums anlässlich der Emeritierung von Metz in Münster *Diagnosen zur Zeit* (Düsseldorf: Patmos, 1994).

6 P. VALÉRY, Die Krise des Geistes (1919/22), in: *Werke. Frankfurter Ausgabe* 7 (Frankfurt/M.-Leipzig: Insel, 1995), 26-54, hier: 27.

kennt – so die Diagnose – seinen eigenen Weg nicht mehr, er hat kein Ziel vor Augen, er weiß um keinen bestimmenden Anfang mehr, noch weniger um ein versammelndes Ende. Er läuft „ohne Finale ins Nichts". Metz zitiert mehrfach dieses Wort aus dem Nachlass Nietzsches.[7] Es ist für ihn jedoch – und dies ist die eigentlich zu beachtende Wendung – offensichtlich keine abschließende Beschreibung. Genau besehen leitet sie sogar stets einen als notwendig erachteten Perspektivenwechsel ein, den Übergang von der Zeit*diagnose* zur Erinnerung einer (theologischen) Fragestellung, die im Rückgriff auf eine andere Zeitbotschaft, auf die biblische Botschaft von einem *Ende der Zeit*[8] eine Anfrage formuliert. Es ist die Frage nach dem Horizont, nach dem Maßstab innerhalb dessen sich alles ereignet. Es ist eine Rückfrage an das Selbstverständnis des Menschen und insofern eine Reaktion und ein korrektivischer Antwortversuch auf die beschriebenen „Zeichen der Zeit". Diagnose und Rückfrage bleiben dabei aufeinander verwiesen. Die eine geht der anderen voraus und wird doch durch diese erst erhellt.

Die Rückfrage gibt sich mit der Diagnose nicht zufrieden. So steht etwa das Nietzsche-Wort „Ohne Finale ins Nichts" in der Diagnose von Metz in direktem Zusammenhang mit jenem bekannten Abschnitt aus der *Fröhlichen Wissenschaft*, in dem der „tolle Mensch" die Botschaft vom Tod Gottes verkündet. Diese wirkmächtige Verkündigung Nietzsches, von Metz mehrfach zitiert, bleibt jedoch nicht unkommentiert. Fast unscheinbar wird sie stets von einer nachdrücklich kritischen Frage begleitet: „Was aber *ist*, wenn Gott tot ist?"[9] Diese Frage ist in ihrer korrektivischen Subversivität vielleicht noch kaum bedacht – allenfalls vorbereitet. Dieser Verlust eines tragenden Grundes ist vielleicht doch nicht jene Apotheose der Grundlosigkeit als die sie zunächst erscheint. Auch hier wird – von ihrem Ende her – die Lektüre Derridas die philosophische und indirekt auch die (fundamental-)theologische Perspektive verändert haben. So wäre es etwa Illusion, wollte man meinen, der Mensch könnte sich mit der Abwesenheit Gottes beruhigen oder sich von seinem Tod her definieren. Nietzsche ahnte dies selbst bereits. Nachdem der tolle Mensch seine Botschaft verkündet hatte, tauchen gewichtige Fragen auf. Der Zweifel angesichts der letzten Durchführbarkeit des Gedankens wird allerdings schnell durch das Wissen um seine Ungeheuerlichkeit verdeckt.

> „Der tolle Mensch sprang mitten unter sie und durchbohrte sie mit seinen Blicken. »Wohin ist Gott? rief er, ich will es euch sagen! Wir haben ihn getödtet, – ihr und ich!

7 Siehe etwa: J.B. METZ, Gotteskrise. Versuch zur »geistigen Situation der Zeit«, in: *Diagnosen zur Zeit* (Düsseldorf: Patmos, 1994), 76-92, hier: 89. – Das zitierte Wort findet sich in: F. NIETZSCHE, *KSA* 12, 211.

8 Vgl. J.B. METZ, Gott. Wider den Mythos von der Ewigkeit der Zeit, in: T.R. PETERS / C. URBAN (Hg.), *Ende der Zeit? Die Provokation der Rede von Gott* (Mainz: Grünewald, 1999), 32-49.

9 Metz, Diagnosen zur Zeit, 89; Zeit ohne Finale, u.ö.

Wir Alle sind seine Mörder! *Aber wie haben wir diess gemacht? Wie vermochten wir das Meer auszutrinken? Wer gab uns den Schwamm, um den ganzen Horizont wegzuwischen?* Was thaten wir, als wir diese Erde von ihrer Sonne losketteten? Wohin bewegt sie sich nun? Wohin bewegen wir uns? Fort von allen Sonnen? Stürzen wir nicht fortwährend? Und rückwärts, seitwärts, vorwärts, nach allen Seiten? Giebt es noch ein Oben und ein Unten? Irren wir nicht wie durch ein unendliches Nichts? Haucht uns nicht der leere Raum an? Ist es nicht kälter geworden? Kommt nicht immerfort die Nacht und mehr Nacht? [...]«"[10] (Hervorhebung PZ)

Auch Becketts *Endspiel* kennt am Ende ein solches erwartetes Kommen der Nacht, das jedoch ebenfalls die Fragen keineswegs beschließt: „HAMM: Du flehtest nach der Nacht; sie naht: sie ist schon da. *Pause.* Schöne Stelle. *Pause.* Und nun?"[11] Etwas bleibt. Zumindest als Frage. Der tolle Mensch Nietzsches scheint sich am Ende seiner Sache keineswegs sicher: „»Ist nicht die Grösse dieser That zu gross für uns? Müssen wir nicht selber zu Göttern werden, um nur ihrer würdig zu erscheinen?«"[12] Der Widerspruch, mit dem Tod Gottes doch nur einen neuen Gott gesetzt zu haben, bleibt ungelöst. Von ferne hört Metz hier daher auch schon das Echo Michel Foucaults aus dem Schluss der *Archäologie des Wissens*: „»Es kann durchaus sein, dass ihr Gott unter dem Gewicht all dessen, was Ihr gesagt habt, getötet habt. Denkt aber nicht, dass Ihr aus all dem, was Ihr sagt, einen Menschen macht, der länger lebt als er.«"[13] Ist dies die Konsequenz – das Ende des Menschen? Von niemandem aktiv gewollt, erscheint es doch als logische Konsequenz. Wenn nicht bereits als Faktum.

„Gott, wird man sagen, kommt in den modernen Wissenschaften nicht mehr vor. Gut. Aber kommen denn wir, kommt denn der Mensch noch vor in unseren modernen Wissenschaften? Oder ist nicht die Rede von »dem Menschen« inzwischen zum ersten und eigentlich Anthropomorphismus unserer Wissenschaftswelt geworden – und zwar auch in der zunehmend subjektloser, technomorpher werdenden Systemsprache der Geisteswissenschaften?"[14]

Hält man Nietzsches Wort vom Tod Gottes auch nicht für das letzte Wort, so ist seine Aussage doch klar und deutlich: Die Rede von einem letzten Grund ist unglaubwürdig geworden; – und: Dies hat Konsequenzen.

10 Fröhliche Wissenschaft 125.

11 „HAMM: Tu réclamais le soir; il descend: le voici. *Un temps.* Joli ça. *Un temps.* Et puis?" Samuel BECKETT, *Endspiel, Fin de partie, Endgame* (Frankfurt/M.: Suhrkamp, 1974 [fr. Orig. 1957]), 116f.

12 Fröhliche Wissenschaft 125.

13 Foucault Archäologie 301, zit. in: Metz, Diagnosen 82. – Zur Gestalt dieses Schlusses ist zu bemerken, dass diese letzten Worte nicht vom „Autor" Foucault direkt verkündet werden, sondern selbst als Zitat erscheinen.

14 J.B. METZ, Dankesrede anlässlich der Verleihung des Ehrendoktorates der Katholisch-Theologischen Fakultät der Universität Wien am 15. Dezember 1994 (Wiener Universitätsreden 4; Wien: WUV, 1995). Vgl. DERS., Die letzten Universalisten, in: *Die Theologie auf dem Weg in das dritte Jahrtausend. FS J. Moltmann zum 70. Geburtstag* (Gütersloh: Kaiser, 1996), 25-29; DERS., Ein Wort zur Theologie, in: *Orientierung* 59 (1995) H.1, 8-9.

> „Das grösste neuere Ereigniss, - dass »Gott todt ist«, dass der Glaube an den christlichen Gott unglaubwürdig geworden ist - beginnt bereits seine ersten Schatten über Europa zu werfen. Für die Wenigen wenigstens, deren Augen, deren Argwohn in den Augen stark und fein genug für dies Schauspiel ist, scheint eben irgend eine Sonne untergegangen, irgend ein altes tiefes Vertrauen in Zweifel umgedreht: ihnen muss unsre alte Welt täglich abendlicher, misstrauischer, fremder, »älter« scheinen. In der Hauptsache aber darf man sagen: das Ereigniss selbst ist viel zu gross, zu fern, zu abseits vom Fassungsvermögen Vieler, als dass auch nur seine Kunde schon angelangt heissen dürfte; geschweige denn, dass Viele bereits wüssten, was eigentlich sich damit begeben hat - und was Alles, nachdem dieser Glaube untergraben ist, nunmehr einfallen muss, weil es auf ihm gebaut, an ihn gelehnt, in ihn hineingewachsen war: zum Beispiel unsre ganze europäische Moral."[15]

Frägt man mit einer gewissen Ausdauer und Unbeirrbarkeit heute nach den letzten Fundamenten gesellschaftlichen Denkens und Handelns, wächst schnell der Verdacht, dass sich Nietzsches Verkündigung längst schon bewahrheitet hat. Sieht man jedoch genauer hin, so die hier aufgestellte These, so ist es stets ein Zerbrechen der Sprache, das am Ende die Krise universell werden lässt. Es ist der Zerfall des benennbaren, gegründeten Sprechens. Diesem Zerfall hatte Beckett Ausdruck verliehen. Auf Hamms ängstliche Frage im *Endspiel:* „Was ist los, was geschieht?", weiß sein Partner Clov keine andere Antwort mehr als: „Irgendetwas geht seinen Gang".[16]

Krisendiagnosen

Die ernüchterte, wenig pathetische Feststellung Clovs kann heute allerdings auch bedeutend freundlicher, ja durchaus fröhlich klingen. Vor bereits zehn Jahren beschrieb etwa der Soziologe G. Schulze in einer vielbeachteten Studie das Lebensgefühl in Deutschland unter dem Stichwort der *Erlebnisgesellschaft.* Offensichtlich, so zeigte sich dabei, gibt es auch ein Leben nach den verstörenden Rückfragen: „Bei allem Krisenbewusstsein gilt das Leben doch als garantiert. Jetzt kommt es darauf an, es so zu verbringen, dass man das Gefühl hat, es lohne sich. Nicht das Leben an sich, sondern der Spaß daran ist das Kernproblem, das nun das Alltagshandeln strukturiert. Unsicherheit ist ein Teil dieses Problems: Was will ich eigentlich?"[17] Das Erstaunliche an der Untersuchung von Schulze war jedoch nicht so sehr die Beschreibung selbst als vielmehr der bereits in den methodischen Prämissen der Analy-

15 Nietzsche, Fröhliche Wissenschaft, 343.

16 „HAMM *avec angoisse*: Mais qu'est-ce qui se passe, qu'est-ce qui se passe? CLOV: Quelque chose suit son cours. / HAMM *anguished*: What's happening, what's happening? CLOV: Something is taking its course." Samuel BECKETT, *Endspiel, Fin de partie, Endgame,* aaO. 24f.

17 G. SCHULZE, *Die Erlebnisgesellschaft. Kultursoziologie der Gegenwart* (Frankfurt/M.-New York: Campus, 1992), hier: 60.

se erkennbare wortlose Verzicht des Verfassers auf eine größere Perspektive: „Man könnte denken, hier werde eine Wesensbestimmung der Gegenwartsgesellschaft versucht. Das gesamte Buch ist jedoch von der Auffassung geprägt, dass man sich über das Wesen der Dinge, sollten sie denn eines haben, nicht informieren kann. Über Eigenschaften von Gesellschaften kann man nur vergleichend reden."[18] Was hier eigentlich seinen Gang geht, bleibt unbefragt. Allein ein mehr oder minder undeutliches Krisenbewusstsein wird am Beginn noch konstatiert und hält den Blick nach außen – auch in der soziologischen Analyse – aufrecht. Grundlagen werden nicht mehr gesucht.

Was aber geht nun seinen Gang? Was hat es mit der These von einer Grundlagenkrise auf sich? In fast allen Zeitdiagnosen, in besonderer Weise seit der Französischen Revolution, wird die Rede von einer Krise[19] (der Religion, der Gesellschaft, der Gegenwart überhaupt) als „Ausdruck einer neuen Zeiterfahrung"[20], die Krise selbst als „Faktor und Indikator eines epochalen Umbruchs"[21] beschworen oder gefürchtet. Für eine geschichtliche Betrachtung der Semantik des Begriffs wird diese sogar zur „strukturellen Signatur der Neuzeit"[22]. Daher ist es wenig verwunderlich, dass auch die zeitgenössische Theologie mit diesem Begriff durch die oft beschworene Rede von einer Tradierungskrise oder gar einer Kirchenkrise vertraut ist. Als solche ist sie jedoch kein primäres Phänomen, der gesellschaftliche Horizont dieser Rede ist durchaus weiter.

So etwa hatte Reinhart Koselleck in seinem frühen, 1959 erschienenen und seitdem viel zitierten Werk *Kritik und Krise*[23] den Ursprung des aufkommenden und bis in die Gegenwart reichenden, vor allem auf die politisch-gesellschaftliche Situation bezogenen Verständnisses des Begriffs „Krise" untersucht. Er ortet dabei die Wurzeln dessen, was er als „politische Krise" bezeichnet, im 18. Jahrhundert, in der Überwindung des absolutistischen Staates durch die bürgerliche Kritik der Vernunft und der Moral. Die Krise wird als Ort einer Entscheidung vor dem Hintergrund eines übergeordneten Anspruchs gesehen: „Das absolutistische Staatensystem ist dem indirekten Ansturm einer Gesellschaft erlegen, die sich gerade auf die weltweite Moral berief, die der Staat aussparen musste, und mit der sie – scheinbar ohne das absolutisti-

18 Ebd. 15.

19 Zur Darstellung der Semantik und Geschichte des Krisenbegriffs siehe: R. KOSELLECK, Art. Krise, in: *Geschichtliche Grundbegriffe* 3 (hg.v. O. BRUNNER u.a.; Stuttgart, 1982), 617-650; DERS. / N. TSOUYPOULOS / U. SCHÖNPFLUG, Art. Krise, in: *HWPh* 4 (1974), 1235-1245; G. SCHNURR, Art. Krise, in: *TRE* 20 (1990), 61-65.

20 R. KOSELLECK, Art. Krise, 617.

21 R. KOSELLECK, Art. Krise, 617.

22 R. KOSELLECK, Art. Krise, 627; vgl. 629.

23 R. KOSELLECK, *Kritik und Krise. Eine Studie zur Pathogenese der bürgerlichen Welt* (Frankfurt/M.: Suhrkamp, 71992 [11959]).

sche System politisch zu tangieren – eben dieses System zwangsläufig von innen her sprengte."[24] Die Konsequenz, die Koselleck mit diesem Prozess jedoch heraufkommen sieht, ist der einer *unabschließbaren Krise*, ein Zustand der bleibend ausständigen (moralischen) Entscheidung: der Bürgerkrieg. „Der Bürgerkrieg ist für den Staat eine Krise, die Krise aber ist für den »Bürger« ein Gericht. Die innere Garantie, dass in dem drohenden Zustand der Unsicherheit die politische Krise ein günstiges Ende finden wird, liegt in der politischen Unschuld einer Geschichtsphilosophie, die diese Krise nicht als Bürgerkrieg, sondern den Bürgerkrieg als ein moralisches Gericht heraufbeschwört."[25] Es ist letztlich der zugrunde liegende Maßstab, der über die Möglichkeit oder Unmöglichkeit einer Überwindung der Krise entscheidet. Die Gefahr des utopischen Selbstbetrugs bleibt bei einer fehlenden Bewährung dieses übergeordneten Anspruchs jedoch stets gegeben.[26] Sie resultiert in einem bereits von Carl Schmitt vorausgesetzten (nun in einer utopischen Moral legitimierten) Freund-Feind-Verhältnis als Grundlage des Politischen überhaupt. „Die Moralisierung der Politik war um so mehr eine Entfesselung des Bürgerkriegs, als in dem Umsturz, in der »Revolution«, gerade kein Bürgerkrieg erblickt wurde, sondern eben die Erfüllung moralischer Postulate."[27]

Selbst wenn in *Kritik und Krise* keine Alternativen zu jenem Bürgerkrieg, „unter dessen Gesetz wir heute noch leben"[28], deutlich werden und die Gefahr, dass sich hier letztlich doch wieder nur ein starker Staat behaupten könnte, in etlichen Formulierungen Kosellecks greifbar scheint, ist der Ort und vielleicht auch die Art und Weise im Auge zu behalten, als der sich der Begriff der Krise hier historisch und gesellschaftlich zu etablieren beginnt: als Ort einer Entscheidung in einer Zeit nicht mehr selbstverständlich fortzuführender Kontinuität und in einer Weise, in der die Zukunft bereits in gewisser Weise vorweg bestimmt wird – ohne dass diese Entscheidung selbst wiederum beurteilt werden könnte. Die Rede von einer Krise ist so immer auch der gewagte Entwurf einer erst zu bewährenden Zukunft. Dieser tem-

24 Ebd. 154f.

25 Ebd. 151. – Vgl. auch: „Dass die ausstehende Entscheidung tatsächlich im Sinne eines moralischen Urteils ausfällt, dass die »machthabende praktische Vernunft«, wie Kant sagte [Kant, Ges. Schriften VIII, 264], die »authentische« Interpretation der Geschichte zu liefern vermag, der Geschichte also als eines moralisch gesetzlichen Prozesses, ist die geschichtsphilosophische Rückversicherung, mit der die Bürger das Ende der Krise vorwegnehmen." (ebd. 133)

26 „Die Ungewissheit der Krise ist identisch mit der Gewissheit der utopischen Geschichtsplanung. [...] Die Gewissheit des Sieges lag gerade in dem außer- und überpolitischen Bewusstsein, das sich – zunächst eine situationsbedingte Antwort auf den Absolutismus – zur utopischen Selbstgarantie gesteigert hatte. Der Bürger, der zu einer unpolitischen Rolle verurteilt war, findet seine Zuflucht in der Utopie. Sie lieferte ihm seine Sicherheit und seine Macht. Sie war die indirekte politische Macht katexochen, in deren Namen der absolutistische Staat gestürzt wurde." (ebd. 154f.)

27 Ebd. 156.

28 Ebd. 156.

porale Aspekt der Rede von der Krise scheint mir entscheidend auch für das Verständnis und die Beurteilung der Krisendiagnosen der Gegenwart.

Das Krisenthema fand auch im kirchlichen Raum durchaus Aufmerksamkeit. So fand im August 1985 unter der Leitung des Wiener Institutes für die Wissenschaften vom Menschen ein hochkarätiges Kolloquium zum Thema im Rahmen der „Castelgandolfo-Gespräche" in der Sommerresidenz und unter Beisein von Papst Johannes Paul II. statt.[29] Vor allem Carl-Friedrich von Weizsäcker, Paul Ricœur und erneut Reinhart Koselleck versuchten dort eine Charakteristik bzw. eine Semantik des Begriffs „Krise" herauszuarbeiten.[30] Die grundlegende Schwierigkeit für einen allgemeinen Krisenbegriff, die sich dabei bereits sehr klar abzeichnete, liegt jedoch in dem sprachlichen Horizont, innerhalb dessen die *Rede* von einer Krise möglich werden soll. Für diese Rede muss nämlich eine Perspektive vorausgesetzt werden, aus der ein bestimmter Zustand oder Abschnitt innerhalb eines umfassenderen Prozesses als Krise überhaupt erst sichtbar werden könnte. Problematisch ist die Bestimmung einer solchen Perspektive jedoch genau dann, wenn die Krise die Grundlagen selbst betreffen und damit für den beschriebenen Prozess „global" geworden sein soll. Paul Ricœur brachte dies auf den Punkt, als er fragte: „Wie kann man also wissen, ob die gegenwärtige Krise (wie immer man sie charakterisiert) zum ersten Male in der Geschichte eine nicht-vorübergehende Krise gewesen sein wird? Wir stecken ja *per definitionem* noch in ihr und wissen nicht, wie künftige Historiker über uns urteilen würden."[31] Diese grundsätzliche Frage blieb auch nach der Analyse mehrerer „regionaler" Krisenverständnisse[32] unbeantwortet – „man kann hier nur wetten und hoffen"[33]. Selbst im Horizont der Naturwissenschaften, für die das Modell Thomas S. Kuhns eine plausible Beschreibung ihres geschichtlichen Fortschritts anhand krisenhafter „Paradigmenwechsel" zu geben schien,[34] muss nach Carl-Friedrich von

29 Die einzelnen Vorträge sind erschienen in: K. MICHALSKI (Hg.), *Über die Krise. Castelgandolfo-Gespräche 1985* (Stuttgart: Klett-Cotta, 1986). Der Beitrag von Robert SPAEMANN erschien unter dem Titel „Ende der Modernität?" in: P. KOSLOWSKI / R. SPAEMANN / R. LÖW (Hg.), *Moderne oder Postmoderne? Zur Signatur des gegenwärtigen Zeitalters* (Weinheim: Acta Humaniora, VCH, 1986) 19-40.

30 C.-F.v. WEIZSÄCKER, Über die Krise, *ebd.* 11-29; P. RICOEUR, Ist »die Krise« ein spezifisch modernes Phänomen?, *ebd.* 38-63; R. KOSELLECK, Einige Fragen an die Begriffsgeschichte von »Krise«, *ebd.* 64-77.

31 Ricœur, Ist »die Krise« ein spezifisch modernes Phänomen?, 39.

32 Ricœur nennt fünf Krisenmodelle: die *medizinische Krise*, die Krise im Verlauf einer *psycho-physischen Entwicklung*, sowie Krisen im *geschichtsphilosophischen, epistemologischen* und schließlich *wirtschaftlichen Sinn.* Letztere dient nach Ricœur heute als Modell für alle übrigen Krisen (ebd. 44f).

33 Ebd. 62.

34 Th.S. KUHN, *Die Struktur wissenschaftlicher Revolutionen* (Frankfurt/Main: Suhrkamp, [12]1993 [amer. [1]1962]).

Weizsäcker eine Frage prinzipiell ausgespart bzw. unbeantwortet bleiben: die Frage nach der Krise des Paradigmas „Wissenschaft" selbst.[35]

Von einem „regionalen" Krisenverständnis lässt sich also bereits jetzt jene Situation unterscheiden, in der Grundlagen hinterfragt werden, die sich nicht mehr mit Bezug auf einen übergeordneten Maßstab versichern lassen. In diesem letzteren Sinn wird hier von einer *Grundlagenkrise* gesprochen. Sie ist schwer zu konstatieren, geht doch schon jeder Streit, ob eine solche Situation eingetreten ist, insofern ins Leere, als das Kriterium für seine Entscheidung per definitionem nicht mehr allgemein geteilt wird. Ist sie jedoch nicht genau dann eingetreten, wenn das Vertrauen in die tradierten Grundlagen zu schwinden beginnt oder nicht mehr bewährt werden kann? Die am meisten beunruhigende Folge einer solchen Grundlagenkrise ist vielleicht gar nicht so sehr der Umstand fehlender Grundlagen, sie werden nur allzu schnell durch pragmatische Regeln „ersetzt", als vielmehr der zwangsläufige Rückzug der Diskurspartner auf die kaum mehr zu vermittelnden fundamentalistischen Standpunkte einer Utopie oder Ideologie, oder aber in die Hoffnungslosigkeit eines „grundsätzlichen" bzw. pragmatischen Relativismus.

Gotteskrise – Grundlagenkrise

In einer vielbeachteten, nicht immer unumstrittenen Umschreibung hatte Johann Baptist Metz, dem diese Einleitung mehr exemplarisch als stringent folgt, anlässlich seiner Emeritierung in Münster eine solche Grundlagenkrise theologisch als „Gotteskrise" zu formulieren versucht. Der Gehalt des Wortes „Gott" wird, wo es heute noch oder bereits wieder auftaucht, einfach vorausgesetzt und dadurch praktisch entleert. Es fällt daher leicht, dieses Wort im Munde zu führen ohne Gott wirklich zu meinen.[36] Die Theologie selbst hat sich, wenn auch auf ganz andere Weise gegen die geschichtliche Bewährung der Rede von Gott zu immunisieren versucht: „*Gott kommt von Gott*, strikte Offenbarungstheologie ist angesagt, der theologische Zauberkreis ist geschlossen, ehe der Mensch dazwischentritt."[37] Zwischen simplen Voraussetzungen und konsequenzlosen Leerformeln wächst der Eindruck, dass „die intelli-

[35] „Kulturphilosophisch gesehen erscheint mir die Wissenschaft selbst, die Denkform der Theorie, die objektivierende, beweisende, begriffliche Erkenntnis als ein großes Paradigma." (v. WEIZSÄCKER, Über die Krise, aaO. 13; vgl. 26.) – Dieser bemerkenswerte Gedanke wurde an dieser Stelle jedoch nicht ausgeführt.

[36] „Der Atheismus von heute kann nämlich schon wieder Gott – zerstreut oder gelassen – im Munde führen, ohne ihn wirklich zu meinen: als freischwebende Metapher im Partygespräch oder auf der Couch des Psychoanalytikers, im ästhetischen Diskurs, als Codewort zur Legitimierung ziviler Rechtsgemeinschaften usw. Religion als Name für den Traum vom leidfreien Glück, als mythische Seelenverzauberung, als psychologisch-ästhetische Unschuldsvermutung für den Menschen: ja. Aber Gott, der Gott Abrahams, Isaaks und Jakobs, der Gott Jesu?" (Metz, Gotteskrise, 77f)

[37] Metz, Gotteskrise, 78. (Hervorhebung im Orig.)

gible und kommunikative, die verheißungsvolle Macht des Wortes Gott endgültig geschwunden"[38] sei. Das Phänomen ist jedoch nicht auf eine bestimmte Institution und die Konstatierung einer „Kirchenkrise" beschränkt. Was Metz als *Gottes*krise beschreibt, scheint vielmehr auf heutige Grundlagendiskurse überhaupt zuzutreffen.

> „Die Krise, die das europäische Christentum befallen hat, ist nicht primär oder gar ausschließlich eine Kirchenkrise. Alle Kirchen stehen heute wie entlaubte Bäume in unserer postmodernen Landschaft. Woran liegt es? Gewiss auch an den Kirchen selbst. Doch die Krise sitzt tiefer: sie ist keineswegs nur am Zustand der Kirchen selbst festzumachen; die Krise ist zur *Gotteskrise* geworden. Und als solche hört sie auf, provinziell oder konfessionell zu sein, sie geht nicht nur die Kirchen, nicht nur die Christen, nicht nur die Europäer an."[39]

Die Gotteskrise, wie sie hier als Name zur Bündelung einer allgemeinen, nicht nur religiösen oder kirchlichen Zeitdiagnose vorgestellt wird, weist über eine Rede von Gott im engeren Sinn, über einen konfessionellen Gottesbegriff hinaus. Sie bezeichnet eine Krise der benennbaren Grundlagen menschlichen Zusammenlebens heute. Nicht von ungefähr geht das oben zitierte Nietzsche-Wort vom Zusammenbruch unserer ganzen europäischen Moral" als Folge des „größten neueren Ereignisses – dass »Gott tot ist«"[40] der Einführung des Wortes von der „Gotteskrise" direkt voran. Wer heute die Frage nach den Grundlagen unserer Moral, unseres gesellschaftlichen Zusammenlebens stellt, wird sich letztlich den unterschiedlichen Antworten stellen und zugleich fragen müssen, vor welchem Horizont diese Differenzen noch aufeinander bezogen werden können – ohne durch strikte Formalisierung einer solchen Universalität die (je) eigenen Prämissen und Errungenschaften aufzugeben.[41]

38 Metz, Gotteskrise, 78.

39 Metz, Gotteskrise, 77. (Hervorhebung im Orig.)

40 Nietzsche, Fröhliche Wissenschaft, 343. – Siehe oben S. 10.

41 Die Situation nach den Anschlägen des 11. September 2001 zeigte z.B. überdeutlich das Dilemma zwischen demokratischer Intention und ihrer Legitimierung auf. Letztere erfolgte in der Reaktion auf die Katastrophe durchgängig unter der Voraussetzung der eigenen Unschuld. Ein legitimierender Diskurs brauchte unter dieser Voraussetzung nicht geführt zu werden. Die kritische Rückfrage und Wahrnehmung auch des eigenen Unrechts als unverzichtbare Voraussetzungen demokratischer Urteilsfindungen blieben aus. – Vgl. dagegen die Formulierungen von Jacques Derrida zu Beginn seiner Dankesrede anlässlich der Verleihung des Adorno-Preises am 22. Sept. 2001: „Mein unbedingtes Mitgefühl, das den Opfern des 11. September gilt, hindert mich nicht es auszusprechen: Ich glaube angesichts dieses Verbrechens an die politische Unschuld von niemandem. Und wenn mein Mitgefühl *(compassion)*, das allen unschuldigen Opfern gilt, grenzenlos ist, dann weil es auch bei denen *nicht endet*, die am 11. September in den Vereinigten Staaten den Tod gefunden haben. […] Von den eigenen Fehlern, dem eigenen Unrecht, den Irrtümern der eigenen Politik sich nicht freisprechen, und sei es auch in dem Augenblick, da man den furchtbarsten Preis für sie zahlt." (J. DERRIDA, Dankesrede anläßlich der Verleihung des Theodor-W.-Adorno-Preises 2001, in: *Le Monde diplomatique. Deutsche Ausgabe* 8 (2002) Nr. 1, 12ff.) – Diese Textpassage findet sich fast vollständig auch in: U. RAULFF, Der Traum ist ein unheimliches Geschäft. Adorno-Preis an Derrida, in: *Süddeutsche Zeitung* vom 24. Sept. 2001. Siehe dort auch: J. DERRIDA, Niemand ist unschuldig. Gespräch mit U. Raulff, in: *SZ* v. 24.9.2001.

Will man also die Gottes*krise* in der angedeuteten Universalität recht verstehen, so muss die zunächst scheinbar bloß auf ein religiöses Dilemma zielende Diagnose auch in ihrem Bezug auf die Fundamente unserer abendländischen Kultur gesehen werden.

Innerhalb des Grundlagendiskurses politischer Philosophie ist das Dilemma klar ausgeprägt. So etwa wurde in der nicht allzu lange zurückliegenden Liberalismus-Kommunitarismus-Debatte[42] deutlich, dass die Legitimierung demokratischer Politik entweder die Tragfähigkeit einer gesellschaftlich verwirklichten Tradition und damit seiner Grundlagen bereits voraussetzt (Kommunitarismus)[43] oder aber, so z.B. die

42 Zur schematischen Einteilung der einzelnen Positionen siehe den Überblick in H. DUBIEL, *Ungewißheit und Politik* (Frankfurt/M. Suhrkamp, 1994), 108f. Eine Darstellung der wichtigsten kommunitaristischen Ansätze findet sich auch bei E. ARENS / J. MANEMANN, Wie sollen wir zusammen leben? Zur Debatte über den Kommunitarismus, in: *Jahrbuch Politische Theologie 1: Demokratiefähigkeit* (hg.v. J. MANEMANN; Münster: Lit, 1995), 155-187. – Vgl. auch: W. REESE-SCHÄFER, *Was ist Kommunitarismus?* (Frankfurt/M.-New York: Campus, ²1995); A. HONNETH (Hg.), *Kommunitarismus. Eine Debatte über die moralischen Grundlagen moderner Gesellschaften* (Frankfurt-New York: Campus, 1993). Eine mit hilfreichen Anmerkungen versehene Bibliographie zum Thema bietet O. KALLSCHEUER, »Kommunitarismus?« – Anregungen zum Weiterlesen. Eine subjektive Auswahl, in: Ch. ZAHLMANN (Hg.), *Kommunitarismus in der Diskussion. Eine streitbare Einführung* (Berlin: Rotbuch, ²1997), 124-151. – Zur Liberalismus-Kommunitarismus-Debatte selbst vgl. W. KERSTING, Liberalismus und Kommunitarismus. Zu einer aktuellen Debatte, in: *Information Philosophie* (1993) H.3, 4-19 (mit weiteren Literaturangaben).

43 Auf die ursprüngliche Selbstbezüglichkeit der amerikanischen Kommunitarismus-Ansätze macht Otto Kallscheuer aufmerksam: O. KALLSCHEUER, Gemeinsinn und Demokratie. Hinter dem Etikett »Kommunitarismus« verbirgt sich eine Debatte um das Selbstverständnis der USA, in: Ch. ZAHLMANN (Hg.), *Kommunitarismus in der Diskussion. Eine streitbare Einführung* (Berlin: Rotbuch, ²1997), 109-117. Wenn er zudem betont, dass „[der US-amerikanische Kontext] nicht der philosophische Streit um die beste »Grundlegung« moralischer Prinzipien, sondern die politische Auseinandersetzung um das Selbstverständnis der Sozialwissenschaften in den USA heute [ist]" (ebd. 109) und feststellt, „das bestimmende Motiv der »kommunitaristischen« Kritik *[am liberalen Individualismus; Anm. PZ]* ist demgegenüber die Instituierung einer demokratischen Öffentlichkeit sozialer Verantwortung." (ebd. 112.), so wird deutlich, dass die Kommunitarismus-Debatte die Frage nach ihren Grundlagen noch gar nicht im Blick hat. (In diesem Sinne sieht Kallscheuer auch die Entgegensetzung von Liberalismus und Kommunitarismus als Täuschung an – für ihn ist der Kommunitarismus eine Form der „Selbstkritik des demokratischen Liberalismus".) Aus diesem Grund kann es nun aber auch gerade nicht um eine Kritik am Kommunitarismus als solchem gehen, sondern vielmehr um eine nochmals zu schärfenden Blick auf das Schwinden tragfähiger Legitimationen des gesellschaftlichen Handelns, das auch in dieser Debatte keinen fundierenden Rückhalt findet. – Auch in der zusammenfassenden Darstellung von E. ARENS u. J. MANEMANN („Wie sollen wir zusammen leben? Zur Debatte über den Kommunitarismus", aaO.) laufen die kritischen Anmerkungen durchwegs auf die Selbstbezüglichkeit des jeweiligen Entwurfes – letztlich auf die (unhinterfragte) Universalisierung der amerikanischen bzw. westlichen modernen Gesellschaftskonzeption – hinaus: ebd. 157 (A. MacIntyre). 164 (R. Bellah et al.). 169f (M. Walzer). – Am wenigsten eindeutig ist diese Kritik gegenüber der Position von Charles Taylor. Seine „Politik der Anerkennung" versucht ja gerade mit der Gleichbehandlung „anderer" Kulturen ernst zu machen, d.h. sie gründet „auf Urteilen darüber, worin ein gutes Leben besteht – auf Urteilen, in denen der Integrität der Kulturen ein zentraler Platz zukommt." (C. Taylor, zit. nach E. ARENS / J. MANEMANN, aaO. 161). Ob dieser „kommunitaristische Liberalismus" allerdings „durch auf gemeinschaftlichen Werten ba-

aktualisierte liberalistische Einsicht von Ulrich Beck, aber auch Helmut Dubiel[44], nachträglich Traditionen als tragende Fundamente der Gesellschaft erneut begründen muss. Die Rede von einer „nachtraditionalen Gesellschaft" verschwimmt damit zusehends. In einem kritischen Aufsatz hatte Agnes Heller das ursprüngliche Dilemma liberalistischer Fundierungen aufgezeigt. Der liberale Formalismus vermag nicht von Normen zu überzeugen und die Überzeugung Liberaler, dass ihre Diskursregeln letztlich alle Gruppen zur Übernahme dieses Sprachspiels zwingen, hat sich bereits mehrfach als gefährliche und folgenreiche Selbsttäuschung erwiesen.[45] So war es etwa auch die Einsicht Dubiels, dass die ökonomische Orientierung der westlichen Gesellschaften und die Globalisierung des ökonomischen Denkens bisher nur auf der Basis einer tradierten Moral (Respektierung vertraglicher Abmachungen, Wahrhaftigkeit, Friedfertigkeit, Schutz der Schwächeren[46]) tragfähig war, zu deren Fundierung sie selbst aber nichts beitragen konnte. Dieses fraglose Funktionieren ist mit der Auflösung vormoderner Traditionen in die Krise geraten.[47] In der Reflexion auf das Selbstverständnis gegenwärtiger *nachtraditionaler* Gesellschaften kommt er damit zu dem Schluss: „Wir sind mit der theoretisch verwirrenden Situation konfrontiert, dass die avancierten Gesellschaften längst damit begonnen haben, die kulturellen Bedingungen ihrer Existenz selbst zu produzieren."[48] Für diese Selbstproduktion der gesellschaftlichen Grundlagen gibt es nun aber kein leitendes Kriterium mehr, sie wird nur noch nachträglich konstatiert:

> „Die Intuition, der ich folge, ist die, dass es sich dabei *[beim allgemeinen Interesse an »symbolischen Praktiken« der Konfliktlösung; Anm. PZ]* eben nicht um ein bloßes Abrufen kon-

sierende kollektive Rechte zu sichern [ist]" (ebd. 162), darf tatsächlich gefragt werden. Die Aufgabe einer Grundlegung bleibt jedenfalls auch hier noch unabgeschlossen.

44 U. BECK, Das Zeitalter der Nebenfolgen und die Politisierung der Moderne, in: DERS. / A. GIDDENS / S. LASH, *Reflexive Modernisierung. Eine Kontroverse* (Frankfurt/M.: Suhrkamp, 1996), 19-112.; H. DUBIEL, *Ungewißheit und Politik* (Frankfurt/M. Suhrkamp, 1994). Siehe schon U. BECK, *Risikogesellschaft. Auf dem Weg in eine andere Moderne* (Frankfurt a.M.: Suhrkamp, 1986).

45 „Die Voraussetzungen einer liberalen Verfahrensweise bestehen nur auf dem Papier oder im Geist liberaler Philosophen. Es muss nicht erst gesagt werden, dass es eine gute Sache ist, dass sie dort existieren, denn wenn man keine Norm aufrechterhält, verliert man auch den Maßstab für eine kritische Theorie. Wenn man aber eine normative Theorie als eine Tatsache hinstellt, dann heiligt man damit alle möglichen Arten des Illiberalismus, der Unterdrückung, des Zwangs und blanker Lügen, indem man sie durch den liberalen Prozeduralismus absegnet. [...] Der Nutzen eines rein prozeduralen Liberalismus, nämlich dass er Urteile über reine Inhalte ausschließt, kann auch sein Untergang sein. Es ist möglich, mit der gleichen grammaire ganz verschiedene Sprachen zu sprechen." (A. HELLER, Politik nach dem Tod Gottes, in: J. HUBER / A.M. MÜLLER (Hg.), *Instanzen / Perspektiven / Imaginationen* (Basel-Frankfurt/M.: Stroemfeld, 1995) 75-94, hier: 85; wiederabgedruckt in: M.J. RAINER / H.-G. JANßEN (Hg.), *Jahrbuch Politische Theologie 2: Bilderverbot* (Münster: Lit, 1997), 67-87.)

46 Vgl. Dubiel, Ungewißheit und Politik, 149.

47 „Am Ende des 20. Jahrhunderts existiert freilich keine traditionsdefinierte Sittlichkeit mehr, in deren Namen man eine in die Krise geratene Modernisierung wieder in ihre Schranken verweisen könnte." (ebd. 149)

48 H. Dubiel, Ungewißheit und Politik, 149.

sensuell fixierter, durch substantielle Traditionen genährter Symbolbestände handelt, und auch nicht um ein von den politischen Eliten kontrolliertes Wertereservoir, sondern um ein fragiles symbolisches Kapital, das sich in erfolgreich gelösten oder besser: gehegten Konflikten selbst erst gebildet hat. Im Regelfall werden die Beteiligten solcher Konfliktlösungen oder gelungenen Konfliktzivilisierungen diese als strategischen Interessenkompromiss interpretieren. Sie haben – das war die These – in der Regel kein Bewusstsein davon, dass sich sozusagen in der Kette solcher okkasionell erzielter Kompromisse ein moralisches Kapital bildet, das dann ein schwaches normatives Band der Gesellschaft abgibt."[49]

Es ist schwer, das hier sichtbar werdende strukturelle Vertrauen in die Konfliktlösungsbereitschaft nachtraditionaler Gesellschaften *nicht* ebenfalls noch als Ausdruck jener Traditionen zu sehen, deren Schwinden die Ausgangsthese von Dubiel kennzeichnete. Der Argumentationszirkel bleibt vielmehr geschlossen und verfällt dadurch derselben Kritik, die Agnes Heller bereits gegenüber John Rawls' *Theorie der Gerechtigkeit*[50] vorgebracht hatte, die (wie schon der Kommunitarismus) die Existenz einer einheitlichen politischen Gemeinschaft (konkret die Vereinigten Staaten) voraussetzt: „Wenn man Normen von einer Einheit abstrahiert, die sich empirisch in Operation befindet, erscheint das ganze Instrumentarium des philosophischen Begründungsdiskurses überflüssig."[51]

Einen gegenüber dem deutschen und angelsächsischen Denken unterschiedlichen Weg nimmt offensichtlich der zeitgenössische französische Grundlagendiskurs ein.[52] Hier wird, zumeist im Umkreis jenes schillernden und im deutschsprachigen Raum immer noch verpönten, zumeist unverstandenen Ansatzes der (philosophischen)

49 H. Dubiel, Ungewißheit und Politik, 116.

50 J. RAWLS, *Eine Theorie der Gerechtigkeit* (Frankfurt/M.: Suhrkamp, [10]1998 [amer. 1971]).

51 A. HELLER, Politik nach dem Tod Gottes, aaO. 84. – Vgl. dazu auch C. KLINGER, Ein Streit, der keiner ist? Zur Debatte zwischen »Liberalen« und »Kommunitaristen« in den USA, in: *Transit* (1994) H.7, 122-139. Klinger betont Rawls' späte Abkehr von einer *philosophischen* Grundlegung der Gerechtigkeit (J. RAWLS, Gerechtigkeit als Fairneß: politisch und nicht metaphysisch (1985), in: *Die Idee des politischen Liberalismus. Aufsätze 1978-1989* (hg.v. W. Hinsch; Frankfurt/M.: Suhrkamp, 1994), 255-292.), zeigt aber zugleich auf, dass damit der Liberalismus selbst seinen Anspruch zu verlieren beginnt. Klingers eigener Vorschlag, auf diesen einfach zu verzichten („Wir sollten der Tatsache ins Auge sehen, dass das liberale System *eine* Weltanschauung bzw. *eine* gesellschaftliche Organisationsform unter vielen anderen ist." Klinger, aaO. 136f), übersieht die illiberalen Konsequenzen des Scheiterns der Begründung des Liberalismus.

52 Siehe dazu den Überblick bei W. VAN REIJEN, Das Politische – eine Leerstelle. Zur politischen Philosophie in Frankreich, in: *Transit* (1992/93) H.5, 109-122. – Zu einigen Konsequenzen vor allem für den Gerechtigkeitsdiskurs (unter Berücksichtigung der Position Derridas) vgl. A. HONNETH, Das Andere der Gerechtigkeit. Habermas und die ethische Herausforderung der Postmoderne, in: *Deutsche Zeitschrift für Philosophie* 42 (1994), 195-220; wiederabgedruckt in: P. FISCHER (Hg.), *Freiheit oder Gerechtigkeit. Perspektiven Politischer Philosophie* (Leipzig: Reclam, 1995), 194-240.

Postmoderne[53], unter Verzicht auf vorauszusetzende Prämissen eine vielmehr alteritätsbezogene Fundierung gesellschaftlichen Handelns gesucht. Es ist vor allem der Gedanke eines unbesetzbaren, anwesend-abwesenden Legitimationszentrums demokratischer Politik, einer „leeren Stelle der Macht" bzw. einer „leeren Stelle des Sakralen", wie es von Claude Lefort und Marcel Gauchet formuliert wird,[54] der in der Wahrung einer allem gesellschaftlichen Handeln vorausliegenden, nicht einfach benennbaren „Leerstelle" das Abgleiten des politischen Grundlagendiskurses in die Illegitimität unhinterfragter bzw. in die Ideologie bloß gesetzter Voraussetzungen verhindert.[55] Die Balance zwischen reflektiertem Wissen und vorgängigem Nicht-Wissen bleibt gewahrt. Wenn für Lefort und Gauchet „das Gesellschaftliche *fortgesetzte Stiftung und Institution seiner selbst*"[56] ist, so ist damit nicht eine Selbstproduktion der Gesellschaft angesprochen, sondern eine nachträglich erschlossene „Nötigung zur Selbstinstitution"[57], die gleichwohl auf einer vorausliegenden „anwesend-abwesenden Gründung" basiert. Der Ort der Macht selbst bleibt – auch wenn ihre Ausübung in der Demokratie einem Verfahren unterworfen wird (z.B. periodisch wiederkehrende Wahlen zur Legitimation einer Regierung)[58], leer und unbesetzbar. Er kann – dies ist entscheidend für die Sinnspitze der weiteren Argumentation – auch nicht direkt dargestellt bzw. repräsentiert werden.[59]

53 Zur „Ehrenrettung der Postmoderne" vgl. den gleichnamigen Exkurs zu Jean-François Lyotard in B. TAUBALD, *Anamnetische Vernunft. Untersuchungen zu einem Begriff der neuen Politischen Theologie* (Münster: Lit, 2001).

54 Vgl. dazu die Aufsätze von Lefort und Gauchet in U. RÖDEL (Hg.), *Autonome Gesellschaft und libertäre Demokratie* (Frankfurt/M.: Suhrkamp, 1990), vor allem auf den knappen und zusammenfassenden Beitrag von C. LEFORT, Die Frage der Demokratie (1983), in: *ebd.* 281-297, bes. 290ff, sowie die Einleitung von U. RÖDEL, in: *ebd.*, bes. 20-24.

55 „Die Einzigartigkeit der Demokratie wird erst dann vollständig verstehbar, wenn man sich an das Wesen des monarchischen Systems unter dem Ancien Régime erinnert. [...] In der Monarchie war die Macht in der Person des Fürsten verkörpert; doch bedeutet dies nicht, dass er eine grenzenlose Gewalt innehatte. Es handelt sich nicht um eine Despotie. [...] Die im Fürsten verkörperte Macht verlieh nun ihrerseits der Gesellschaft körperliche Gestalt. Somit bestand ein latentes, doch wirksames Wissen von der wechselseitigen Bedeutung des *Einen* für den *anderen* im gesamten Umfang des gesellschaftlichen Feldes. Gemessen an diesem Modell zeichnet sich der revolutionäre und beispiellose Zug der Demokratie ab: Der Ort der Macht wird zu einer *Leerstelle*." (Lefort, Die Frage der Demokratie, 292f.) – Zu einer eingehenderen (und bildlicheren) Beschreibung der Macht des Monarchen und der Bedeutung des Verlusts eben dieser Macht vgl. Dubiel, Ungewißheit und Politik, 34-36; W.v. Reijen, Das Politische – eine Leerstelle, 111; sowie: E.H. KANTOROWICZ, *The King's Two Bodies* (Princeton, 1957). [dt.: *Die zwei Körper des Königs. Eine Studie zur politischen Theologie des Mittelalters* (München: dtv, ^{2}1994).]

56 C. LEFORT / M. GAUCHET, Über die Demokratie. Das Politische und die Instituierung des Gesellschaftlichen, in: U. Rödel (Hg.), Autonome Gesellschaft, *aaO.* 89-122, hier: 96.

57 Lefort / Gauchet, Über die Demokratie, 96.

58 Vgl. dazu Lefort / Gauchet, Über die Demokratie, 89f. 95f.

59 Lefort, Die Frage der Demokratie, 293.

> „Doch wäre es ein Fehlschluss, zu behaupten, dass sich die Macht nunmehr *innerhalb* der Gesellschaft niederlässt, weil sie aus dem allgemeinen Wahlrecht hervorgeht. Vielmehr ist sie weiterhin jene Instanz, kraft derer die Gesellschaft sich in ihrer Einheit erfasst und sich in Zeit und Raum auf sich selbst bezieht."[60]

Der Selbstbezug der Gesellschaft, ihre Selbstkonstruktion bleibt in diesem Ansatz an eine, den politischen Prozess erst ermöglichende und letztlich auch ihm gegenüber kritische Instanz gebunden. Der gesellschaftliche Raum, der durch das politisches Handeln gestaltet wird, wird zuallererst eröffnet durch ein notwendig anzuerkennendes Phänomen, das Lefort auch als Spaltung zwischen einem „gesellschaftlichen *Innen* und *Außen*" beschreibt. Letztlich muss es dieser symbolischen Instanz einer „leeren Stelle der Macht" zugeschrieben werden, dass sich die Gesellschaft als Gesellschaft überhaupt instituieren kann. Die politische Legitimation bleibt, trotz der keineswegs überwundenen Krise benennbarer Grundlagen[61], verwiesen auf einen, zwar nicht weiter explizierbaren, dennoch „anwesend-abwesenden" und daher einklagbaren *Maßstab der Kritik* politischen Handelns, der das fehlende Wissen um das Wesen des Gesellschaftlichen mit einer vergleichbaren Autorität zumindest symbolisch repräsentiert.

Die Bilder, die in der Beschreibung dieser symbolischen Repräsentation auftauchen, sind – erstaunlich oder nicht – der religiösen Tradition entnommen. Bemerkenswerterweise genau jenen religiösen Überzeugungen, die das Weltgeschehen nicht aus einem Ursprung, sondern von seiner ausständigen (eschatologischen, nicht teleologischen) Erfüllung her verstehen, und darin einen (auch fundamentalistisch nicht wieder ideologisierbaren) kriteriologischen Stachel für das praktische Handeln der Gegenwart erkennen lassen. Agnes Heller schließt mit einem solchen Bild ihre *Politik nach dem Tod Gottes* im Rückgriff auf Jacques Derridas Perspektive eines „strukturellen Messianismus", wie er sie in Auseinandersetzung mit dem Zusammenbruch der sowjetischen Herrschaft in Osteuropa und Francis Fukuyamas Rede vom *Ende der Geschichte*[62] formuliert hat.[63] Ihr Bild verbindet diesen „Messianismus

60 Lefort, Die Frage der Demokratie, 293.

61 „In meinen Augen ist das Wesentliche, dass die Demokratie sich dadurch instituiert und erhält, dass sie die *Grundlagen aller Gewissheit auflöst.* Sie eröffnet eine Geschichte, in der die Menschen die Probe auf eine letzte Unbestimmtheit machen, sowohl was die Grundlagen der Macht, des Rechts und des Wissens als auch der wechselseitigen Beziehungen zwischen dem *Einen* und dem *anderen* in allen Sphären gesellschaftlichen Lebens betrifft [...]. Dies veranlasst mich zu dem Urteil, dass sich in der gesellschaftlichen Praxis ohne Wissen der Akteure eine Infragestellung entfaltet, deren Antwort niemand besitzt." (Lefort, Die Frage der Demokratie, 296)

62 F. FUKUYAMA, *Das Ende der Geschichte. Wo stehen wir?* (München: Kindler, 1992). – Vgl. dazu auch: DERS., Ende der Geschichte?, in: *Europäische Rundschau* (1989) H.4, 3-25 (urspr.: The End of History?, in: *The National Interest* 16 (Sommer 1989), 3-18); sowie: DERS., Reply to My Critics, in: *The National Interest* 18 (Winter 1989-90), 21-28.

63 J. DERRIDA, *Marx' Gespenster. Der Staat der Schuld, die Trauerarbeit und die neue Internationale* (Frankfurt/M.: Fischer 1996 [fr. 1993]). – Mehrfach wird in diesem Text deutlich, dass die religiösen Tra-

ohne Messias“ mit der leeren Stelle der Macht als Grundlage einer nicht mehr bloß prozedural verstandenen Demokratie.

> „Der leere Stuhl wartet auf den Messias. Wenn jemand diesen leeren Stuhl besetzt, kann man sicher sein: es handelt sich dabei um den pervertierten oder verlogenen Messias. Wenn jemand den Stuhl wegnimmt, dann ist die Vorführung zu Ende, und der Geist wird die Gemeinde verlassen.
>
> Die Politik kann diesen unbesetzten Stuhl nicht gebrauchen; aber solange man den Stuhl belässt, wo er ist, genau dort im Zentrum des Raumes, wo er in seiner warnenden, vielleicht sogar pathetischen Leere fixiert bleibt, müssen die politischen Handlungsträger sein Dasein in Rechnung stellen. Alles übrige ist Pragmatismus.“[64]

Gerade die zunächst unscheinbare kritische Spitze des letzten Satzes bleibt in den nach- oder quasi-nachtraditionalen Konzepten unberücksichtigt und unbeantwortet.

Eine Einleitung wird stets nur den Raum eröffnen, innerhalb dessen ein Denken gehört werden kann. Der Text bleibt ihm gegenüber die unzureichende Vorrede. Vielleicht lassen sich jedoch einige Markierungspunkte dieses zukünftigen Raumes anzeichnen. Zwei gegensätzliche Erfahrungen begleiten den Einstieg in die Lektüre Derridas: *Zum einen* das zumeist kaum hörbare Verstummen der Rede von einem letzten Grund. „Gott kommt [in unserer Sprache] substantiell nicht mehr vor“ hatte J.B. Metz formuliert – und leicht zu übersehen hinzugefügt: „... sagen wir.“[65] Noch ist die Sache nicht ausgemacht. Kommt Gott noch substantiell vor in unserer Sprache? Oder taucht er nur noch als in der Kirche verkündeter Gott, gleichsam in „ekklesiologischer Verschlüsselung“ auf?[66] In der Zeit *nach* der Verkündigung des tollen

ditionen entnommenen Bilder in ihrem Selbstverständnis keineswegs Ausdruck einer religiösen Überzeugung, sondern einer (selbst-)kritischen philosophischen Grundlegung sind. – Zu diesem Text vgl. auch D. HOLLANDER, Messianische Gespenster, in: *Die Philosophin. Forum für feministische Theorie und Philosophie* 11 (2000) H.21, 22-42.

64 Heller, Politik nach dem Tod Gottes, 94/87.

65 Metz, Gotteskrise, 81.

66 „Auch die Kirche hat ihr Konzept der Immunisierung gegen *Gotteskrisen*. Sie spricht heute nicht mehr – wie z.B. noch im Ersten Vatikanischen Konzil – von Gott, sondern nur – wie etwa im jüngsten Konzil – von dem durch die Kirche verkündeten Gott. Die Gottesrede wird ekklesiologisch verschlüsselt.“ (Metz, Gotteskrise, 78). – Vgl. dazu bereits den überaus vorsichtig formulierten Verdacht K. Rahners im Anschluss an die Konzentration des Zweiten Vaticanums auf das Thema Kirche: K. RAHNER, Das neue Bild der Kirche, in: *Schriften zur Theologie* VIII (Zürich-Einsiedeln-Köln: Benzinger, 1967) 329-354, hier: 330f. Dieser Verdacht, der bei Rahner keineswegs mit einer vorschnellen Kritik am Konzil verwechselt werden kann, vielmehr eine Aufgabe der Theologie in der Rezeption des Konzils formuliert und zur Fortführung des aggiornamento für die Rede von Gott in der Situation der Gegenwart mahnt, ist gleichwohl umso schwerwiegender zu bewerten, wenn man genauer zusieht welche Akzentsetzung die „künftige“, d.h. wohl heutige theologische Arbeit bei Rahner erhält: „Das Konzil wollte die Kirche ihrer heutigen Zeit unerbittlich und mutig zugleich konfrontieren. Das war die eigentliche Absicht des Konzils. Aus dieser Situation einer Kirche, die den Menschen von heute finden will und kein geschichtliches Relikt aus soziologisch älteren Zeiten zu sein beabsichtigt, kommen aber der Kirche ganz andere, viel radikalere Fragen entgegen, als bloß die einer subtileren Ekklesiologie und der sonstigen Themen, die vom Kon-

Menschen ist das Wort Gott jedenfalls nicht der einzige *Grund*, dessen sprachliche Substanz sichtbar verstummt ist. „Irgendetwas geht seinen Gang." Die konstatierte Grundlagenkrise, so die Erfahrung, ist global geworden.

Die *zweite* Erfahrung erscheint weniger zwingend. Sie betrifft vielmehr das Erstaunen über die Situation *nach dem Ende der großen Orientierungen*.[67] Etwa den Verbleib der Frage Hamms „Und nun?"; oder auch die Rückfrage an Nietzsches Verkündigung: „Was aber *ist*, wenn Gott tot ist?" Wer die Grundlagenkrise ernstzunehmen wagt und gleichzeitig die überdauernden Fragen wahrnimmt, wird sich vielleicht, in gewissem Sinne „nachträglich", keinesfalls mehr *ursprünglich*, in einem dem unabweisbaren Faktum der Klage verpflichteten Denken der Ahnung eines Horizonts vergewissern können, der das Scheitern der Fundierungen unausweichlich zu umfangen scheint. Ob dies ein angemessener Trost für die verlorenen Sicherheiten sein kann, bleibt ungewiss. Die Redlichkeit des Denkens verlangt zunächst bloß, diesen Horizont wahrzunehmen. Der exemplarisch zitierte Ansatz innerhalb der französischen politischen Philosophie, der in der Abwesenheit eines angebbaren Grundes, in der *leeren Stelle der Macht* sogar eine Fundierung der Gesellschaft auszumachen vermag, die zugleich auch als deren kritischer Maßstab beschrieben werden kann, hält die Hoffnung auf eine zukünftig legitimierbare Praxis menschlichen Handelns jedenfalls aufrecht. Theologischer und philosophischer Grundlagendiskurs, so die motivierende Hypothese, treffen sich in dieser Nachträglichkeit des Denkens. Und es wird im folgenden Durchgang durch das Werk Derridas entscheidend sein, wahrzunehmen, wie dieses, im Sinne des eingangs zitierten Mottos in seiner Argumentation keineswegs Theologie voraus-setzende Denken doch den Raum eröffnet, innerhalb dessen Theologie – auch heute und noch außerhalb ihrer eigenen Mauern – von der Hoffnung zu sprechen vermag, die sie erfüllt (1Petr 3,15[68]).

zil explizit behandelt wurden. Die neuesten Fragen sind zugleich die ältesten und radikal grundlegenden für das Christentum. Zuerst die Frage nach Gott ..." (K. RAHNER, Die Herausforderung der Theologie durch das Zweite Vatikanische Konzil, in: *Schriften zur Theologie* VIII (Zürich-Einsiedeln-Köln: Benzinger, 1967) 13-42, hier: 30.) Vgl. dazu auch: K. RAHNER, Über künftige Wege der Theologie, in: *Schriften zur Theologie* X (Zürich-Einsiedeln-Köln: Benzinger, 1972) 41-69, bes. 52. 68.

67 Vgl. zur Konstatierung einer umfassenden Grundlagenkrise, die sowohl die gegenwärtige Situation der Einzelwissenschaften, wie auch die Legitimationsdiskurse der großen Strömungen abendländischer Kultur („Meta-Erzählungen") prägt, Jean-François LYOTARDS *Das postmoderne Wissen. Ein Bericht* (Wien: Passagen, ³1994 [fr. 1979]) und vor allem den in diesem Kontext wichtigen Artikel: J.-F. LYOTARD, Grundlagenkrise, in: *Neue Hefte für Philosophie* 26 (1986) 1-33.

68 Der gerichtliche Kontext dieser biblischen Aufforderung, Rede und Antwort zu stehen, verweist keineswegs auf eine freundschaftliche Rückfrage, sondern auf handfeste Kritik (vgl. 1Petr 3,16). Die Bewährung der Rede von Gott bleibt daher von Anfang an auf ihre Kommunikabilität auf der Basis gemeinsam geteilter Bedingungen (oder eben Krisen) bezogen.

Der Einbruch des Anderen

Doch die Hoffnung ist nichts als das Misstrauen des Einzelwesens gegenüber der allzu bestimmten Voraussicht des Geistes.

Paul Valéry, Die Krise des Geistes

On this point the most diverse consequences and adventures can await us – from completely other routes, completely other writings ...

Jacques Derrida, Letter to John P. Leavey Jr.

Das Ende der linearen Schrift ist das Ende des Buches, selbst wenn es bis heute noch das Buch ist, das für neue literarische oder theoretische Schriften nolens volens formbestimmend ist. Es geht auch nicht darum, der Buchhülle noch nie dagewesene Schriften einzuverleiben, sondern endlich das zu lesen, was in den vorhandenen Bänden schon immer zwischen den Zeilen geschrieben stand. ... Was es heute zu denken gilt, kann in Form der Zeile oder des Buches nicht niedergeschrieben werden.

Jacques Derrida, Grammatologie, 154f.

Wo die Grundlegung einen Grund legt und dabei selbst einbricht [...] muss die »Religion« beginnen, muss sie stets wieder von neuem anheben.

Jacques Derrida, Glaube und Wissen, 34.

Zwischenbemerkung

Dies hier (also) wird kein Buch gewesen sein.
J. Derrida, Buch-Ausserhalb[69]

Wenn die in der Einleitung beschriebene Diagnose zutrifft, sollt das folgende, eine dem Zerbrechen sich anschließende Darstellung, wohl nicht geschrieben werden. Es hat sich aufgedrängt. Vielleicht kann dies hier deutlich werden. Nachträglich. Dennoch: *Gefährliches Vielleicht.*[70] – Die Gefahr ist gleich mehrfach gegeben und liegt nicht nur in der Ungewissheit des Anfangs. Dessen Unerschütterlichkeit gründet ja noch im Vertrauen auf die Möglichkeit eines *rechten* Anfangs. Immerhin. Die Gefahr jedoch, der die folgenden Seiten niemals wirklich entgehen werden, ist die Hybris, einen Anfang überhaupt noch einmal zu setzen. Ihn vielleicht bloß einfachhin gesetzt zu haben. *Nach* dem Zerbrechen der Sprache. Um das Schweigen zu ringen, schiene in vielerlei Hinsicht angemessener – und kein *„aber…"* könnte hier nochmals rechtfertigend wirken. Die Logik des *Aber*, der darin mitgesetzte Maßstab, wäre schnell entlarvt. Eine neue, fundierte Argumentation käme zum Vorschein. *Worin fundiert?* Deren Sprache wäre – wiederum – vorausgesetzt. *Also:* Keine ungebrochenen Verallgemeinerungen mehr. Vielleicht aber *(aber?)* das Wagnis eines stets nur selbst zu verantwortenden Entwurfs. Ein Zeugnis. – Doch wen würde es interessieren? *Nach* der zerbrochenen Sprache. (Vielfältige Politik der falschen Zeugnisse: medial, psychologisch, wirksam …) – Der Verdacht wird bleiben.

Ein Zeugnis also. *Confessiones.* Selbst ein Wagnis, ungesichert. Vielleicht aber erweist es sich als das bleibend theologische Moment jedes, auch noch des gebrochensten Sprechens, als Ausdruck eines Zeugnisses, als Zeugnis selbst genommen werden zu können. Vielleicht. Auch hier wird der gewagte Entwurf einen Weg finden müssen, sich zu legitimieren.

Die zahlreichen, notwendig gewordenen Anführungszeichen verweisen stets neu auf die Ungewissheit des Anfangs und die Fragwürdigkeit tradierter Begriffe in diesem Diskurs. Gleichzeitig jedoch sind es – wie zu zeigen sein wird – gerade die „alten Namen", die in der Dekonstruktion, entgegen einem ersten Anschein, neu erinnert und im Durchgang bewahrt werden … – Versprechen des „Sinns".

69 J. DERRIDA, Buch-Ausserhalb. Vorreden / Vorworte, in: *Dissemination* (Wien: Passagen, 1995), 9-68, hier: 11.

70 F. NIETZSCHE, *Jenseits von Gut und Böse. Vorspiel einer Philosophie der Zukunft* (KSA 5; München-Berlin-New York: dtv/de Gruyter, [3]1993), 16f [§2].

Genese eines abwesend Vorgängigen:
Différance, *Spur* und *Schrift* bei Jacques Derrida

Es wird niemals einfach sein, *über* Jacques Derrida bzw. *über* seine Texte zu schreiben. Dies als Theologe tun zu wollen, muss zudem den Eindruck erwecken, einen bestimmten Kontext für den Diskurs mit Derrida vorweg bereits gesichert zu haben. Auch hier: Der Verdacht wird bleiben …

Die einzige Möglichkeit, das gegenseitige philosophisch-theologische Misstrauen zu minimieren, scheint eine strikt chronologische und am Text selbst orientierte Lektüre dieses Werkes zu sein. Eine Lektüre also, die zunächst keine theologischen oder andere Kriterien von außen zu seiner Beurteilung heranträgt, sich vielmehr selbst durch den Text auch infragestellen lässt. Wir werden uns daher in den ersten beiden Kapiteln schlicht der Argumentation der Texte anvertrauen, allerdings ihre kritische Intention zugleich auch auf sich selbst anzuwenden versuchen. Eine spezifisch theologische Reflexion auf diese Lektüre soll erst im letzten Kapitel versucht werden.

Der erste Teil der folgenden Untersuchung ist jenen „Begriffen" (insofern sie am Ende noch als solche „bezeichnet" werden können) gewidmet, die vor allem in den frühen Schriften Derridas den Rahmen einer in Frage gestellten „Metaphysik der Präsenz" zu sprengen behaupten. Ohne die metaphysische Sprache jemals aufgeben zu können, versucht Derrida nach eigenen Angaben „jenseits" der Geschlossenheit *(clôture)* der historisch-metaphysischen Epoche zu denken.[71] Bereits bei dieser Ausgangsfrage scheinen die verwendeten „Begriffe" jedoch von einer sich selbst entlarvenden Unmöglichkeit bzw. Sinnlosigkeit bedroht. Ein „Jenseits der Metaphysik" lässt sich per definitionem nicht „denken" ohne sofort wieder dieser zu verfallen. „Der Überstieg der Metaphysik durch *[mittels; Anm. PZ]* jenes »Denken«, das […] noch nicht begonnen hat, läuft unentwegt Gefahr, erneut in die Metaphysik zurück-

71 Jacques Derrida, *Grammatologie* (Frankfurt/M.: Suhrkamp, [6]1996 [fr. [1]1967, dt. [1]1983]), 14f. [= G] – „*Geschlossenheit (clôture)* … Wir sagen nicht *Ende (fin)*." (14) – Hier trifft sich Derridas Anliegen in gewisser Weise mit dem Gianni Vattimos, der ebenfalls nicht einfach von einer „Überwindung" der Metaphysik sprechen will, sondern – mit Bezug auf M. Heidegger – von einer „Verwindung" derselben. Vgl. Gianni Vattimo, *Das Ende der Moderne* (Stuttgart: Reclam, 1990).

zufallen."[72] Ebenso lässt sich kein Ort oder Zeitpunkt benennen, von dem aus die „Geschlossenheit" (Vollendung) der Metaphysik als Epoche konstatierbar wäre. Gerade die ungewohnte und uneindeutige „Begrifflichkeit" Derridas wird also zu untersuchen sein, die Einführung von Begriffen, die allesamt „älter" („ursprünglicher") sein sollen als der metaphysische Ursprung, als der Ursprung der Metaphysik. Die „Irre (errance)" [G 15] oder der „Wahnsinn"[73] eines solchen Denkens kann nur aus der Not, aus dem Zerbrechen bisheriger Gewissheiten legitimiert werden – und bleibt dennoch gefährdet. Derrida ist sich dessen durchaus bewusst: „Der Vorgriff auf die Zukunft ist nur in Gestalt der absoluten Gefahr möglich. Sie ist das, was mit der konstituierten Normalität vollständig bricht und also nur in Gestalt der Monstruosität sich kundtun, sich *präsentieren* kann." [G 15] – Um hier dem Missverständnis eines in den Mythos oder die Irrationalität abgleitenden Denkens zu entgehen, wird es daher notwendig sein, Derridas Text unter ständigem Rückbezug auf den anlassgebenden Riss der Kontinuität der tradierten Begriffe zu lesen.

Die Auswahl der titelgebenden Begriffe ist nicht willkürlich. Die Ausdrücke *Spur*, *Schrift* und *différance* sind die am deutlichsten ausgearbeiteten Beispiele für das nichtbegriffliche und nicht-ursprüngliche Denken Derridas. Obwohl dies für Spur *(trace)* und Schrift *(écriture)* auf den ersten Blick nicht zu gelten scheint, so sind letztlich doch alle drei als „Neologismen" zu betrachten, als Ausdrücke, die erst jenseits metaphysischer Sprache lesbar werden. Diese Vorwarnung wird vielleicht notwendig gewesen sein.

Der Riss der philosophischen Identität

Es gehört bereits zu den Gemeinplätzen der Einordnung des Denkens von Jacques Derrida, dass es sich zunächst und vor allem mit den Rändern und Randzonen der Philosophie auseinandersetzt. Die Frage ist nur, wie diese „Randgänge"[74] einzuschätzen sind. In welchem Verhältnis steht der Rand zum Zentrum, das Draußen, das mit dem Rand oder der Grenze in gewisser Weise stets mitgedacht wird, zum Drinnen? Wenn sich für Derrida allerdings die Frage stellt, ob ein Zentrum, ein Grund, eine Grundlegung oder ein Ursprung des Denkens überhaupt noch benannt werden können, so wird man den Rändern der Philosophie vielleicht zubilligen müssen, ins Zentrum gerückt zu sein – wenn es nicht gar geboten sein wird, eine be-

72 Jacques DERRIDA, Die soufflierte Rede, in: *Die Schrift und die Differenz* (Frankfurt/M.: Suhrkamp, [6]1994 [fr. [1]1967, dt. [1]1976]) 259-301, hier: 300. [fr. Erstveröffentlichung, in: *Tel Quel* 20 (Winter 1965).]

73 Jacques DERRIDA, »Ein 'Wahnsinn' muss über das Denken wachen«. Gespräch mit François Ewald, in: *Auslassungspunkte. Gespräche* (Wien: Passagen, 1998) 343-368.

74 Vgl. Jacques DERRIDA, *Randgänge der Philosophie* (Wien: Passagen, [2]1999 [fr. [1]1972, dt. [1]1988]).

stimmte *Zentrumslosigkeit* zu denken. Und wenn auf diese Weise die Philosophie in sich selbst eher mit den Ereignissen an ihren Rändern identifiziert werden müsste, so wird das Denken Derridas durchaus auch in einem engeren Sinn „philosophisch" genannt werden dürfen. Um diese Dezentrierung der Philosophie als (ortlosen) Ausgangspunkt Derridas nachvollziehen zu können, ist es notwendig, den Brüchen und Rissen in den Konsequenzen abendländischen Denkens nachzugehen, die er selbst in seinen frühesten Schriften aufdeckt.

Es ist im großen und ganzen ein einziger, in vielfältigen Formen erkennbarer, immer wiederkehrender Bruch, den Derrida von Anfang an durch eine genaue Lektüre zahlreicher philosophischer, aber auch literarischer Texte verschiedener Autoren aufzudecken versucht. Ein Bruch, der nicht von einem Denk- oder Argumentationsfehler herrührt und damit auch nicht zu einer Kritik der gelesenen Texte führt, sondern ein Bruch, der in der abendländischen Philosophie selbst wurzelt und in gewisser Weise – in Form einer Abgrenzung von einer unbenennbaren Grundlosigkeit – die Möglichkeitsbedingung für jede dem abendländischen Denken verpflichtete Philosophie darstellt. Der Bruch trägt von Anfang an nur einen Namen: die Uneinlösbarkeit des historisch-metaphysischen Anspruchs von einem Ursprung, einer Evidenz oder Unmittelbarkeit, einem höchsten Seienden oder einem Gott, einem Logos oder einer ἀρχή, einem Ding an sich oder einem Subjekt, einem Ego, einem ersten Signifikat bzw. einem Ersten überhaupt ausgehen zu können. Jeder dieser Versuche führt in Aporien, die Derrida aufzudecken sucht. Eine Überwindung des Ursprungsdenkens kann von ihm allerdings auch nicht angestrebt werden, denn diese müsste sich schließlich selbst entlarven. Was jedoch deutlich zu werden vermag ist ein Riss der Kontinuität philosophischen Denkens, das sich bisher per definitionem als identifizierendes Denken entfaltet hat.

1. Die Endlichkeit des Ursprungs oder: Die Frage nach dem Vor- (I)

Nachdem Derrida als 23-jähriger Student der *École Normale Supérieure* während seiner Studien im Husserl-Archiv in Leuven (1953/54) schon eine Arbeit über Husserl verfasst hat[75], ist auch sein erster Vortrag unter dem Titel „»Genesis und Struktur« und die Phänomenologie" (1959 auf einem Kolloquium in Cerisy-la-Salle[76]) mit dem Werk Husserls befasst. Bereits hier wird die später so zentrale Frage nach der „Be-

[75] Diese Arbeit wurde erst 1990 veröffentlicht: Jacques DERRIDA, *Le problème de la genèse dans la philosophie de Husserl (mémoires d'études supérieures)* (Paris: Presses Universitaires de France, 1990).

[76] Jacques DERRIDA, »Genesis und Struktur« und die Phänomenologie [= GS], in: *Die Schrift und die Differenz* (Frankfurt/M.: Suhrkamp, ^{6}1994 [fr. ^{1}1967, dt. ^{1}1976]), 236-258. [frz. Erstveröffentlichung in: M. DE GANDILLAC / L. GOLDMANN / J. PIAGET (Hg.), *Entretiens sur les notions de genèse et de structure* (Paris-La Haye: Mouton & Co., 1965), 243-260.]

ziehung des vermeintlichen Anfangs zu immer schon geschehenen Vor-Anfängen"[77] deutlich. Der Vortrag schließt dementsprechend mit der – eigentlich logisch sinnlosen – Frage nach dem auch noch der transzendentalen Reduktion Husserls Vorausgehenden. Mit der zunächst noch ungeschützten Frage nach der „Möglichkeit der transzendentalen Reduktion" (und damit neuerlich nach einem Ursprung) wird hier das spätere Thema bereits umrissen:

> „Die Frage nach der Möglichkeit der transzendentalen Reduktion kann nicht ihrer Beantwortung harren. Sie ist die Frage nach der Möglichkeit der Frage, die Öffnung selbst, der klaffende Spalt [*béance*], aus dem heraus das *transzendentale Ich*, das Husserl »ewig« zu nennen versucht war (was jedenfalls in seinem Denken nicht unendlich oder ahistorisch heißen will, ganz im Gegenteil), dazu gebracht wird, alles zu hinterfragen, im besonderen die Möglichkeit der ungebändigten und nackten Tatsächlichkeit des Nicht-Sinns, im gegebenen Fall zum Beispiel seines eigenen Todes." [GS 258]

Nicht das Beantworten der Ursprungsfrage gilt es in den Blick zu nehmen, sondern – weniger von Voraussetzungen geprägt – den „klaffenden Spalt", den Riss, der das starke Ich mit seinem Scheitern konfrontiert.

In seinem 1962 erscheinenden ausführlichen Kommentar (datiert mit „Juli 1961") zu der von ihm übersetzten *Beilage. III* („Der Ursprung der Geometrie") zu Husserls späterer »Krisis«-Schrift[78] wird schließlich sogar die paradoxe Unmöglichkeit *jedes* transzendentalen Diskurses, insofern er sich notwendigerweise sprachlich ausdrücken muss, deutlich. Die Thematik der Sprache – und in weiterer Folge die Schrift im engeren Sinne – erweisen sich als für den philosophischen Diskurs zentral. Dies zeigt sich erstaunlicherweise bereits bei Husserl selbst. Da dieses Verhältnis von transzendentalphilosophischer Reflexion und ihrer Verendlichung, in gewissem Sinne sogar Relativierung durch die Gebundenheit an eine keineswegs mehr ursprünglich zu nennende Sprache (Schrift) den *zunächst unbeabsichtigten* Ausgangspunkt von Derridas Denken bildet, werden seine frühen Texte wohl mit besonderer Sorgfalt auf diese Thematik hin gelesen werden müssen.

In der Analyse Husserls erscheint die Sprache jedoch zunächst dem philosophischen Diskurs keineswegs zentral, vielmehr diesem gegenüber widerständig und destruktiv, insofern die Notwendigkeit der Versprachlichung die diskursive Vergegenwärtigung des Transzendenten verweigert.

77 Uwe DREISHOLTKAMP, *Jacques Derrida* (München: Beck, 1999), 16. [= JD]

78 Jacques DERRIDA, *Husserls Weg in die Geschichte am Leitfaden der Geometrie. Ein Kommentar zur Beilage III der »Krisis«* (München: Fink, 1987 [fr. [1]1962]). [= HW] Zur Datierung siehe ebd. 203. – Die Beilage III „Der Ursprung der Geometrie" wurde 1954 zusammen mit der »Krisis«-Schrift im Band VI der Husserliana veröffentlicht. Das ursprüngliche Manuskript Husserls stammt aus dem Jahr 1936 und wurde bereits 1939 nach einer Abschrift Eugen Finks erstmals veröffentlicht (vgl. HW 31).

> „Gerade in dem Maße also, wie sie nicht »natürlich« ist, leistet die Sprache paradoxerweise den größten Widerstand gegen die phänomenologische Reduktion und haftet dem transzendentalen Diskurs unaufhebbar eine gewisse Mundanität an, bleibt er zweideutig." [HW 91][79]

An diesem Punkt verweist Derrida in einer langen und gerade für das Verständnis der anfänglichen Motivation seines Denkens wichtigen Fußnote zunächst auf Eugen Fink, der das Problem einer fehlenden Analyse einer „transcendentalen Sprache" bei Husserl mehrfach betont hat und in diesem Zusammenhang die Frage stellt, „ob man nach der Reduktion »noch im gleichen Sinn über den LOGOS verfügen (kann) wie vordem«."[80] In welcher Sprache spricht das Denken, wenn ihm die Sprache selbst zum Thema wird? Die phänomenologische Reduktion kann „nicht mit den Mitteln einfacher Sätze der natürlichen Einstellung dargestellt werden. Man kann von ihr nicht sprechen, ohne die natürliche Funktion der Sprache zu transformieren."[81] Derrida selbst wendet nun diese Infragestellung sogleich exkursartig auf die Problematik des Ursprungs überhaupt an und unterscheidet dabei bereits einen „verborgenen" Sinn dieses Wortes von seinen versprachlichten Gehalten.

> „Angewandt auf die Problematik des *Ursprungs* könnte man fragen, was – zum Beispiel – der verborgene, nicht thematische und dogmatisch übernommene Sinn des Wortes »Geschichte« oder des Wortes »Ursprung« ist, der es als die gemeinsame Herkunft der ihm entspringenden Bedeutungen erlaubt, zwischen Tatsachen»geschichte« und intentionaler »Geschichte«, zwischen »Ursprung« im gewöhnlichen Sinn und phänomenologischem »Ursprung« etc., zu unterscheiden. Von welcher einheitlichen Grundlage aus wird diese Brechung des Sinns möglich und verständlich? Was ist *die Geschichte*, was ist *der Ursprung*, von denen man sagen kann, sie sollen bald so, bald anders verstanden werden? Solange der Begriff des Ursprungs *überhaupt* nicht als solcher *kritisch geprüft* wird, bleibt der Radikalismus – wie Feuerbach in »Zur Kritik der Hegelschen Philosophie« (1839) eindrucksvoll gezeigt hat – der Mythologie des *absoluten Anfangs* ausgeliefert.
>
> Diese Fragen legen die Notwendigkeit einer erneuerten und strengen philologischen oder »etymologischen« Thematik nahe, die dem phänomenologischen Diskurs voranginge. Eine ungeheure Aufgabe, weil sie voraussetzt, dass alle Probleme, denen sie vorangehen soll, gelöst sind, besonders eben das Problem der Geschichte und der Möglichkeit einer historischen Philologie." [HW 92, Anm. 6; Hervorhebung i. Orig.]

Hier, vorerst immer noch im Subtext einer Fußnote, kündigt sich nochmals und in ganz konkreter Formulierung das „ursprüngliche" Anliegen, mehr noch: der notwendig gewordene Ausgangspunkt, der Anlass, die unhintergehbare Fragestellung

79 Vgl. dazu E. HUSSERL, Der Ursprung der Geometrie, in: *Hua VI*, 368: „Wo immer ausgesagt wird, unterscheidet sich das Thematische, worüber es gesagt wird (sein Sinn), von der Aussage, die selbst während des Aussagens nie Thema ist und sein kann."

80 HW 91-93 Anm. 6, hier 92. – Derrida zitiert hier E. FINK, *Nähe und Distanz*, (München 1976), 202.

81 E. FINK, Brief v. 11.5.1936, hier zit. n. HW 91, Anm. 6.

an, vor deren Hintergrund die späteren Texte Derridas gelesen werden müssen. Wie im Vortrag von 1959[82] spricht Derrida auch hier von der Notwendigkeit einer dem phänomenologischen Diskurs *voran*gehenden Aufgabe, die den „uneingestandenen Dogmatismus" und die „Nicht-Thematisierung übernommener Sprache" zum Thema hat, das heißt von einer „*zweiten* Reflexion" auf die Möglichkeit der transzendentalen Reduktion selbst. Für ihn ist damit auch „die irreduzible Nähe der Sprache zum ursprünglichen Denken bezeichnet, in einem Gebiet, das sich von Natur aus jeder phänomenalen oder thematischen Aktualität entzieht."[83] Die Frage nach dem Ursprung ist also zunächst auf die Beantwortung der Frage, wie es überhaupt möglich werden kann, von einem Ursprung *zu sprechen,* verwiesen.

Tatsächlich ist auch für Husserl selbst die Konstitution *absolut idealer Gegenstände* (wie z.B. der Mathematik und der Geometrie) nur mittels Sprache, d.h. durch eine „sprachliche Verleiblichung"[84] möglich. Dabei handelt es sich jedoch nicht um einen Rückfall in kulturelle oder subjektive Bedingungen und Abhängigkeiten, deren Reduktion ja gerade das Anliegen der transzendentalen Phänomenologie Husserls darstellt, sondern, wie Derrida sehr klar sieht, gerade um das Gegenteil, um die Wahrung der universalen und absoluten Idealität der Wahrheit. Die Konstitution idealer Objektivität darf für Husserl ja gerade nicht von subjektiven Bedingtheiten abhängig sein,[85] zu denen letztlich z.B. auch der eigene Tod und damit eine zeitliche Begrenztheit zu zählen wäre.[86] Ideale Objektivität muss vielmehr universale (intersubjektive) Verständlichkeit und vor allem „allzeitliche"[87] Gültigkeit besitzen. Diese Universalität kann jedoch nur über ein historisch-transzendentales Medium, eine bestimmte „Verleiblichung" gegeben sein, da auf der einen Seite das individuelle Bewusstsein als Garant für die Fassung idealer Gegenstände ausfällt, noch mehr aber ein voraus-

82 Siehe oben Anm. 76.

83 Alle Zitate aus: HW 93 (Anm. 6).

84 Husserl, Der Ursprung der Geometrie, 369; vgl. HW 101. 209.

85 „Damit der Gegenstand absolut ideal sei, muss er noch von *jeder* Bindung an eine aktuelle Subjektivität überhaupt befreit werden, er muss also fortbestehen, »obschon niemand (ihn) in Evidenz verwirklicht hat«." (HW 116. - Derrida zitiert hier Husserl, Der Ursprung der Geometrie, 371.)

86 „Das originale Selbstdasein in der Aktualität der ersten Erzeugung, also in der ursprünglichen »Evidenz«, ergibt überhaupt keinen verharrenden Erwerb, der objektives Dasein haben könnte. Die lebendige Evidenz geht vorüber [...] | Es fehlt das verharrende Dasein der »idealen Gegenstände« auch während der Zeiten, in denen der Erfinder und seine Genossen nicht in solchem Konnex wach oder überhaupt nicht mehr am Leben sind. Es fehlt ihr Immerfort-Sein, obschon niemand sie in Evidenz verwirklicht hat." (Husserl, Der Ursprung der Geometrie, 370f.)

87 Zum Problem eines überindividuellen (All-)Zeitverständnisses vermerkt Derrida in einer Fußnote: „Allzeitlichkeit und universale Verständlichkeit [sind], auch wenn sie konkret sind und als solche erlebt werden, nur Reduktion faktisch historischer Zeitlichkeit und faktisch geographischer Räumlichkeit. »Überzeitlichkeit« oder »Zeitlosigkeit« lassen sich in ihrer Transzendenz oder Negativität nur *in Rücksicht* auf weltliche und faktische Zeitlichkeit definieren. Ist diese einmal reduziert, erscheinen sie als Allzeitlichkeit, als konkreter Modus der Zeitlichkeit überhaupt." (HW 102 Anm. 11)

zusetzender τόπος οὐράνιος [HW 100; vgl. SD 240] per definitionem der transzendentalen Phänomenologie, letztlich wohl jedem ernstzunehmenden Grundlagendiskurs (zumindest insofern es sich sonst um eine ursprüngliche *Setzung* handeln würde) verschlossen bleibt. Damit wird bereits im Husserlschen Diskurs selbst die Frage nach einer (von ihm allerdings nicht eingelösten) *transzendentalen Sprache* [vgl. HW 92. 103], vor allem aber auch nach einer *transzendentalen Intersubjektivität* erkennbar.

> „Zweifellos bleibt die geometrische Wahrheit jenseits aller besonderen und faktischen Versprachlichung als solcher, einer Versprachlichung, für die jedes Subjekt, das eine bestimmte Sprache spricht und einer bestimmten kulturellen Gemeinschaft angehört, de facto verantwortlich wäre. Aber die Objektivität dieser Wahrheit könnte sich *nicht* konstituieren *ohne* die *reine Möglichkeit* reiner Versprachlichung überhaupt. Ohne diese reine und wesentliche Möglichkeit bliebe das geometrische Gebilde unsagbar und vereinzelt. Es wäre *vollkommen an das psychologische Leben eines faktischen Individuums gebunden*, an das einer faktischen Gemeinschaft, ja an einen besonderen Augenblick dieses Lebens. Es würde weder allzeitlich werden, noch für jedermann verständlich: es wäre nicht das, was es ist." [HW 102]

Das Problem der *Sagbarkeit* der idealen Wahrheit, letztlich die *notwendige* und *unhintergehbare Nicht-Idealität* ihrer „sprachlichen und geschichtlichen Verkörperung", diese paradoxe und gegenläufige Bewegung ist also bereits konstitutiv für die transzendentale Gegenstandskonstitution Husserls. Sie wird das Denken Derridas in weiterer Folge von Grund auf prägen.

Ohne die in vielerlei Hinsicht brennende Frage nach der Konstitution einer *transzendentalen Intersubjektivität* hier weiter verfolgen zu können, gilt es erneut die Spur aufzunehmen, die Derrida von Anfang an nötigt, einem Riss der Kontinuität und Identität der abendländischen Philosophie nachzugehen. Dieser Riss wird erkennbar, wenn bereits im Text Husserls selber, deutlich allerdings erst im Kommentar Derridas, der Verzicht auf die ursprüngliche Evidenz, letztlich auf den Begriff des transzendentalen Ursprungs überhaupt gerade um der Wahrung desselben notwendig wird. Diese Notwendigkeit ergibt sich aus dem Übergang von der Sprache zur Schrift.

Im Anschluss an die Betonung der Notwendigkeit, die Konstitution absolut idealer Gegenstände in einer transzendentalen Intersubjektivität, die nur über das Medium einer Sprache erreicht werden kann, zu verankern[88], führt Husserl die unaufschiebbare Reduzierung der Sprache auf Schrift vor. Sprache vermag den Sprecher nur als Schrift zu überdauern, das heißt aber auch, dass die Konstitution *absolut idealer Objektivität* letztlich nicht an den Sprachlaut, sondern an das Sprach*zeichen*, an die Schrift gebunden ist.[89]

88 Vgl. die Aussagen Husserls, die nichts an Deutlichkeit zu wünschen übrig lassen: siehe oben Anm. 86.

89 Mit dem Begriff „Schrift" ist hier letztlich jede Form von Dokumentation zu verbinden und nicht

„Es ist die wichtige Funktion des schriftlichen, des dokumentierenden sprachlichen Ausdrucks, dass er Mitteilungen ohne unmittelbare oder mittelbare persönliche Ansprache ermöglicht, sozusagen virtuell gewordene Mitteilung ist. Dadurch wird auch die Vergemeinschaftung der Menschheit auf eine neue Stufe erhoben. Schriftzeichen sind, rein körperlich betrachtet, schlicht sinnlich erfahrbar und in ständiger Möglichkeit, intersubjektiv in Gemeinsamkeit erfahrbar zu sein. Aber als Sprachzeichen wecken sie ebenso wie Sprachlaute ihre vertrauten Bedeutungen. Die Weckung ist eine Passivität, die geweckte Bedeutung also passiv gegeben, ähnlich wie jede ins Dunkel versunkene Aktivität sonst, assoziativ geweckt, zunächst passiv, als mehr oder minder klare Erinnerung auftaucht. Wie bei dieser so ist auch bei der hier fraglichen Passivität das passiv Geweckte sozusagen zurückzuverwandeln[90] in die entsprechende Aktivität: es ist die einem jeden Menschen als sprechendem Wesen ursprünglich eigene Vermöglichkeit der Reaktivierung. Danach vollzieht sich also durch das Niederschreiben eine Verwandlung des ursprünglichen Seinsmodus des Sinngebildes, in der geometrischen Sphäre der Evidenz des zur Aussprache kommenden geometrischen Gebildes. Es sedimentiert sich | sozusagen. Aber der Lesende kann es wieder evident werden lassen, die Evidenz reaktivieren."[91]

In diesem von Husserl fast beiläufig gegebenen Hinweis auf die Schrift, der in *Der Ursprung der Geometrie* nicht weiter ausgeführt wird, ist – noch deutlicher als zuvor[92] – die gesamte Thematik von Derridas späteren Analysen in *Die Stimme und das Phänomen* (erneut zu Husserl[93]) und vor allem in *De la grammatologie*[94] als dem für das Denken Derridas entscheidenden Entwurf zur Frage nach der Möglichkeit einer Wissenschaft von der Schrift[95] bereits grundgelegt. Die Schrift wird zur „*»Bedingung«*"[96] für die Rede von Wahrheit überhaupt. Noch nicht vollzogen ist bei Husserl allerdings die Analyse der Schrift losgelöst von ihrem „reinen Bezug auf ein sie begründendes Bewusstsein." [HW 117] Uwe Dreisholtkamp vermerkt, dass Derrida hier bereits einen Schritt weiter zu denken scheint, wenn dieser explizit auf Schriften verweist, zu deren Urhebern und ihren Intentionen der Versprachlichung / Verschriftlichung wir keinen eindeutig nachvollziehbaren Zugang mehr haben:

bloß das „Geschriebene" im alltäglichen (literarischen) Gebrauch des Wortes.

90 *[Anm. Husserl:]* „Es ist eine Verwandlung, die in sich selbst als Nachgestalt bewusst ist."

91 Husserl, Der Ursprung der Geometrie, 371f.

92 Z.B. in der bereits erwähnten langen Fußnote in: HW 91-93 (Anm. 6). – Siehe oben S. 31.

93 Jacques DERRIDA, *Die Stimme und das Phänomen. Ein Essay über das Problem des Zeichens in der Philosophie Husserls* (Frankfurt/M.: Suhrkamp, 1979 [fr. 1967]). [= SP]

94 Jacques DERRIDA, *Grammatologie* (Frankfurt/M.: Suhrkamp, 61996 [fr. 11967, dt. 11983]). [= G]

95 Die hier bezeichnete Schrift-Wissenschaft hat – korrespondierend mit dem Schriftverständnis Husserls (s.o. Anm. 89) – „Schrift" nur hinsichtlich ihres (primären) transzendentalen Anspruchs im Blick und nicht als (sekundäre) Verschriftlichung eines innerweltlich (sprachlich) bereits Vorliegenden. Die Schwierigkeiten und Aporien dieser Unterscheidung sind letztlich das Thema von *Grammatologie.*

96 HW 117. Siehe auch ebd. 118: „Für die ideale Objektivität ist die Möglichkeit oder Notwendigkeit graphischer Verleiblichung nicht äußerlich und faktisch: sie ist *conditio sine qua non* ihrer inneren Vollendung."

> „Das Schweigen prähistorischer Arkana und versunkener Zivilisationen, das Begrabensein verlorengegangener Intentionen und gehüteter Geheimnisse, die Unlesbarkeit der steinernen Inschrift verraten den transzendentalen Sinn des Todes: das, was ihn mit der Absolutheit intentionalen Rechts mitten im Augenblick ihre Scheiterns vereint." [HW 118; vgl. JD 57]

Derridas Betonung in seiner Analyse der notwendigen Verschriftlichung liegt auf der offensichtlichen „Ein-»Bindung« der Idealität in die Realität" [HW 119, Anm. 4], die letztlich dazu zu nötigen scheint, „die ideale Gegenständlichkeit als solche [...] *vor* und *unabhängig von* ihrer Verkörperung schon vollständig konstituiert oder vielmehr: vor und unabhängig von ihrer *Verkörperbarkeit*" [HW 119] zu denken. Die Konsequenzen, die sich daraus ergeben werden, lassen die abendländische Philosophie – ohne sich ihr entziehen zu können – in gewisser Weise als geschlossenes Paradigma und nur in dieser Geschlossenheit (*clôture*) auch als „abgeschlossen" oder „vollendet" erscheinen.[97]

Zunächst sieht sich Derrida genötigt, von einem „*Verschwinden* der Wahrheit" [HW 123] zu sprechen. Allerdings in der doppelsinnigen Bedeutung einer Abwesenheit, die nicht bereits ident ist mit dem Verlust jedes Seinssinns. Der absolut ideale Gegenstand – Derrida fügt hinzu: „d.h. die Wahrheit" [HW 123] – ist von der Schrift abhängig ohne in ihr aufzugehen. Die Wahrheit „hängt ab von der reinen Möglichkeit des Sagens und Schreibens, ist jedoch unabhängig vom Gesagten und Geschriebenen, sofern es in der Welt ist." [HW 123] Dennoch ist die Wahrheit in der bzw. durch die Schrift bereits verschwunden:

> „Aber da der Sinn, um der Weltlichkeit zu entgehen, zunächst in der Welt versammelt und in der sinnlichen Raum-Zeitlichkeit deponiert werden *können muss*, wird seine reine intentionale Idealität, d.h. sein Wahrheitssinn, notwendig gefährdet. So taucht also in einer Philosophie, die – wenigstens in einigen ihrer Motive – das Gegenteil eines Empirismus ist, eine Möglichkeit auf, die sich bisher nur mit dem Empirismus und der Nicht-Philosophie vertrug: die eines *Verschwindens* der Wahrheit." [HW 123]

97 Hier gilt es einem möglichen logischen Missverständnis bzw. einem ernstzunehmenden Einwand zu entgehen, indem gefragt werden könnte, von welchem Ausgangspunkt aus (der notwendigerweise *außerhalb* des (ab)geschlossenen philosophischen Paradigmas liegen müsste) die *clôture* konstatiert würde. Schon das Nennen eines solchen Ausgangspunktes würde allerdings in die abendländische Metaphysik wieder zurückfallen. Es kann kein benennbares Außerhalb der Metaphysik geben. Von „Geschlossenheit" kann also nur in dem Sinne gesprochen werden, als die philosophische Denkbewegung selbst ihre Prämissen untergräbt bzw. überhaupt erst solche erkennbar macht. Die *clôture* ist erst als bereits unterbrochene Vollendung erkennbar. *Erst der Riss schließt das abendländische Paradigma zu einem solchen.* – Inwieweit sich dieser Gedanke als eine „Universalisierung" der Kuhnschen Paradigmentheorie (fernab von ihrer einzelwissenschaftlichen Fixierung) fassen ließe, dem müsste eigens nachgegangen werden (eventuell auch mit Bezug auf das archäologische Vorhaben Foucaults: siehe dazu auch S. 38, bes. Anm. 108). Vgl. Th.S. KUHN, *Die Struktur wissenschaftlicher Revolutionen* (Frankfurt/M.: Suhrkamp, 121993 [amer. 11962]).; M. FOUCAULT, *Die Ordnung der Dinge. Eine Archäologie der Humanwissenschaften* (Frankfurt/M.: Suhrkamp, 141997 [fr. 11966]).

Damit ist die Identität und Kontinuität der abendländischen Ursprungsphilosophie von einer ursprünglichen (man könnte mit derselben Plausibilität auch sagen *nicht-ursprünglichen*) Zerrissenheit gekennzeichnet, von einer ursprünglichen Differenz, die den Ursprung, die Wahrheit, letztlich jede Idealität (ohne diese Begriff vorschnell zu negieren) mit einer endlichen (Vor-)Bedingung[98] verknüpft. Derrida spricht auch von einer „Alterität des absoluten Ursprungs" [HW 202] und – mit Konsequenzen für die Tätigkeit des Philosophen – von einer „Verspätung [die] das Schicksal des Denkens als Diskurs ist." [HW 201] Jedes Denken kommt bereits zu spät, um den Ursprung noch in seiner Ursprünglichkeit denken zu können.

2. *Das Andere der Vernunft oder: Die Unmöglichkeit, über den Wahnsinn zu schreiben*

Im März 1963 hält Jacques Derrida, mittlerweile bereits Assistent von Jean Wahl an der Sorbonne, einen Vortrag[99] im Collège philosophique zu dem 1961 erschienenen Buch *Wahnsinn und Gesellschaft*[100] seines früheren Lehrers Michel Foucault. Mit diesem Buch, d.h. mit dem Denken Foucaults hatte sich damals eine Beendigung der phänomenologischen Phase der Geschichte der Philosophie in Frankreich abzuzeichnen begonnen[101], eine Wende zu einem *philosophischen* Strukturalismus, der nicht mehr statisch, sondern erstmals geschichtlich[102] zu denken versuchte. Ohne sich selbst als Strukturalisten zu bezeichnen, wurde Foucault spätestens mit dem einige Jahre später erschienenen Buch *Le mots et les choses* (1966)[103] so zu einer Schlüsselfigur dieser Form des Strukturalismus.

98 Die hier anklingende temporale „Vorgängigkeit" des Endlichen ist es schließlich, die das abendländische Ursprungs-, Präsenz- und Identitätsdenken beunruhigen muss. Ursprung und Präsenz (als unmittelbare Evidenz) sind unausweichlich mit der Zeitproblematik verknüpft. Der Ursprung ist geschichtlich. Dieser titelgebenden Thematik der Derridaschen Lektüre von Husserls *Ursprung der Geometrie* kann hier allerdings aus Gründen der Beschränkung unserer Untersuchung auf die „Begriffe" différance, Spur und Schrift bei Derrida nicht nachgegangen werden.

99 J. DERRIDA, Cogito und Geschichte des Wahnsinns [= CW], in: *Die Schrift und die Differenz* (Frankfurt/M.: Suhrkamp, [6]1994 [fr. [1]1963, dt. [1]1976]) 53-101.

100 M. FOUCAULT, *Wahnsinn und Gesellschaft. Eine Geschichte des Wahns im Zeitalter der Vernunft* (Frankfurt/M.: Suhrkamp, [12]1996 [fr. [1]1961, dt. [1]1973]). – Das Werk ist die Buchform von Foucaults philosophischer *thèse d'État*, die er in den Jahren 1955-58 während seines Aufenthaltes bei Georges Dumézil in Uppsala, Schweden verfaßt hat. Der eigentliche Betreuer der *thèse* war Georges Canguilhem in Paris. Zur beeindruckenden Verteidigung der *thèse* siehe: F. DOSSE, *Geschichte des Strukturalismus* (2 Bde.; Hamburg: Junius, [1]1996-1997 [fr. [1]1991]), hier: Bd. 1, 228ff.

101 Vgl. Dosse, Geschichte des Strukturalismus I, 217ff, bes. 219. Siehe auch: Bernhard WALDENFELS, *Phänomenologie in Frankreich* (Frankfurt/M.: Suhrkamp, 1987), 513ff, bes. 514.

102 In Bezug auf die Lektüre der Phänomenologie Husserls durch Derrida sei hier nochmals angemerkt, dass gerade das Thema der Geschichtlichkeit, d.h. die Zeit-Thematik in einem nicht mehr mit einem traditionellen Zeit- bzw. Geschichtsbegriff zu vereinbarenden Sinn bereits bei Husserl anklingt und von Derrida explizit erhoben wird („Husserls Weg in die Geschichte ..."). Vgl. dazu auch Dreisholtkamp, Jacques Derrida, 38-64; sowie: CW 97 (mit Bezug auf Husserl). – Zum „statischen" Strukturalismus Claude Lévi-Strauss' siehe: Dosse, Geschichte des Strukturalismus I, 32-53.

103 Michel FOUCAULT, *Die Ordnung der Dinge. Eine Archäologie der Humanwissenschaften* (Frankfurt/M.:

Derridas Vortrag beinhaltet eine von Anfang an kritische Auseinandersetzung mit dem strukturalistischen Ansatz[104], die es daher kaum erlauben wird, Derrida in eine explizit *strukturalistische* Tradition einzureihen. Etikettierungen wie „Ultra-Strukturalismus" (Dosse) oder „Post- bzw. Neo-Strukturalismus" (Welsch, Frank) müssten daher erst aufzeigen, inwiefern diese Begriffe grundsätzlich über ein (bloß) strukturalistisches Anliegen hinauszielen.[105]

Das Bestreben von Foucault war es gewesen, eine „Geschichte des Wahnsinns" zu schreiben, des Wahnsinns, der stets als das Andere der Vernunft angesehen worden war. Das philosophische Verhältnis zum Wahnsinn, sowie das gesellschaftliche Verhältnis zu den „Irren" war dabei durchaus historischen Wandlungen unterworfen gewesen. Diesen Wandlungen spürt Foucault nun in seinem Buch nach und – darin liegt die philosophische Sprengkraft dieser Untersuchung – entlarvt bzw. relativiert auf diese Weise implizit den philosophischen Bezug auf Vernunft als ein historisch wandelbares Konstrukt. Die Vernunft als Quelle der Wahrheitserkenntnis oder aber die Wahrheit als Erkenntnisintention verlieren dadurch ihren Evidenzstatuts.[106]

Ließen sich schon von diesem Foucaultschen Standpunkt aus Brüche und Risse in der Legitimation metaphysischer Ansprüche ableiten, geht die Infragestellung des eigenen Denkens Derrida auch hier nicht weit genug. Seine Anfragen beziehen sich deshalb nicht so sehr auf die inhaltliche Durchführung der Argumentation Foucaults, auch nicht auf den Ansatz als solchen, eine Geschichte des Anderen der Vernunft schreiben zu wollen, sondern auf die *ursprüngliche Möglichkeit* einer philosophischen Durchführung dieses Projekts.

Suhrkamp, [14]1997 [fr. [1]1966, dt. [1]1974]). – Das im April 1966 in nur geringer Auflage erschienene Buch musste bis zum September desselben Jahres bereits dreimal nachgedruckt werden. Zur schlagartigen Bedeutung des Werkes siehe: Dosse, Geschichte des Strukturalismus I, 475ff.

104 Dass Michel Foucault bei dem Vortrag seines Schülers selbst anwesend war, verstärkt die Ernsthaftigkeit des Anliegens dieser Lektüre seines Buches. Ob es der Sache angemessen erscheint, mit Dosse hier von einem „Vatermord" (einer für die Beschreibung der Übergänge in der Geschichte der französischen Philosophie allzeit beliebten Metapher) zu sprechen, scheint mir bei einer genauen Lektüre des Vortrags von Derrida zumindest fraglich. In der Sache stimmt Derrida mit Foucault durchaus überein, bringt allerdings – anhand einer allerdings plakativen Korrektur bzw. Kritik der Foucaultschen Descartes-Lektüre – eine Fragestellung in die Debatte ein, die (ohne diesen zu „widerlegen") nochmals über Foucault hinausweist. Foucault blieb „aufmerksam, aber schweigend im Saal" (Dosse, Geschichte des Strukturalismus II, 40) und antwortet erst acht Jahre später, 1971, in einem Aufsatz, der in die französische Neuauflage von *Wahnsinn und Gesellschaft* ([2]1972) aufgenommen wurde. Die Antwort besteht allerdings nur in einer Verteidigung seiner Descartes-Lektüre (vgl. Dosse, ebd. 40). Die grundsätzlichen Fragen werden auch noch die Diskussion um die *Ordnung der Dinge* (1966) betreffen.

105 Vgl. dazu auch dieselbe Einschätzung bei Dreisholtkamp, JD 126.

106 Gerade hier drängt sich noch einmal der Vergleich mit Kuhns 1962 in Amerika erschienenen Paradigmentheorie für die Geschichte des „Wahrheitsverständnisses" in den Naturwissenschaften auf. Vgl. Kuhn, Struktur wissenschaftlicher Revolutionen.

„Indem er eine Geschichte des Wahnsinns schrieb, hat Foucault – und das ist der ganze Wert, aber auch die Unmöglichkeit seines Buches – eine Geschichte des Wahnsinns *selbst* schreiben wollen. *Selbst.* Des Wahnsinns selbst. Das heißt, indem er ihm das Wort gibt. Foucault hat den | Wahnsinn zum Subjekt seines Buches machen wollen.“ [CW 57f][107]

Problematisch an einer Rede *über* den Wahnsinn ist die Sprache, in der sich diese Rede ausdrücken muss. Die Sprache der klassischen Vernunft wird in diesem Zusammenhang zur selbstwidersprüchlichen Falle. Foucaults Vorhaben ist daher entweder von einer „Naivität“ bedroht oder versucht, dieser Spannung standzuhalten ohne den rationalistischen Gestus zu wiederholen, vielmehr die Vernunft zu umgehen, was Derrida als „das *Wahnsinnigste* an seinem Vorhaben“ [CW 58] bezeichnet. Derrida erkennt zwei Strategien Foucaults, den Schwierigkeiten zu begegnen: *zunächst* weist Foucault tatsächlich die Sprache der Vernunft *en bloc* zurück, um *danach* eine „Archäologie des Schweigens“ zu entwickeln.

„*Dann* schreibt er Sätze folgenden Typs (er hat gerade den am Ende des 18. Jahrhunderts abgebrochenen Dialog zwischen Vernunft und Wahnsinn evoziert, ein Bruch, der sich durch die Einverleibung der Totalität der Sprache – und des Rechts auf Sprache – in die psychiatrische Vernunft *[d.h. in ärztliche Verantwortung; Anm. PZ]*, die von der gesellschaftlichen Vernunft und Staatsvernunft delegiert worden ist, ausgezahlt habe. Man hat dem Wahnsinn das Wort abgeschnitten): »Die Sprache der Psychiatrie, die ein Monolog der Vernunft *über* den Wahnsinn ist, hat sich nur auf einem solchen Schweigen errichten können. Ich habe nicht versucht, die Geschichte dieser Sprache zu schreiben, vielmehr die Archäologie dieses Schweigens« (Foucault, Wahnsinn und Gesellschaft, 8). Und durch das ganze Buch zieht sich das gleiche Thema, das den Wahnsinn mit dem Schweigen, mit den »Wörtern ohne Sprache« oder »ohne sprechendes Subjekt« verbindet [...]. Die Geschichte des Wahnsinns selbst zu schreiben, heißt also die Archäologie eines Schweigens zu verfassen.“ [CW 59]

Für Derrida ist allerdings schon der Versuch einer solchen Archäologie ein unmögliches Unterfangen. Nicht weil es sich um die Archäologie eines *Schweigens* handelt, sondern weil es sich um eine „Archäologie“ handeln soll.

„Wenn man ihr *[der Irren; Anm. PZ]* Schweigen *selbst* aussagen will, ist | man bereits zum Feind und auf die Seite der Ordnung übergetreten, selbst wenn man in der Ordnung sich gegen die Ordnung auflehnt und sie in ihrem Ursprung in Frage stellt. Es gibt kein trojanisches Pferd, mit dem die Vernunft (im allgemeinen) nicht fertig würde. [...] Die Revolution gegen die Vernunft kann sich nur in ihr und gemäß einer

[107] Zur (nicht ausdrücklichen) Aufnahme dieser Kritik Derridas vgl. auch die spätere methodologische Selbstreflexion Foucaults: Michel FOUCAULT, *Archäologie des Wissens* (Frankfurt/M.: Suhrkamp, [8]1997 [fr. [1]1969, dt. [1]1973]), bes. 8: „Auf allgemeine Art räumte die *Histoire de la folie* einen viel zu beträchtlichen und übrigens ziemlich rätselhaften Teil dem ein, was darin als eine »Erfahrung« bezeichnet wurde, wodurch das Buch zeigte, in welchem Maße man noch bereit war, ein anonymes und allgemeines Subjekt der Geschichte zuzugestehen.“ – Zum Erfahrungsbegriff in „Wahnsinn und Gesellschaft“ siehe unten Anm. 117.

hegelschen Dimension vollziehen, die ich, für meine Person wenigstens, in dem Buch von Foucault sehr wohl verspürt habe, obwohl ein spezieller Bezug auf Hegel fehlte. [...] Man kann zweifellos nicht eine Geschichte oder gar eine Archäologie gegen die Vernunft schreiben, denn trotz des Anscheins ist der Begriff der Geschichte stets ein rationaler Begriff gewesen. Die Bedeutung von »Geschichte« und »Archie« hätte man vielleicht zunächst befragen müssen.[108] Eine Schrift, die die Werte des Ursprungs, der Vernunft, der Geschichte bei ihrer Befragung übersteigt, könnte sich nicht in der metaphysischen Abgeschlossenheit einer Archäologie einfassen lassen." [CW 60f]

Derrida sieht durchaus, dass sich Foucault der Schwierigkeiten bewusst ist[109], er anerkennt sogar, dass das „Pathos" Foucaults sein Anliegen angemessen vergegenwärtigt. Allerdings wird „die Lösung dieser Schwierigkeit mehr *praktiziert* als *formuliert*" [CW 62]. Ob Foucault über diese Einschätzung seiner Arbeit glücklich sein konnte mag dahingestellt bleiben. Wichtiger scheint vielmehr, darin noch einmal deutlicher das *Pathos Derridas* zu erkennen, das sich offensichtlich auch mit dem Anderen der Vernunft nicht wird zufrieden geben können, insofern dieses sowohl in der Negation, aber – und das macht das *philosophische* Scheitern von Foucaults Projekt aus[110] – auch in der Affirmation dieses Anderen in die Sprache der Vernunft zurückfällt. – Wohlgemerkt handelt es sich hier *bloß* um ein „*philosophisches* Scheitern"! Motivation und Durchführung der Entlarvung der Geschichte der Vernunft als einer Geschichte zunächst der *Ausschließung* des Wahnsinns bzw. der „Wahnsinnigen" (Institution des „Narrenschiffes" in der Renaissance[111]), sowie deren späterer *Einschließung / Einsperrung* in Internierungshäuser (Gründung des Hôpital général 1656 in Paris, in das Arme, Arbeitslose, Sträflinge und Irre gleichermaßen gesperrt wurden[112]) oder in ein

108 *[Anm. PZ:]* Diese Rückfrage nach der Bedeutung von »Geschichte« im allgemeinen wird auch an die Paradigmentheorie von Kuhn zu stellen sein. Die Historisierung wissenschaftlicher Erkenntnis und ihrer Ansprüche müsste auch den Blick auf sich selbst *historisch* fassen, um im engeren Sinn *philosophische* Relevanz zu erhalten. (Zum „sich aufdrängenden" parallelen Blick auf Kuhn, s.o. Anm. 97, sowie Anm. 106.)

109 CW 62; vgl. Foucault, Wahnsinn und Gesellschaft, 13. 15.

110 „Wenn Foucault auch gegenüber dieser Art von Fragen empfänglicher und aufmerksamer als andere ist, scheint er nicht bereit gewesen zu sein, ihnen den Charakter einer methodologischen oder philosophischen Vorbedingung zuzuerkennen." [CW 64]

111 Vgl. Foucault, Wahnsinn und Gesellschaft, 25ff.

112 Vgl. Foucault, Wahnsinn und Gesellschaft, 71ff. – „In seiner Funktion oder seinem Zweck nach gehört das Hôpital général zu keiner medizinischen Idee. Es ist eine Instanz der Ordnung, der monarchischen und bürgerlichen Ordnung, die in Frankreich zur gleichen Zeit hergestellt wird. Es ist direkt mit der königlichen Macht verbunden, die es unter die alleinige Autorität der bürgerlichen Regierung gestellt hat." (ebd. 73) Das Wegschließen hat eine Bedeutung gerade auch für die Identität der Gesellschaft: auch „die ausschweifenden, verschwendungssüchtigen Väter, verlorene Söhne, Gotteslästerer, Leute, die »danach trachten, sich selbst ins Verderben zu stürzen«, und Libertins" (ebd. 99) werden interniert. „In der Geschichte der Unvernunft bezeichnet sie *[die Internierung; Anm. PZ]* ein entscheidendes Ereignis: den Augenblick, in dem der Wahnsinn am sozialen Horizont der Armut, der Arbeitsunfähigkeit und der Unmöglichkeit sich einer Gruppe zu integrieren,

wissenschaftliches Verständnis von Wahnsinn (Gründung von Asylen als *spezifischen* Orten (nur) des Wahnsinns im 18. Jh., unter der „Obhut" von Ärzten und einer sich entwickelnden Psychiatrie[113]), diese Entlarvung der Vernunftgeschichte bleibt als historische, gesellschaftliche, juridische, ethische und religiöse Anfrage allemal bestehen.

Der Riss der philosophischen Identität, der durch die Analysen, Beobachtungen und Kommentare Derridas deutlich zu werden beginnt, ist – so wird am Kommentar zu Foucault erkennbar – nicht durch einen Perspektivenwechsel oder eine andere Art von Negation korrigierbar, sondern grundsätzlich. Es ist nicht bloß ein Riss in der Darstellung, sondern der Kontinuität des philosophischen Anspruchs. Am Ende des langen Kommentars zu Foucaults Descartes-Lektüre wird dies von Derrida explizit ausgesprochen. Obwohl er Foucaults Kritik, dass Descartes in der ersten seiner *Meditationes de prima philosophia* zwar dem Zweifel bezüglich allen Formen von Sinnestäuschungen, so auch dem Traum, nachgeht, den Wahnsinn allerdings vorschnell als Infragestellung des Subjekts ausschließt[114], nicht folgt[115], ist die conclusio zuletzt doch dieselbe – allerdings von einer anderen Argumentation her:

wahrgenommen wird; den Augenblick, in dem er sich in die Probleme der Gemeinschaft zu verflechten beginnt." (ebd. 97)

113 Vgl. Foucault, Wahnsinn und Gesellschaft, 482ff. – Als entscheidendes Datum kann die 1794 erfolgte Befreiung der Geisteskranken von Bicêtre von ihren Ketten angesehen werden (ebd. 14. 482f). Allerdings bestand die nun anzuschließende „Therapie" im 18. Jahrhundert vor allem darin, „den Irren von seinem Wahnsinn zu überzeugen [...], um ihn besser davon zu befreien." (ebd. 522) „Alles wird angestellt, damit der Irre sich in einer Welt des Urteils erkennt, die ihn von allen Seiten umgibt. Er muss wissen, dass er überwacht, beurteilt und verurteilt wird. Von der Verfehlung zur Strafe muss die Verbindung klar verlaufen wie eine von allen anerkannte Schuldhaftigkeit." (ebd. 525) Für Foucault steht auch die Psychoanalyse der Unvernunft verständnislos gegenüber: „Die Psychoanalyse kann einige der Wahnsinnsformen | auflösen; sie bleibt der souveränen Arbeit der Unvernunft fremd. Sie kann weder befreien noch transkribieren, geschweige denn erklären, was es in dieser Mühe an Essentiellem gibt." (ebd. 535f) Das Ergebnis: „Seit dem Ende des achtzehnten Jahrhunderts manifestiert sich das Leben der Unvernunft nur noch im Aufblitzen von Werken wie Hölderlin, Nervals, Nietzsches oder Artauds, die unendlich irreduzibel auf jene Alienationen sind, die heilen, weil sie durch ihre eigene Kraft jenem gigantischsten moralischen Gefangenendasein widerstehen, das man gewöhnlich, wahrscheinlich in einer Antiphrase, die Befreiung der Irren durch Pinkel und Tuke *[die Befreiung in Bicêtre, 1794; Anm. PZ]* nennt." (ebd. 536)

114 „In der Ökonomie des Zweifels *[bei Descartes; Anm. PZ]* gibt es ein fundamentales Ungleichgewicht zwischen einerseits dem Wahnsinn und andererseits dem Traum und dem Irrtum. Ihre Situation ist hinsichtlich des Verhältnisses zur Wahrheit und demjenigen, der sie sucht, unterschiedlich. Träume und Illusionen werden durch die Struktur der Wahrheit überwunden. Der Wahnsinn aber wird von dem zweifelnden Subjekt ausgeschlossen." (Foucault, Wahnsinn und Gesellschaft, 69.) – Die gesamte Descartes-Interpretation findet sich ebd. 68-71.

115 „Zu diesem Zeitpunkt der Analyse wird *[von Descartes; Anm. PZ]* *keine* wahrnehmbare oder imaginative Bedeutung als solche gerettet, wird *keine* Unverletzbarkeit des für den Zweifel Empfänglichen verspürt. *Jede* Bedeutung, *jede* »Idee« sinnlichen Ursprungs wird aus dem Gebiet der Wahrheit *ausgeschlossen, ebenso wie der Wahnsinn.*" [CW 80] – „Es handelt sich hier für Descartes nicht darum, den Begriff des Wahnsinns zu bestimmen, sondern darum, sich des geläufigen Ausdrucks der Ungereimtheit zu juridischen und methodologischen Zwecken zu bedienen [...] Hier muss man festhal-

> Es ist „der Akt des Cogito und die Gewissheit, zu existieren, [die] zum ersten Mal dem Wahnsinn [entgehen], [...] weil in seinem Augenblick, in seiner eigenen Instanz der Akt des Cogito *sogar* gilt, *wenn ich wahnsinnig bin, sogar wenn* mein Denken durch und durch wahnsinnig ist. [...] Angesichts der scharfen Erfahrung des Cogito ist die Verrücktheit, wie es im *Discours de la méthode* ausgedrückt wird, unwiderruflich auf die Seite des Skeptizismus verwiesen. [...] Das *[die universale Gewissheit des Cogito; Anm. PZ]* ist die höchste Sicherheit, die weder den Ausschluss noch das Umgehen zu suchen scheint. [...] seine wahnsinnige Kühnheit besteht also darin, zu einem ursprünglichen Punkt zurückzukehren, der nicht mehr | dem Paar von *determinierter* Vernunft und *determinierter* Unvernunft, nicht mehr ihrer Opposition oder ihrer Alternative zugehört." [CW 89f]

Die Kritik Derridas setzt hier nicht beim Cogito als solchen an, sondern bei den (unweigerlichen?) Konsequenzen, die sich daraus ergeben.

> „Er *[der »Nullpunkt« des Cogito; Anm. PZ]* ist der Punkt[116], in dem das Vorhaben wurzelt, die Totalität zu denken, indem man ihr entgeht. Indem man ihr entgeht, das heißt: indem man über die Totalität hinausgeht, was – im Seienden – nur in Richtung des Unendlichen oder des Nichts möglich ist [...] Selbst wenn ich hier nicht *tatsächlich* zur Totalität gelange, wenn ich sie nicht tatsächlich begreife und umfasse, formuliere ich ein solches Vorhaben, und dieses Vorhaben hat einen Sinn, wie er nur im Blick eines Vorverständnisses der unendlichen und undeterminierten Totalität sich definiert." [CW 90]

Bei Descartes zeigt sich diese Konsequenz, die aus der „hyperbolischen Spitze" des Cogito, aus dem „Nullpunkt"[117], der den Wahnsinn nicht ausschließt, zurückfällt in die Hybris reflektierender – und damit durch (Ent-)Scheidung auch *ausschließender* – Vernunft, im Versuch, „sich abzusichern, das Cogito selbst in Gott zu garantieren, den Akt des Cogito mit dem Akt einer vernünftigen Vernunft zu identifizieren." [CW 92][118]

Lässt sich Philosophie jedoch ohne das Cogito denken? Lässt sich das Cogito ohne einen Gott und ohne den Vorgriff der Vernunft auf eine den Wahnsinn, das Andere der Vernunft, stets ausschließende oder einsperrende Totalität denken? Das Paradoxon des bereits mehrfach angesprochenen Risses der Kontinuität der abendländi-

ten, dass *von diesem Standpunkt aus* der Schlafende oder Träumende verrückter ist als der Irre." (ebd. 82)

116 *[Anm. Derrida:]* „Es handelt sich weniger um einen *Punkt* als um eine zeitliche Ursprünglichkeit im allgemeinen."

117 Vgl. Foucault, Wahnsinn und Gesellschaft, 7: „Man muss in der Geschichte jenen Punkt Null der Geschichte des Wahnsinns wiederzufinden versuchen, an dem der Wahnsinn noch undifferenzierte Erfahrung, noch nicht durch eine Trennung gespaltene Erfahrung ist."

118 Derrida spricht in diesem Kontext von einer Temporalisierung des Cogito, „das selbst nur im Augenblick der Intuition, des auf sich selbst achtenden Denkens, in jenem Punkt oder jener Spitze des Augenblicks gilt." [CW 92] Hinter diesen Formulierungen wird man wohl noch Derridas Lektüre Husserls erkennen. Entscheidend für die Lektüre der späteren Texte Derridas ist hier wiederum, sein Anliegen, sein „Pathos" wahrzunehmen.

schen Philosophie ist es auf jeden Fall, gerade *in* der Kontinuität, im Licht der (erst nachträglich als gebrochen erkannten) Kontinuität zu erscheinen.

„Unter allen Verdiensten Foucaults gibt es auch das, mich besser haben fühlen zu lassen, und zwar durch sein monumentales Buch mehr als durch die Lektüre der *Meditationen*, bis zu welchem Punkt der philosophische Akt in seinem Wesen und in seinem Vorhaben nicht mehr kartesianisch sein konnte [...] Das heißt, wie ich wenigstens zu zeigen versucht habe, [dass] Das-wunderbare-Übertreffen-sagen-wollen, von dem aus das Denken sich selber ankündigt, sich selbst *erschreckt* und sich auf seiner höchsten Höhe gegen seine Vernichtung und sein Ertrinken im Wahnsinn und im Tod *versichert*." – „Was nämlich Michel Foucault uns zu denken lehrt, ist, dass es Vernunftkrisen gibt, die auf seltsame Weise mit dem verwandt sind, was die Welt Wahnsinnskrisen nennt." [CW 99. 101]

3. *Strukturalismus als katastrophisches Bewusstsein oder: Die Frage nach dem Vor- (II) und die Schwelle zu einer zukünftigen Philosophie*

Im Sinne einer genetischen Entfaltung des frühen Denkens von Jacques Derrida gerade im Kontext des französischen Strukturalismus wäre es sinnvoll, nun ausführlicher auf einen Aufsatz einzugehen, der im Sommer 1963 in der Zeitschrift *Critique* erschienen ist: „Kraft und Bedeutung"[119]. Dennoch soll dies hier – einerseits aus Platzgründen andererseits um unnötige Wiederholungen zu vermeiden – unterbleiben. Stattdessen soll Derridas Verhältnis zum Strukturalismus und dem darin abermals erkennbaren *Riss* der Identität der abendländischen Philosophie an einem Vortrag verdeutlicht werden, der maßgeblich für die Rezeption seines Denkens war.[120] Im Oktober 1966 nimmt Derrida auf Einladung René Girards an einem großen Kolloquium zum Thema „Kritische Sprachen und die Wissenschaften vom Menschen" an der John Hopkins Universität in Baltimore teil, das „eine spektakuläre Intensivierung der Rezeption bestimmter französischer Philosophen und Theoretiker in den Vereinigten Staaten einleitete."[121] Der Titel seines Vortrages lautet „Die Struktur,

[119] Jacques DERRIDA, Force et signification, in: *Critique* 193-194 (Juni-Juli 1963). Der Titel ist eine Anspielung auf das für die strukturalistische Literaturtheorie bedeutende, in diesem Artikel jedoch – nicht in seinem Anliegen, sondern in seinen Grundlagen – kritisch besprochene Buch von Jean ROUSSET: *Forme et signification. Essai sur les structures littéraires de Corneille à Claudel* (Paris, 1962). Siehe dazu: Dosse, Geschichte des Strukturalismus I, 294f. – Der Artikel Derridas wurde auch in den Band „Die Schrift und die Differenz" aufgenommen: Jacques DERRIDA, Kraft und Bedeutung [= KB], in: *Die Schrift und die Differenz* (Frankfurt/M.: Suhrkamp, [6]1994 [fr. [1]1967, dt. [1]1976]), 9-52.

[120] Den Hinweis auf diese frühe Resonanz auf das Denken Derridas (die drei wichtigen Bücher *Grammatologie*, *Die Stimme und das Phänomen* und *Die Schrift und die Differenz* waren noch nicht erschienen) verdanke ich Hugh J. Silverman.

[121] Jacques DERRIDA / Geoffrey BENNINGTON, *Jacques Derrida. Ein Portrait von Geoffrey Bennington und Jacques Derrida* (Frankfurt/M.: Suhrkamp, 1994 [fr. [1]1991]), 336. – Vortragende bei diesem Kolloquium zur französischen Philosophie waren u.a. auch Paul de Man, Jacques Lacan, Roland Barthes, Jean Hyppolite, Jean-Piere Vernant und Lucien Goldman.

das Zeichen und das Spiel im Diskurs der Wissenschaften vom Menschen“[122] und Derrida spricht im Jahr des Höhepunktes des Strukturalismus in Frankreich[123] – soeben war Michel Foucaults *Ordnung der Dinge* erschienen – bereits von einem Bruch, einem Riss, der sich auch noch einmal innerhalb der Geschichte des Begriffs der Struktur, d.h. im Strukturalismus selbst ereignet.

Schon 1963, in *Kraft und Bedeutung*, war diese Kritik erkennbar gewesen. Die „*strukturalistische* Invasion“, die Derrida als eine „ungeheure Bewegung einer Unruhe über die Sprache – die nur eine Unruhe der Sprache und in der Sprache selbst sein kann“ beschreibt und die gerade das „universale Denken heute“ erfahren muss, diese „Erschütterung“, die darin besteht, dass der „Ursprung der Geschichte“ in der Sprache liegt, diese „Überraschung, durch die das, was man das okzidentale Denken nennt, aus den Fugen geriet“ [KB 9-11], dieser Strukturalismus wird von Derrida zugleich als eine „kraftlose“ Wiederholung einer impliziten Metaphysik entlarvt. Auch hier wird diese Fundamentalkritik allerdings nicht, wie auch zuvor weder in der Foucault-Kritik noch bei der Husserl-Lektüre, *gegen* das strukturalistische Projekt gewendet, sondern auf unhinterfragt Bleibendes hin zugespitzt.

> „Da wir von der strukturalistischen Fruchtbarkeit zehren, ist es zu früh, unseren Traum zu geißeln. Man muss in ihm darüber nachsinnen, was er bedeuten *könnte*. Morgen wird man ihn vielleicht als ein Nachlassen, wenn nicht sogar als einen Verstoß in der Aufmerksamkeit (*attention*) der *Kraft* gegenüber, die eine Spannung (*tension*) der Kraft selbst ist, interpretieren. Die *Form* fesselt, wenn man nicht mehr die Kraft hat, die Kraft in ihrem Innern zu verstehen, das heißt, wenn man nicht mehr die Kraft hat zu schaffen. Deswegen ist die literarische Kritik aufgrund ihres Wesens und ihres Schicksals zu jedem Zeitpunkt strukturalistisch.“ [KB 11][124]

Das strukturalistische Bewusstsein ist für Derrida hier rückwärtsgewandt, es ist das „Denken der Vergangenheit“, „Reflexion des Vollbrachten“, es ist ein Denken, das von seinem schöpferischen Ursprung entbunden, emanzipiert ist.[125] Insofern ist strukturalistisches Bewusstsein stets „katastrophisches Bewusstsein“, es nimmt die

[122] Jacques DERRIDA, Die Struktur, das Zeichen und das Spiel im Diskurs der Wissenschaften vom Menschen [= SZ], in: *Die Schrift und die Differenz* (Frankfurt/M.: Suhrkamp, [6]1994 [fr. [1]1967, dt. [1]1976]), 422-442.

[123] Vgl. Dosse, Geschichte des Strukturalismus I, 456ff.

[124] Zur „Ohnmacht“, die nicht eine des Kritikers, sondern eine der Kritik ist, vgl. KB 12, Anm. 3.

[125] Mit Bezug auf den literarischen Akt, das Schreiben, spricht Derrida von einem „Verlust der Gewissheit“, von einer „Abwesenheit der göttlichen Schrift“ [KB 21]: „Schreiben heißt nicht bloß wissen, dass aus der Schrift, aus der Spitze des Stils nicht das Beste fließen muss, wie Leibniz es von der göttlichen Schöpfung dachte [...], noch dass das Eingetragene unendlich das Universum *ausdrücken*, ihm ähnlich sein und es immer wieder versammeln muss. Es heißt das auch, nicht mehr absolut in der Lage zu sein, dem Schreiben seinen Sinn vorangehen zu lassen: den Sinn sonach herabzusteigen, gleichzeitig aber die Einschreibung emporzuheben.“ [KB 22] Es mag erlaubt sein, an dieser Stelle die Abwesenheit jeglicher Gewissheit geradezu als das Movens des Theologen für eine genauere Lektüre Derridas zu bezeichnen.

Struktur in der „Instanz der *Bedrohung*" wahr. Wo die Beschäftigung des Kritikers (man wird verallgemeinern können: des Strukturalisten als solchen) die Struktur allerdings zum alleinigen Objekt macht, wo die „Kraft" übersehen wird, die im Werk – für Derrida *immer noch* – als verborgener Ursprung gegenwärtig ist, wo diese Kraft in der strukturalistischen Analyse neutralisiert wird, wird schließlich „die implizite Metaphysik jedes Strukturalismus" [KB 43] erkennbar.

> „Der Strukturalismus lebt in und von der Differenz zwischen seinem Versprechen und seiner Wirklichkeit. Ob es sich um Biologie, Linguistik oder Literatur handelt, wie will man eine organisierte Totalität wahrnehmen, ohne von ihrem Endzweck auszugehen? Oder zumindest von der Mutmaßung ihres Endzwecks? [...] Wenn es Strukturen gibt, dann sind diese aufgrund jener fundamentalen Struktur möglich, durch die die Totalität sich öffnet und absticht, um im Vorgriff auf ein Telos, das hier in seiner unbestimmtesten Gestalt zu verstehen ist, *Sinn anzunehmen.*" [KB 47]

Für Derrida würde gerade im Aufdecken der Form (Rousset) oder der Struktur der Sinn der Kraft, des Werkes, *verborgen* werden. Ohne den etwas dunklen Formulierungen („Die Kraft den Ursprung des Phänomens zu nennen, heißt sicherlich nichts zu sagen." [KB 47]) hier weiter zu folgen, dürfte doch das Anliegen Derridas hier neuerlich klar werden: „die Kraft, das Andere der Sprache" [KB 47], das Vor-, den nicht in der Sprache liegenden Ursprung in einen Diskurs, der sowohl jenseits der abendländischen Philosophie, aber auch noch jenseits der strukturalistischen Denkbewegung liegt, einzuschreiben. – In dem kurzen Vortrag 1966 in Baltimore wird dies alles noch einmal in konzentrierter Form deutlich.

Die Struktur, das Zeichen und das Spiel im Diskurs der Wissenschaften vom Menschen ist ein Schwellentext im Denken Derridas im Übergang von einer bislang bloß kritischen *Lektüre* vorliegender Texte zu einem eigenständigen Entwurf der Möglichkeit einer *zukünftigen* Philosophie angesichts der bereits erhobenen Problematik eines nicht-ursprünglichen Ursprungs, der noch einmal dem für das Denken einzig Fassbaren, der Schrift, *„vorgängig"* gedacht werden müsste, einem „Entwurf" – insoweit dieser Begriff nicht als eine der Sache unangemessene Aktivität eines Bewusstseins verstanden wird –, der in *Die Stimme und das Phänomen* auf explizite Weise vorbereitet und in *Grammatologie*, sowie in dem Ende Jänner 1968 vor der „Société française de philosophie" unter dem Titel „La différance" gehaltenen Vortrag[126] zu entfalten versucht wird. Diesen Entwurf anhand der von Derrida eingeführten Neologismen *différance*, *Spur/Ur-Spur* und *Schrift/Ur-Schrift* darzustellen wird das Thema des folgenden Kapitels sein.

126 Jacques DERRIDA, Die différance, in: *Randgänge der Philosophie* (Wien: Passagen, ²1999 [fr. ¹1968/1973, dt. ¹1988]), 31-56.

Bereits der Aufbau des Baltimore-Vortrags lässt eine Veränderung in der (angezielten) Argumentation Derridas im Vergleich zu seinen früheren Texten erkennen. Am Beginn des Textes wird eine These formuliert; eine These, die voll und ganz aus der Feder Derridas stammt, eine These, die allerdings noch zusätzlich mit einem, bei genauerer Betrachtung jedoch höchst trügerischen „Vielleicht"[127] eingeleitet wird:

> „Vielleicht hat sich in der Geschichte des Begriffs der Struktur etwas vollzogen, das man ein »Ereignis« nennen könnte, wäre dieses Wort nicht mit einem Sinn beladen, den die strukturale – oder strukturalistische – Theorie von ihrem Selbstverständnis her auflösen oder zumindest verdächtigen muss. Nichtsdestoweniger wollen wir »Ereignis« sagen und dieses Wort vorsichtshalber in Anführungszeichen setzen. Was für ein Ereignis könnte dies nun sein? Äußerlich hätte es die Gestalt eines *Bruchs* oder einer *Verdoppelung*." [SZ 422]

Dem anfänglichen „Vielleicht" korrespondiert auf den folgenden Seiten eine konditional formulierte Konsequenz („Wenn es sich so verhält, dann muss …"), sowie ein weiteres „Vielleicht", das neuerlich innerhalb einer – allerdings nur scheinbar *zweiten* – These auftaucht, die die einleitende These stützen soll:

> „Das Ereignis eines Bruches, der Riss, auf den ich anfänglich anspielte, hat sich vielleicht in dem Augenblick vollzogen, als man damit beginnen musste *[sic!]*, die Strukturalität *zu denken*, das heißt zu wiederholen." [SZ 424; Hervorhebung PZ]

In weiterer Folge wird dann nur noch mit zwingenden Konsequenzen argumentiert, oder aber es werden ausführliche „Beispiele" zur Unterstützung bzw. Anwendung der These herangezogen. Das Ende des Textes bildet jedoch nicht – wie zunächst vielleicht zu erwarten wäre – eine Conclusio, die die einleitende These bestätigt, sondern vielmehr eine Ankündigung: die Erwartung einer noch ungewissen Zukunft.[128] Der gesamte Vortrag hat somit den Charakter einer Beobachtung unter einem bestimmten Blickwinkel, eine Analyse, die zugleich auf eine kommende Veränderung, zumindest aber auf die plausible Möglichkeit einer solchen aufmerksam machen will.

Gerade die Formulierungen der Schlusspassagen von *Die Struktur, das Zeichen und das Spiel*, die Offenheit hin auf eine sich ankündigende Zukunft, verraten dieselbe Bewegung, die auch den Schlussabschnitt von Michel Foucaults *Die Ordnung der Dinge* prägt, jene Passage, in der von einem, keineswegs bereits konstatierten, sondern sich durch zahlreiche Indizien abzeichnenden „Tod des Menschen" die Rede ist.[129]

[127] Viel später, 1994 in *Politiques de l'amitié*, wird dieses *Vielleicht* explizit eine zentrale Rolle in Derridas Denken spielen. Siehe unten S.134ff.

[128] Vgl. SZ 442.

[129] „Der Mensch ist eine Erfindung, deren junges Datum die Archäologie unseres Denkens ganz offen zeigt. *Vielleicht* auch das baldige Ende.
Wenn diese Dispositionen verschwänden, so wie sie erschienen sind, wenn durch irgendein Ereignis, dessen Möglichkeit wir höchstens vorausahnen können, aber dessen Form oder Verheißung wir im Augenblick noch nicht kennen, diese Dispositionen ins Wanken gerieten, wie an der Grenze

Derrida spricht in Baltimore also in gewisser Weise *nach* Foucault ohne bereits über ihn hinausgegangen zu sein. Man wird diese außer durch die zeitliche und thematische Nähe der Texte kaum sinnvoll belegbare „Parallele“ vielleicht nicht über Gebühr strapazieren dürfen. Dennoch erscheinen beide als „Schwellentexte“ im Blick auf eine noch unausgeführte zukünftige Philosophie. Von der weiteren Entwicklung insbesondere des Derridaschen Denkens, das ein solches zukünftiges Denken offensichtlich nicht nur zu „praktizieren“, sondern auch zu „formulieren“ sucht[130], wird man daher eine nähere eigenständige Beschäftigung mit dieser offenen Zukunft erwarten können – noch dazu, wenn diese tatsächlich aus einem *Bruch* oder *Riss* hervorgegangen sein wird, das heißt zu einer unhintergehbaren Denknotwendigkeit geworden ist.

Worin liegt nun nach Derrida der Bruch, dessen „Ereignis“ in der Geschichte des Begriffs der Struktur vollzogen wird und – so insinuiert offensichtlich die korrespondierende „zweite“ These – auch vollzogen werden *musste*, insofern „man damit beginnen musste, die Strukturalität zu denken.“ [SZ 424] Das „Vielleicht“, mit dem Derrida seinen Vortrag beginnt, wird also letztlich gar keine Alternative zulassen (der Begriff der Struktur wird als unumgänglich vorgestellt), seine modale Funktion jedoch ist dennoch unverzichtbar: sie verhindert, die Eingangsthese als *Voraus-Setzung* zu lesen. Es handelt sich vielmehr um eine – erst nachträglich als solche erkennbare – *Notwendigkeit.* Diese auf den ersten Blick kleinlich wirkende Unterscheidung ist für Derridas Selbstverständnis entscheidend. Immer wieder wird er betonen, „nichts sagen zu wollen“.[131] Das Sagen-Wollen, *vouloir-dire*, wird vielmehr als *die* scheiternde Hybris der abendländischen Metaphysik entlarvt.

Zurück zum Ereignis des Bruchs in der Geschichte der Struktur:

> „Es ließe sich leicht zeigen, dass der Begriff und sogar das Wort Struktur so alt sind wie die »episteme«, d.h. gleichzeitig mit der Wissenschaft und der okzidentalen Philosophie entstanden sind. Sie wurzeln im Boden der natürlichen Sprache, auf deren Grund die »episteme« sie einsammelt und in einer metaphorischen Verschiebung an sich bringt.“ [SZ 422]

Alle Wissenschaft und Philosophie wurzeln in einer *Rede über* ... Selbst wenn sie den Grund, *aus dem* sie sprechen, zur Sprache bringen, tun sie dies dennoch in einer Rede *über* diesen Grund, sie tun dies in einer, von Derrida „metaphorisch“ genannten Ver-

des achtzehnten Jahrhunderts die Grundlage des klassischen Denkens es tat, *dann* kann man sehr wohl wetten, dass der Mensch verschwindet wie am Meeresufer ein Gesicht *[figure]* im Sand.“ (Foucault, Ordnung der Dinge, 462; Hervorhebungen PZ]

130 Siehe oben S. 39.

131 Vgl. z.B. Jacques DERRIDA, Implikationen. Gespräch mit Henri Ronse, in: *Positionen* (Edition Passagen 8; Graz-Wien: Böhlau, 1986), 33-51, bes. 47. 50f. – Das Gespräch wurde in französischer Sprache im Dezember 1967 erstmals veröffentlicht.

schiebung, die das Zur-Sprache-Bringen in einer nachträglichen (Selbst)Reflexion auf seine Struktur hin befragen lässt. Es kann schlechthin nichts existieren, das sich einer strukturalistischen Analyse entzöge. Diese Strukturalität der Struktur wurde allerdings, so Derrida, „obgleich sie immer schon am Werk war [...] immer wieder neutralisiert, reduziert: und zwar durch einen Gestus, der der Struktur ein Zentrum geben und sie auf einen Punkt der Präsenz, auf einen festen Ursprung beziehen wollte.“ [SZ 422] Hier liegt der Sündenfall des abendländischen Denkens, insofern es tatsächlich versuchte, dem Ursprung, dem Zentrum, dem Woher der Struktur (oder dem in ihr Gegenwärtigen) in dieser noch einmal näher kommen zu können, „es“ in ihr ausdrücken zu können ohne *es* dabei in derselben Weise zu verfehlen wie jeder sprachliche Ausdruck sein Woher letztlich verfehlt und vergessen hat. Man wird hier einwenden und fragen dürfen, ob eine Alternative zum Bezug auf ein Zentrum überhaupt denkbar sein – oder gar das Woher, der Ursprung einfachhin gestrichen, ausgelassen oder sonstwie negiert werden könne. Natürlich nicht. Zumindest nicht ohne in einen Selbstwiderspruch zu geraten.[132] Die Frage könnte allerdings auch dahingehend gestellt werden, inwiefern das, was mit den Begriffen Zentrum oder Ursprung ausgesagt werden sollte, nicht auf eine *andere*, nicht-ursprüngliche Weise gegenwärtig werden kann, vielleicht sogar schon längst gegenwärtig ist. (Die Gefährdetheit solcher Formulierungen wird vermutlich konstitutiv sein für ein Sprechen, das – natürlich – immer auch einfach als neuerliches *Sprechen über* ... missverstanden werden kann. Aus diesem Grund ist der Rekurs auf einen unhintergehbaren Bruch der Kontinuität solchen Sprechens und der Verweis auf *Notwendigkeiten*, die sich jeder Setzung entziehen, unerlässlich.)

Wie bereits bei der Lektüre von Husserls *Ursprung der Geometrie* sichtbar wurde, ist die *Endlichkeit* der Wahrheit, die *Endlichkeit* jeder idealen Objektivität, das heißt aber auch die Abwesenheit des Ursprungs, zugleich deren Möglichkeitsbedingung. Die philosophische und wissenschaftliche Rede von einem Zentrum, einem Punkt der Präsenz, verdeckt für Derrida jedoch diese wesentliche Kontingenz der Struktur.[133]

> „Dieses Zentrum hatte nicht nur die Aufgabe, die Struktur zu orientieren, ins Gleichgewicht zu bringen und zu organisieren – es lässt sich in der Tat keine unorganisierte Struktur denken –, sondern es sollte vor allem dafür Sorge tragen, dass das Organisa-

132 Die in der genannten Fragestellung verwendeten Begriffe sind allerdings bereits jetzt durchaus mehrdeutig und werden es im Gange der Untersuchung immer mehr. Letztlich wird es bei Derrida tatsächlich um Ausstreichung, Auslassung (Ellipse) und Negation gehen – allerdings in einer stets von ihrer Unmöglichkeit bedrohten *bestimmten* Form. Siehe etwa „La différance“ (1968) und vor allem den diese Problematik explizit ansprechenden Jerusalemer Vortrag von 1986: J. DERRIDA, *Wie nicht sprechen. Verneinungen* (Wien: Passagen-Böhlau, 1989 [fr. [1]1987]).

133 Erstaunlicherweise treffen sich ja – von durchaus gegensätzlichen Ansätzen her – die transzendentale Phänomenologie Husserls und das strukturalistische Denken in der unhintergehbaren Endlichkeit ihrer, in beiden Fällen nur sprachlich vermittelten „Gegenstände“.

> tionsprinzip der Struktur dasjenige in Grenzen hält, was wir das Spiel der Struktur nennen könnten. Indem das Zentrum einer Struktur die Kohärenz des Systems orientiert und organisiert, erlaubt es das Spiel der Elemente im Innern der Formtotalität. Und noch heute stellt eine Struktur, der jegliches Zentrum fehlt, das Undenkbare selbst dar." [SZ 422]

Dadurch dass die „zentrierte Struktur" das Spiel der Kontingenz in ein „*begründetes* Spiel" transformiert, scheint sie sich erneut einer Gewissheit versichern zu wollen, die selbst dem Spiel noch einmal entzogen wäre. Die Geschichte der Metaphysik wie die Geschichte des Abendlandes erscheint so als die Geschichte der Metaphern und Metonymien, die eine nähere Bestimmung dieser *Präsenz* zum Ziel hatten. „Man könnte zeigen, dass alle Namen für Begründung, Prinzip oder Zentrum immer nur die Invariante einer Präsenz (*eidos, arche, telos, energeia, ousia* [Essenz, Existenz, Substanz, Subjekt], *aletheia*, Transzendentalität, Bewusstsein, Gott, Mensch usw.) bezeichnet haben." [SZ 424]

Diese Geschichte der Präsenz hat einen Abschluss (*clôture*) gefunden, „in dem Augenblick [...] als man damit beginnen musste, die Strukturalität zu denken." Dieser Zwang, die Strukturalität selbst noch einmal *zu denken*, ist, wie wir gesehen haben, von Derrida mehrfach enthüllt worden: schon bei Husserl selbst, in dem von ihm aufgezeigten und notwendig gewordenen Bezug auf die Schrift, bei Foucault in *Wahnsinn und Gesellschaft* durch dessen entlarvenden Blick auf das Andere der Vernunft, ebenso in Foucaults *Die Ordnung der Dinge* und der darin erfolgten historischen Relativierung des Begriffs einer (einheitlichen) abendländischen Episteme, aber auch in Derridas Foucault-Kritik, das heißt in der Unmöglichkeit, die (notwendige) Anerkennung des Anderen der Vernunft noch einmal zur Sprache zu bringen, – sowie zuletzt auch noch in der Anfrage an das Cartesianische *cogito sum* (und die daran anschließende philosophische Tradition), inwiefern die „Kraft" dieses Cogito, dieses Augenblicks, in dem Vernunft und Wahnsinn noch nicht getrennt sind, nicht bereits wieder in der Endlichkeit einer sich selbst – und neuerlich eines Gottes – sich vergewissernden Denkbewegung verloren gegangen ist.

Das Ereignis des Bruches, der Riss, der sich nun in dem Zwang, die Strukturalität zu denken, vollzieht, hat für Derrida eine zweifache Gestalt. *Zum einen* handelt es sich um eine Verdoppelung bzw. Wiederholung, denn Strukturalität zu denken heißt zugleich, Strukturalität zu verdoppeln, die Bewegung zu wiederholen. Die Strukturalität denken zu müssen führt dazu, ein Zentrum nicht mehr denken zu können. Der Versuch, ein „Gesetz der Präsenz im Zentrum [der Struktur]" [SZ 424] zu denken, muss an der Bewegung des Denkens, das stets Wiederholung ist – und zwar nicht Präsentation einer Präsenz, die ja wiederum nicht (oder *nur*) „gedacht" werden kann, sondern Wiederholung einer „Vergangenheit, die nie gegenwärtig war“[134] –, scheitern. Der unumgängliche Rekurs auf die Sprachlichkeit des Denkens macht ein unmittelbares Denken der Präsenz unmöglich. Denken ist stets „nachträgliches“ Denken.[135] Das Zentrum als Begriff muss aufgegeben werden.

> „Infolgedessen musste man sich wohl eingestehen, dass es kein Zentrum gibt, dass das Zentrum nicht in der Gestalt eines Anwesenden gedacht werden kann, dass es keinen natürlichen Ort besitzt, dass es kein fester Ort ist, sondern eine Funktion, eine Art von Nicht-Ort, worin sich ein unendlicher Austausch von Zeichen abspielt. Mit diesem Augenblick bemächtigt sich die Sprache des universellen Problemfeldes. Es ist dies auch der Augenblick, da infolge der Abwesenheit eines Zentrums oder eines Ursprungs alles zum Diskurs wird – vorausgesetzt man kann sich über dieses Wort verständigen –, das heißt zum System, in dem das zentrale, originäre oder transzendentale Signifikat niemals absolut, außerhalb eines Systems von Differenzen, präsent ist. Die Abwesenheit eines transzendentalen Signifikats erweitert das Feld und das Spiel des Bezeichnens ins Unendliche.“ [SZ 424]

„Strukturalität denken zu müssen“ bedeutet *zum anderen* also auch, eine Dezentrierung im Denken walten zu lassen. Dass diese Dezentrierung letztlich aber nicht in einer unbestimmten Verleugnung einer bestimmten „Vorgängigkeit“ resultieren wird können, ist ebenfalls bereits in Derridas Kritik an einem, jedes Zentrum bloß negierenden Strukturalismus in *Kraft und Bedeutung* deutlich geworden. Wir haben es hier mit einer „doppelten Geste“ zu tun. Sowohl das der Struktur vorgängige, ihre „Kraft“, die Strukturalität als solche muss gedacht werden – als auch die Unmöglichkeit dieses Vorhabens, insofern es ein „Denken“ und damit ein Wiederholen und keine ursprüngliche Unmittelbarkeit darstellt: „Im Augenblick ihres Sagens ist die Kraft schon Phänomen.“ [KB 47] – *„Doppelte Geste“*: So wird später auch eine der Bestimmungen dessen lauten, was „Dekonstruktion“ genannt werden wird.[136]

4. *Die Universalität der Zeichen oder: Ich ist ein Anderer*

1967 erscheint – zusammen mit dem Sammelband *Die Schrift und die Differenz*, der alle wichtigen Vorträge und Aufsätze versammelt, die Derrida zwischen 1959-1967 ver-

134 Mit dieser Formel von Emmanuel Levinas wird Derrida 1968 seinen, unter anderem auch mit der Bewegung der Wiederholung, des Aufschubs, verbundenen Neologismus *différance* erläutern. Siehe J. DERRIDA, Die différance, in: *Randgänge der Philosophie* (Wien: Passagen, ²1999 [fr. ¹1968/1972, dt. ¹1988]), 31-56, hier: 50.

135 Vgl. Derrida, Die différance, 50. – Siehe aber vor allem auch den Begriff der „Nachträglichkeit“ bei Sigmund Freud, auf den Derrida sich mehrfach bezieht: z.B. in Jacques DERRIDA, Freud und der Schauplatz der Schrift, in: *Die Schrift und die Differenz* (Frankfurt/M.: Suhrkamp, ⁶1994 [fr. ¹1967, dt. ¹1976]) 302-350, bes. 326f.

136 Vgl. z.B. Derrida, Implikationen. Gespräch mit Henri Ronse, 38. (s.o. Anm. 131). – Siehe auch: Sarah KOFMAN, *Derrida lesen* (Edition Passagen 14; Wien: Passagen-Böhlau, 1988 [fr. ¹1973]), bes. 31ff: „Die Dekonstruktion impliziert eine doppelte Geste“.

fasst hat[137], und *De la grammatologie*, dem bis dahin ausführlichsten Text[138] und zugleich Höhepunkt von Derridas frühem Denken[139] – mit *Die Stimme und das Phänomen*[140] neuerlich eine eigenständige Arbeit zu Husserl; diesmal zu dessen Zeichentheorie wie sie vor allem in den *Logischen Untersuchungen* von 1900/1901 vorgelegt wurde. Derridas Fragestellung geht allerdings, im Unterschied zu seinen früheren Husserl-Lektüren, nun bereits von Anfang an über einen „Kommentar" [SP 83] hinaus. In der Einleitung heißt es diesbezüglich:

> „So ist die allgemeinste Form unserer Fragestellung folgendermaßen vorgegeben: verbergen die phänomenologische Verbindlichkeit, die Entschiedenheit und die Subtilität der husserlschen Analysen sowie die Anforderungen, denen sie zu entgegnen und denen wir zunächst gerecht zu werden versuchen, nicht gleichwohl eine metaphysische Präsupposition? Verbergen sie nicht letztlich eine dogmatische oder metaphysische Verhaftung der phänomenologischen Kritik selbst, die diese freilich nicht etwa von sich selbst entfremdete oder die ein Residuum unbemerkter Naivitäten darstellte, sondern die umgekehrt die Phänomenologie in ihrem Inneren erst *konstituierte* und ihr kritisches Ziel und den stiftenden Wert ihrer eigenen Prämissen erst ausmachte: die sie genau zu dem machte, was wir bald als ihre Grundlage und | als Garanten jeden Werts überhaupt, als »Prinzip der Prinzipien«, erkennen werden, als jene ursprüngliche Evidenz also, die das *Präsentsein* (le présent) oder die *Präsenz* (la présence) des Sinns im Hinblick auf die ursprüngliche und volle Intuition erst ermöglicht. Mit anderen Worten: wir werden nicht fragen, ob diese oder jene metaphysische Erbschaft an dieser oder jener Stelle die Aufmerksamkeit eines Phänomenologen zu beschränken vermochte, sondern vielmehr, ob die *phänomenologische* Form dieser Aufmerksamkeit nicht der Metaphysik selbst verpflichtet ist." [SP 52f]

So ist es durchaus gerechtfertigt, wenn etwa Uwe Dreisholtkamp feststellt, dass sich bei Derrida hier „ein neuer, radikalerer Ton" [JD 65] vernehmen lässt. Ob der Grund dafür allerdings tatsächlich darin liegt, dass sich „kurz vor dem mittlerweile zum festen Begriff gewordenen Datum *Achtundsechzig*, [...] die Sprache schon in einer Art und Weise auf die nachfolgenden | Ereignisse ausgerichtet [hat], die den ersten beiden Husserl-Monographien noch ganz fremd ist" [JD 65f][141], wird bezweifelt werden müssen. Eine gänzliche Verkehrung des „Ereignisses", dem Derrida in

137 Nur der letzte Aufsatz, *Ellipse*, wurde eigens für diesen Band verfaßt.

138 Der allerdings seinerseits eine „Weiterentwicklung" (Derrida) eines in *Critique* (Dez. 1965 - Jan. 1966) veröffentlichten Essays darstellt.

139 Vielleicht ist diesem „Höhepunkt" auch noch der vor allem durch den für das Werk Derridas bleibend zentralen Titelbegriff bekannte Vortrag „La différance" vom Jänner 1968 zuzuordnen.

140 Jacques DERRIDA, *Die Stimme und das Phänomen. Ein Essay über das Problem des Zeichens in der Philosophie Husserls* (Frankfurt/M.: Suhrkamp, 1979 [fr. [1]1967]). [= SP]

141 Mit den „ersten beiden Husserl-Monographien" bezieht sich Dreisholtkamp auf die Einführung in Husserls „Ursprung der Geometrie", sowie auf die erst 1990 erschienene Arbeit aus der Zeit von Derridas Besuch im Husserl-Archiv in Leuven (1953/54) *Le problème de la genèse dans la philosophie de Husserl (mémoires d'études supérieures)* (Paris: Presses Universitaires de France, 1990).

seinen Texten in diesen Jahren nachgeht, eine Verkennung und Verharmlosung der Bedeutung des Bruches und Risses, auf den dieser gerade eben in Baltimore angespielt hatte, bedeutet es auf jeden Fall, wenn Dreisholtkamp weiter formuliert: „Es scheint hier viel mehr auf dem Spiel zu stehen als »bloß« eine Problematik innerhalb der Philosophie." [JD 66] Dieses *bloß* betraf auch zuvor schon das Ganze des abendländischen Denkens. Die zeitliche Nähe zum Mythos *'68* mag viel zur Beachtung und Rezeption Derridas beigetragen haben, er selbst jedoch blieb – aus sachlichen, philosophischen Überlegungen heraus – den Ereignissen gegenüber durchaus skeptisch:

> „Ich war nicht, was man einen »Achtundsechziger« nennen würde. Obwohl ich damals an den Demonstrationen teilnahm und die erste damalige Generalversammlung in der Rue d'Ulm [Sitz der *École Normale Supérieure* in Paris] veranstaltete, war ich zurückhaltend | und sogar besorgt angesichts einer gewissen Euphorie, die spontane, fusionistische und anti-syndikalistische Züge trug, und angesichts der Begeisterung über die endlich »befreite« Rede, über die wiederhergestellte »Transparenz« und so weiter. Ich glaube niemals an solche Dinge ..."[142]

Die Stimme und das Phänomen hat *ein* zentrales Thema, in das sich die in der Einleitung erwähnte Fragestellung Derridas – die leicht erkennbar als eine direkte Fortführung der Baltimore-Thesen gelesen werden kann – einzuweben beginnt und im letzten Drittel des Textes zur Einführung derjenigen Begriffe führt, die uns hier vor allem interessieren, weil sie erstmals nicht nur die Konstatierung eines Risses der Kontinuität der abendländischen Philosophiegeschichte darstellen, sondern bereits *jenseits* dieses Risses *in* der Geschlossenheit der Metaphysik argumentieren (Post-Scriptum der Philosophie in der Mehrdeutigkeit dieses Begriffs):

Bereits das erste Kapitel („Das Zeichen und die Zeichen") wird mit diesem Thema, mit dem Nachvollzug einer Unterscheidung, die Husserl zu Beginn der ersten seiner *Logischen Untersuchungen* trifft, eröffnet: Das Wort „Zeichen" verbirgt in sich zwei einander heterogene Begriffe: den des *Ausdrucks* und den des *Anzeichens.* [SP 68] Ein und dasselbe, nämlich das *Zeichen* im Sinne des Phänomens [SP 68. 71], ist einerseits mit Bedeutung behafteter „Ausdruck", das heißt ein Zeichen für „*dasjenige* [...], was ein Diskurs *sagen will [vouloir dire; Anm. PZ]*"[143], während andererseits das Zeichen als „Anzeichen" *bedeutungslos* ist, nichts sagen will. [SP 69] Trotz dieser scharfen Tren-

[142] Jacques DERRIDA, »Ein 'Wahnsinn' muss über das Denken wachen«, in: *Auslassungspunkte. Gespräche* (Wien: Passagen, 1998) 343-368, hier: 351f. Dieses Gespräch mit François Ewald wurde im *Magazine littéraire* 286 (März 1991) veröffentlicht. – Der für das Denken Derridas bezeichnende Untertitel lautete „Derrida weigert sich, ein philosophisches System zu errichten, er bevorzugt die Erfahrung und schreibt aus »Zwang«. Ein Dialog im Umfeld der Spuren und der Dekonstruktion."

[143] Derrida übersetzt das Husserlsche *bedeuten* grundsätzlich als *vouloir-dire* (sagen-wollen): vgl. SP 69; siehe auch: Geoffrey BENNINGTON, Derridabase, in: *Jacques Derrida. Ein Portrait von Geoffrey Bennington und Jacques Derrida* (Frankfurt/M.: Suhrkamp, 1994 [fr. [1]1991]), 73 Anm. 6.

nung erweisen sich Ausdruck und Anzeichen allerdings doch auch miteinander verflochten und zwar insofern das *Bedeuten*, das sich stets sprachlich *ausdrückt*, erst in einem nicht schon von vornherein mit Bedeutung behafteten Zeichen, in einem „Anzeichen" *gegenwärtig* – und damit wiederholbar, *vergegenwärtigbar* wird. „Jeder Ausdruck wäre also gleichsam widerwillig in einem Prozess des Anzeigens aufgehoben." [SP 72] Um nun den Ausdruck (und damit das *Bedeuten*!) nicht als eine Unterart der Gattung „Anzeichen" auffassen zu müssen, sah sich Husserl gezwungen, eine (phänomenologische) Situation aufzufinden, in welcher der Ausdruck in reiner Form, ohne Verunreinigung durch das bedeutungslose Anzeichen vorliegt. Diese Situation schien die „kommunikationslose Sprache (langage), der monologische Diskurs, die im »einsamen Seelenleben« lautlose Stimme" [SP 73] durchaus darzustellen. Allerdings mit der paradoxen Konsequenz, dass der ideale Gegenstandsbezug (die Wahrheit) nur über die Suspendierung einer bestimmten Äußerlichkeit (des Anzeichens) und in einer einsamen, kommunikationslosen Innerlichkeit in voller Reinheit ausgedrückt werden kann.[144] Außerhalb dieser Innerlichkeit, so die zweite, noch erstaunlichere Konsequenz, ist die Bedeutung (die Wahrheit) überhaupt nur *als Anzeichen* phänomenologisch fassbar. Dies heißt natürlich nicht, dass jedes Anzeichen an sich schon Wahrheitsgehalt trägt, jedoch dass Bedeutung, wenn überhaupt, nur über die *bedeutungslose* Äußerlichkeit des Anzeichens gegenwärtig wird.[145] Dies hat Konsequenzen gerade auch für den „mitteilenden" Diskurs, für die Beziehung zum anderen, zum Gesprächspartner, denn: die ursprüngliche Präsentation des bedeutungsvollen Ausdrucks *des anderen* ist mir versagt.

> „*Jeglicher Diskurs, der der Mitteilung dient und Erlebnisse kundtut, verhält sich wie die Anzeige.* In diesem Fall fungieren auch die Wörter wie Gesten, ja, selbst der Begriff der Geste muss dann vom Verständnis der als Nicht-Ausdruck bestimmten Anzeige aus festgesetzt werden." [SP 91]

Eine „irreduzible und definite Grenze" [SP 92] macht sich hier bemerkbar. Das „Erlebnis des anderen", man wird konsequenterweise sagen müssen: der Andere als solcher, ist in der Mitteilung hinter dem Anzeichen (das in die Gefahr gerät, als bedeutungsvoller Ausdruck nur noch postuliert werden zu können) verschwunden – zumindest aber hat sich seine Präsenz verschoben.

(Weder die Texte Husserls noch der Kommentar Derridas in *Die Stimme und das Phänomen* geben an dieser Stelle Anlass dazu anzunehmen, dass diese hier nur angedeutete Konsequenz der Auflösung der Anwesenheit des Anderen in ein bloß durch Indizien (Anzeichen) begründetes Postulat bereits im Blick ist. Man wird allerdings beachten müssen, dass Derrida spätestens seit Ende 1963, d.h. spätestens seitdem er

144 Vgl. SP 74, sowie ebd., Kap. III („Das Be-deuten als Selbstgespräch"), 84-100, bes. 94.
145 Siehe SP Kap. II („Die Reduktion des Anzeichens"), 79-83.

den Vortrag „La Signification et les Sens“ von Emmanuel Levinas am Collège Philosophique im Oktober 1963 gehört hatte,[146] mit einem Denken vertraut ist und es auch zunehmend affirmiert[147], das den Anderen, konkret den anderen Menschen, in einer nicht-identifizierbaren Abwesenheit erfährt, die nur mehr passiv empfangen werden kann, ein Denken, für das „die Erscheinung des Seins der Möglichkeit nach Schein [ist]“[148].

Es wird für die hier vorgelegte Arbeit entscheidend sein, diese angedeutete Nähe zu dem ebenfalls mit der Husserlschen Phänomenologie vertrauten Philosophen Emmanuel Levinas in aller gebotenen Differenzierung in ihrer Bedeutung für die Interpretation der Texte von Jacques Derrida zu bedenken. Bereits hier, in der Darstellung des Ausgangspunktes des frühen Denkens von Derrida wie es sich in seinen Husserl-Lektüren zeigt, sei aber angemerkt, dass diese Nähe offensichtlich nicht so sehr in einem expliziten Bezug auf das Werk von Levinas besteht, sondern in einer Vergleichbarkeit von Motiven, die umso interessanter ist, als Derrida das Bewusstsein dieser Vergleichbarkeit auf Grund seiner Kenntnis des Denkens von Levinas unterstellt werden muss.)

Erste Konsequenz aus der Husserlschen Analyse des Zeichens als Anzeichen und Ausdruck ist also, dass der bedeutungserfüllte Ausdruck – zumindest im mitteilenden Diskurs – hinter dem Anzeichen in eine nicht mehr unmittelbar gegenwärtige Abwesenheit entschwunden ist.

> „Obwohl also kein Diskurs ohne Ausdrucksmoment möglich ist, ließe sich vielleicht sagen, dass die Totalität des Diskurses nur vom Wesen der Anzeige her verständlich ist.“ [SP 83]

In einer „einsamen Innerlichkeit“ jedoch, außerhalb – oder *vor* – jeglicher Mitteilung, ist für Husserl die mediale Verunreinigung der Bedeutung, ist das Feld der Anzeige

146 Dieser Vortrag wurde kurz nach dem Erscheinen des – gerade in den Passagen zur „Spur“ fast wortidenten – Artikels „La Trace de l'Autre“ gehalten. Vgl. Emmanuel LEVINAS: La Trace de l'Autre, in: *Tijdschrift voor Filosofie* (Sept. 1963), wiederaufgenommen in: E. LEVINAS, *En découvrant l'existence avec Husserl et Heidegger* (Paris: Vrin, 1967), 187-202, dt.: Die Spur des Anderen, in: E. LEVINAS, *Die Spur des Anderen. Untersuchungen zur Phänomenologie und Sozialphilosophie* (Freiburg/Br.-München: Alber, 1983), 209-235; und La Signification et le Sens, in: *Revue de Métaphysique et de Morale* (1964), wiederaufgenommen in: E. LEVINAS, *Humanisme de l'autre homme* (Montpellier: fata morgana, 1972), dt.: Die Bedeutung und der Sinn, in: *Humanismus des anderen Menschen* (Hamburg: Meiner, 1989), 9-59.– Zum Hinweis, dass Derrida diesen Vortrag gehört hatte, siehe Robert BERNASCONI, The Trace of Levinas in Derrida, in: David WOOD / Robert BERNASCONI (Hg.), *Derrida and »Différance«* (Evanston: Northwestern University Press, 1988), 13-28, hier: 15.

147 Siehe dazu etwa den expliziten Bezug von Derrida auf die genannten Texte bereits in dem 1964 erstmals publizierten Essay: Jacques DERRIDA, Gewalt und Metaphysik. Essay über das Denken Emmanuel Levinas', in: *Die Schrift und die Differenz* (Frankfurt/Main: Suhrkamp, [6]1994 [fr. [1]1967, dt. [1]1976]), 121-235. [fr. Erstveröffentlichung in: *Revue de Métaphysique et de Morale* 69 (1964) H.3+4, 322-354, 425-473.]

148 Levinas, Die Spur des Anderen, 211.

vermieden und es scheint berechtigt, zumindest in der „Reduktion auf den inneren Monolog" von einer „vollen und unmittelbaren Präsenz des Signifikats" [SP 93], der idealen Bedeutung, sprechen zu können. Diese unmittelbare Präsenz muss sich allerdings auf das Sich-selbst beschränken, sie ist keinem anderen, in keiner Mitteilung für einen anderen in dieser Reinheit gegeben.

> „[D]ie ungetrübte Funktion des Ausdrucks und des Bedeutens liegt weder in der Mitteilung noch in der Information, nicht in der Kundgabe und also insgesamt nicht in der Anzeige. Und das »einsame Seelenleben« stellt nun unter Beweis, dass ein solcher Ausdruck ohne Anzeige möglich ist." [SP 101][149]

Die „Reduktion auf den inneren Monolog", das Sich-im-Sprechen-Vernehmen erweist sich so als phänomenologisches „Prinzip aller Prinzipien", sie wird zur Möglichkeitsbedingung für die transzendentale Phänomenologie[150] – und der abendländischen Metaphysik überhaupt. Allerdings wird die Differenzierung, die in diesem „Ausdruck ohne Anzeichen" bei Husserl sichtbar wird, diese für ihn offensichtlich mögliche rigorose Trennung von Ausdruck und Anzeichen, die zugleich den Eindruck entstehen lässt, dass nur noch das Anzeichen im Vollsinn als Zeichen genommen wird, während der Ausdruck der unmittelbaren Präsenz der Bedeutung nahe steht, – wird also *diese* rigorose Trennung allerdings von Derrida gerade auch noch im „inneren Monolog des einsamen Seelenlebens" hinterfragt [SP 103. 111]. Denn auch im inneren Monolog ist der bedeutungserfüllte Ausdruck (obwohl nicht mit der Empirizität des Anzeichens behaftet) auf Grund seiner wiederholten *Identifizierbarkeit* nur als Re-Präsentation gegenwärtig.[151] Auch im einsamen Seelenleben wird die Bedeutung im Ausdruck auf eine Weise identifiziert (also bereits *ver-gegenwärtigt*), die sie – obwohl zunächst nur für das Sich-Selbst – doch unendlich wiederholbar macht. Die Bedeutung kann immer wieder neu im und mit dem Ausdruck retentional identifiziert werden. Und es ist diese *stets mögliche* Identifizierung der Bedeutung im Ausdruck, die dazu nötigt, die Wiederholungsstruktur, die für das Zeichen neben seiner Empirizität als Anzeichen konstitutiv ist, auch für den Ausdruck und auch für den inneren Monolog als unhintergehbar anzuerkennen.

149 Vgl. dazu Husserl, Logische Untersuchungen §8: „Die Ausdrücke im einsamen Seelenleben".

150 Vgl. SP 116; zu Husserls „Definition" dieses „Prinzips aller Prinzipien" vgl. den gleichlautenden §24 aus den *Ideen I* (Husserliana III/1), S. 51: „Am *Prinzip aller Prinzipien: dass jede originär gebende Anschauung eine Rechtsquelle der Erkenntnis* sei, dass *alles*, was sich uns *in der »Intuition« originär*, (sozusagen in seiner leibhaften Wirklichkeit) *darbietet, einfach hinzunehmen sei, als was es sich gibt*, aber auch *nur in den Schranken, in denen es sich da gibt*, kann uns keine erdenkliche Theorie irre machen. Sehen wir doch ein, dass eine jede ihre Wahrheit selbst wieder nur aus den originären Gegebenheiten schöpfen könnte." – Der Nachsatz dieser „Definition" könnte erstaunen: Setzen das beschwörende „Sehen wir doch ein" und die Universalität der folgenden Behauptung nicht bereits voraus, was sie doch erst grundlegen wollten? Zumindest die Wahl des Ausdrucks erscheint unangemessen.

151 Vgl. dazu auch JD 78, sowie Bennington, Derridabase, 74f.

Damit ist nun aber – und dies lässt sich schon bei Husserl feststellen – der Begriff des Zeichens wie er in der Geschichte der klassischen Metaphysik als *Gegenwart* einer Bedeutung gedacht werden konnte, bereits getilgt. Die Differenz zwischen Zeichen als Anzeichen und dem Ausdruckszeichen scheint – nicht nur außerhalb der monologischen Selbstpräsenz – nicht mehr haltbar zu sein. Was für jedes Zeichen gilt: zugleich bedeutungsloses Anzeichen und Ausdruck einer Bedeutung zu sein (die es allerdings aufgrund der unhintergehbaren Struktur der Wiederholung, die jedem Zeichen in seiner Äußerlichkeit eigen ist, nur als abwesende re-präsentiert), das gilt bereits – ohne die Empirizität des „äußeren" Anzeichens – für den Ausdruck selbst. Gerade auch im „inneren Monolog".

> „Unabhängig davon, ob es sich nun um einen Ausdruck oder um eine anzeigende Mitteilung handelt, hat die Differenz zwischen der Realität und der Repräsentation, zwischen dem Wahren und dem Imaginären sowie zwischen der einfachen Präsenz und der Wiederholung immer schon begonnen, sich auszulöschen." [SP 104. Vgl. den ganzen Argumentationsgang: ebd. 103f.]

Der Ausdruck lässt sich vom Anzeichen nicht mehr unterscheiden:

> „Wenn man nun zugesteht, dass jedes Zeichen überhaupt einer ursprünglichen Wiederholungsstruktur verpflichtet ist, so ist die allgemeine Unterscheidung zwischen fiktivem und tatsächlichem Gebrauch [*zwischen Anzeichen und Ausdruck; Anm. PZ*[152]] bedroht. *Das Zeichen aber ist ursprünglich von der Fiktion (Vorstellung) geprägt (travaillé).* Das bedingt, dass hinsichtlich der anzeigenden wie der ausdrückenden Mitteilung kein sicheres Kriterium zur Verfügung steht, welches zwischen äußerer und innerer Sprache (langage) oder, im Rahmen der zugestandenen Hypothese | einer inneren Sprache, zwischen tatsächlicher und fiktiver Sprache zu unterscheiden erlaubte." [SP 111f]

Die Bedeutung ist also, insofern sie niemals *präsentiert*, sondern stets bereits *re-präsentiert* ist und auf Grund der Unmöglichkeit sie mit der Re-Präsentation einfach zu identifizieren, hinter dieser verschwunden. Nicht eliminiert, aber verschwunden. – Dabei hat sich eine Differenz aufgetan, die nicht mehr in den Begriffen der Metaphysik[153], letztlich überhaupt nicht mehr in der Sprache benennbar ist. Umgekehrt ist aber die Sprache, sind Anzeichen, Ausdruck und Bedeutung nur im Verweis auf und von dieser abwesend anwesenden Differenz her „verstehbar"[154]. Ausdrücklich wird jedoch von Derrida hier keine „Korrektur" der Präsenzmetaphysik vorgenommen, sondern lediglich auf das notwendige Paradox in der Formulierung dieser Dif-

152 Zum Bezug von „fiktivem" und „tatsächlichem" Diskurs zu Anzeichen und Ausdruck siehe SP 110f.

153 Vgl. SP 105f.

154 Wenn dieses „Verstehen" hier auch nicht hermeneutischen Kriterien zu entsprechen vermag, so lässt sich doch durchaus diese Differenz als Möglichkeitsbedingung von Sprache erkennen. Allerdings wird man – durchaus aporetisch – sagen müssen, dass diese „Differenz" nicht mehr *in* der Sprache erscheint, sondern ihr in einem noch zu bestimmenden Sinn *vorausliegt*.

ferenz hingewiesen. Damit verbleibt die Analyse Derridas in einer gewissen Wiese auch weiterhin *innerhalb* der Metaphysik – einer Metaphysik allerdings, die nun über ihre Grenzen, ihre Ränder, ihre „Einfriedung" [SP 106] aufgeklärt ist bzw. aufgeklärt werden muss.[155]

Insofern nun auch – gegen die Intention Husserls[156] – *innerhalb* der Selbstpräsenz, im „einsamen Seelenleben", nichts mehr von der Wiederholungsstruktur des Zeichens verschont bleibt, zeigt sich darin der endgültige Riss *in* den Grundlagen der abendländischen Philosophie selbst. So weist denn Derrida dann auch in einer kurzen Passage auf, dass die *Selbst*präsenz, die ja eine *ideale*, ursprüngliche Präsenz sein muss, selbst noch einmal als eine „verliehene" Präsenz, als eine *Beziehung* – und damit als eine Differenz – zu einer ganz anderen „Präsenz", zur Präsenz „als universale[r] Form des transzendentalen Lebens" gedacht werden muss. Diese Beziehung zu einer idealen transzendentalen Präsenz anzuerkennen, heißt so allerdings auch, die *Endlichkeit* „meiner" Präsenz und ihre „Nachträglichkeit", ihre Nicht-Ursprünglichkeit ernstzunehmen. Die Unmittelbarkeit der Präsenz hat sich damit verschoben. Sie musste aufgeschoben werden.

Wichtig für die folgenden Ausführungen zu den frühen von Derrida eigenständig eingeführten „Begriffen" *différance*, *Spur* und *Schrift* ist, dass hier Präsenz keineswegs geleugnet, sondern „nur" jede Unmittelbarkeit notwendigerweise und unhintergehbar in Frage zu stellen ist. (vgl. SP 110: „Das Vorstellungsbild (image) [...] besagt die erste Referenz zu einer ursprünglichen Präsentation, d.h. zu einer Wahrnehmung und zu einer Existenzsetzung, zu einem Glauben überhaupt.") Was als „Präsenz" gar nicht geleugnet werden kann, ohne diese in der Negation zugleich vorauszusetzen, ist allerdings stets bereits von einer Differenz verschoben worden, deren Schwelle als Beziehung zum Tod, zum Tod der Selbst*präsenz* anerkannt werden muss.

> „Die Präsenz als universale Form des transzendentalen Lebens zu denken heißt, mich dem Wissen zu öffnen, dass auch unter der Bedingung meiner Abwesenheit, jenseits meiner empirischen Existenz, vor meiner Geburt und nach meinem Tod, *das Präsens*

155 Erneut muss also vor einem Missverständnis gewarnt werden: Zu keinem Zeitpunkt handelte es sich bei den Ausführungen Derridas um einen Bruch *mit* den Grundlagen des abendländischen Denkens, sondern stets um eine Verunsicherung, die *innerhalb* dieses Denkens, an seinen Grenzen – und das heißt auch an *den* Grenzen, die mit den Grundlagen eines Denkens identisch sind – auftritt und bewusst werden kann (vgl. dazu auch SP 162f). Die Konsequenz im konkreten Fall ist eine zweifache, gegenläufige: Der Riss der Kontinuität schließt das metaphysische Denken einerseits in seine Grenzen ein (Geschlossenheit, *clôture*, der abendländischen Metaphysik), andererseits gehört es zum unhintergehbaren Wesen dieses Denkens, sein Außerhalb nicht „bewohnen" zu können, sondern es *in sich selbst* erfahren zu müssen. Nicht Kontinuität oder Destruktion findet statt, sondern ein nicht zu „wollender" (passiver) Einbruch einer Andersheit, einer Alterität.

156 Vgl. SP 90. 104.

ist. Selbst wenn ich jedes mögliche Erlebnis von empirischem Gehalt entleere oder mir eine absolute Verwirrung dieses Gehalts, eine radikale Transformation der Welt vorstelle, so bleibt doch die universale Form der Präsenz selbst davon unberührt: dessen kann ich mir gewiss sein, denn diese bezieht sich nicht auf irgendein Seiendes.[157] Demnach ist es also die Beziehung zu *meinem Tod* (zu meinem Vergehen [disparition] überhaupt), die hinter dieser Bestimmung des Seins als Präsenz, als Idealität, als absolute Möglichkeit von Wiederholungen sich versteckt. Die Möglichkeitsbedingung des Zeichens ist eben dieser Bezug zum Tod." [SP 108]

Die ideale Präsenz (ihre zeitliche Universalisierung und ihre allgemeine, intersubjektive Gültigkeit, wie sie bereits in *Husserls Weg in die Geschichte* entfaltet worden ist[158]) ist also nur über eine Anerkennung meines Todes, meiner Endlichkeit, der Endlichkeit jeder Vergegenwärtigung – kurz: als eine im Selbst wiederholte Präsenz (ver-)gegenwärtig(t).[159] Damit nimmt Derrida offensichtlich genau jene Fragestellung auf, die er 1959 in seinem ersten Vortrag (*»Genesis und Struktur« und die Phänomenologie*) bei Husserl vermisst hatte (GS 258)[160], und entfaltet damit den Horizont innerhalb dessen jede weitere Erörterung überhaupt erst sinnvoll werden kann.

„Das Sich-selbst-Erscheinen des *Ich* im *Ich bin* ist also ursprünglich nichts anderes als die Beziehung zum eigenen möglichen Verschwinden. *Ich bin* will demnach sagen: *Ich bin sterblich.* [...] Die Bewegung, die vom *Ich bin* zur Bestimmung meines Seins als *res cogitans* (und also als Unsterblichkeit) führt, ist identisch mit der Bewegung, durch die hindurch sich der Ursprung der Präsenz und der Idealität in der Präsenz und der Idealität enthüllt, die er erst ermöglicht." [SP 109]

Diese hier in der Relecture Husserls von sich aus und offensichtlich auch *gegen* den Husserlschen Text auftauchende „differente Beziehung"[161] verunmöglicht es, ungebrochen von einem Selbstbewusstsein sprechen zu können. Durch seine Analyse untergräbt Derrida daher – ohne selbst noch eine eigene These zu vertreten – die Fundamente der Husserlschen Phänomenologie. Das Präsens der Selbstpräsenz, der „absolute Anfang", der phänomenologische „Quellpunkt" des Jetzt, auf den Husserls gesamte Argumentation ruht, ist gerade in seiner Präsenz erschüttert. Man wird sogar sagen können, *jedes* Denken der Präsenz, das sich auf eine Unmittelbarkeit (welcher Art auch immer), auf einen angebbaren Ursprung oder auch nur auf eine

157 Dieser letzte Satz ist zugleich die Derridasche Fassung des Ergebnisses der *Meditationes de prima philosophia* von Descartes. Die Ähnlichkeit zu den Formulierungen Descartes' unter gleichzeitiger Aufnahme sowohl der Kritik Foucaults in *Wahnsinn und Gesellschaft*, als auch der rehabilitierenden Relecture durch Derrida in *Cogito und Geschichte des Wahnsinns* sind leicht zu erkennen (s.o. S. 40).

158 Siehe oben S. 32.

159 „Anerkennung meines Todes" meint, ich muss die *Möglichkeit* meines Todes denken – und dies gelingt nur über die Anerkennung eines Vorgängigen, innerhalb dessen „mein Tod" stattfindet.

160 Siehe oben S. 30.

161 Vgl. J. DERRIDA, Die différance, in: *Randgänge der Philosophie* (Wien: Passagen, [2]1999) 31-56, hier: 42f.

unhinterfragt identifizierbar gedachte *Repräsentation* eines letzten Grundes verlässt, jede „metaphysische Selbstvergewisserung" erweist sich kontaminiert durch die Zeichenstruktur *allen* Denkens oder Sprechens. Ebenso wird sich auch ein Denken der Negation dieser Subversivität der unhintergehbar differenten Beziehung, der Beziehung zu einer „ganz anderen" *sein-lassenden* Vorgängigkeit, zu einer Alterität, die (durchaus aporetisch) auch noch *vor* der Beziehung der Negation gedacht werden müsste, nicht entziehen können.

Im folgenden Kapitel V („Das Zeichen und der Augen-Blick") wird diese entscheidende Dekonstruktion der Selbstpräsenz hinsichtlich ihrer auch noch den Jetztpunkt auf eine vorgängige „temporale Beziehung" hin sprengenden Differenz ausgeführt [SP 120f][162], ihre Destruktion als einer der Wiederholungsstruktur des Zeichens „vorgängigen" ursprünglichen und unmittelbaren Präsenz bei gleichzeitiger Wahrung ihrer (nunmehr eher als „nicht-ursprünglich" zu bezeichnenden) Identität: Die Präsenz des Präsens, das „Prinzip aller Prinzipien", das die Grundannahme von Husserls Untersuchungen bildet (s.o. Anm. 150), mit der die Spitze seiner Aussagen steht und fällt, erweist sich auf Grund der eigenen Analysen letzten Endes doch in gewissem Sinne als „nachträglich", vermittels einer Retention (ver-)gegenwärtig(t) – als *gegebene* Präsenz.

Es ist der stetige (kontinuierliche) Übergang der Präsenz in die Nicht-Präsenz, der letztlich auch den Unterschied der primären zur sekundären Erinnerung, der Retention zur Reproduktion nicht mehr in voller Schärfe aufrecht erhalten lässt.

> „wie das Jetzt sich stetig abstuft in das Vergangen und Weitervergangen, so stuft sich auch das intuitive Zeitbewusstsein stetig ab. [...] Wir müssen daher sagen: das, was wir originäres Bewusstsein, Impression oder auch Wahrnehmung nennen, das ist ein sich stetig abstufender Akt. [... Es gehört] zum Wesen der Erlebnisse, dass sie in dieser Weise *extendiert* sein müssen, dass eine punktuelle Phase niemals für sich sein kann. [...] Wer einen wesentlichen Unterschied zwischen Empfindungen und Phantasmen annimmt, darf natürlich die Auffassungsinhalte für die eben vergangenen Zeitphasen nicht als Phantasmen ansprechen, denn diese gehen ja *kontinuierlich* in die Auffassungsinhalte des Jetztmomentes über." (Hervorhebungen PZ)[163]

Derrida fragt daher völlig berechtigt nach „dem *Element/der Mitte* (milieu) dieser Unterscheidungen [...], danach also, was die unterschiedlichen Terme aufeinander bezieht und so ihren *Vergleich* erst ermöglicht." [SP 119] Die Kontinuität der Abstufungen innerhalb der Wahrnehmung selbst, ihre Ausdehnung, lässt eine weiter aufrecht erhaltene strikte Unterscheidung zwischen der originären Wahrnehmung und der sog. primären oder gar sekundären *Erinnerung* wenig plausibel erscheinen.

162 Vgl. dazu auch Bennington, Derridabase, 77f.

163 E. HUSSERL, *Zur Phänomenologie des inneren Zeitbewußtseins (1893-1917)* (Husserliana X; Den Haag: Nijhoff, 1966), 47.

„Man wird dann sehr bald feststellen können, dass die Präsenz des Präsens nur insofern erscheinen kann, als sie sich *kontinuierlich* mit einer Nicht-Präsenz und einer Nicht-Wahrnehmung und also mit der primären Erinnerung und Erwartung (attente) (Retention und Protention) *zusammenschließt.*" [SP 119; Hervorhebung i.O.]

Im Bewusstsein des Augenblicks des Jetzt waltet also bereits eine Dauer, die den Unterschied verwischt. „Dans le clin d'oeil de l'instant", im *„Augen-Blick des Augenblicks"* [SP 120] hat sich bereits mehr ereignet als die einfache Unmittelbarkeit der Präsenz. Der Blick hat gedauert. Wie Derrida später in seinen abschließenden Analysen und explizit noch einmal im letzten Satz seines Buches betonen wird, ist diese zeitliche Ausdehnung allerdings nicht eine der (horizontalen) temporalen „Dauer" wie Husserl meinte, sondern ein unausgesetzter Entzug, der mit anderen Namen bezeichnet werden müsste (und ein Jahr später, im Vortrag „La différance", mit dem Wort *temporisation* als Aufspreizung der Zeit im Sinne einer *anderen* temporalen Ordnung erläutert wird[164]). Die vermeintliche Unmittelbarkeit ist bereits der Effekt einer nicht mehr wahrgenommenen Präsenz, eher wohl einer Nicht-Präsenz. Derrida nennt sie an dieser Stelle schlicht „Andersheit". Bevor diese jedoch in den Blick genommen werden kann, gilt es, die Konsequenzen aus der ursprünglichen Nicht-Präsenz zu ziehen.

„Der Unterschied zwischen der Retention und der Reproduktion, zwischen der primären und der sekundären Erinnerung, ist nicht der von Husserl als radikal angenommene Unterschied zwischen der Wahrnehmung und der Nicht-Wahrnehmung, sondern der zwischen zwei Modifikationen der Nicht-Wahrnehmung. Was immer auch der phänomenologische Unterschied zwischen diesen beiden Modifikationen sein mag, er trennt – trotz der ihm impliziten immensen Probleme und der Notwendigkeit, über sie Rechenschaft abzulegen – nur zwei Weisen, sich auf die auf ein anderes Jetzt nicht reduzierbare Nicht-Präsenz zu beziehen." [SP 121]

Retention und Reproduktion (Repräsentation) sind nicht scharf voneinander trennbar. Auch die Retention ist nur eine Weise, sich auf eine Nicht-Unmittelbarkeit zu beziehen. Alle bisherigen Analysen und Beobachtungen haben diese Konsequenz vorbereitet: Auch in der Selbstpräsenz des *Augenblicks* waltet eine „Dauer", besser: ein Aufschub, eine Differenz (sie wird bald *différance* heißen), eine dem Selbst vorausliegende Andersheit, die – noch völlig unbestimmt – von diesem nur als „Nicht-Präsenz" bezeichnet werden kann. Die ideale Präsenz ist allerdings, so wird gleich darauf betont, auch durch diesen Aufschub keineswegs eliminiert, sondern im Gegenteil dadurch erst *erschienen*.

„Noch einmal: diese Beziehung zur Nicht-Präsenz überrumpelt und umschließt, d.h. dissimuliert die Präsenz der ursprünglichen Impression nicht, sondern ermöglicht

164 Siehe unten S. 62.

vielmehr erst deren Auftreten und deren Unbeflecktheit. Aber sie zerstört auch radikal jegliche Möglichkeit der schlichten Selbstidentität." [SP 121]

Die vermeintliche Selbstidentität erweist sich nun eher als Selbst-Affektion. Auch sie ist der Wiederholungsstruktur aller Zeichen verpflichtet. So wie in *Husserls Weg in die Geschichte* mit der Schrift gerade ein – per definitionem *anzeigendes* – Sprach*zeichen* als Möglichkeitsbedingung idealer Objektivität notwendig anzuerkennen war, ist auch hier die Unmittelbarkeit der Selbstpräsenz durch die „Äußerlichkeit" der Selbst-Affektion zerbrochen. An ihrer Stelle erscheint eine „reine Differenz", eine Bewegung des Aufschubs [SP 140]. Jegliche „Ursprungsevidenz" ist hinter ihrer sprachlichen Vermittlung, hinter dem *Immer-schon* der Wiederholung verschwunden. Die Philosophie wird daher auf ein schließlich doch als trügerisch entlarvtes Zentrum verzichten müssen. – Würde zuviel gesagt worden sein, wenn behauptet wird, dass dieser retentionale, aufgeschobene Augenblick der Selbst-Affektion zugleich die Geburtsstunde für ein eigenständiges nicht-metaphysisches, gleichwohl *philosophisches*[165] Denken wird?

Nachträgliche Philosophie: Denken der *différance*, der *Spur* und der *Schrift*

Von dem eben Gesagten her erscheint es sinnvoll, hier auch in der Darstellung dem signifikanten Schnitt, der sich in den frühen Texten Derridas an dieser Stelle, inmitten seiner Husserl-Lektüre abzuzeichnen beginnt, Rechnung zu tragen. Alle bisherigen Überlegungen Derridas, gipfelnd in der letztlich unhintergehbaren Nicht-Ursprünglichkeit der Selbstpräsenz, eröffnen über die zunächst scheinbar nur historisch interessante Konstatierung eines Risses der Kontinuität der abendländischen Metaphysik und die in ihren Konsequenzen kaum deutbare Feststellung ihrer Abgeschlossenheit (*clôture*) hinaus das Feld einer zukünftigen („temporalen") Fragestellung, die erst jetzt ernsthaft in den Blick genommen werden kann. Derrida formuliert diese Fragestellung in *Die Stimme und das Phänomen* durch eine „Unruhe", der sich das zukünftige Denken stellen muss.

„Die Unruhe ist darin begründet, dass es zwei offenbar unversöhnbare Möglichkeiten zugleich zu retten gilt: a) Das Jetzt konstituiert sich nur im Kontinuitätszusammenhang mit der als Nicht-Wahrnehmung verstandenen Retention zur absoluten »Quelle« der Wahrnehmung. Husserls Treueschwur auf die Erfahrung und auf die »Sache selbst« schließt aus, dass es sich damit anders verhalten mag; b) wenn die Quelle der

[165] Derrida hat in den bisher vorgestellten Texten nirgends den Boden einer philosophischen Fragestellung und Analyse verlassen (s.o. Anm. 155). Die Aporien, in die diese Analysen zu führen scheinen, werden daher eher dazu nötigen, die Bestimmung des Begriffs „Philosophie" zu bedenken, anstatt – unter notwendigerweise fragwürdiger Voraussetzung – als „nicht-philosophisch" bezeichnet werden zu können.

> Gewissheit überhaupt in der Ursprünglichkeit des lebendigen Jetzt liegt, dann muss die Retention in der Sphäre der Gewissheit verbleiben [...]“ [SP 122]

Während hier auf der einen Seite die Frage nach der Möglichkeit der Aufrechterhaltung der letztlich unverzichtbaren Rede von Ursprung, Wahrheit und Gewissheit aufgeworfen wird, muss andererseits von vornherein klar sein, dass eine solche Quelle der Gewissheit nicht über eine Vermeidung der „ursprünglichen“ Wiederholungsstruktur, das heißt: nicht über eine Umgehung der ursprünglichen Zeichenstruktur der Sprache angezielt werden kann. Dies stellt eine Art Ausgangspunkt für die folgenden Überlegungen dar. In einer in gewisser Weise auch weiterhin „phänomenologisch“ zu nennenden Denkbewegung bleibt Derrida nämlich dem niemals wirklich eliminierten, sondern „nur“ *immer schon* verschwundenen, abwesenden Ursprung weiterhin auf der Spur. Seine erste Überlegung gilt daher auch der bereits angeführten (retentionalen) Differenz, die sich von jeder (aktiven) „Unterscheidung“ vor allem dadurch unterscheidet, dass sie selbst der Ursprung ihrer Erscheinung ist. Die mit dem Neologismus *différance* bezeichnete ursprüngliche Differenz gibt sich selbst.

> „Ohne den Abgrund zuzuschütten, der in der Tat die Retention von der Repräsentation trennen kann, und ohne sich die Einsicht zu verstellen, dass das Problem ihrer Beziehung kein anderes als das der Geschichtlichkeit des »Lebens« und des Bewusstwerdens des Lebens ist, muss *a priori* die Aussage möglich sein, dass ihre gemeinsame Wurzel, nämlich die Möglichkeit der Wiederholung in ihrer allgemeinsten Form und die Spur (trace) im universalsten Sinne, eine Möglichkeit enthält, die nicht nur der reinen Aktualität des Jetzt innewohnt, sondern diese vielmehr zuvor durch die von ihr eingeführte Bewegung der Differänz (*différance*) konstituieren muss. Eine solche Spur aber ist, wenn diese Sprechweise (langage) aufrechtzuerhalten ist, ohne sich sogleich selbst zu widersprechen, »ursprünglicher« als die phänomenologische Ursprünglichkeit selbst.“ [SP 122]

Der Weg zum Verständnis dieser „Bewegung der *différance*“, die, wie wir sehen werden, weder als Wort noch als Begriff verstanden werden will, wird im folgenden zunächst einem Umweg ähneln – auf dem sich jedoch vielleicht auch ein anderes, einer anderen Ordnung verpflichtetes Sprachverständnis abzuzeichnen beginnt.

1. Die différance

Erst in seinem Vortrag vor der „Société française de philosophie“ im Jänner 1968 erläutert Jacques Derrida die Einführung dieses Neologismus, der durch seine Homophonie mit dem französischen Wort für Differenz, *différence*, nur im geschriebenen Text eindeutig identifizierbar ist. Obwohl er betont, dass „*différance*“ letztlich weder ein Wort noch ein Begriff sei, verknüpft Derrida dessen Verwendung mit einer „approximativen“ semantischen Analyse, die vom französischen Verb *„différer“* ausgeht und zunächst auf zwei unterschiedliche Bedeutungen verweist.[166] Die erste dieser Bedeutungen ist jene, die zwar auch im lateinischen *differre* enthalten ist, nicht jedoch im griechischen διαφερειν als dessen Übersetzung es zumeist herangezogen wird:

> „nämlich die Tätigkeit, etwas auf später zu verschieben, sich von der Zeit und den Kräften bei einer Operation Rechenschaft abzulegen, die Rechnung aufzumachen, die ökonomischen Kalkül, Umweg, Aufschub, Verzögerung, Reserve, Repräsentation impliziert, alles Begriffe, die ich hier in einem Wort zusammenfasse, das ich nie benutzt habe, das man jedoch in diese Kette einfügen könnte: die *Temporisation. Différer* in diesem Sinne heißt temporisieren, heißt bewusst oder unbewusst auf die zeitliche und verzö- | gernde Vermittlung eines Umwegs rekurrieren, welcher die Ausführung oder Erfüllung des »Wunsches« oder »Willens« suspendiert und sie ebenfalls auf eine Art verwirklicht, die ihre Wirkung aufhebt oder temperiert." [D 36]

Wir werden diese erste Grundbedeutung von *différance* kurz als die eines zeitlichen „Aufschubs" bezeichnen können. Allerdings handelt es sich bei der *temporisation* nicht nur um einen relativen Aufschub *in* der Zeit, nicht um die bloße Verschiebung des Gegenwärtig-werdens eines empirischen Ereignisses, sondern um eine Aufspreizung, die *die Zeit selbst* hervorbringt. Die *différance,* im Kontext ihrer Einführung gelesen, radikalisiert also die Ergebnisse ihrer „semantischen Analyse" noch einmal. (Dass es sich hier gleichwohl nur um eine semantische „Annäherung" handelt, wird u.a. auch dadurch markiert, dass *différance,* insofern sie mit *a* geschrieben wird, eben nicht einfach mit *différence* und dessen Semantik identifiziert werden darf.) Wie Hans-Dieter Gondek in einem Artikel zu *Zeit und Gabe* betont, bezeichnet das französische Verb *temporiser* zunächst „Vorgänge, mit denen eine Handlung verzögert und aufgeschoben wird, vor allem mit dem Ziel, Zeit zu gewinnen, in denen also Zeit abgewartet oder »auf Zeit gespielt« wird". Und weiter:

> „und so wird dieses Verb auch im politischen Kontext verwandt. Will man diese verschiedenen Bedeutungen auf einen gemeinsamen Nenner bringen, so lässt sich sagen, dass unabhängig vom jeweiligen Zweck ihnen eine Art Aufspreizung der Zeit zum zeitlichen Intervall gemeinsam ist – so sehr, dass die durch ein solches Intervall getrennten Vorgänge nur syn-thetisch zusammengefasst werden können."[167]

Dass es sich bei der *différance* jedoch nicht einfach um ein innerzeitliches Intervall handeln kann, wird von Derrida mit dem Hinweis auf den von Heidegger verwendeten Begriff der „Zeitigung" (fr. *temporalisation*[168]) verdeutlicht:

[166] Jacques DERRIDA, Die différance [= D], in: *Randgänge der Philosophie* (Wien: Passagen, ²1999 [fr. ¹1968/1972, dt. ¹1988]) 31-56, hier: 36f.

[167] H.-D. GONDEK, Zeit und Gabe, in: H.-D. GONDEK / B. WALDENFELS (Hg.), *Einsätze des Denkens. Zur Philosophie von Jacques Derrida* (Frankfurt/M.: Suhrkamp, 1997) 183-225, hier: 204.

[168] *Temporalisation* ist die anerkannte französische Übersetzung der Heideggerschen „Zeitigung", das vom Wortsinn her „Reifung" bedeutet. – Vgl. dazu Art. „zeitigen", in: J.u.W. GRIMM, *Deutsches*

> „Und wir werden – später – sehen, inwiefern diese Temporisation auch Temporalisation und Verräumlichung *[espacement]* ist, Zeit-Werden des Raumes und Raum-Werden der Zeit; »originäre Konstitution« von Zeit und Raum würde die Metaphysik oder die transzendentale Phänomenologie in jener Sprache sagen, die hier kritisiert und verschoben wird." [D 36]

Mit dem Begriff der *différance* als Aufschub in obigem Sinn ist hier also ein ursprüngliches Zeitverständnis zumindest angedeutet. Zu beachten bleibt jedoch, dass „différance" dieses Zeitverständnis nicht einfach „bezeichnet", sondern in seinem Namen die bisherigen Ergebnisse und Aporien in eine bestimmte Richtung zu *bündeln* [D 32] sucht. Eine genauere Untersuchung dazu muss hier noch aufgeschoben werden.[169]

Die *zweite* Bedeutung von *différer* ist, so Derrida, „die eher gewöhnliche und identifizierbare: nicht identisch sein, anders sein, erkennbar sein usw." [D 36] In allen seinen Ableitungen, die zudem jeweils mit grundsätzlicher „Andersheit", mit „Andersheit von Unähnlichem" (Derrida) zu tun haben (*différent, différend* – siehe z.B. Lyotards *Le Différend*[170]), ist eine Distanz, ein Intervall, letztlich eine *Verräumlichung* (*espacement*) jeweils mitausgesagt.

Diese *Verräumlichung*, das Eröffnen eines räumlichen Intervalls (*espacement*[171]) wird in „La différance" immer parallel zur zeitlichen Aufspreizung der *temporisation* gesehen. Es gibt keine Rückführung des einen Begriffs auf den anderen. Im Gegenteil. Gerade die Parallelität von *temporisation* und *espacement* ist es, die später auf die noch zu erörternden Begriffe *(Ur-)Spur* und *(Ur-)Schrift* verweisen wird.[172]

Eine *dritte* Bedeutungsebene ist schließlich für das Verständnis der Derridaschen *différance* besonders wichtig. Die *différance* „verweist" nicht einfach auf all die genannten Bedeutungen, benennt nicht einfach einzelne Unterschiede, Differenzen, Aufschübe und Intervalle, sondern bezeichnet die Funktion des zugrundeliegenden „Differierens", die Bewegung ihres Hervorbringens.

> „Nach den Forderungen einer klassischen Begrifflichkeit würde man sagen, dass *»différance«* die konstituierende, produzierende und originäre Kausalität bezeichnet, den

Wörterbuch Bd. 31, Sp. 587. – Zu *temporisation, temporalisation* und Zeitigung als Reifung bei Derrida vgl. Gondek, Zeit und Gabe, 203ff.

169 Zum Verständnis dieser „Bündelung" vgl. unten den Exkurs zu „La différance" (S.65ff).

170 Jean-François LYOTARD, *Der Widerstreit* (Supplemente Bd. 6; München: Fink, ²1989 [fr. ¹1983, dt. ¹1987]).

171 Gondek übersetzt *espacement* mit „Zwischenräumlichkeit", da das frz. *espacer* drucktechnisch das Umgehen mit (Wort- und Zeilen-)Zwischenräumen bezeichnet und mit dem Anklingen des *Zwischen*raums als „Intervall" auch die Nähe zu *temporisation* (im Gegensatz zum *temporalisation* als „Zeitigung") ausgedrückt bleibt. Im Sinne des „aktiven" Verständnisses von *différance* und in Analogie zum deutschen Begriff „Aufschub" wird man die „Verräumlichung" also stets als „Ver(zwischen)-räumlichung" lesen müssen. Vgl. Gondek, Zeit und Gabe, 207*.

172 Vgl. dazu die Fragestellung in D 37: „*Différance* als Temporisation, *différance* als Verräumlichung. Wie geht das zusammen?", sowie den Versuch einer Beantwortung in D 42.

Prozess von Spaltung und Teilung, dessen konstituierte Produkte oder Wirkungen die *différents* oder die *différences* wären.“ [D 37]

Um dieser produktiven Tätigkeit willen übernimmt Derrida schließlich vom Partizip Präsens von *différer*, *différant*, das *a* und spielt damit zugleich auch auf die Endung -*ance* an, die in der französischen Wortbildung ein Substantiv bezeichnet, das unentschieden *zwischen* der aktiven und der passiven Bedeutung des zugrundeliegenden Verbs verharrt.

„Während wir uns indes dem infinitiven und aktiven Kern des *différer* nähern, neutralisiert »différance« (mit *a*) das, was der Infinitiv als einfach aktiv kennzeichnet, ebenso wie *»mouvance«* (Beweglichkeit) nicht die einfache Tatsache des Bewegens, des sich Bewegens, oder des Bewegt-werdens bezeichnet. Die Resonanz *(résonance)* ist nicht mehr der Akt des Ertönens *(résonner)*.“ [D 37]

Wenn wir nun – ausgehend von dieser (nachträglichen) ersten semantischen Analyse und in Beachtung des bisherigen chronologischen Durchgangs durch die Texte Derridas – die Lektüre von *Die Stimme und das Phänomen* hinsichtlich des Verständnisses von *différance* fortsetzen, so lässt sich dabei auf den verbliebenen letzten vierzig Seiten die produktive und grundlegende Bedeutung der mit diesem Neologismus bezeichneten Bewegung für eine *nach-metaphysische*, zugleich aber immer noch *zukünftige* Philosophie beobachten. Dazu ist es allerdings notwendig, den Zugang zur Lektüre der Derridaschen Texte zu verändern. Bisher war es durch alle Lektüren der frühen Texte und Vorträge möglich gewesen, diese Lektüre als Nachvollzug der in ihnen dargestellten und vorgeführten Denkbewegung zu verstehen. Dieser Möglichkeit hat sich das Ergebnis dieses Nachvollzugs jedoch schließlich selbst beraubt. Es wird wohl kaum möglich sein, einerseits das Denken Derridas in seiner Argumentation mitvollziehen zu wollen, andererseits aber die daraus resultierenden Konsequenzen für das Verständnis des Gesagten argumentationslos zu negieren, ohne damit den Fortgang der Lektüre zu gefährden. Dies wäre jedoch der Fall, wenn man meinte, *nach* dem philosophisch argumentierten Scheitern des klassischen Verständnisses der Selbstpräsenz und der Möglichkeit einer ungebrochenen Kommunikation mittels *bedeutungsvoller* Ausdrücke, weiterhin einen unhinterfragten und ungebrochenen „Nachvollzug“ eines als Text vorliegenden und daher stets „nur“ re-präsentierten Denkens fortsetzen zu können. Die Möglichkeit eines gesicherten Beobachtungsstandpunktes, der es erlauben würde, die Texte in gewohnter Manier zu lesen und von außen zu interpretieren, wird von dem vorliegenden Diskurs selbst infragegestellt.

Die Schwierigkeiten sind selbstreferentieller Art und damit unabsehbar. Ich werde sie hier nicht als solche erörtern können.[173] Ohne den – plötzlich als *abwesend* er-

173 Die scheinbar sich abzeichnende Alternative, d.h. der grundsätzliche Verzicht auf eine Fortführung des Denkens würde sich – in direkter Parallele zu Derridas Kritik des Cartesianischen *Cogito*, allerdings mit umgekehrtem Vorzeichen: als *Non-Cogito* – sofort in einen Selbstwiderspruch verstricken,

kannten – Bedeutungsgehalt zu eliminieren, verbleibt allerdings die vorläufige Möglichkeit, die Lektüre *als Lektüre eines „Textes"* unter zumindest vorläufigem Verzicht der unmittelbaren Einholung darin sich „ausdrückender" *Bedeutungen* fortzusetzen. Derridas Texte *als Texte* zu lesen und darüber zu schreiben wird dabei heißen müssen, Sorge zu tragen, einen bestimmten *Sinn* nicht bereits vorab *gesetzt* zu haben.[174] Diese Reduktion der Lektüre allein auf die Gegebenheiten des Textes und der Verzicht auf den Nachvollzug einer sich in Sprache ausdrückenden Erfahrung (Wahrnehmung) ist notwendig, weil die von Derrida eingeführten Neologismen (*différance, Spur/ Ur-Spur, Schrift/ Ur-Schrift*) nicht mehr als „Erfahrungen" – auch nicht in einem transzendentalen Sinn – gelesen werden können. Sie finden in einem Medium statt, das erst von den Rändern der geschlossenen, gebrochenen Metaphysik her überhaupt erkennbar wird; „erkennbar" allerdings nicht im Sinne einer Erfahrung, sondern als (Denk-)Bewegung einer notwendig gewordenen Differenzierung. Das Medium dieses Erscheinens ist daher auch „älter" als die Sprache.[175] Es liegt ihr *voraus,* so wie ein unbekannter Text, eine unbekannte Inschrift älter ist als der archäologische Fund, der sie ans Licht bringt. – Bevor also die Lektüre von *Die Stimme und das Phänomen* wie beabsichtigt fortgesetzt werden kann, soll in einem Exkurs die Bedeutung der *différance* im Kontext des frühen Denkens von Derrida und in Vorbereitung der Lektüre seiner späteren Texte noch weiter erhellt werden.

EXKURS: *La différance* im Kontext des frühen Denkens von J. Derrida

Die Bewegung der *différance*, die in *Die Stimme und das Phänomen* erstmals in der Bündelung[176] dieses Namens sichtbar wird, erweist sich als ein erster Übergang zu jenem Denken, das sich nicht mehr ungebrochen in eine kontinuierliche Geschichte der Philosophie (insofern es sich um ein Denken der Präsenz und des Ursprungs handelt) einfügen lässt. Aus diesem Grund ist, im Nachhinein betrachtet, der Vortrag

insofern das *Non-Cogito* weder gedacht noch gelebt werden kann. Die Verstrickung in die Sprache bleibt unhintergehbar. Der Verdacht, dass hier einer Irrationalität das Wort geredet wird, wird jedenfalls weiterhin unbegründet bleiben müssen.

174 Dem zeitgenössischen Theologen wird diese Form der Lektüre eines *Textes*, vielleicht nicht in ihrer reflektierten Gestalt, wohl aber in ihrer Praxis, nicht unbekannt sein. Der Kampf um die historisch-kritische Bibelexegese war auf weite Strecken u.a. auch ein Kampf um die Textualität der biblischen Bücher. Damit soll – hier zumindest, da auch diese Frage unbearbeitet bleiben muss – jedoch nur eine gewisse Analogie und noch keine Identifikation ausgedrückt werden.

175 Die eingeführten „Begriffe" gehören gerade nicht mehr dem „Sagen-Wollen" (*vouloir-dire*) der Sprache an. Ihre sprachliche Gestalt muss daher selbst noch einmal hinterfragt werden. – Auch in diesem Sinne ist der nur in der Schrift lesbare, aber in seiner Unterscheidung zu frz. *différence* nicht hörbare und durch (Sprach-)Erfahrung nicht „verstehbare" Ausdruck „*différance*" glücklich gewählt.

176 Zum Hinweis, dass Derrida mit *différance* eine „Bündelung" von Motiven aus seinen bisherigen Texten bezeichnet vgl. D 32 (s.auch unten S. 68).

„La différance“, den Derrida im Jänner 1968 an der Sorbonne hält, in besonderer Weise bedeutsam, sowohl für das Verständnis der bis dahin erschienenen Texte als auch für das Selbstverständnis Derridas als Philosoph: einerseits verpflichtet und gebunden an den Kontext der abendländischen Tradition, andererseits zugleich auch verpflichtet auf die sich darin aufdrängenden Konsequenzen. Bis dahin hatte Derrida solche Konsequenzen vor allem in der Form von Brüchen und Rissen – sowohl in der Kontinuität einer ganz bestimmten abendländischen Tradition (exemplarisch vergegenwärtigt in Husserls Transzendentaler Phänomenologie) als auch angesichts des an den eigenen Voraussetzungen scheiternden Versuchs der simplen Ergänzung dieser Tradition durch das in ihr Verdrängte (bei Foucault) – aufgezeigt. Die dabei benannten Aporien weisen jedoch weit über die betrachteten Texte hinaus. Der Versuch einer „Bündelung“ dieser Aporien wird so zu einer Neuinszenierung der Philosophie selbst. Deren sprachliche Form erscheint jedoch ungewiss. Welche Sprache wird eine gegenwärtige oder zukünftigen Philosophie noch sprechen können? Die prinzipielle Abwesenheit des Ursprungs und das bereits oben erwähnte Problem der Selbstreferentialität (die Unmöglichkeit der Wieder-Einholung und Identifizierung des heterogenen Anderen ohne seine Alterität gerade damit zu negieren) beruhen ja nicht auf einem Mangel des philosophischen Ansatzes, sondern erweisen sich als konstitutiv für das philosophische Denken als solches. Daher sind hier erneut, wie bereits in anderen Wissenschaftsbereichen[177], und wie dort aus den eigenen Voraussetzungen heraus, sowohl die Kontinuität als auch die korrektivische Fortschreibung (Ergänzbarkeit) eines Denkens in Frage gestellt. Selbst der strukturalistische Versuch eines Verzichts auf das nicht-begründbare Zentrum, die Verschiebung des Ursprungs in die Struktur selbst, erwies sich letztlich doch nur als implizite Wiederholung eines nur vorläufig verborgenen Ursprungsdenkens.

Gleichsam am Ende dieser schrittweisen Entlarvung scheint nun der von Derrida eingeführte Neologismus *différance* die aus den genannten Gründen nicht mehr ohne weiteres in Begriffen der klassischen Philosophie formulierbaren Konsequenzen tatsächlich zu bündeln [D 32]. Wird man darin eine neue, eine andere Art und Weise erkennen können, weiterführende Konsequenzen aus dem konstitutiv gewordenen Bruch innerhalb des tradierten philosophischen Denkens zu ziehen? Derrida wird zwar keineswegs auf ein – zwangsläufig scheiterndes – „neues“ Begriffsrepertoire zurückgreifen[178], gleichwohl aber mit der Einführung und Verwendung von Neologismen (wie eben *différance*) eine bestimmte, auf *Performativität* abzielende Strategie

177 Erneut ist hier auf die in der Einleitung aufgezeigte „(globale) Grundlagenkrise“ zu verweisen und dabei für den Bereich der dem Ideal der Mathematik verpflichteten Wissenschaften vor allem auf die folgenreiche Arbeit von Kurt Gödel.

178 Im Vortrag „La différance“ wird explizit die Vorläufigkeit dieses Wortes betont (s.u. S. 68 Anm. 182).

verbinden. Verkompliziert wird diese „Strategie" allerdings durch den Umstand, dass die *différance* nicht nur selbst im Sinne ihrer „approximativen semantischen Analyse" als eine *performative Äußerung* zu gelten hat, sondern sich zugleich als der *Name*, die Signatur für die „performative Bewegung" als solche erweist.[179] Am Verständnis dieses Performativs und im Ausweis des „anderen", nicht mehr auf Präsenz, Identität oder Ursprünglichkeit bauenden Zugangs zu den genannten Aporien und Krisen werden sich die Texte Derridas bewähren müssen. Wie wird es Derrida vermeiden können, neuerlich einen Ausgangspunkt bloß *gesetzt* zu haben?

In einem ersten Zugang und zum besseren Verständnisses des Kontextes des mehr oder minder plötzlichen Auftauchens der *différance* in den Texten Derridas, soll im folgenden, ergänzend zur „approximativen semantischen Analyse" (s.o. S. 61ff), die Geschichte der Entwicklung dieses „Begriffs" nachgetragen werden, um damit zugleich einen ersten Hinweis auf die Bedeutung dieser „differantiellen Bewegung" für Derridas Umgang mit den genannten Aporien und Krisen herauszuarbeiten. (Auch wenn die bisherigen Ausführungen vielleicht einen anderen Eindruck zu hinterlassen scheinen, so geht es doch in dieser Lektüre nicht so sehr um eine werkimmanente Darstellung des Denkens Derridas, sondern immer noch um die in der Einleitung aufgeworfenen Fragestellungen, das heißt um die fehlende, gleichwohl unaufgebbare Formulierung einer nicht mehr „metaphysischen", vielleicht *nachmetaphysisch* zu nennenden Grundlegung nicht nur des theologischen Denkens.[180])

Derrida selbst legt nahe, die Einführung der *différance* nicht als einen willkürlichen Akt, sondern mehr als eine sich aufdrängende Notwendigkeit (es wird von „Nötigung" die Rede sein) zu verstehen, einer Notwendigkeit, die jedoch zugleich von einer gewissen Unmöglichkeit heimgesucht bleibt. Eine entsprechende Passage aus der Einleitung zu dem Vortrag „La différance" soll diese für die weiteren Erörterungen äußerst wichtigen Unterscheidungen verdeutlichen:

179 Derrida wird dies 1971 in seinem Vortrag „Signatur Ereignis Kontext" auf dem *Congrès international des Sociétés de philosophie de langue française* (zum Thema „La communication") ausführen (in: DERS., *Randgänge der Philosophie*, Wien: Passagen, ²1999 [fr. 1972], 325-351). Derrida ist in diesem Text nicht weit von seinen Husserl-Lektüren entfernt. Er bezieht sich explizit auf *Die Stimme und das Phänomen* und betont in weiterer Folge, dass die Beziehung der (performativen) Äußerung zu dem Ereignis, das sie produziert, die der *différance* ist. Die produktive Differenz, die unleugbar zwischen der Äußerung als Anzeichen und dem einerseits ausgedrückten, zugleich damit aber auch „sich ereignenden" Ereignis besteht, kommt also nicht ohne eine Analyse dessen aus, was Derrida *différance* zu nennen versucht und sich im Kontext des Schriftcharakters jeder Äußerung letztlich als eine graphematische Bewegung herausstellt: „Die *différance*, die irreduzible Abwesenheit der Intention oder des Beistandes in der performativen Äußerung, der »ereignishaftesten« aller Äußerungsarten, berechtigt mich [...], die allgemeine graphematische Struktur einer jeden »Kommunikation« zu behaupten." (ebd. 347)

180 Vgl. dazu auch oben S. 23f („Zwischenbemerkung").

„Ich möchte gerade, obwohl es im Prinzip wie im Grenzfalle, aus wesentlichen Rechtsgründen, unmöglich ist, versuchen, die verschiedenen Richtungen, in denen ich das, was vorläufig das Wort oder der Begriff der *différance* heißen soll, aber, wie wir sehen werden, *à la lettre* weder ein Wort noch ein Begriff ist, benutzen konnte oder mir vielmehr in seiner Neu-Schreibung aufdrängen (*imposer*) ließ, zu einem *Bündel* zusammenzufassen. Ich lege hier aus zwei Gründen Wert auf das Wort *Bündel:* einerseits handelt es sich nicht darum (was ich ebenfalls hätte tun können), eine Geschichte zu beschreiben, von ihren Entwicklungsphasen zu berichten, Text für Text, Kontext für Kontext, und jedesmal zu zeigen, welche Ökonomie zu dieser graphischen Unregelmäßigkeit hat nötigen können; wohl aber um das *allgemeine System dieser Ökonomie.* Andererseits scheint das Wort *Bündel* das geeignetste zu sein, um zu verdeutlichen, dass die vorgeschlagene Zusammenfassung den Charakter eines Einflechtens (*intrication*), eines Webens (*tissage*), eines Überkreuzens (*croisement*) hat, welches die unterschiedlichen Fäden (*fils*) und die unterschiedlichen Linien des Sinns – oder die Kraftlinien – wieder auseinanderlaufen lässt, als sei sie bereit, andere hineinzuknüpfen." [D 32; Hervorhebung i.O.; Übers. leicht modifiziert]

Es wird – um des Kontextes dieser Arbeit willen – vielleicht notwendig sein, die Anmerkungen zu diesem Text nicht allzu sehr ausufern zu lassen,[181] sondern sich auf die Herausarbeitung der in der Bewegung der *différance* sich ankündigenden Beziehung zu einem Abwesenden als Supplement des Ursprungs zu konzentrieren. Hauptaugenmerk soll auf die begründete und nachvollziehbare Nicht-Einordenbarkeit (Nicht-Identität) dieser Beziehung gelegt werden.

1. Zunächst legitimiert Derrida die folgende Lektüre selbst durch den Hinweis, dass er „ebenfalls" eine Rekonstruktion der Geschichte der *différance* anhand seiner Texte hätte vortragen können. Dies impliziert, dass die Einführung dessen, „was vorläufig das Wort oder der Begriff der *différance* heißen soll", überhaupt bereits eine Geschichte besitzt – und zwar innerhalb der publizierten Texte selbst. Es impliziert aber ebenso, dass mit der *différance* als Wort oder Begriff nur eine Vorläufigkeit, ein Provisorium verbunden ist. Was *différance* genannt wird, muss nicht unbedingt den Namen „différance" tragen und wird vor allem auch nicht immer so heißen müssen.[182] Das Wort oder der Begriff *différance* scheint daher nicht mehr im „wörtlichen" Sinn als Wort oder Begriff zu „funktionieren". Es ist nicht das Wort, das hier bedeu-

181 Ich hoffe, dass es an anderer Stelle möglich sein wird, die Texte Derridas stärker in ihrer grundsätzlichen Verwobenheit darstellen und interpretieren zu können. Eine explizit am Derridaschen Text orientierte Einführung fehlt (vielleicht mit Ausnahme des Buches von U. Dreisholtkamp zu einigen frühen Texten Derridas) gerade für die erst beginnende und immer noch in starke Vorurteile und Unkenntnis des Zusammenhangs der Texte verstrickte Rezeption im deutschsprachigen Raum.

182 Noch bevor Derrida in seinem Vortrag die semantische Analyse vorträgt, betont er noch einmal explizit, dass die Strategie des Gedankens der *différance* eine vorläufige, provisorische ist: „Durch diese bloß strategische Rechtfertigung möchte ich betonen, dass die Wirksamkeit der Thematik der *différance* sehr wohl eines Tages aufgehoben werden kann …" [D 35; der französische Originaltext hebt zusätzlich hervor „… [und] wird müssen (*devra*).", in: *Marges de la philosophie*, 7.]

tet. Allerdings ist *différance* auch nicht einfach ein Ausdruck, dem ein sinngebender Akt, ein „bedeuten" als *Sagen-Wollen* zugrunde gelegt werden könnte. Um die Bewegung, die nach Derrida „*différance* heißt", in den Blick zu bekommen, wird also der Kontext der frühen Texte zu beachten sein.

Derrida spricht von einer *Geschichte der différance*, von „Entwicklungsphasen". Dies lenkt die Aufmerksamkeit auf das erste Auftauchen dieser Neuschöpfung. Dabei zeigt sich in einer chronologischen Durchsicht der Publikationen, dass Derrida wiederholt in bereits publizierte Texte eingegriffen und die *différance* nachträglich in diese eingeschrieben hat. Da der 1967 publizierte Sammelband *Die Schrift und die Differenz* bis auf wenige Ausnahmen fast zur Gänze bereits zuvor in verschiedenen Zeitschriften erschienene Texte enthält[183] und auch *De la grammatologie* (1967) eine bereits publizierte Vorstufe besitzt[184], ist diese Relecture aus der Hand des Autors in den französischen Originalen (zumindest theoretisch) jederzeit nachvollziehbar. Die dazu nötige „philologische" Arbeit, um die Details dieser Änderungen zu erheben, wäre jedoch kaum von größerem Interesse, wenn darin nicht selbst schon die Bewegung der *différance* erkennbar wäre: die Nachträglichkeit, Verspätung und Vorläufigkeit (Endlichkeit) des philosophischen Diskurses. (Dennoch kann diese Entwicklung auch hier nur skizzenhaft rekonstruiert werden.)

Die Bewegung der Inskription der *différance* stellt dabei keineswegs eine Korrektur an einem vermeintlich ungenügenden Original dar, sondern wird nachträglich im Sinne einer je neu zu vollziehenden *ursprünglichen Re-lecture* notwendig. Die Spannung zwischen Lektüre und Text, zwischen Interpretation und (stets abwesender) Wirklichkeit gehört jedenfalls bereits mit in den Kontext der *différance.*

Noch ein weit pragmatischerer Grund legt eine genauere Analyse der Geschichte des *différance*-Begriffs nahe. Obwohl zwar „weder Wort noch Begriff" im engeren Sinne, bleibt der Ausdruck „différance" nämlich doch stets *als* Wort oder Begriff in einem bestimmten Kontext lesbar.[185] Dies wird auch von Derrida niemals geleugnet

183 Siehe dazu den Quellennachweis am Ende des Buches.

184 J. DERRIDA, De la grammatologie (I+II), in: *Critique* 21.Jg. (Dez.1965) H.223, 1016-1042, u. 22.Jg. (Jan. 1966) H.224, 23-53. – Vgl. Jacques DERRIDA, *Grammatologie* (Frankfurt/M.: Suhrkamp, [6]1996 [fr. [1]1967]), 7 Anm.1.

185 Zugleich hält sich die „Lesbarkeit" allerdings auch in Grenzen, insofern das Wort *différance* letztlich nicht in einem originären Sinn als Wort existiert. Sie bleibt immer nur im Derridaschen Kontext lesbar. Dies wird später auch als eine der Stärken der *différance* gegenüber der kreuzweisen Durchstreichung des Seins bei Heidegger (s.u. S. 93) angeführt. Dort bleibt im ~~Sein~~ das Sein auch als Wort unserer Alltagssprache immer noch lesbar – und daher in Metaphysik verstrickt und verwechselbar. Vgl. Derrida, Grammatologie, 43: „Dennoch ist die kreuzwiese Durchstreichung kein bloß »negatives Zeichen« (Heidegger, Zur Seinsfrage, 31). Diese Ausstreichung ist vielmehr die letztmögliche Schrift einer Epoche. Unter ihren Strichen verschwindet die Präsenz eines transzendentalen Signifikats und bleibt dennoch lesbar. Verschwindet und bleibt dennoch lesbar, wird destruiert und macht doch den Blick auf die Idee des Zeichens selbst frei." Dies ist keine Kritik, sondern die

– höchstens befürchtet. Für das Denken *mit* Derrida wird dieser sich notwendig einstellende (supplementäre) Kontext aber auf jeden Fall zu berücksichtigen sein. Eine genealogische Rekonstruktion könnte hier möglicherweise verdeutlichen, inwiefern *différance* gerade nicht als Wort oder Begriff gelesen werden kann.

a) Die Geschichte der *différance* steht in unmittelbarem Zusammenhang mit der Entwicklung eines Begriffs der Spur und der Etablierung eines neuen, umfassenden Denkens der Schrift, das sich bereits in Derridas Husserl-Lektüren abzeichnete. Erstmalig begegnet das Wort *différance* in dem Artikel „La parole soufflée" (Die soufflierte Rede), der im Winter 1964/65 in der Zeitschrift *Tel Quel*[186] erscheint, und sich mit dem französischen Theatertheoretiker, Schauspieler, Dichter und Zeichner Antonin Artaud (1896-1948) auseinandersetzt. Ohne auch nur in der geringsten Weise erläutert zu werden, bezeichnet *différance* in diesem Text gleichwohl das Zentrum des Anliegens Artauds, die Beziehung zur Tiefe des Unlesbaren[187], das auf der Bühne, im geschriebenen und gesprochenen Wort den einzigen, wenngleich stets zum Scheitern verurteilten Ausdruck erfährt. „Er weiß mit der ganzen Tiefe, die er seiner Leiderfahrung verdankt, dass Denken nicht darin besteht, Gedanken zu haben, und dass die Gedanken, die er hat, ihm lediglich das Gefühl geben, dass er »noch nicht angefangen hat zu denken«", schreibt Maurice Blanchot in seinem berühmten Essayband *Le livre à venir* (dt. *Der Gesang der Sirenen*[188]). Für Artaud ist die Dichtung an die Unmöglichkeit „zu denken, worin das Denken besteht" geknüpft.[189] Sie ist die „Abwesenheit der Stimme zu schreien", das Denken ist *erlittenes* Denken.[190] – Dieser Kontext, Artauds Ringen um eine *andere* Sprache, sein Schreiben und sein durchaus auch selbst eingestandenes Scheitern, wären für eine Erhellung der späteren Stellung der *différance* höchst aufschlussreich. (Artaud wird von Derrida zum Beispiel als „Existenz, die sich weigert zu bedeuten" bezeichnet [SD 267], eine Formulierung, die auffallend an Derridas spätere Selbsteinschätzung zu erinnern scheint, „sich selbst ris-

Bestätigung des Beginns einer noch zukünftigen Epoche der Schrift: „In dem Maße. wie sie die Onto-Theologie, die Metaphysik der Präsenz und den Logozentrismus begrenzt, ist diese letzte, auch die erste Schrift." (ebd.)

186 J. DERRIDA, La parole soufflée, in: *Tel Quel* 20 (1965), 41-67. Überarbeitet aufgenommen in: *L'écriture et la différence* (Paris 1967); dt.: Die soufflierte Rede, in: *Die Schrift und die Differenz* (Frankfurt/M.: Suhrkamp, [6]1994), 259-301. – Im folgenden werden die ursprünglichen frz. Fassungen der Texte in der entsprechenden deutschen Übersetzung der später überarbeiteten Texte aus *L'écriture et la différence* wiedergegeben. Abweichungen vom ursprünglichen Text werden gesondert vermerkt.

187 Derrida, La parole soufflée (Tel Quel), 60 [dt. SD 292].

188 M. BLANCHOT, *Der Gesang der Sirenen. Essays zur modernen Literatur* (München: Hanser, 1962 [fr. 1959]), hier: 55.

189 Blanchot, Gesang der Sirenen, 54; vgl. SD 261.

190 Blanchot, Gesang der Sirenen, 61.

kieren [zu müssen] beim Nichts-Sagen-Wollen"[191].) Ohne hier jedoch auch nur eine einigermaßen angemessene Lektüre des Werkes Artauds vorlegen zu können, sollte doch der Kontext der Einführung der *différance* aus den textimmanenten Bezügen innerhalb von *La parole soufflée* deutlich werden können.[192]

La parole soufflée ringt um eine Einmaligkeit, die jedem Kommentar letztlich entgleiten muss. Derridas Text sucht also, in Abhebung von der herkömmlichen *kritischen* (philosophischen) oder *klinischen* (medizinischen) Lektüre des „Falls Artaud", diejenige Einmaligkeit, die Artaud in den Kommentaren erst zu einem „Fall" werden ließ. Es geht um die Singularität *vor* jedem exemplarischen „Fall". Dabei steht die „Beispielhaftigkeit" jedes Beispiels auf dem Spiel, die Frage nach den Grenzen der Exemplarität, die nur allzuoft den Blick auf die Einmaligkeit zu versperren droht.[193] Derrida ist sich der „Naivität" dieses Vorhabens sehr wohl bewusst.[194] Was Artaud lehrt, wird nur im Prozess der Negation erfahrbar, in der Weigerung sich mit dem Kommentar, der „soufflierten Rede" [SD 267f], die die Einmaligkeit einer Ordnung unterwirft und so dadurch wiederholbar macht, sie ihrer Einmaligkeit beraubt, zu beruhigen. „Das Einzige, was sich nämlich per definitionem nicht kommentieren lässt, ist das Leben des Körpers, das lebendige Fleisch." [SD 280] Der Wahn lehrt zumindest eines: die Vorgängigkeit eines Ereignisses, dessen Ausdruck immer erst nachträglich – sei es durch eine kritischen oder einen klinischen Diskurs – „einordenbar" ist. Die Vorgängigkeit selbst, das Einmalige des Ereignisses, bleibt dem kommentierenden Diskurs jedoch verborgen. Es gibt eine Differenz, die *vor* der ord-

191 Vgl. etwa J. DERRIDA, Implikationen. Gespräch mit Henri Ronse, in: *Positionen* (Graz-Wien: Böhlau, 1986) 33-51, hier: 50f.

192 Zur weiterführenden Lektüre der Bezüge zwischen Derrida und Artaud sei auf folgende Texte verwiesen: J. DERRIDA, Das Theater der Grausamkeit und die Geschlossenheit der Repräsentation (1966), in: *Die Schrift und die Differenz* (Frankfurt/Main: Suhrkamp, [6]1994), 351-379; DERS., Das Subjektil ent-sinnen, in: P. THÉVENIN / J. DERRIDA, *Antonin Artaud. Zeichnungen und Portraits* (München: Schirmer/Mosel, 1986), 51-109; H. KIMMERLE, *Jacques Derrida zur Einführung* (Hamburg: Junius, [4]1997), bes. 96ff. – Zu Person und Werk Artauds siehe: M. BLANCHOT, *Der Gesang der Sirenen* (s.o. Anm. 188); H.-Th. LEHMANN, Theater als Experimentierfeld. Mejerhold'd, Brecht, Artaud, in: R. GRIMMINGER / J. MURASOV / J. STÜCKRATH (Hg.), *Literarische Moderne. Europäische Literatur im 19. und 20. Jahrhundert* (Reinbek bei Hamburg: Rowohlt, 1995), 368-394, bes.: 388ff; sowie A. ARTAUD, *Das Theater und sein Double. Das Théâtre de Séraphin* (Frankfurt/M.: Fischer, 1969 [fr. 1964]).

193 Derrida erwähnt in diesem Zusammenhang die Diskussion um Hölderlin und Nietzsche und deren beispielhaften Wahnsinn. Die „kritische oder klinische" Kritik an der Exemplarität ist jedoch allgegenwärtig. Sie lässt sich nicht nur an der Beurteilung von Personen und Werken, sondern auch am Umgang mit historischen Ereignissen ablesen. Ist der „Fall Auschwitz" ein solches Beispiel?

194 Die gesamte ausführliche Einleitung von *La parole soufflée* ist der Naivität und ihrer Notwendigkeit gewidmet [SD 259-266]. Vgl. „Der Diskurs, den wir hier, uns Antonin Artaud zuwendend, eröffnen, ist naiv. Um diese Naivität zu reduzieren, hätte man solange warten müssen, bis ein Dialog zwischen – kurz gesagt – *kritischem* und *klinischem* Diskurs in Wahrheit begonnen hätte: ein Dialog, der, über ihre beiden Wege hinaus, dem Gemeinsamen ihres Ursprungs und ihres Horizontes nachfragen würde." [SD 259]; sowie „...unser erster Vorbehalt bezüglich der Naivität war keine Stilklausel." [SD 266]

nenden Differenzierung und nur jenseits metaphysischer Bestimmungen sich ereignet. In diesen Negationen taucht schließlich die nicht als solche affirmierbare Differenz der *différance* auf. Sie ist die stets um „ein Objekt, ein Buch oder ein Libretto" [SD 292] gruppierte (und damit lesbare) Beziehung zu einem Unlesbaren. Sie ist die Differenz zur „Nacht, die dem Buch vorausgeht" [SD 267], die Differenz und der Bezug zur *lebendigen Kraft*, die im Zentrum der Bemühungen Artauds steht. Die *différance* wird von Artaud zunächst von dieser vorgängigen lebendigen Kraft her gedacht und erscheint daher als Entfremdung von ihr. Allerdings verkehrt sich diese Bewertung bald. Artaud selbst musste nämlich zur Achtung des Geschriebenen, oder doch zumindest zur Anerkennung seiner Unausweichlichkeit zurückkehren. (Ein Vergleich zu Husserl drängt sich hier auf.)

> „Artaud musste *in der Tat*, entgegen allen seinen Absichten, das Vorläufige des geschriebenen Textes in »streng zusammengesetzten Schauspielen, die, bevor sie gespielt werden konnten, ein für allemal festgesetzt wurden«, wiedereinführen (Artaud, *Œuvres complètes*, Bd. V, 41). »... alle jene tastenden Versuche, jene forschenden Bestrebungen, jene Schocks werden trotz alledem zu einem Werk führen, zu einer *eingeschriebenen* (von Artaud hervorgehoben) in den kleinsten Einzelheiten festgelegten und mit neuen Notationsmitteln notierten Komposition.« (Artaud, *Das Theater und sein Double*, 120; vgl. 106. 137)." [SD 298]

Man ist versucht zu sagen: *natürlich* mussten Artauds am Rand des Wahns angesiedelte Bemühungen scheitern. Doch die Beruhigung durch einen solchen Kommentar würde die Einmaligkeit des „Falls Artaud" nur erneut verschweigen. „Es ist selbstverständlich noch ein Werk", bemerkt zwar auch Derrida [SD 298f, Anm. 108], „In diesem Maße gestattet sie den Einbruch des Kommentars und die Gewalt der Exemplifizierung, jene, die wir nicht vermeiden konnten, im Augenblick, wo wir uns gegen sie zur Wehr setzen wollten." Er fügt am Ende jedoch hinzu: „Vielleicht verstehen wir jetzt aber die Notwendigkeit dieser Inkohärenz besser." [ebd.] Was bleibt, und das nicht nur für Derrida, ist das Anliegen Artauds, die Kraft, die *vor* dem Scheitern des Werkes als dessen Lebendigkeit erfahrbar schien. Was bleibt, ist die lebendige Erfahrung einer *différance*. Diese auch im Scheitern noch erfahrbare Unterbrechung, diesen Bruch gilt es zu beachten.

> „Dieser Wahnsinn aber, als Metaphysik des nicht entfremdeten Lebens [...], brandmarkte in nicht minder berechtigter Weise, mittels einer Geste, die einer anderen Metaphysik keinen Angriffspunkt bot, jenen *anderen* Wahnsinn als Metaphysik, der *in* der Differenz, in der Metapher und im Werk, das heißt also in der Entfremdung lebt, ohne sie aber *als solche*, jenseits der Metaphysik zu denken. [...] Die Differenz indessen – oder der Aufschub (*différance*), mitsamt all seinen Modifizierungen, die bei Artaud bloßgelegt wurden – kann sich als solche nur jenseits der Metaphysik denken ..." [SD 299; fr.: La parole soufflée (Tel Quel), 64.]

Dieses zweifache Auftauchen der *différance*, zum einen als die – im Sinne Artauds – entfremdende Bewegung der Festschreibung der lebendigen Kraft in der Schrift[195], zum anderen, und wie das obige Zitat belegt, in genau gegenteiligem, jedoch von Derrida betontem Sinn, als diejenige Differenz, die die Schrift auf ein ihr Vorgängiges überschreitet, bildet den mehr oder minder gleichbleibenden Kontext für die immer stärkere, schließlich im Vortrag „La différance" (1968) kulminierende Bündelung des Denkens Derridas auf diesen „Begriff" hin.

(b) Bereits die folgende Publikation, die im Winter 1965/66 erscheinende gleichnamige Vorstufe zum späteren ersten Teil des Buches „De la grammatologie"[196] schließt erneut mit dem Hinweis auf die notwendige Etablierung einer Wissenschaft von der Schrift unter selbstkritischer Beachtung der *différance*:

> „Es gilt, die *Inkompetenz* der Wissenschaft, die auch die Inkompetenz der Philosophie ist, richtig zu verstehen. Sie bedeutet nicht eine Rückkehr zu einem vorwissenschaftlichen oder infra-philosophischen Denken. Ganz im Gegenteil. Diese gemeinsame Wurzel, der wir den Namen *Spur*, *Aufschub* (*réserve*) oder *différance* gegeben haben, dürfte nur *Schrift* und System *schriftlicher* Zeichen genannt werden innerhalb der historischen Geschlossenheit der Wissenschaft und der Philosophie. Die Anstrengung zur Konstituierung einer Wissenschaft und einer Philosophie der Schrift ist notwendig und schwierig. Aber das Denken der Spur, der différance oder des Aufschubs (*réserve*), das bis an den Grund dieser Wissenschaft und dieser Philosophie geht, muss auch über den eigenen Bereich hinausreichen. Grammatologie, Denken, das noch eingemauert bliebe in der Präsenz." [De la grammatologie (II), 53][197]

Die genannte „Inkompetenz" zielt natürlich nicht auf eine Negation von Wissenschaft und Philosophie überhaupt. „Ganz im Gegenteil." Nur *innerhalb* von Wissenschaft und Philosophie ist deren Ungenügen erkennbar als Befragung ihrer metaphysischen Grundlagen durch die Erfahrung der Vorgängigkeit der Schrift. Diese Begrenzung des Anspruchs von Wissenschaft und Philosophie ist es, die sie in einer „historischen Geschlossenheit" erscheinen lässt. Und wiederum ist es nur *innerhalb* dieser Geschlossenheit sinnvoll, der subversiven Bewegung, die mit den (neuen) Namen *Spur*, *Aufschub* oder *différance* bezeichnet wird, auch den (alten) Namen „Schrift" zu geben. Noch bevor hier der Kontext von *De la grammatologie* erörtert worden ist,[198] ist aus dieser Schlusspassage jedoch bereits erkennbar, dass *différance, Spur* und *Aufschub* (*réserve*) eine Bewegung bezeichnen, die auch noch über die Schrift, auch noch über die eigenen Möglichkeiten des Ausdrucks hinauszuweisen sucht. Auch

195 La parole soufflée (Tel Quel), 60; dt.: SD 292. 293.

196 J. DERRIDA, De la grammatologie (I+II), in: *Critique* 21.Jg. (Dez.1965) H.223, 1016-1042 u. 22.Jg. (Jan.1966) H.224, 23-53; vgl. DERS., *De la grammatologie* (Paris: Éditions de Minuit, 1967).

197 Eigene Übersetzung in Anlehnung an die deutsche Übersetzung der erweiterten Buchfassung. Vgl. J. DERRIDA, *Grammatologie* (Frankfurt/M.: Suhrkamp, [6]1996), 169f.

198 Siehe dazu unten das Kap. „De la grammatologie" (S. 87ff).

das Konzept einer „Grammatologie" wird also nicht einfach eine Alternative zur Philosophie liefern können. Nicht die Alternative gilt es zu denken, sondern die *Geschlossenheit*, die Endlichkeit.[199]

(c) Einen letzten Kontext gilt es zu beachten, bevor Derridas nachträgliche Einschreibung der *différance* in seine früheren Texte den Blick zu öffnen vermag auf die zentrale Bedeutung der *Bündelung*, zu deren Deutung wir mit dem oben genannten Zitat aus „La différance" (s.o. S.68) aufgebrochen sind. Im März 1966 hält Jacques Derrida in einem Seminar am *Institut de Psychanalyse* in Paris einen Vortrag zum Thema Schrift und *différance*, sowie der Entdeckung der Nachträglichkeit bzw. Verspätung im Denken Sigmund Freuds.[200] Explizit bezieht er sich dabei auf seine kurz zuvor erschienenen Artikel zur *différance*, besonders auf *De la grammatologie (I+II)*[201] und fragt nach ihrer Stellung zur Psychoanalyse. Der Vortrag erscheint dabei eher als ein Vergleich von Gemeinsamkeiten, denn als ursprüngliche Erhellung der *différance*. Entgegen verbreiterter Meinung wird man daher sagen müssen, dass weder *différance* noch *Spur* bei Derrida „zunächst" in einem psychoanalytischen Kontext angesiedelt sind, sondern, wenngleich sehr früh, so doch erst nachträglich zu diesem Kontext in Bezug gesetzt werden. Es wird sogar ausdrücklich betont: „Wider allem Anschein ist die Dekonstruktion des Logozentrismus keine Psychoanalyse der Philosophie." [SD 302] Die Frage lautet vielmehr: „Worin werden die Freudschen Begriffe der Schrift und der Spur noch durch die Metaphysik und den Positivismus bedroht?" [SD 304]

Eine beachtenswerte Parallele findet Derrida jedenfalls in Freuds Versuch, den Ursprung der Erinnerung und des Gedächtnisses durch das Modell der „Bahnung" zu beschreiben. Die Frage, der sich Freud in seinem frühen „Entwurf einer Psychologie" (1895)[202] stellt, ist die Frage nach der Darstellung des psychischen Prozesses der Entstehung des Gedächtnisses. Freud ist zu dieser Zeit noch einem naturwissenschaftlichen Anspruch („[Es ist die] Absicht, eine naturwissenschaftliche Psychologie zu liefern"[203]) verpflichtet und geht diesem mit einem neurologischen Modell nach. Es ist allerdings nicht der von Freud bald selbst verworfene neurologische

[199] Vgl. dazu auch eine Passage des Textes, dem wir uns sogleich widmen werden: „Der Logo-phonozentrismus ist kein philosophischer oder historischer Irrtum, in den die Geschichte der Philosophie des Abendlandes oder gar die Welt wider Erwarten und in pathologischer Weise gestürzt worden wären, sondern eine notwendige Bewegung und Struktur, die notwendig begrenzt sind." [SD 303]

[200] J. DERRIDA, Freud et la scène de l'écriture, in: *Tel Quel* 26 (1966), 10-41; überarbeitet aufgenommen in: *L'écriture et la différence* (Paris 1967); dt.: Freud und der Schauplatz der Schrift, in: *Die Schrift und die Differenz* (Frankfurt/M.: Suhrkamp, ^{6}1994), 302-350.

[201] Derrida, Freud et la scène de l'écriture (Tel Quel), 10; dt. SD 302.

[202] S. FREUD, Entwurf einer Psychologie (1895), in: *Gesammelte Werke. Nachtragsband* (Frankfurt/M.: Fischer, 1987), 375-486.

[203] Freud, Entwurf, 387.

Rahmen, der Derrida interessiert, sondern die zu ihrer Beschreibung gewählten Metaphern:

> „Was man auch immer über die Treue und die ausstehenden Absetzungen [Freuds; Anm. PZ] denkt, die Hypothese ist beachtenswert, | sowie man sie als metaphorisches Modell, nicht aber als neurologische Beschreibung ansieht." [SD 307f]

Dass diese über den Wortlaut des Textes hinausweisende Lektüre des *Entwurfs* nicht gänzlich von Freuds eigener Entwicklung entfernt ist, belegt die „Editorische Einleitung" zu Freuds Text:

> „Obzwar vorgeblich ein neurologisches Dokument, enthält der »Entwurf« den Kern eines beträchtlichen Teils von Freuds späteren psychologischen Theorien. In dieser Hinsicht war seine Entdeckung nicht nur von historischem Interesse; tatsächlich warf er erstmals Licht auf einige von Freuds eher dunklen Grundannahmen. [...] Eigentlich spukt der »Entwurf« in sämtlichen, auch den spätesten theoretischen Schriften Freuds herum." (Freud, Entwurf, 383)

Das Besondere an Freuds Modell der „Bahnung" liegt nun zum einen darin, dass das Gedächtnis nicht eine psychische Eigenschaft unter anderen, sondern das Wesen des Psychischen selbst ist.[204] Zum anderen erlaubt es die Analyse der psychischen Vorgänge nicht, zwischen einem *primären* Eindruck und seinen Wiederholungen bzw. Erinnerungen zu unterscheiden. Das Gedächtnis, das durch die Bahnung auf Grund eines Eindrucks entsteht, besteht daher nur in der *Differenz* der Bahnungen[205], nicht aber in einer Quantität oder Qualität einer bestimmten Bahnung, für deren Auszeichnung es keinen plausiblen Grund gäbe. Insofern nun aber die Bahnung „Effekt" (Freud: „Erfolg") des Eindrucks ist, ist sie gleichzeitig auch das, was ihn „ersetzen kann"[206]. In Derridas Worten ist das Gedächtnis, das psychische Erleben auf Grund von Bahnungen (Spuren), stets zugleich durch einen Aufschub (*différance*) gekennzeichnet. „Der Aufschub bildet das Wesen des Lebens." [SD 311]. Ein Leben ohne diesen Aufschub, ein „*zunächst* präsentes Leben, dass sich *anschließend* [...] im Aufschub vorzubehalten begänne", gibt es nicht. „Die Verspätung also ist ursprünglich." [SD 311] Zu beachten ist dabei die in der Anmerkung gegebene Erläuterung des (nicht-)zeitlichen Charakters dieser Verspätung:

> „Diese Begriffe des ursprünglichen Aufschubs (*différance*) und der Verspätung, lassen sich unter der Autorität der Identitätslogik und sogar unter der des Zeitbegriffs nicht denken. Die Absurdität selbst, die sich auf diese Weise *in den Termen* kundtut, veranlasst, vorausgesetzt sie organisiert sich in bestimmter Weise, das Jenseits dieser Logik und dieses Begriffs zu denken. Mit dem Wort *Verspätung* ist etwas anderes zu denken als ein Verhältnis zweier »Gegenwarten« [...] | Die Begriff einer *ursprünglichen »Diffe-*

204 Freud, Entwurf, 392; SD 308.

205 Zur Bedeutung für das Verständnis der *différance* vgl. D 48.

206 Freud, Entwurf, 393; SD 309.

renz« und *Verspätung* haben sich uns aus einer Lektüre Husserls aufgenötigt." [SD 311f Anm. 11]

Trotz dieser auffallenden Parallelen zwischen der Freudschen Beschreibung des Gedächtnisses und des psychischen Lebens und Derridas eigener Entwicklung eines Verständnisses der *différance,* würde die weitere Verfolgung der Freud-Lektüre kaum einen neuen Aspekt zum bereits gewonnenen Verständnis hinzufügen. Derridas eigener Rückverweis auf seine Husserl-Lektüre bestätigt dies. Der Freud-Vortrag stellt offensichtlich vor allem den Versuch einer nachträglichen – und diesmal auch tatsächlich „zeitlich nachträglichen" – Verknüpfung zweier Diskurse dar.

(Unterbrechung / Methodenfrage) Die *Geschichte der différance* ist damit bereits an jenem, oben angekündigten Punkt angelangt, an dem Derrida sein Denken in einer Art *Relecture* seiner frühen Texte zu „bündeln" beginnt. Dabei gilt es jedoch, den Überblick zu wahren und erneut, wie nach jedem Schritt, die Legitimation für die Art der Darstellung und die Richtung der Lektüre zu erfragen. Der lange chronologische Durchblick durch das Werk Derridas – bisher wurde scheinbar kaum anderes, vielleicht sogar kaum eigenes vorgetragen – wird sich jedenfalls alsbald verkomplizieren. Mehrere Umstände lassen zudem eine weitere *bloß* philologische Lektüre wenig vielversprechend, wenn nicht gar sinnlos erscheinen. Ein Verständnis von Derridas Relecture und Veränderung seiner frühen Texte bei der Zusammenstellung des Aufsatzbandes *L'écriture et la différence* wird deren Motivation zum einen wohl außerhalb der Texte suchen müssen; und zum anderen macht das gleichzeitige Erscheinen der so unterschiedlichen Werke *La voix et le phénomène, L'écriture et la différence* und *De la grammatologie* selbst eine chronologische Interpretation kaum mehr möglich. – Vielleicht jedoch ist die Lektüre auch bisher niemals philologisch gewesen. Vielleicht geht es bereits jetzt um einen ganz anderen Text und eine andere Ordnung als um das philosophiegeschichtliche Verständnis eines jungen, vor dem Erscheinen seiner drei ersten Bücher weitgehend unbekannten französischen Philosophen, dessen Text-Strategien im einzelnen wohl auch danach nur wenige interessiert haben dürften. Nein, wenn wir unsere philosophisch-theologische Lektüre im Sinne der Fragestellung der Einleitung ernstnehmen, dann werden wir uns wohl nicht zu sehr für Jacques Derrida selbst interessieren dürfen. Aber wir werden, gerade *wenn* wir einer philosophischen Argumentation noch Ernst zubilligen wollen, den *Text* ernstnehmen müssen. Besonders dann, wenn dieser die These zu bewähren sucht, dass es nichts außerhalb des Textes gibt („*Ein Text-Äußeres gibt es nicht.*" [G 274]), d.h. dass sich nichts dem Schriftcharakter zu entziehen vermag. – Die fortschreitende Lektüre wird dem Rechnung tragen müssen.

Wir haben bereits auf die grundsätzliche Performativität der *différance* und damit auch ihrer Lektüre hingewiesen.[207] In Derridas Lektüre Antonin Artauds ist zudem das Ungenügen jeglichen „Kommentars“ deutlich geworden, sein Verfehlen des Unlesbaren. Nicht der Kommentar erscheint daher als angemessene Lektüre eines Textes, sondern die „Konsequenz“, die zumeist kritische, wohl selten einfach affirmative, auf jeden Fall jedoch *performative* Konsequenz. Die sich vielleicht mit Notwendigkeit aufzwingende Konsequenz. Doch dieser Punkt ist noch nicht erreicht.

Derrida führt in einem eingeschobenen Abschnitt seiner Rousseau-Lektüre in *De la grammatologie* seine eigenen Überlegungen zur „Methodenfrage“ bei der (philosophischen) Lektüre von (durchaus auch „bloß“ literarischen) Texten an. Ich möchte diese Überlegungen hier anhand einiger längerer Zitate zusammenfassen:

> „Der Schriftsteller schreibt *in* einer Sprache und *in* einer Logik, deren System, Gesetze und Eigenleben von seinem eigenen Diskurs definitionsgemäß nicht absolut beherrscht werden können. Er bedient sich dieses Systems, indem er sich in gewisser Weise und bis zu einem gewissen Grad von ihm beherrschen lässt. Die Lektüre hingegen muss ein bestimmtes, vom Schriftsteller unbemerktes Verhältnis zwischen dem, was er an verwendeten Sprachschemata beherrscht, und dem, was er nicht beherrscht, im Auge behalten. Dieses Verhältnis ist [...] durch eine signifikante Struktur [gekennzeichnet], die von der Lektüre erst *produziert* werden muss. [...]
>
> Diese signifikante Struktur zu produzieren, kann aber gewiss nicht heißen, mit Hilfe der verstellenden und distanzierten Verdopplung des Kommentars das bewusste, willentliche und intentionale Verhältnis zu reproduzieren, das der Schriftsteller in seine Wechselbeziehung mit der Geschichte einbringt, welcher er dank dem Element der Sprache zugehört. Gewiss muss dem Moment des verdoppelnden Kommentars sein Platz in der kritischen Lektüre eingeräumt werden. Doch würde man die kritische Lektüre nicht gebüh- | rend anerkennen und ihre klassischen Anforderungen berücksichtigen, was nicht eben einfach ist und wozu es aller Instrumente der traditionellen Kritik bedarf, so liefe die kritische Produktion Gefahr richtungslos zu bleiben und sich so gut wie alles zuzutrauen. Diese unabdingbare *Abwehr* konnte eine Lektüre zwar immer *abschirmen*, sie konnte sie aber nicht *eröffnen*.
>
> Selbst wenn die Lektüre sich nicht mit der Verdoppelung des Textes begnügen darf, so kann sie legitimerweise auch nicht über den Text hinaus- und auf etwas anderes als sie selbst zugehen, auf einen Referenten (eine metaphysische, historische, psycho-biographische Realität) oder auf ein textäußeres Signifikat, dessen Gehalt außerhalb der Sprache, das heißt in dem Sinn, den wir diesem Wort hier geben, außerhalb der Schrift im allgemeinen seinen Ort haben könnte oder hätte haben können. [...] *Ein Text-Äußeres gibt es nicht.*“ [G 273f; Hervorhebung i.O.]

> „Wenn wir vom Schriftsteller und vom Übergewicht der Sprache sprechen, auf die er angewiesen ist, dann denken wir nicht allein an den Literaten. Der Philosoph, der Chronist, der Theoretiker im allgemeinen und letzten Endes jeder Schreibende ist davon betroffen. In jedem Fall ist der Schreibende in ein begrenztes textuelles System

[207] S.o. S. 66, bes. Anm. 179; vgl. auch S. 64.

eingeschrieben. Selbst wenn es niemals ein reines Signifikat gibt, *bietet sich doch in je verschiedener Weise etwas am Signifikanten als nicht weiter reduzierbare Schicht des Signifikats dar.* Als Beispiel sei der philosophische Text genannt, welcher – obschon immer geschrieben – als philosophischer daraufhin entworfen ist, vor dem bezeichneten Inhalt, dessen Träger er ist, zurückzutreten. Die Lektüre muss diesem Anspruch gerecht werden, selbst wenn sie überzeugt ist, ihn in letzter Analyse entkräften zu können." [G 276; Hervorhebung PZ]

Erneut bestätigt sich hier – entgegen verbreiteter Meinung – der von Anfang an aus den Lektüren gewonnene Eindruck, dass Derrida keineswegs die abendländische Tradition einer Philosophie der Ursprungs, der ἀρχή oder des λογος einfach streicht, sondern im Bewusstsein, *nach* ihrer *Geschlossenheit* denken zu müssen, dem in ihr *Abwesenden*, dem ihr *Vorausliegenden* nachspürt, ohne dabei den Boden der philosophischen Tradition zu verlassen – aber auch ohne ihm zu trauen.

„Die Erschließung der Frage, das Heraustreten aus der Geschlossenheit einer Evidenz, die Erschütterung eines Systems von Gegensätzen, all diese Bewegungen verlaufen notwendig in der Gestalt des Empirismus und der Irrung. Zumindest können sie *in bezug auf vergangene Normen* nur in dieser Gestalt beschrieben werden. Keine andere Spur steht zur Verfügung. Und da diese irrenden Fragen keine absoluten, jenseits des Durchbruchs gelegenen Anfänge sind, lassen sie sich tatsächlich auf einer Oberfläche ihrer selbst mit Hilfe dieser Beschreibung, die sich zugleich als Kritik versteht, erfassen. Wir müssen *irgendwo, wo immer wir sind,* beginnen und das Denken der Spur, das sich des Spürsinns nicht entschla- | gen kann, hat uns bereits gezeigt, dass es unmöglich wäre, einen bestimmten Ausgangspunkt vor allen anderen zu rechtfertigen. *Irgendwo, wo immer wir sind*: schon in einem Text, in dem wir zu sein glauben." [G 280f; Hervorhebung i.O.]

2. Die *différance* hat nicht nur eine Geschichte, die Derrida – wie er in „La différance" betont – nicht geschrieben hat (obwohl er es hätte tun können; vgl. D 32), sondern sie erhält zu einem bestimmten Zeitpunkt auch den Charakter eines „Bündels":

„Andererseits scheint das Wort *Bündel* das geeignetste zu sein, um zu verdeutlichen, dass die vorgeschlagene Zusammenfassung den Charakter eines Einflechtens (*intrication*), eines Webens (*tissage*), eines Überkreuzens (*croisement*) hat, welches die unterschiedlichen Fäden (*fils*) und die unterschiedlichen Linien des Sinns – oder die Kraftlinien – wieder auseinanderlaufen lässt, als sei sie bereit, andere hineinzuknüpfen." [D 32]

Gemäß dem zur „Methodenfrage" Gesagten, wird diese Bündelung nicht nur als Stilmittel genommen, sondern auf ihre Performativität, auf das in ihr zur Sprache kommende *hinterfragt* werden müssen. Einige Hinweise dazu finden sich bereits in Derridas knappen einführenden Worten, wenn er in seinem Vortrag z.B. betont, dass er das Wort *différance* nicht nur einfach „benutzte", sondern es sich ihm „in seiner Neu-Schreibung vielmehr aufdrängte (*plûtot me laisser imposer en son néo-graphis-*

me)“[208]. Die bisherigen Lektüren haben bereits mehrfach gezeigt, dass Derrida es zu vermeiden sucht, den Eindruck zu erwecken, aus dem freien Willen des schöpferischen Autors heraus zu argumentieren. Seine Ausführungen, basierend auf der Lektüre vorliegender Texte, besitzen eher den Charakter zwingender Folgerungen und sich aufdrängender Konsequenzen. So offensichtlich auch hier. Bevor wir diese Strategie im nächsten Kapitel eingehender kritisch untersuchen, wollen wir uns ihr hier aber noch einmal innerhalb dieser Grenzen einer genauen Lektüre anvertrauen, um zunächst die Bewegung, die Derridas Einführung und Einschreibung der *différance* beschreibt, in ihrer Struktur zu erfassen.

Bereits die Wortwahl zur Verdeutlichung des Begriffs „Bündel“ fällt auf. Sie ist einem handwerklichen Kontext entnommen, einem Bereich also, in dem der Charakter des eigentlichen „Hand-Werks“, der handwerklichen Tätigkeit, und jener der späteren Verwendung (Bedeutung) des Werks oft nur sehr oberflächlich, nämlich materiell miteinander verbunden sind. So schließt auch Derridas „Zusammenfassung“ (das „Bündel“) nicht einen bestimmten Prozess ab, sondern eröffnet vielmehr einen neuen Kontext. Die Bündelung lässt „die Linien des Sinns“ offen wie jene Fäden, die beim Buchbinden auf beiden Seiten des Bundes wieder offen auseinanderlaufen, während sie sich nur kurz – an der Stelle des Bundes – kreuzen.

Die Fäden (*fils*), das Weben (*tissage*) und das Einflechten (*intrication*) erinnern dabei zugleich auch an eine weitere kurze und an außergewöhnlicher Stelle plazierte Anmerkung im Kontext der *différance:* Am Ende des Aufsatzbandes *L'écriture et la différence* finden sich unter dem Titel „Bibliographie“ ein Quellennachweis der Erstveröffentlichungen der aufgenommenen Texte, sowie datierte Angaben zu den ursprünglichen Vorträgen. Danach, und – zumindest in der französischen Ausgabe – auch *nach* dem Dank für die Ermöglichung des Wiederabdrucks der Texte, folgt jedoch noch ein unscheinbarer, nicht weiter gekennzeichneter Absatz Derridas, der mit „Dezember 1966“, offensichtlich dem Termin der Fertigstellung des Buches, datiert ist.

> „Indem wir diese Texte datieren, möchten wir hervorheben, dass wir uns in diesem Moment, um sie miteinander zu verbinden (*relier*) und wiederzulesen (*relire*), nicht in gleichem Abstand von ihnen halten können. Was hier die *Verschiebung einer Frage* bleibt, bildet freilich ein *System.* Mit Hilfe irgendeiner interpretativen *Naht* (*couture interprétative*) hätten wir im Nachhinein es andeuten/hervortreten lassen (*dessiner*) können. Doch ließen wir nichts als die Punktierung (*pointillé*) durchscheinen, indem wir in ihr jene blanken Stellen (*blancs*) bewahrten oder hinterließen, ohne die kein Text sich als solcher (*comme tel*) darstellt. Wenn *Text Gewebe* heißt, dann haben alle diese Versuche/Essays (*essais*) die Naht (*couture*) in eigensinniger Weise als *Heftnaht* (*faufilure*) definiert (Dezember 1966).“ [SD 451f; Übers. leicht modifiziert]

208 D 32; Übersetzung leicht modifiziert.

Auch hier fällt zunächst die spezifische Wortwahl auf. Der Kontext ist offensichtlich der des Buchbindens oder doch zumindest des Vernähens von Geweben als Metapher für das Zusammenstellen eines Buches. Diese Binden/Vernähen behält allerdings einen provisorischen Charakter. Die Heftnaht (*faufilure* von *faux filure,* »falsche Naht«) ist nur eine erste schnelle und äußerliche, eben „falsche" Naht. Ihr Resultat ist also noch nicht das abgeschlossene Werk.

Diese Nachbemerkung, die kaum noch in gewohnter Weise zum Buch selbst, zum Text des Buches zu zählen ist, bildet allerdings in gewisser Weise zugleich einen nachträglichen Schlüssel nicht nur zu diesem einen „Werk", sondern zum Selbstverständnis der Denkbewegung Derridas überhaupt.[209] Es ist der Versuch, die gewohnte Lektüre zu verunsichern und den Blick auf eine „verschobene Fragestellung", einen abwesenden Inhalt zu lenken, der eher an den Leerstellen und Zwischenräumen des Geschriebenen, „ohne die kein Text sich als solcher darstellt", erkennbar wird. Von daher bekommt dann auch das dem ganzen Band *Die Schrift und die Differenz* vorangestellte Epigraph, das dem Vorwort von Stéphane Mallarmés späten „Gedicht" *Un coup de dés* (Ein Würfelwurf, 1897)[210] entnommen ist, eine besondere Bedeutung als eröffnendes Motto:

> „le tout sans nouveauté qu'un espacement de la lecture" *Préface* à *Un coup de dés.*
> „... das Ganze ohne Neuheit, außer einer durch Zwischenräume gedehnten Lesung."[211]

Das gesamte Buch scheint keine anderen redaktionellen Anmerkungen zu besitzen als dieses Motto und die versteckte Nachbemerkung. Es gibt kein Vorwort, keine Einleitung und auch keine andere Anmerkung, die über die Absicht und Art der Zusammenstellung der Texte, ihre Reihenfolge, Vollständigkeit und etwaige Änderungen oder Ergänzungen Auskunft geben würde. Obwohl die Texte chronologisch angeordnet zu sein scheinen, lassen sich doch anhand der datierten Quellennachweise

[209] Die hier indirekt angedeutete These, dass dieses „Selbstverständnis" auch heute noch Gültigkeit besitzt, ist natürlich (zu) stark formuliert. Dennoch soll sie gegen die schon mehrfach kritisierten Vermutungen eines Bruchs im späteren Denken Derridas bereits hier erneut in Erinnerung gerufen werden. Zur Kontinuität von Derridas Denken siehe auch das nächste Kap. „Konsequenzen".

[210] Das Besondere dieses Gedichts liegt u.a. in seiner graphischen Gestaltung. Mallarmé legt seinem Text die Doppelseite als Leseeinheit zugrunde und ordnet die Worte und Wortgruppen des Gedichts frei auf dieser an. Verschiedene Schriftgrößen und -stile, sowie eine graphische Anordnung, die heute u.a. bei der Gestaltung von Zeitungen und weit wirksamer noch in Reklametexten unter Einbeziehung auch des Leerraumes Beachtung findet, lassen außerdem Freiraum für die nicht-lineare, mehrdeutige und doch um einen Leitsatz gruppierte Deutung des Textes.

[211] Übers. nach St. MALLARMÉ, *Ein Würfelwurf. Übersetzt und erläutert von Marie-Louise Erlenmeyer* (Walter-Druck 10; Olten-Freiburg: Walter, 1966). – Die gesamte Auflage dieser Übersetzung wurde erst kürzlich, nach ihrem Wiederauffinden im ehemaligen Haus der Übersetzerin gemeinsam mit dem Supplement-Band *Éventail. Für Stéphane Mallarmé,* der zahlreiche Texte von Dichtern aus dem Umkreis und zu Ehren Mallarmés enthält, von Alma Vallazza neu herausgegeben (Wien: .Lana, 2000).

Abweichungen feststellen.[212] Eine Deutung der Strukturen und Aussageebenen des Buches wird also auch eine Interpretation seiner Rahmung berücksichtigen müssen.

Die zitierten Worte des Mottos bilden bei genauerer Betrachtung nur den abschließenden Teil des ersten Satzes von Mallarmés Vorwort zu *Un coup de dés*. Vielleicht wird es daher sinnvoll sein, dazu den im französischen Text bei Derrida nur durch die Kleinschreibung des ersten Wortes erahnbaren abwesenden Teil dieses Satzes ebenfalls in Erinnerung zu rufen:

> „Es wäre mir lieb, wenn man diese Notiz nicht läse oder, überflog man sie, gar vergäße: dem geschickten Leser bringt sie wenig bei, das jenseits seines Durchdringungsvermögens läge: kann aber den Unbefangenen verwirren, der einen Blick heften soll auf die ersten Worte des Gedichts, damit darauf folgende durch ihre Anordnung zu den letzten führen, bei all dem nichts Neues außer einer Verräumlichung *(espacement)* des Lesens." (Stéphane Mallarmé, Vorwort zu *Un coup de dés*)[213]

Nichts Neues also, keine Revolution, aber doch eine Erweiterung und Eröffnung (*espacement*)[214] des Lesens; keine Abkehr von den Worten, aber doch ein Achten auch auf ihre Anordnung, auf die Leerstellen; und schließlich ein *Sich-führen-lassen* durch den Text. Diese veränderte Lektüreintention legt Derrida dem Verständnis seines Buches zugrunde. Die Schrift soll selbst die Haltung des Lesens verändern. Der Hinweis auf die Datierung der Texte in der Nachbemerkung, ihre (noch ungeklärte) Verbindung – *relier* bezeichnet das (Ein)Binden eines Buches – und die Relecture (*relire*), die sich „in diesem Moment nicht in gleichem Abstand von ihnen halten kann", rufen zudem dazu auf, diesen ungleichen Abstand, der auch als „Verschiebung einer Frage" bezeichnet wird, überhaupt erst einmal wahrzunehmen.

Der einzige erhebbare Hinweis – und damit ist das folgende als schlichter „Versuch" (*essai*) einer Interpretation gekennzeichnet – für diese *Re-lecture*, die wie eine schnelle oberflächliche Naht zu funktionieren scheint und die Texte doch locker verbindet, vielleicht im genannten Sinn sogar zu „bündeln" vermag, scheint der Umstand zu sein, dass in fast allen Texten des Buches *L'écriture et la différence* auf je verschiedene und nirgends besonders auffallende Weise das Wort *différance* (mit *a*) eingeschrieben wird. Zum Teil wird einfach ein einzelner Satz in den Text eingeschoben,

212 Zu einer Deutung der Reihenfolge der Texte unter Berücksichtigung eines Interviews mit Jacques Derrida vom Dezember 1967 zu seinen in diesem Jahr erschienenen Büchern, vgl. die „Translator's Introduction" von Alan Bass in der englischen Ausgabe: J. DERRIDA, *Writing and difference* (transl., with an Introduction and Additional Notes, by Alan Bass; Chicago: Chicago UP, 1978), bes. ix-xiv. (Bass geht auch eigens auf die Nachbemerkung ein ohne sie jedoch mit der Komposition des Buches direkt in Beziehung zu setzen.) Das zitierte Interview findet sich in: J. DERRIDA, Implikationen. Gespräch mit Henri Ronse (Dez. 1967), in: *Positionen* (Graz-Wien: Böhlau, 1986), 33-51.

213 St. MALLARMÉ, *Gedichte. Französisch und Deutsch* (Übers. u. kommentiert v. Gerhard Goebel; Werke 1; Gerlingen: Lambert Schneider, 1993), 245.

214 Zu *espacement* vgl. auch *La différance*: s.o. S. 63.

der das dort Gesagte mit der *différance* in Zusammenhang bringt oder verdeutlicht,[215] zum Teil wird das Wort *différence* (mit *e*) in der Relecture durch *différance* (mit *a*) ersetzt.[216] In den Vorträgen, die nicht bereits vorab veröffentlicht oder die erst für das Buch selbst verfasst wurden, erscheint *différance* jeweils im zusammenfassenden abschließenden Absatz des Textes.[217] Auch in jene Texte, die bereits zuvor von der *différance* gesprochen hatten, wurde der Ausdruck zusätzlich eingeschrieben.[218]

Nimmt man diesen Hinweis ernst, so lässt er sich leicht auf die Nachbemerkung beziehen und wird von ihr wiederum erhellt.

> „Mit Hilfe irgendeiner interpretativen *Naht* (*couture interprétative*) hätten wir im Nachhinein es andeuten/hervortreten lassen (*dessiner*) können."

Die Funktion dieser „interpretativen Naht" könnte die Einschreibung der *différance* übernommen haben. Sie würde in diesem Sinne das Band darstellen, das die vorliegenden Texte bündelt und auf diese Weise auch interpretiert, indem sie sie auf sich bezieht. Allerdings betont Derrida, dass er eben dies *nicht* getan hat. Die *différance* ist *nicht* diese interpretative Naht, sie kann sie vielleicht auch gar nicht *„sein"*. – Lesen wir weiter:

> „Doch ließen wir nichts als die Punktierung (*pointillé*) durchscheinen, indem wir in ihr jene blanken Stellen (*blancs*) bewahrten oder hinterließen, ohne die kein Text sich als solcher (*comme tel*) darstellt."

Wenn wir weiterhin an der Einschreibung der *différance* als jenem Hinweis festhalten, der die Texte dieses Buches verbindet, so wird ihre Eigenart an dieser Stelle genauer als bestimmte (positive) Form der (performativen) „Markierung" einer Abwesenheit bestimmt. Mit *différance* würden gerade jene Momente eines Textes bezeichnet, die diesen *als solchen* darstellen. Jene Momente, die eher den Charakter von Punktierungen[219], also einer Reihe von „Löchern" oder Leerstellen (Zwischenräumen) haben, die offensichtlich nur aufgrund der sie umgebenden „Ränder" sichtbar sind ohne sich mit ihnen einfach identifizieren zu lassen, – jene Momente, von denen gesagt

215 Etwa in „Gewalt und Metaphysik" (SD 156; vgl. Violence et métaphysique. Essai sur la pensée d'Emmanuel Levinas, in: *Revue de métaphysique et de morale* 69 (1964) H.3, 322-354 u. H.4, 425-473, hier: 347), sowie in „Edmond Jabès und die Frage nach dem Buch" (SD 119f; vgl. Edmond Jabès et la question du livre, in: *Critique. Revue générale des publications françaises et étrangéres* (1964) No. 201, 99-115, hier: 115), u.ö.

216 In „»Genesis und Struktur« und die Phänomenologie" (SD 246; vgl. »Genèse et Structure« et la Phénoménologie, in: M. de GANDILLAC / L. GOLDMANN / J. PIAGET (Hg.), *Entretiens sur les notions de genèse et de structure* (Paris-La Haye: Mouton & Co., 1965) 243-260, hier: 251).

217 Z.B. beim Baltimore-Vortrag vom Okt. 1966, „Die Struktur, das Zeichen und das Spiel im Diskurs der Wissenschaften vom Menschen" (SD 442) und in dem neuen Text „Ellipse" (SD 450).

218 Siehe etwa „Die soufflierte Rede" (SD 268. 294. 297; vgl. La parole soufflée, in: *Tel Quel* 20 (1965), 47. 61. 63.)

219 Zur Bedeutung des Begriffs „Punktierung" im Selbstverständnis Derridas vgl. den Titel der publizierten Verteidigung von Derridas Doktorats-*thèse* aus dem Jahr 1980: s.u. Anm. 220.

wird, dass sich kein Text ohne sie *als solcher* darstellt, wären in diesem Bild ganz offensichtlich dem Text gegenüber *vorgängig* ohne selbst *etwas* zu *sein.* Insofern deckt sich das hier gezeichnete Bild auch sehr genau mit jenen Momenten, die schon in den bisherigen Lektüren als Hinweise auf eine nicht-ursprüngliche („ursprünglich" im metaphysischen Sinn) Vorgängigkeit gegolten haben und von Derrida *différance* genannt wurden.

Damit wird auch verständlich, wieso Derrida einerseits betonen kann, dass sich ihm die *différance* „aufdrängte *(imposer)*" [D 32], er aber andererseits nicht einfach „über" die *différance* wie über einen traditionellen Begriff schreiben kann. Derridas performatives Schreiben[220] nötigt damit zu einer entsprechend veränderten Lesehaltung. Diese subversive „Verwirrung *(derangement)*" – um hier einen Ausdruck von Emmanuel Levinas zu verwenden, den dieser in einem 1965 gehaltenen Vortrag verwendet, der sich in manchen Passagen wie eine Erläuterung zur *différance* liest[221] – ist daher nicht so sehr eine „Erfindung" eines der Literatur zuneigenden philosophischen Schreibens, sondern weit eher eine ernstzunehmende Konsequenz aus den Husserl-Lektüren, die der Einschreibung der *différance* vorausgegangen sind und die wir hier nur zur Verdeutlichung ihres Kontextes in den frühen Arbeiten Derridas exkursartig verlassen haben. Der „Bündelung" der *différance* entspräche demnach im folgenden eine Vorsicht der Lektüre in Hinblick auf die Schwierigkeiten, die sich mit diesem Ausdruck schon aufgrund seiner fälschlichen Identifizierbarkeit ergeben. So wie die Neu-Schreibung ein unmögliches Wort zu erschaffen scheint, so ist dessen ausgedrückte Unmöglichkeit dann zugleich die Repräsentation seines unmöglichen, gleichwohl sich mit Notwendigkeit aufdrängenden Gehalts. Insofern daher *différance* kein Wort und keinen Begriff darstellt, ist es dann auch weniger ihre Ähnlichkeit als ihre (je größere) Unähnlichkeit mit einem Wort oder Begriff, die den Kern ihrer „Aussage", wenn man weiterhin von einer solchen sprechen kann und will, ausmacht.

Wenn wir im folgenden von diesem langen Umweg zur Lektüre von *Die Stimme und das Phänomen* zurückkehren, die wir an der Stelle unterbrochen haben, an der sogar noch die Rede von einer unmittelbaren Selbstpräsenz (die nicht nur die Husserlsche Phänomenologie prägt, sondern letztlich die gesamte metaphysische Tradition) auf eine vorgängige nicht mehr metaphysisch nennbare „differente Beziehung" hin be-

220 Einen Hinweis, dass er selbst von Anfang an seine „Akte des Schreibens" innerhalb einer „performativen Szene, denen sie stattgeben sollten und von denen sie fortan nicht mehr zu trennen waren" verstanden hat, gab Derrida 1980 während der Verteidigung seiner Doktorats-*thèse*: J. DERRIDA, Punktierungen – die Zeit der These, in: H.-D. GONDEK / B. WALDENFELS (Hg.), *Einsätze des Denkens. Zur Philosophie von Jacques Derrida* (Frankfurt/M.: Suhrkamp, 1997), 19-39, hier: 35.

221 E. LÉVINAS, Rätsel und Phänomen (1965), in: *Die Spur des Anderen. Untersuchungen zur Phänomenologie und Sozialphilosophie* (Freiburg/Br.-München: Alber, 1983), 236-260.

fragen muss (s.o. S. 57), so haben sich die Spuren einer solchen Vorgängigkeit bereits vervielfacht. Und die ebenso vielfältigen Bezüge auf Autoren, die sich dem Schreiben und der Schrift gewidmet haben (Artaud, Freud, Mallarmé; das Werk Edmond Jabès', mit dem sich Derrida in *Die Schrift und die Differenz* in zwei Texten auseinandersetzt, wurde hier noch gar nicht gewürdigt), lassen die kommende Beschäftigung Derridas mit dem Wesen der *écriture* als konsequente Fortführung der Entdeckung der *différance* erscheinen. Noch wurden dabei keine Konsequenzen aus dieser Entdeckung gezogen. Noch entgleitet eine zumeist von durchsichtigen Interessen geleitete „Interpretation" der *différance* dem Zugriff anhand der Texte Derridas. Noch ist vielleicht nichts oder nicht viel gesagt worden. Nur der Riss in der Kontinuität eines auf Präsenz gegründeten Denkens ist offenkundig – und eine „Bewegung der *différance*" als Temporisation und Verräumlichung (*espacement*), ein anderes Denken der Zeit und des Raumes hat begonnen, sich abzuzeichnen.

* * *

Die Einführung bzw. das Auftauchen der *différance* in *Die Stimme und das Phänomen* erfolgt plötzlich und nachhaltig. Es gibt keinen Beleg für *différance*, der der Entlarvung der Abwesenheit der sogenannten „Selbstpräsenz" vorausginge – die *différance* „ist"[222] diese Abwesenheit. Jedes Denken *danach*, jedes Denken innerhalb der Epoche der „Geschlossenheit" der Metaphysik kann ohne den Bezug auf die Bewegung, den Aufschub der *différance* nur noch durch eine willkürliche Negation ungebrochen aufrechterhalten werden.

Die produktive Aktivität der *différance,* die aus der (approximativen) Semantik folgt, die Derrida in seinem Vortrag „La différance" nachträglich beschrieben hat, erlaubt es nun aber, den entdeckten Aufschub, der die vermeintliche Selbst*präsenz* von ihrem abwesenden Ursprung (der idealen Präsenz als „universale[r] Form des transzendentalen Lebens"[223]) trennt, näher zu bestimmen. Die Frage, der sich Derrida weiterhin stellt – wir haben sie oben als bleibende „Unruhe" zitiert (s.o. S. 60) –, lautet: Wie soll die Abwesenheit der „sogenannten ursprünglichen Präsenz" gedacht werden? Zunächst wird die Rede von einer solchen ursprünglichen Präsenz konsequenterweise in der Argumentation als Begriff vermieden. An ihrer Stelle muss von der einzig verbliebenen „Präsenz", die jedoch bereits als eine *wiederholte* erkannt worden ist, ausgegangen werden: der Selbst-Affektion.

> „Die Selbst-Affektion setzt als Operation der Stimme *[des inneren Monologs; Anm. PZ]* eine reine Differenz voraus, die die Selbstpräsenz zerbrechen lässt. Und eben in die-

222 Im Sinne Derridas und mit Blick auf Heidegger wird dieses „ist" schließlich durchgestrichen werden müssen: Die différance ~~ist~~ diese Abwesenheit. – Siehe dazu unten S. 93.

223 Siehe oben S. 56.

ser reinen Differenz ist die Möglichkeit all dessen, was man aus der Selbst-Affektion glaubt ausschließen zu können, verwurzelt: der Raum, das Draußen, die Welt, der Körper etc. Sobald man zugesteht, dass die Selbst-Affektion die Möglichkeit der Selbstpräsenz ausmacht, ist keine reine transzendentale Reduktion mehr möglich. Auf diese ist man hingegen angewiesen, wenn man die Differenz dort, wo sie sich selbst am nächsten ist, er- und begreifen will: nicht in ihrer Identität, nicht in ihrer Reinheit und nicht in ihrem Ursprung, denn diese Qualitäten sind nicht die ihren, sondern die ihrer Bewegung des Aufschubs (différance).

Diese Bewegung der Differänz[224] (des Aufschubs) kommt nicht zu einem transzendentalen Subjekt hinzu. Vielmehr erzeugt sie dieses erst. Die Selbst-Affektion ist keine Erfahrungsmodalität, die ein bereits zuvor als Selbst (autos) verfasstes Seiendes charakterisierte. Sie bringt das Selbst als Beziehung zu sich in der Differenz mit sich, das Selbst als das Nicht-Identische hervor." [SP 140]

Die Aktivität der *différance*, das heißt die Bewegung des Aufschubs, die den transzendentalen Ursprung zunächst verschwinden lässt, die dann allerdings sogleich, dies ist gerade aus dem letzten Zitat ersichtlich, auch als Bewegung der „Hervorbringung" (der Aus-Differenzierung) – z.B. des Selbst in der Selbst-Affektion – gedacht werden muss, zwingt dazu, die *différance* noch ursprünglicher, d.h. bereits *vor* den Bewegungen des Aufschubs und der (Aus-)Differenzierung am Werk zu sehen[225]: als ursprüngliches *Supplement des Ursprungs*[226].

„So verstanden ist die Supplementarität eben die *Differänz*: jene Operation des Aufschiebens (différer), die die Präsenz zugleich spaltet und verschiebt, indem sie sie mit einem Schlag der ursprünglichen Teilung und dem ursprünglichen Aufschub (delai) unterwirft. Die Differänz ist noch vor der Teilung zwischen »differieren« als Aufschub und »differieren« als aktivem Werk der Differenz anzusetzen. [...] Die supplementäre Differenz fungiert als Stellvertreter (vicarie) für die ihrer selbst ermangelnde ursprüngliche Präsenz." [SP 145]

Schon jetzt ist die „Begrifflichkeit" Derridas in gefährliche Nähe zu ihrer unausweichlichen Verwechslung mit metaphysischen Begriffen geraten. Welche Unterscheidung ließe sich denn konkret benennen zwischen der *différance* und z.B. der ontisch-ontologischen Differenz Martin Heideggers? Oder welcher Unterschied zwischen der *différance vor* jeder Differenzierung und dem Sein, das jedem Seienden zukommt? Welcher Unterschied bestünde zwischen dem Supplement des Ursprungs, von dem Derrida spricht, und einem sich selbst als Offenheit gebenden, sich selbst

224 Jochen Hörisch, der Übersetzer von *Die Stimme und das Phänomen,* übersetzt *différance* durchgängig mit „Differänz".

225 „am Werk zu sehen" – besser: „als am Werk seiend zu denken". Die *différance* als Supplement des Ursprungs ist ebenso abwesend wie dieser. Dennoch ist sie als Bewegung des Aufschubs und der Differenz in einem nicht-metaphysischen, nicht-phänomenologischen Sinn „sichtbar". – Gäbe es nicht das Problem der philosophischen Fassung der Aussage, so könnte der Theologe hier eine Analogie zu dem, was das Erste Vaticanum „natürliche Gotteserkenntnis" nannte, sehen.

226 Vgl. SP Kap. VI: „Das Supplement des Ursprungs", 145ff.

offenbarenden Ursprung, wenn es heißt, dass das Supplement den Ursprung „vertritt" ohne dass dieser in einer angebbaren Unterscheidung von seinem Supplement anzusetzen wäre? Das Supplement *ist* der Ursprung. Obwohl diese Identifikation unumgänglich scheint, kann der Unterschied zu einem metaphysischen Ursprung nicht größer gedacht werden – denn: „*Die unendliche Differänz* [und damit auch das Supplement; Anm. PZ] *ist endlich.*" [SP 162]

Wie ist diese Aussage zu verstehen? Nach dem Scheitern der Bestimmung einer unmittelbaren Selbstpräsenz durch die Transzendentale Phänomenologie Husserls bleibt dennoch die Frage, *auf welche Weise* nun die in der keineswegs geleugneten (primären oder sekundären) *Erinnerungen*, die *Re-präsentationen* der abwesenden Präsenz „*präsent*" sind. Wie dabei die Gefahr vermeiden, indirekt erneut wiederum eine *Idee der Präsenz* zu setzen? Derrida bleibt, um diesem Selbstwiderspruch zu entgehen, bei einer Analyse der im Endlichen verbleibenden Repräsentation.

2. *(Ur-)Spur einer (Ur-)Schrift*

Die *différance* als „endlich" zu denken ist unumgänglich geworden, nachdem jede Idealität, jeder Ursprung aufgeschoben werden musste.[227] Die *différance* dann jedoch zugleich als Supplement denken zu müssen, erfordert, die endliche Anwesenheit des supplementierten Abwesenden auf eine Weise zu „bezeichnen", die weder als bloßes Anzeichen noch als – bereits unmöglich gewordener – Ausdruck angesehen wird. Diese Markierung nennt Derrida „Spur" (trace) oder verdeutlichend auch Ur-Spur (archi-trace).[228]

Kennzeichen der Spur ist es, den (endlichen) Signifikanten auf das ihm „Vorgängige" zu überschreiten ohne diese „Transzendenz" in einem Ursprung enden bzw. anfangen lassen zu wollen. Die Spur ist dabei dem verschwundenen Ursprung viel näher als der metaphysische Ausdruck seiner idealen Bedeutung, denn die Zeichenstruktur trennt die endliche Spur nicht vom Ursprung, sondern: das Zeichen, der Signifikant, *ist* die Nähe der Spur und des Ursprungs. So kann Derrida schließlich auch sagen: „[D]ie Ursprünglichkeit muss von der Spur her und nicht umgekehrt gedacht werden." [SP 142] Und mit direktem Bezug zu den Erörterungen der Problematik eines idealen Ursprungs in *Husserls Weg in die Geschichte* nennt Derrida diese (Ur-)Spur dann auch sogleich Schrift bzw. Ur-Schrift (*archi-écriture*):

227 Vgl. u.a. die notwendige Beziehung zu *meinem Tod* als Möglichkeitsbedingung für das Denken idealer Präsenz (s.o. S. 57).

228 SP 122. 142f. 164f; vgl. „Freud und der Schauplatz der Schrift", in: SD 302. 304. 348. – Eine nähere Bestimmung zur Herkunft und „Strategie" dieser ebenfalls nicht mehr im herkömmlichen Sinne als Begriffe zu bezeichnenden Neologismen findet sich erst in *De la grammatologie* – und zwar mit Bezug auf den Spur-Begriff bei Emmanuel Levinas [G 107ff. 123].

„Diese Ur-Schrift ist am Ursprung des Sinns am Werk. Ist dieser, wie Husserl | erkannt hat, zeitlicher Natur, so ist er niemals schlicht Präsens, sondern immer schon die »Bewegung« der Spur, d.h. in die Ordnung der »Bedeutung« (signification) verwickelt. Er ist immer schon aus sich heraus in die »Ausdrucksschicht« des Erlebnisses eingegangen. Da die Spur die Beziehung der Vertrautheit des lebendigen Präsens mit seinem Äußeren, die Öffnung zur Äußerlichkeit überhaupt, zum Nicht-Eigenen etc. ist, kommt mit der *»Zeitigung« des Sinns die »Verräumlichung« ins Spiel.*" [SP 142f][229]

Nach diesen ersten nur äußerst knappen Andeutungen zur (Ur-)Spur und (Ur-) Schrift in Derridas *Die Stimme und das Phänomen* zeichnet sich doch bereits in groben Zügen der Kontext für eine weit umfassendere und nicht mehr an Husserl orientierte Darstellung des Themenfeldes ab. Die Diskussion dieser nicht mehr im klassischen Sinne zu verstehenden „Begriffe" findet sich in dem ebenfalls 1967 erschienenen Werk *De la grammatologie*[230] im Kontext der Erörterung der Möglichkeit einer Wissenschaft von der Schrift als einem ursprünglichen Supplement, als das auch noch die gesprochene Sprache bezeichnet werden muss. In konsequentem Verzicht auf den uneinholbar abwesenden metaphysischen Ursprung gilt das philosophische Interesse Derridas (der in keinem Moment das klassische Anliegen einer philosophischen Grundlegung nachvollziehbaren Denkens verworfen hat) einer Bewegung, die nicht erst durch einen Rekurs auf Ursprüngliches entdeckt oder erhoben wurde, sondern von allem Anfang an unausweichlich als *vorgängig* anerkannt werden muss, einer Bewegung, die – ohne intendiert zu sein – in der Endlichkeit der Zeichen (Signifikanten) *den Einbruch einer unendlichen Andersheit repräsentiert.* Diese ursprüngliche Andersheit markiert sich dabei wie die Inschrift einer (immer schon abwesenden) ursprünglichen Schrift, das heißt als nicht mehr eindeutig identifizierbare (Ur-)Spur. In Frage steht die Beziehung zwischen Signifikant, Spur und bleibend abwesendem Ursprung, die für Derrida im Begriff der Schrift bzw. der Wissenschaft von der Schrift, einer zukünftigen „Grammatologie" zusammenlaufen.

3. *De la grammatologie*

In *De la grammatologie* wiederholt Derrida – vor allem im ersten Teil („Die Schrift vor dem Buchstaben *[avant la lettre]*") und in Auseinandersetzung mit verschiedenen Schriftverständnissen vor allem im Bereich der Linguistik – seine kritische Lektüre und Entlarvung metaphysischen Denkens. Diese Kritik soll uns hier allerdings nur mehr zum Teil näher beschäftigen. Unser Interesse gilt vor allem den weiterführenden Konsequenzen, die bereits im *Exergue* am Beginn des ersten Teils [G 15] anklingen.

229 Vgl. die Notwendigkeit der Sprache und ihre Reduzierung auf Schrift im Kontext der idealen Gegenstandskonstitution bereits bei Husserl: s.o. S. 33.

230 Jacques DERRIDA, *Grammatologie* (Frankfurt/M.: Suhrkamp, [6]1996 [fr. [1]1967, dt. [1]1983]). [= G]

„Im geduldigen Nachdenken und in der strengen Erforschung des Bereichs, der sich vorläufig noch Schrift nennt – die keineswegs dazu verurteilt sind, diesseits einer Wissenschaft von der Schrift zu verbleiben oder sie, in welch finsterer Reaktion auch immer, hastig zu verabschieden, sondern im Gegenteil bestrebt sind, sie ihre Positivität so weit wie möglich entwickeln zu lassen –, äußert sich vielleicht die Irre (errance) eines Denkens, das treu und aufmerksam auf eine unaufhaltsam kommende Welt gerichtet ist, die, jenseits der Geschlossenheit (clôture) des Wissens, sich der Gegenwart kundtut. Der Vorgriff auf die Zukunft ist nur in Gestalt der absoluten Gefahr möglich. Sie ist das, was mit der konstituierten Normalität vollständig bricht und also nur in Gestalt der Monstruosität sich kundtun, sich *präsentieren* kann." [G 15]

Eine bereits vollendete „Vorwegnahme" der hier angesprochenen Zukunft, eine Lösung von Problemen wird wohl nicht wirklich zu erwarten sein. Jedoch vielleicht eine „Grundlegung", die es erlauben wird, in weiterer Folge den im ersten Teil erwähnten Krisen sensibler zu begegnen als die Beteuerungen des traditionellen Denkens. Dennoch gilt es auch hier, sich auf eine genauere Lektüre im Kontext der bereits besprochenen Veröffentlichungen Derridas einzulassen. Liest man *De la grammatologie* nämlich *vor* den früheren Texten Derridas, erscheinen die Eingangsthesen des Buches vermutlich bloß als vielleicht interessante jedoch unausgewiesene Behauptungen:

„Mit einer behutsamen Bewegung, deren Notwendigkeit kaum wahrzunehmen ist, beginnt alles, was seit wenigstens zwei Jahrtausenden sich unter dem Namen der Sprache zu versammeln trachtete und damit schließlich auch Erfolg hatte, sich nun in den Namen der Schrift zu verlagern, zumindest darunter sich zusammenfassen zu lassen. Mit einer Notwendigkeit, die kaum wahrzunehmen ist, scheint der Begriff der Schrift zusehends die Extension der Sprache zu überschreiten;" [G 17][231]

Was im Kontext der bisherigen Texte Derrida durchaus als eine *Konsequenz* bezeichnet werden kann, erscheint ohne deren Lektüre bloß als der erstaunliche Versuch, die Schrift, die nicht schon von Anfang an als prinzipiell von ihrem bisherigen Verständnis zu unterscheidende *Ur-Schrift* erkennbar ist (eine solche Formulierung wäre, ohne gegebenen Kontext, auch vollkommen unverständlich), gegenüber der gesprochenen Sprache mehr oder minder willkürlich privilegieren zu *wollen*.[232] Besonders

231 Es ist nicht einfach, angesichts der Radikalität dieser Aussagen, die Behutsamkeit ihrer Formulierung nicht aus den Augen zu verlieren: „Behutsame Bewegung", „kaum wahrzunehmende Notwendigkeit" – aber eben doch sich aufdrängende *Notwendigkeit!* –, „Beginn" einer Verlagerung der Sprache in die Schrift, es „scheint", dass der Begriff der Schrift „zusehends" die Sprache überschreitet; all diese Formulierung sind weit davon entfernt, etwas zu *wollen*, die genaue Beobachtung der Sprache ist vielmehr *gezwungen*, eine Veränderung wahrzunehmen.

232 Liest man das „Programm" [G 17-23] sehr genau, so finden sich darin allerdings durchaus zahlreiche Hinweise auf einen veränderten „Schrift"-Begriff bei Derrida. Die Bezüge auf eine veränderte *faktische* Verwendung bzw. Ausweitung dieses Begriffs (bes. 20f) können die philosophischen Erörterungen der frühen Texte allerdings nicht ersetzen. Der Empirismus des strukturalistischen Denkens dürfte sich hier niederschlagen. Vgl. dazu etwa die Texte von Lévi-Strauss, die von einzel-

für den deutschsprachigen Leser und außerhalb des Kontextes des beim Erscheinen des Buches in voller Blüte stehenden französischen Strukturalismus müssen viele Aussagen zunächst rätselhaft erscheinen.

> „Alles verhält sich so, als ob der abendländische Begriff der Sprache [...] sich heute als Stellvertretung oder als Verstellung einer ersten Schrift enthüllte. Einer Schrift, die viel grundlegender ist als jene, die vor dieser Wende als das »einfache Supplement zum gesprochenen Wort« (Rousseau) galt. In dem Maße, wie die Schrift niemals ein einfaches »Supplement« war, wird es erforderlich, eine neue Logik des »Supplements« zu entwerfen." [G 18]

Derrida geht es um die Etablierung bzw. Auslotung der Möglichkeiten einer zukünftigen „Wissenschaft der Schrift", der er zunächst[233] den Namen *Grammatologie* verleiht. Besonders die Analysen in *Die Stimme und das Phänomen* werden dazu vorausgesetzt [vgl. G 19]. Und wie wir gesehen haben, werden dort die *différance*, die *Ur-Spur* und die *Ur-Schrift* nicht einfach erfunden, sondern es wird ein ganz bestimmter, zwingend anzuerkennender, nicht mehr „metaphysisch" bestimmbarer Gehalt mit diesen Neologismen zu „bezeichnen" versucht. Diese, den genannten „Begriffen" *vorausliegende* Notwendigkeit ist dann auch der Grund, hier überhaupt nicht mehr in einem klassischen Verständnis von „Worten" und „Begriffen" sprechen zu können. Es gibt kein „Sagen-Wollen" (*vouloir-dire*), keine „Bedeutung", die mit ihnen zu verbinden wäre. Diese notwendig einzuhaltende Vorsicht, die dem Derridaschen Text gegenüber angebracht ist, wird mehrfach eingemahnt. Nachdem im Sinne der klassischen „Einengung" der Schrift auf eine instrumentale Funktion, diese als „Technik im Dienst der Sprache" bezeichnet wurde, heißt es etwa:

> „Technik im Dienst der Sprache: wir berufen uns hier nicht auf ein allgemeines Wesen der Technik, das uns bereits vertraut wäre und uns helfen könnte, den engen und historisch determinierten Begriff der Schrift exemplarisch zu *begreifen*. Wir sind im Gegenteil davon überzeugt, dass eine bestimmte Art der Frage nach dem Sinn und dem Ursprung der Schrift einer bestimmten Art der Frage nach dem Sinn und dem Ursprung der Technik vorangeht oder dass beide zumindest ineinander übergehen. Niemals wird deshalb der Begriff der Technik ohne weiteres den Begriff der Schrift erhellen können." [G 19]

wissenschaftlichen Abhandlungen zumeist kaum zu unterscheiden sind. – Das Problem ergibt sich auch mit Michel Foucaults Werken, die Derrida allerdings, wie wir oben gesehen haben, konzentriert auf ihre „philosophischen" Grundlagen hin liest. Diese Vorgangsweise wird sich vielleicht auch für die Lektüre von *De la grammatologie* empfehlen. (Dass es keinen Sinn macht, Derrida als Strukturalisten bezeichnen zu wollen, wurde oben bereits dargelegt: s.o. S. 37.)

233 Zur Unmöglichkeit der Aufrechterhaltung eines kontinuierlichen Wissenschaftsbegriffs – und damit auch der *Grammatologie* als „Wissenschaft der Schrift" –, sowie zur Unmöglichkeit der Benennung und des Eigennamens überhaupt, vgl. G 156-170.

Diese Schwierigkeit – und auch Derridas „Strategie“ mit ihr umzugehen – wird schließlich auch noch einmal am Beginn der eigentlichen Ausführungen[234], exemplarisch bereits im ersten Satz, deutlich.

> „Die »Rationalität« – aber vielleicht müsste auf dieses Wort aus dem Grunde, der am Ende dieses Satzes sichtbar wird, verzichtet werden –, die eine derart erweiterte und radikalisierte Schrift beherrscht, stammt nicht mehr aus einem Logos. Vielmehr beginnt sie mit der Destruierung und, wenn nicht mit der Zerschlagung, so doch der De-Sedimentierung, der Dekonstruktion aller Bedeutungen, deren Ursprung in der Bedeutung des Logos liegt. Das gilt besonders für die *Wahr- | heit.*“ [G 23f]

Eine genauere Analyse dieses „Eröffnungssatzes“ werden wir erst später versuchen.[235] Dennoch lassen sich bereits hier einige „Strategien“ des Schreibens bei Derrida beobachten, deren frühzeitige Wahrnehmung für eine angemessene Lektüre seiner Texte durchaus hilfreich sein kann: *Erstens,* „klassische“ Begriffe bleiben in Verwendung (Rationalität, Ursprung, Schrift etc.). Dies bedeutet, dass die Einführung von Neologismen mit besonderem Bedacht gewählt und gerade durch die Unmöglichkeit, sie klassischen Gehalten zuzuordnen, legitimiert ist.[236] *Zweitens,* eine sich andeutende Veränderung gewohnter Bedeutungen wird durch das übliche Setzen von Anführungszeichen markiert; und *drittens* ist der Hinweis generell zu beachten, dass die nähere Bestimmung eines Begriffs, wenn überhaupt, immer erst nachträglich, nach dem Durchgang durch etliche Differenzierungen möglich sein wird. Diese nähere Bestimmung wird oftmals darin resultieren, eine *bestimmte* Bedeutung durchzustreichen bzw. auf einen Begriff in *bestimmter* Weise zu verzichten ohne ihn dabei mittels einer letztlich ohnehin stets fragwürdig bleibenden Bewegung zu eliminieren.[237]

234 Zuvor findet eine mehrfach gestufte „Einführung“ statt: *Vorbemerkung* (7f), *Exergue* („Devise“, 11-15) zum ersten Teil des Buches („Die Schrift vor dem Buchstaben“), eine kurze, nicht näher bezeichnete Einleitung des ersten Kapitels („Das Ende des Buches und der Anfang der Schrift“, 16), sowie die Vorstellung des *Programms* (17-23; vgl. gramma: Graphem, Schriftzeichen), das den Kontext der weiteren Ausführungen benennt.

235 Siehe unten S. 137.

236 Explizit formuliert dies Derrida im Kontext der von ihm so bezeichneten „metaphysisch-theologischen Wurzeln“ des abendländischen Logos: „Es geht keinesfalls darum, diese Begriffe »zurückzuweisen«. Sie sind notwendig und zumindest heute lässt sich für uns ohne sie nichts mehr denken. Es muss vielmehr die systematische und historische Verbundenheit von Begriffen und Gesten des Denkens evident gemacht werden, die man oft unbedenklich glaubt voneinander trennen zu können. Das Zeichen und die Göttlichkeit sind am gleichen Ort und zur gleichen Stunde geboren. Die Epoche des Zeichens ist ihrem Wesen nach theologisch. Sie wird möglicherweise nie *enden.* Dennoch zeichnet sich ihre historische *Vollendung* (clôture) ab.“ [G 28]

237 Auf „bestimmte Weise“ zu verzichten heißt gerade *nicht,* einen Begriff zu eliminieren, sondern ihn *abwesend* sein zu lassen. Vgl. etwa die Ausführungen zur *kreuzweisen Durchstreichung* des Wortes „Sein“ bei Martin Heidegger in „Zur Seinsfrage (1955)“ [in: *Wegmarken* (= Gesamtausgabe, Bd. 9; Frankfurt/M.: Klostermann, ³1996) 385-426.]: G 43; vgl. auch Jacques DERRIDA, *Wie nicht sprechen. Ver-*

Auf dem Weg zu seinen eigenen Ausführungen, die den durch die Fülle an Besprechungen, Zitaten und Querverweisen leicht zu übersehenden Kern des Buches ausmachen, rekapituliert Derrida noch einmal in groben Zügen und mit Blick auf dessen Aussagen zur Schrift den unhinterfragten Horizont abendländischen Denkens. Es ist der Gedanke einer Unmittelbarkeit der Wahrheit, deren Präsenz zwar nicht unvermittelt greifbar, jedoch auch nicht infragegestellt, sondern re-präsentiert wird, der nach Derrida im Zentrum unserer abendländischen Tradition steht – erkennbar etwa bereits an der Idee einer in die Seele geschriebenen Wahrheit bei Platon, aber auch an der Vorstellung von einem „Buch der Natur", in dem die Natur- und Humanwissenschaften gleichermaßen zu lesen versuchen (die neuerlichen Hoffnungen der Physiker auf eine „Weltformel" bzw. die unverstanden pompös gefeierte „Entzifferung des menschlichen Genoms" sind nur die aktuellsten Beispiele für die Kontinuität dieses Begriffs), und nicht zuletzt an der Rede von der „Schrift Gottes" (Buch Gottes), auf die nicht nur die christliche Theologie durch alle Schwierigkeiten hindurch niemals verzichtet hat. Letztlich ist es für Derrida diese „Idee des Buches", die das abendländische Denken in ihrem Innersten prägt. Es ist ...

> „die Idee einer endlichen oder unendlichen Totalität des Signifikanten; diese Totalität kann eine Totalität nur sein, wenn vor ihr eine schon konstituierte Totalität des Signifikats besteht, die deren Einschreibung und der Zeichen überwacht und die als ideale von ihr unabhängig ist. Die Idee des Buches, die immer auf eine natürliche Totalität verweist, ist dem Sinn der Schrift zutiefst fremd." [G 35]

Derridas Verständnis von Grammatologie als Wissenschaft der Schrift wird daher am Ende auch nur eine Konsequenz zulassen: die Konstatierung des „Endes des Buches" – zwar nicht in seiner kulturellen Gestalt (diese Deutung ließe doch allzu sehr den Kontext dieses Begriffs außer acht), aber als deren grundlegende Idee. Besondere Relevanz für die abendländische Geschichte erhält dieses Ende, insofern es nicht von außen konstatiert wird, sondern sich in ihr selbst ankündigt. In diesem Sinne sind auch Derridas Beteuerungen zu lesen, selbst den Boden des abendländischen Denkens niemals verlassen zu haben. Nochmals wird deutlich, was bereits in der *Devise* [G 11ff] herausgestrichen wurde: Die Rede von der Geschlossenheit (*clôture*) der Metaphysik hebt diese nicht auf, sondern nötigt dazu, an ihren Rändern und von ihren Grenzen her zu argumentieren. Die Lektüre dieser „Randgänge" wird sich daher auf eine notwendig gewordene neue Hermeneutik einlassen müssen.

Die in der Idee des Buches liegende Vorstellung einer Präsenz der Wahrheit wird, so versucht Derrida aufzuzeigen, in der philosophischen Tradition selbst in Frage ge-

neinungen (Edition Passagen 29; Wien: Passagen-Böhlau, 1989 [fr. [1]1987]), 99ff. – Siehe auch unten S. 93.

stellt. *Eine* Differenz musste nämlich stets aufrechterhalten werden: die Differenz zwischen dem eigentlich *präsenten* Signifikat und dem vermittelnden Signifikanten.

> „Es muss ein transzendentales Signifikat geben, damit so etwas wie eine absolute und irreduzible Differenz zwischen Signifikant und Signifikat zustande kommt." [G 38]

Auf Grund des unhintergehbaren Zeichencharakters allen Wissens musste sich dieses also stets auf die eine oder andere Weise einer Evidenz erst versichern. Diese Differenz, in deren Ordnung sich für Derrida auch noch die ontisch-ontologische Differenz bei Heidegger zu bewegen scheint, bildet die Grundstruktur des abendländischen Denkens.

Derrida geht im folgenden nicht so sehr dem traditionellen Verständnis dieser Differenz nach, sondern versucht, dessen Grenzen auszuloten. Lässt sich die bisher unhinterfragte Präsenz angesichts dieser unhintergehbaren Differenz überhaupt noch sinnvoll aufrechterhalten? So wird etwa Nietzsche von Derrida als Versuch gelesen, den Signifikanten vom Signifikat zu befreien und die *Interpretation,* die *Perspektive* und die *Wertung* als „ursprüngliche" Operationen herauszustreichen „gegenüber einem Sinn, der nicht allererst zu transkribieren oder zu entdecken" [G 36] wäre. Ohne in die logische Unmöglichkeit zu verfallen, nun umgekehrt dem Signifikanten Priorität einzuräumen, kündigt sich doch bei Nietzsche bereits ein fundamentales Misstrauen gegenüber der Idee des Zeichens als eines „Zeichens von" an. Das Signifikat ist zum Problem geworden. Insofern ist auch Derridas kritische Haltung gegenüber Heidegger nachvollziehbar, insofern dessen Denken „die Instanz des Logos und der Wahrheit des Seins als »primum signatum« nicht erschütter[t], sondern sie im Gegenteil wieder | einsetz[t]." [G 37f] Die Haltung gegenüber dem Heideggerschen Seinsverständnis bleibt allerdings zwiespältig, aus Gründen, die sich aus dessen Werk selbst ergeben. Auf der einen Seite kritisiert Derrida Heideggers Gedanken, das Wort „Sein" als „Urwort" in jeder Sprache vor-verstanden zu wissen. Zwar liegt der Sinn von Sein auch für Heidegger nicht einfach im Wort „Sein" oder im Begriff des Seins, es ist aber doch an die Möglichkeit des Wortes gebunden. Obwohl es kein explizites „Wissen" um das Sein gibt und auch der „Horizont", aus dem wir den Sinn von Sein fassen, im Dunkel bleibt, betont Heidegger am Beginn von *Sein und Zeit*: *„Dieses durchschnittliche und vage Seinsverständnis ist ein Faktum."*[238] Und noch 1946 heißt es: „Das Sein spricht überall und stets durch alle Sprachen hindurch."[239] Nichts ist für Heidegger zunächst außerhalb der Sprache. Andererseits allerdings anerkennt Derrida durchaus, dass Heidegger selbst die *Frage* nach dem Sein stellt und damit auf eine letztlich nicht mehr in der Sprache zu situierende Differenz aufmerk-

238 Martin HEIDEGGER, *Sein und Zeit* (Tübingen: Niemeyer, [16]1986), 5. [Hervorhebung i.O.]

239 Martin HEIDEGGER, Der Spruch des Anaximander (1946), in: *Holzwege* (= Gesamtausgabe, Bd.5; Frankfurt/M.: Klostermann, [7]1994) 321-373, hier: 337f. – Vgl. dazu auch D 52.

sam macht. Ohne die erst 1989 erschienenen *Beiträge zur Philosophie* und Heideggers Rede von einem „anderen Anfang“ als dem der griechischen Philosophie bereits kennen zu können, wird das durchaus kritische Verhältnis der Seins*frage* zu einer Metaphysik der Präsenz erkannt.

> „Das unablässige Bedenken dieser Frage verschafft keine Sicherheiten [...]. In diesem Sinne beschwört Heidegger die »Stimme des Seins« und erinnert an ihre Schweigsamkeit, Stummheit, Lautlosigkeit, Wortlosigkeit und ursprüngliche *A-Phonie* (*die Gewähr der lautlosen Stimme verborgener Quellen* ...). [...] dieser Bruch *[zwischen der »Stimme des Sein« und dem artikulierten Laut; Anm. PZ]* gibt ein gutes Bild von der Ambiguität der Heideggerschen Stellung zur Metaphysik der Präsenz und zum Logozentrismus. Er ist in sie eingeschlossen und übersteigt sie sogleich.“ [G 41]

Die Konsequenz für Derrida lautet, „*durch* die Frage nach dem Sein, so wie Heidegger und nur er allein sie stellt, auf die Onto-Theologie zu und über sie hinaus *zu gehen*“ [G 42]. So wird dann auch *mit* Heidegger argumentiert, wenn Derrida noch in seinen späteren Texten immer wieder auf die Notwendigkeit der „Durchstreichung“ von Begriffen in ihrer traditionellen Bedeutung hinweist. Diese Form der dekonstruktiven Übernahme, Verwerfung, Relecture oder Ausweitung eingeführter Begrifflichkeiten, eine Ausweitung, die – dem Grundlegungspathos Derridas entsprechend – nicht einfach quantitativ erfolgt, sondern den Begriff in eine *bestimmte Unbegrifflichkeit* hinein ausweitet, findet sich bei Heidegger bekanntlich bereits in seiner Antwort an Ernst Jünger in *Zur Seinsfrage* aus dem Jahr 1955. Dort ist Heidegger das *Sein* bereits ein solches „Fragwürdiges“ geworden, dass „es uns in einen Bereich verweist, der ein anderes Sagen verlangt.“[240] Und es ist offensichtlich genau dieses *andere Sagen*, dass schließlich auch zu einem *anderen Schreiben* nötigt: „Dementsprechend kann der denkende Vorblick in diesen Bereich das »Sein« nur noch in folgender Weise | schreiben: das ~~Sein~~.“[241] Derrida nennt diese Ausstreichung die „letztmögliche Schrift einer Epoche. Unter ihren Strichen verschwindet die Präsenz eines transzendentalen Signifikats und bleibt dennoch lesbar.“ [G 43] Die Kritik an der konsequenten Durchführung der von Heidegger angedachten Differenz bleibt jedoch auch hier bestehen. Sie führt schließlich noch einmal, in einem gewissen Sinne auch als nachträgliche Bestätigung, zu Derridas eigenem Differenzverständnis: der *différance*.

> „Zu der Erkenntnis gelangen, dass, nicht etwa diesseits, son-|dern am Horizont der Heideggerschen Wege und noch auf ihnen der Sinn von Sein kein transzendentales oder transepochales Signifikat (auch wenn es innerhalb der Epoche immer verstellt bleibt), sondern je schon in einem eigentlich *unerhörten* Sinn eine determinierte signifi-

240 Martin HEIDEGGER, Zur Seinsfrage (1955), in: *Wegmarken* (= Gesamtausgabe, Bd. 9; Frankfurt/M.: Klostermann, ³1996) 385-426, hier: 410.

241 Heidegger, Zur Seinsfrage, 410f.

> kante Spur ist, heißt bestätigen, dass im entscheidenden Begriff der ontisch-ontologischen Differenz *nicht alles in einem Zuge zu denken ist.*" [G 43f]

Wie schon in seinen Husserl-Lektüren wird auch hier noch einmal deutlich, dass sich Derrida keineswegs von den Denkbewegungen der abendländischen Tradition zu verabschieden trachtet. Letztlich handelt es sich eher um eine nochmalige Radikalisierung dieses Denkens, die aber bereits Gedachtes nicht einfach „aufhebt", sondern anhand aufgezeigter Grenzen, ein Jenseits der Geschlossenheit der Metaphysik der Präsenz markiert. Immer wieder ist es dabei, wie auch im obigen Zitat, der Begriff der wie auch immer positiv zu denkenden „Spur", der den Blick auf dieses Jenseits lenken scheint.

Im Anschluss an die, die bisherige abendländische Tradition auf die Frage nach dem Verhältnis von Präsenz und Differenz hin zuspitzende Zusammenfassung des ersten Kapitels („Das Ende des Buches und der Anfang der Schrift") folgt im zweiten Kapitel unter dem Titel „Linguistik und Grammatologie" die zum Kern des Derridaschen Schriftverständnis führende Auseinandersetzung vor allem mit dem Sprach- und Schriftverständnis Ferdinand de Saussures. Die Grundfrage besteht darin, ob es überhaupt möglich ist, einen Begriff der Schrift zu bestimmen, der *nicht* durch „historisch-metaphysische Vor-Bestimmungen" beschränkt ist. Die Frage lässt sich auch anders stellen: Ist es möglich, die Wissenschaft von der Schrift „außerhalb" der Metaphysik zu situieren?

Obwohl Saussure selbst die Schrift der Sprache unterordnet („Sprache und Schrift sind zwei verschiedene Systeme von Zeichen; das letztere *besteht nur zu dem Zweck*, um das erstere zu *repräsentieren.*"[242]), lassen sich in seinem *Cours de linguistique générale* doch auch Argumente für eine gegenteilige Position aufzeigen. Saussure ordnet die Schrift zwar zunächst dem „Draußen" der Sprache zu, sie ist dem „inneren System der Sprache" fremd. Die Schrift ist der Einfall des Draußen in das Drinnen. Ein Problem taucht jedoch spätestens dann auf, wenn es für die Linguistik notwendig wird, das Band zwischen den „arbiträren" (Schrift-)Zeichen und dem bezeichneten „inneren" sprachlichen Sinn zu erläutern.

> „Das Draußen unterhält mit dem Drinnen eine Beziehung, die wie immer alles andere als bloß äußerlich ist. Der Sinn des Außen hat sich seit jeher im Innern befunden, war außerhalb des Außen gefangen und umgekehrt. Eine Wissenschaft von der Sprache hätte demnach ein *natürliches*, das heißt einfaches und ursprüngliches Verhältnis zwischen dem gesprochenen Wort und der Schrift, und das wiederum heißt: zwischen einem Innen und einem Außen, wiederzufinden." [G 62]

242 Ferdinand de SAUSSURE, *Grundlagen der Sprachwissenschaft* (Berlin, ^{2}1967), 29. [Hervorhebung durch Derrida: vgl. G 54]

Während Saussure davon ausgeht, dass das gesprochene Wort dem inneren System der Sprache angehört, konkret: dass der Laut (als Signifikant) durch ein „natürliches Band" mit der Vorstellung, dem Begriff oder dem Sinn (als Signifikat) verbunden ist und die Schrift dieses natürliche Verhältnis durch ihre Äußerlichkeit und die Arbitrarität der Zeichen vermissen lässt, zeigt Derrida auf, dass alle Kennzeichnungen der Schrift gleichermaßen auf die gesprochene Sprache zutreffen. So etwa fällt es Saussure schwer, „die Existenz eines »aller Schrift vorgängigen Phonems« aufzuzeigen." [G 68] Sein Entwurf einer allgemeinen Linguistik wird sich daher fragen lassen müssen, inwiefern er die Grenze zwischen dem Draußen und dem Drinnen nicht einfach willkürlich zieht und dabei das im eigentlichen Sinne „universale" Phänomen der Schrift von vornherein aus dem Blick verliert.

Ein weiterer Kritikpunkt ergibt sich, wenn festgestellt werden muss, dass das von Saussure zum zentralen Gegenstand seiner Untersuchungen gewählte Modell einer phonetischen Schrift, die als idealer Repräsentant des gesprochenen Wortes gelten könnte, letztlich gar nicht existiert. „Es gibt keine Praxis, die ihrem Prinzip vollkommen treu ist." [G 70] Weder das „lebendige gesprochene Wort" noch die phonetische Schrift können von ihrer Verräumlichung oder Interpunktion – als Beispielen für den Äußerlichkeitscharakter der Schrift – getrennt werden.[243]

Erneut zeigt sich damit, dass eine logozentrische Metaphysik der Präsenz unhinterfragt vorausgesetzt werden muss, um die Differenz zwischen einem Draußen der Schrift und dem Drinnen einer als mit dem Signifikat durch ein „natürliches Band" verbundenen (gesprochenen) Sprache aufrecht zu erhalten. – Gleichwohl sind, wie gesagt, im Text Saussures allerdings auch zu gegenteiligen Folgerungen neigende Formulierungen erkennbar, die letztlich für Derrida dazu führen, die Schrift selbst in einem allgemeinen Verständnis als Ursprung der Sprache verstehen zu können:

> „Das System der Schrift im allgemeinen ist dem System der Sprache im allgemeinen nicht äußerlich [...] Die Schrift ist nicht Zeichen der Zeichen, es sei dann, was schon in einem tieferen Sinne wahr wäre, man behauptet dies von jedem Zeichen." [G 75]

Anlass für diese Schlussfolgerung gibt Saussure selbst, denn seine These von der Arbitrarität der Zeichen verbietet es letztlich, zwischen sprachlichen und graphischen Zeichen zu unterscheiden. Ein „natürliches Band" im Sinne Saussures, d.h. zugleich auch eine „hierarchische Ordnung" zwischen Signifikat und Signifikant, ob nun zwischen Sinn und Laut (Stimme) oder Phonem und Graphem, muss in einem bestimmten Sinn, der sich aus der Arbitraritätsthese ergibt, ausgeschlossen werden. Wenn Derrida schreibt: „Die Idee der Vereinbarung selbst, also der Arbitrarität des

243 Siehe auch G 160: „Diese Phonetisierung hat eine Geschichte, und es gibt keine Schrift, die von ihr ausgenommen wäre; [...] eine rein phonetische Schrift [ist] aus strukturellen oder wesensmäßigen Gründen unmöglich."

Zeichens, kann vor der Möglichkeit der Schrift und außerhalb ihres Horizontes nicht gedacht werden" [G 78], so gilt dies umso mehr für die Idee des „natürlichen Verhältnisses zwischen Stimme und Sinn". Schon die allgemeine Idee eines Signifikats verliert sich im Nebel des keineswegs intuitiven oder „natürlichen" Zeichencharakters ihrer sprachlichen Gestalt. Wenn dies logisch möglich wäre, könnte dabei durchaus der Eindruck entstehen, auf das Signifikat müsse überhaupt verzichtet werden. Eine solche Annahme würde sich allerdings selbst wiederum in metaphysische Voraussetzungen verstricken.

Hier, in dieser Krise zwischen Sinn, Sprache und Schrift, entfaltet sich nun Derridas eigener Ansatz mit weitreichenden Konsequenzen. In einem komprimiert dargestellten eigenständigen Entwurf[244], versucht Derrida die Schrift nicht mehr als etwas dem gesprochenen Wort „Äußerliches" zu denken, sondern als etwas diesem zugleich „Innerliches", insofern auch das Gesprochene in sich selbst eine Schrift darstellt.

> „Hier drängt sich der Gedanke auf, dass die Schrift dem gesprochenen Wort äußerlicher, sofern sie nicht dessen »Abbild« oder »Symbol«, und ihm zugleich innerlicher ist, wo es in sich selbst eine Schrift darstellt. Noch bevor er mit der Einkerbung der Gravur, der Zeichnung oder dem Buchstaben, einem Signifikanten also, in Verbindung gebracht wird, der im allgemeinen auf einen von ihm bezeichneten Signifikanten verweist, impliziert der Begriff der Schrift(graphie) – als die allen Bezeichnungssystemen gemeinsame Möglichkeit – die Instanz der *vereinbarten Spur (trace instituée).* Wir werden uns im weiteren bemühen, diese beiden Begriffe allmählich dem klassischen Diskurs zu entreißen, dem wir sie notwendigerweise entnehmen." [G 81]

Derridas Schriftbegriff impliziert also eine „Einkerbung", eine „Gravur", eine Inschrift, die stets auf einen anderen Signifikanten verweist. Des weiteren impliziert diese Schrift eine „Möglichkeit", die allen Bezeichnungssystemen *gemeinsam* ist, und die „Spur" genannt wird.

(Es ist von entscheidender Bedeutung für den nicht-metaphysischen Charakter des Derridaschen Schriftbegriffs, hier den Begriff der „Möglichkeit" weder zu übersehen, noch im Sinne einer bloß hypothetischen „Möglichkeit" mißzuverstehen: Auf der einen Seite lässt sich mehr als eine *Möglichkeit* der Spur ohne metaphysische Voraus*setzungen* nicht behaupten. Andererseits aber ist die allgemeine *Möglichkeit* der Spur selbst eine *Notwendigkeit*, die nach dem Wegfall eines einholbaren Begriffs des Signifikats, das heißt nach der *notwendigen* Erkenntnis der Abwesenheit des Signifikats, nicht negiert werden kann. Im Bewusstsein der drohenden Missverständlichkeit der Formulierung könnte man vielleicht sagen: Die notwendige Möglichkeit der Spur ist strukturell an die Stelle des Signifikats getreten.

244 Alle entscheidenden Ausführungen finden sich in G 81-83.

> „Obwohl sie nicht existiert, obwohl sie niemals ein *Anwesend-Seiendes* außerhalb jeder Fülle ist, geht ihre Möglichkeit all dem zu Recht voran, was man Zeichen (Signifikat / Signifikant, Inhalt / Ausdruck usw.), Begriff oder Operation, motorisch oder sinnlich nennt." [G 109]

Dass es dabei nicht bloß um eine sprachliche Verschiebung oder Verdeutlichung geht, sondern um eine fundamentale Diskontinuität in den Grundlagen der abendländischen Philosophie selbst, sollte aus den bisherigen Ausführungen bereits erkennbar geworden sein.)

Diese Spur, die noch *vor* der Kette der Signifikanten, noch *vor* jedem Verweisungszusammenhang, noch *vor* jeder der phänomenologischen Betrachtung unterliegenden Materialität gedacht werden muss,[245] ist als *vereinbarte*, „instituierte" Spur offensichtlich noch nicht in das (horizontale) Spiel der Differenzen verstrickt. Die Schlussfolgerung ist unumgänglich, dass hier eine *andere*, nicht-metaphysische Ursprünglichkeit zu denken versucht wird.[246]

> „Die vereinbarte Spur lässt sich ohne den Gedanken an die Retention der Differenz in einer Verweisstruktur nicht denken, in der die Differenz *als solche* erscheint und damit einen gewissen Spielraum zwischen den erfüllten Termen freigibt. Die Abwesenheit eines *anderen* Hier-und-Jetzt, einer *anderen* transzendentalen Gegenwart, eines *anderen* Ursprungs der Welt, der als solcher erscheint und sich als irreduzible Abwesenheit in der Anwesenheit der Spur gegenwärtigt – all das ist nicht eine metaphysische Formel, die einen wissenschaftlichen Begriff von der Schrift ersetzt. [...] Die »Unmotiviertheit« des Zeichens verlangt nach einer Synthese, in der das ganz Andere sich als solches – ohne alle Einfältigkeit, ohne Identität, ohne Ähnlichkeit oder Kontinuität – ankündigt. [...] Die Spur, in der sich das Verhältnis zum Anderen abzeichnet, drückt ihre Möglichkeit im ganzen Bereich des Seienden aus, welches die Metaphysik von der verborgenen Bewegung der Spur her als Anwesend-Seiendes bestimmt hat. Es gilt, die Spur vor *[sic!]* dem Seienden zu denken." [G 82]

Die Gefährdetheit dieser Aussagen, die Gefahr des Rückfalls in ein klassisches Ursprungsdenken könnte wohl kaum größer sein. Dass es darum niemals gehen darf, versucht Derrida selbst sogleich zu verdeutlichen, wenn er sagt: „Diese Formulierung ist nicht, wie man übereilt annehmen könnte, theologisch. Das »Theologische« ist ein bestimmtes Moment in der gesamten Bewegung der Spur." [G 82] Hier wird man vielleicht ergänzen müssen, dass Derrida zumeist – außer vielleicht im Schlusssatz von *Wie nicht sprechen* – Theologie bloß im Sinn einer Onto-Theologie verstan-

245 „Noch *bevor* er mit der Einkerbung der Gravur [...] in Verbindung gebracht wird, [...] impliziert der Begriff der Schrift(graphie) [...] die Instanz der *vereinbarten Spur (trace instituée)*." [G 81; Hervorhebung PZ]

246 In dem von Hugh J. Silverman im Juni 2000 an der Universität Wien abgehaltenen Seminar, in dem u.a. auch die *Grammatologie* gelesen wurde, gab es diesbezüglich einige Diskussion. Die vorliegenden ausführlichen Erörterungen sind zu einem Großteil durch diese Diskussion und den Versuch, die nicht-metaphysisch gedachte *andere* Ursprünglichkeit bei Derrida nachzuvollziehen, motiviert.

den hat. Der Theologe wird hier Einspruch erheben. Natürlich. Aber hat er jemals eine andere Sprache für sein Denken entwickelt als eine als Onto-Theologie entlarvbare?[247] Die Nähe zur eingangs erwähnten theologischen Gotteskrise wird hier unübersehbar. Ebenso jedoch die mögliche Fruchtbarkeit einer philosophischen Erörterung dieser Problematik.

Eine theologische Fragestellung darf jedoch (wenn sie überhaupt hier verortet werden kann) nicht zu vorschnell mit den Ausführungen Derridas identifiziert werden. Um dem Verdacht zu entgehen, neuerlich einer Onto-Theologie das Wort reden zu wollen, muss eine Theologie spezifischeres einbringen als eine Strukturanalogie in der Rede von einem *Anderen.* Insofern auch die metaphysikkritischste Theologie stets noch einmal als „Rede von Gott" identifizierbar bleiben muss, würde es zunächst notwendig sein, sich des Wortes „Gott" bzw. des damit verbundenen Namens Gottes auf eine nicht-metaphysische Weise zu versichern. Hier hätte die „*Wissenschaft* der Theologie" in einem der Grammatologie in gewissem Sinne durchaus vergleichbaren anti-metaphysischen Pathos ihr Proprium zu leisten. In der Erörterung der Bedeutung von *différance*, Spur und Schrift bei Derrida werden wir uns jedoch zunächst auf einige für den philosophischen Grundlagendiskurs relevante Konsequenzen konzentrieren, die mit dem vorgestellten Schriftverständnis verbunden sind.

Deutlich wird die Spur bei Derrida vom Verweis auf ein Signifikat unterschieden ohne jedoch prinzipiell die Verweisordnung der Zeichen oder den Zeichencharakter der Sprache bzw. Schrift aufzugeben. Die Spur ist „vereinbart", d.h. sie ist in gewissem Sinne durchaus eine „Spur von ...", allerdings muss sie zugleich als „unmotiviert" (in der Terminologie Saussure als „arbiträr") bezeichnet werden. Weder Signifikat noch freie Wahl eines Subjekts bestimmen ihren Sinn. Es ist daher nur konsequent, wenn Derrida die Spur als Spur einer Abwesenheit, als „Spur eines *Anderen*" bezeichnet. [G 82] Und insofern die Spur *vor* dem Seienden gedacht werden muss, da sie ja mehr die verborgene *Bewegung* einer Gravur bezeichnet als deren Ergebnis[248], wird weder dieses *Andere* als präsentes Signifikat noch die Spur als einfacher Signifikant identifiziert. Weder Signifikat noch Signifikant ist die Spur letztlich die Spur einer *Differenz*, jener Differenz, die schon zuvor eine aufgeschobene Abwesenheit bezeichnet hat und deren „Begriff" bereits jenseits aller metaphysischen Differenzierungen „bezeichnet": der *différance.* – Es ist auch hier wieder wichtig, in den Begriffen Schrift, Spur und Differenz ihre ganz im Sinne Heideggers *durchgestrichene* Bedeutung

247 Siehe dazu auch die Kritik an der Hyper-Essentialität noch der mittelalterlichen Negativen Theologie [!] im Jerusalemer Vortrag *Wie nicht sprechen.*

248 Vgl. G 81. 88. – Siehe auch ebd. 131: „Die Spur *ist nichts*, ist nicht ein Seiendes; sie übersteigt die Frage *Was ist* – und macht sie vielleicht erst möglich."

zu erkennen. Ohne den Boden des abendländischen Diskurses zu verlassen, wird von Derrida von den Rändern dieser Tradition her ein zukünftiges Denken, ein *anderer Anfang* zu entwerfen versucht. Nicht ein Neues im Sinne eines Übertreffens des Alten wird dabei angezielt, sondern ein Neues im Sinne eines *Anderen*.[249] Es finden sich genügend Beispiele für diese in gewissem Sinne *gebrochene Kontinuität*.

> „Durchstreichung der Begriffe nennen wir hier, was die Orte dieses zukünftigen Denkens markieren soll. So muss beispielsweise der Wert der transzendentalen »arche« *[sic!]* seine ganze Notwendigkeit offenbaren, ehe er durchstrichen werden kann. Der Begriff der Ur-Spur muss sowohl dieser Notwendigkeit als auch dieser Durchstreichung gerecht werden. Nach den Gesetzen der Identitätslogik ist er widersprüchlich und unzulässig." [G 107]

Das Pathos des Ursprungs ist durchaus geblieben. Der Ursprung ist nur ein ganz *anderer* geworden:

> „Die Spur ist nicht nur das Verschwinden des Ursprungs, sondern besagt hier [...], dass der Ursprung nicht einmal ver- | schwunden ist, dass die Spur immer nur im Rückgang auf einen Nicht-Ursprung sich konstituiert hat und damit zum Ursprung des Ursprungs gerät. Folglich muss man, um den Begriff der Spur dem klassischen Schema zu entreißen, welches ihn aus einer Präsenz oder einer ursprünglichen Nicht-Spur ableitete und ihn zu einem empirischen Datum abstempelte, von einer ursprünglichen Spur oder Ur-Spur sprechen. Und doch ist uns bewusst, dass dieser Begriff seinen eigenen Namen zerstört und dass es, selbst wenn alles mit der Spur beginnt, eine ursprüngliche Spur nicht geben kann. [...] | *In Wirklichkeit ist die Spur der absolute Ursprung des Sinns im allgemeinen; was aber bedeutet, um es noch einmal zu betonen, dass es einen absoluten Ursprung des Sinns im allgemeinen nicht gibt. Die Spur ist die différance*, in welcher das Erscheinen und die Bedeutung ihren Anfang nehmen." [G 107f. 114]

Es wurde bereits erwähnt, dass Derridas Verständnis eines nicht-ursprünglichen Ursprungs durchaus Anlass zu widersprüchlichen Konsequenzen geben kann.[250] Die offene Frage scheint die zu sein, ob das Spiel der Sprache – also die Signifikantenkette, die niemals in einem Signifikat zur Ruhe kommt („Es gibt kein Signifikat, das dem Spiel aufeinander verweisender Signifikanten entkäme." [G 17]) – seinen „Sinn" *allein* aus dem Spiel der Differenzen bzw. aus der Bewegung der *différance* (die damit notwendigerweise strikt horizontal gedacht werden muss) erhält oder aber dieses Spiel der Sprache bzw. die Spur ein *Anderes* markiert, das nicht wiederum als Signifi-

249 Der Begriff des „Anderen" bleibt dabei immer noch missverständlich. Ist *das Andere* eine alternative Möglichkeit? Oder ein „Ganz-Anderes"? Vermag es sich vom System der Hegelschen Negationen zu unterscheiden? Jedes bestimmte Verständnis, jedes Verständnis, das sich aus einer Möglichkeit heraus versteht, wird sich vermutlich in Widersprüche oder doch wieder in eine Onto-Theologie verstricken. Schon die Sprache selbst lässt kaum eine Alternative zu. Etwas anderes wäre es jedoch, wenn nicht eine bestimmte Möglichkeit gedacht, sondern das Unmögliche *notwendigerweise* anerkannt werden müsste. Sprechen hätte dann stets den Charakter eines Versuchs, eines versuchten Zeugnisses. – Siehe dazu das folgende Kapitel (S. 103ff).

250 Siehe oben S. 97, Anm. 246.

kant bzw. in seiner Abwesenheit letztlich *überhaupt nicht* bezeichnet werden kann; ein Anderes, das nur noch abwesend ist, zugleich aber die „Unvollständigkeit" des horizontalen Spiels der Differenzen offenbart. In *De la grammatologie* lassen sich durchaus Hinweise finden, diese keineswegs nebensächliche Frage zumindest für dieses Werk zu entscheiden.

Derrida zitiert einen Brief von Roger Laporte, der ihm auf seinen Wunsch hin ein Wort nennt, „das sowohl die Differenz als wie die Artikulation zum Ausdruck bringt": frz. *brisure* / dt. Brisur.[251] Dieser Begriff, das Scharnier, das den Riss nicht überwindet, die Kontinuität nicht wiederherstellt und dennoch eine bewegliche Verbindung aufrechterhält, wird von Derrida mit der *Spur* in Verbindung gebracht.

> „Diese Unmöglichkeit, die Evidenz einer ursprünglichen Präsenz unumschränkt wiederherzustellen verweist uns also auf eine absolute Vergangenheit. Dies aber berechtigt uns *Spur* zu nennen, was sich nicht in der Einfältigkeit der Gegenwart fassen lässt. [...] | Die Brisur markiert, dass es für ein Zeichen, für die Einheit eines Signifikanten und eines Signifikats unmöglich ist, in der Fülle einer Gegenwart und einer absoluten Präsenz zu entstehen. Aus diesem Grund gibt es kein erfülltes gesprochenes Wort, ob man es mit oder gegen die Psychoanalyse wiederherstellen will. Man kann nicht von einer Reduktion oder Wiederherstellung des erfüllten Wortes träumen, das von sich sagt, es sei die Wahrheit, ehe nicht die Frage nach dem Sinn und seinem Ursprung in der Differenz aufgeworfen wurde. Das ist der genaue Ort für die Problematik der *Spur*." [G 116. 122]

Die Spur markiert damit eine Differenz, die nicht mehr horizontal verläuft, eine „absolute Vergangenheit", die für das „Entstehen" der Bedeutung der Zeichen, für das Entstehen des „Ausdrucks" und des „erfüllten Wortes" verantwortlich gemacht werden muss. Ein „Ursprung" allerdings, der nicht mehr erfasst oder nachvollzogen, sondern nur noch passiv empfangen werden kann. Dass dabei die „Spur" als Begriff keineswegs willkürlich gewählt wurde, sondern gerade im Bewusstsein seines in Frankreich Mitte der 60er-Jahre bestehenden philosophischen Kontextes gewählt wurde, führt Derrida selbst an. Gerade diesen Kontext zu beachten wird dazu führen müssen, die angeführte offene Frage in eine bestimmte Richtung entscheiden zu können. Setzen wir das obige Zitat fort:

> „Das ist der genaue Ort der *Spur*. Warum der *Spur*? Welche Überlegungen haben uns bei der Wahl dieses Wortes geleitet? [...] Wenn die Wörter und die Begriffe nur in differentiellen Verkettungen sinnvoll werden, so kann man seine Sprache und die Wahl der Ausdrücke nur innerhalb einer Topik und im Rahmen einer historischen Strategie rechtfertigen. Mit anderen Worten, eine solche Rechtfertigung kann niemals

251 Die Übersetzung der Semantik des frz. Begriffs lautet: „»– Zersplitterter, zerbrochener Teil. Cf. Bresche, Bruch, Fraktur, Spalte, Ritze, Bruchstück. – Scharnierartige Verbindung zweier Teile einer Tischler- oder Schlosserarbeit; wie bei einem durchbrochenen Fensterladen. Cf. Gelenk.«" (zit. nach G 114.)

absolut und endgültig sein. Sie entspricht einem bestimmten Kräftezustand und vermittelt ein historisches Kalkül. [...] | Damit rücken wir den Begriff der Spur in die Nähe eines anderen, der im Mittelpunkt der Schriften von Emmanuel Levinas und seiner Kritik der Ontologie steht (Cf. insbesondere *La trace de l'autre,* in *Tijdschrift voor filosofie,* Sept 1963,[252] und meinen Essay *Gewalt und Metaphysik,* in *Die Schrift und die Differenz,* p.121): das Verhältnis zur Illeität wie zur Alterität einer Vergangenheit, die in der ursprünglichen oder modifizierten Form der Präsenz nie erlebt worden ist, noch je in ihr erlebt werden kann." [G 122f]

Der Verweis auf Levinas ist in vielerlei Hinsicht interessant. Der erwähnte Artikel Derridas zu Levinas' frühen Werken bis zu *Totalität und Unendlichkeit* (1961) und *Schwierige Freiheit. Ein Versuch über das Judentum* (1963) war nämlich durchaus kritisch ausgefallen (und wird seinerseits Levinas mit dazu bewegen, seine Begrifflichkeit in seinem zweiten Hauptwerk *Jenseits des Seins oder anders als Sein geschieht* (1978) zu verändern[253]). Gerade der Begriff der „Illeität" wird zudem von Levinas durchaus in die Nähe eines philosophischen Gottesbegriffes gerückt. Insofern Derrida in „Gewalt und Metaphysik" gleich zu Beginn in einer Fußnote bedauert, sich auf den erst kurz zuvor erschienenen Artikel „La trace de l'autre"[254] kaum mehr eingehen zu können und gerade diesen Text nun explizit heranzieht, liegt die Annahme nahe, dass sich Derridas Einschätzung des Begriffs der Spur bei Levinas gewandelt hat.

Es ist hier nicht der Ort, den Kontext der Begrifflichkeit von Levinas zu durchleuchten. Eines jedoch dürfte für die obengenannte Fragestellung jedoch entscheidend sein: Levinas' Denken ist in expliziter Weise einer uneinholbaren Exteriorität und Alterität verpflichtet. Ein bloß horizontales Spiel der Differenzen, eine bloß horizontale Signifikantenkette existiert bei ihm nicht. Für Levinas ist sogar der Signifikant – ganz im Gegensatz zu Saussure – mit einem ihm vorausliegenden „Geber" verbunden. Im Signifikanten *gibt* sich das Antlitz.[255] Man wird hier vielleicht sogar eine der Wurzeln der später mit der Bewegung der Dekonstruktion verbundenen „Ethik der Gabe" erkennen können. Auch dies kann hier jedoch nur in den Raum gestellt werden.[256]

252 dt.: Die Spur des Anderen, in: Emmanuel LEVINAS, *Die Spur des Anderen. Untersuchungen zur Phänomenologie und Sozialphilosophie* (Freiburg/Br.-München: Alber, 1983) 209-235.

253 Zur mehrfachen gegenseitigen Bezugnahme von Levinas und Derrida in ihren Texten vgl. Werner STEGMAIER, Die Zeit und die Schrift. Berührungen zwischen Levinas und Derrida, in: *Allgemeine Zeitschrift für Philosophie* 21 (1996) H.1, 3-24. – Siehe dazu auch die Grabrede von Derrida auf Levinas in: Jacques DERRIDA, *Adieu. Nachruf auf Emmanuel Levinas* (München-Wien: Hanser, 1999).

254 Emmanuel LEVINAS, La Trace de l'Autre, in: *Tijdschrift voor Filosofie* (Sept. 1963).

255 „Der Signifikant, derjenige, der das Zeichen gibt, zeigt trotz der Zwischenkunft des Zeichens | sein *Antlitz,* ohne sich als Thema darzubieten." (Emmanuel LÉVINAS, *Totalität und Unendlichkeit. Versuch über die Exteriorität* (Freiburg/Br.-München: Alber, ²1993), 135f; vgl. auch 129. 264f.)

256 Vgl. dazu: Michael WETZEL / Jean-Michel RABATÉ (Hg.), *Ethik der Gabe. Denken nach Jacques Derrida* (Berlin: Akademie-Verlag, 1993); sowie Simon CRITCHLEY, *The Ethics of Deconstruction. Derrida and Levinas* (Oxford-Cambridge: Blackwell, 1992). Das erste Kapitel von Critchleys Buch ist übersetzt

Letztlich scheint es also von der Argumentation Derridas her eindeutig, dass die Begriffe der *différance*, der *Ur-Spur* und der *Ur-Schrift* Strategien bezeichnen, eine nicht-ursprüngliche bzw. durchstrichene und nicht mehr mit metaphysischen Begriffen einholbare Vorgängigkeit, einen nicht-ursprünglichen Ursprung anzuerkennen. Zur Entfaltung der Urschrift könnte und müsste vielleicht noch vieles gesagt werden. Das Ziel der genealogischen Lektüre dieses Kapitels wäre jedoch erreicht, wenn die drei genannten und für das frühe Denken Derridas zentralen „Begriffe" in ihrer Unhintergehbarkeit deutlich werden konnten. Es wären allerdings auch durchaus selbstkritische Fragen zu stellen: Das Interesse der hier vorgestellten Lektüre Derridas war – das sei zugegeben –, das *Unwahrscheinlichere* in diesen Texten wiederzufinden: einen philosophischen Grundlagendiskurs, der das Feld der Theologie nicht von vornherein ausschließt ohne selbst jemals eine theologische Prämisse vorauszusetzen; schlicht, einen philosophischen Gesprächspartner für den (fundamental-)theologischen Grundlagendiskurs zu finden. Aus der Sicht des Theologen, so meine ich, könnte sich die Lektüre gelohnt haben. Was jedoch im folgenden für eine Lektüre, die sich den Konsequenzen aus dem bisher Erörterten widmet, immer noch als Aufgabe und als Kriterium bleibt, ist, für den nicht-theologischen Diskurs plausibel zu machen, dass auch weiterhin keine simple „Übersetzung" der Termini Derridas in eine sich ungebrochen legitimiert glaubende Theologie stattfinden wird. Die Konsequenzen aus dieser Aufgabenstellung in den Worten Derridas:

> „Die Rückkehr des Jenseits ins Diesseits verhindern heißt, in der Verzerrung (des Diskurses) die Notwendigkeit eines *Parcours* anzuerkennen. Dieser Parcours muss im Text eine Furche hinterlassen. Ohne diese Furche und dem bloßen Inhalt seiner Schlussfolgerungen überlassen, wird der ultra-transzendentale Text dem vorkritischen Text zum Verwechseln ähnlich sein. Es ist an uns, dem Gesetz dieser Ähnlichkeit heute auf die Spur zu kommen und es zu bedenken. Durchstreichung der Begriffe nennen wir hier, was die Orte dieses zukünftigen Denkens markieren soll." [G 107]

als „Überlegungen zu einer Ethik der Dekonstruktion", in: H.-D. GONDEK / B. WALDENFELS (Hg.), *Einsätze des Denkens. Zur Philosophie von Jacques Derrida* (Frankfurt/M.: Suhrkamp, 1997), 308-344.

KONSEQUENZEN:
»Vielleicht wird das Unmögliche daher notwendig gewesen sein«

Der Vortrag „La différance" markiert einen signifikanten Einschnitt im frühen Denken Jacques Derridas. Wir haben bereits gesehen, wie die *différance* nachträglich als Bündelung einer sich aufdrängenden Vorgängigkeit in den philosophischen Text eingeschrieben werden musste. Zugleich aber eröffnet diese gebündelte Inschrift auch das Ohr für einen Appell bzw. Ruf, der sich als *Konsequenz* aus dem bisher Gesagten (er)gibt und dem wir im folgenden nachspüren wollen. Das Motiv des Bündels, das zur Erläuterung der Einführung der *différance* verwendet wurde, umfasste ja ausdrücklich auch den Hinweis, dass die verschiedenen „Linien des Sinns" nicht nur durch diesen Neologismus miteinander verwoben werden, sondern danach auch wieder „auseinanderlaufen [...], als sei sie *[diese Zusammenfassung; Anm. PZ]* bereit, andere hineinzuknüpfen." [D 32] Eine solche „Dissemination" (Ausstreuung, Verbreitung, Zersplitterung) an Themen, Themenbereichen und damit verbundenen Konsequenzen findet im Werk Derridas seit Ende der 60er-Jahre statt, erneut gebündelt in drei Büchern, die – wie auch einige Jahre zuvor – parallel, d.h. im selben Jahr (1972), erscheinen. Es sind dies der Aufsatzband *Marges de la philosophie (Randgänge der Philosophie)*[257], *La dissémination (Dissemination)*[258] und ein schmälerer Band *Positions (Positionen)*[259], der drei Gespräche Derridas aus der Zeit zwischen dem Erscheinen der beiden Buchtriaden enthält. Leider fehlt es an dieser Stelle sowohl an Kraft und Zeit, vor allem aber an der nötigen Vorarbeit, um die vielfältigen Lektüren in diesen Werken mit der angemessenen Aufmerksamkeit verfolgen zu können.[260] Wir werden hier daher in einem ersten Schritt nur einige Anmerkungen zum Entwurf des „mittleren" dieser drei Werke, den *Randgängen der Philosophie*[261], wagen. Diese Anmerkun-

257 J. DERRIDA, *Randgänge der Philosophie* (überarb. Neuauflage; Wien: Passagen, ²1999 [fr. 1972]). [= R] – Zum mehrdeutigen Titel siehe unten Anm. 266.

258 J. DERRIDA, *Dissemination* (übers. v. Hans-Dieter Gondek; Wien: Passagen, 1995 [fr. 1972]).

259 J. DERRIDA, *Positionen. Gespräche mit Henri Ronse, Julia Kristeva, Jean-Louis Houdebine, Guy Scarpetta* (Graz-Wien: Böhlau, 1986 [fr. 1972]).

260 Wir hoffen, dafür in einer späteren, explizit und ausschließlich am Werk Derridas orientierten Arbeit Zeit zu haben.

261 Während *Positionen* wie wir noch versehen werden zu einem Großteil einen interpretierenden Rückblick zu den bereits publizierten Texten darstellt (wobei Derrida in einem einführenden „Hinweis"

gen werden die bisherigen Erörterungen einerseits ergänzen und zugleich auf die später veröffentlichten Texte Derridas und die vom späteren her *nachträglich* sich zeigende konsequente Entwicklung vorausweisen.

Daher ... *(un coup de donc)*

Die *Randgänge* besitzen wie *Die Schrift und die Differenz* einen, wenngleich auch weniger verschlüsselten, so doch für das Verständnis des Buches zu berücksichtigenden Aufbau. Der erste Text dieses Aufsatzbandes (wiederum sind fast alle Artikel bereits zuvor, in den Jahren 1968-1971, publiziert worden) ist, wenn man die Seitennummerierung des französischen Originals und die Gewohnheiten bei der Herausgabe von Sammelwerken beachtet, der Vortrag „La différance" vom Jänner 1968, der hier das erste Mal in Buchform erscheint. Der *vor* „La différance" abgedruckte Text, „Tympan"[262], ist im französischen Original mit kleinen römischen Ziffern nummeriert und damit eigentlich als „Einleitung" oder „Vorwort" gekennzeichnet.[263] Bedeutung bekommen diese Hinweise, wenn sich herausstellt, dass „La différance" nicht von ungefähr den *ersten* Text dieser Sammlung darstellt und gerade der Stil des Eröffnungssatzes für die Deutung des Buches und – wie wir herausarbeiten wollen – für

jedoch betont, dass die Erläuterungen sich auf eine Arbeit beziehen, die noch nicht abgeschlossen ist, „mit der ich *noch beschäftigt* bin: die mir also ebensowenig zu eigen ist, wie sie hiermit beendet würde" [Positionen, 31]), ist *Dissemination* ein Werk, das bereits aus einer veränderten, eher mit den zukünftigen Werken (vgl. etwa *La vérité en peinture,* Paris 1978) verwandten Art zu Schreiben heraus gestaltet wurde. (Zur Interpretation dieser „neuen" Phase in den Versuchen Derridas vgl. J. DERRIDA, Punktierungen - die Zeit der These (1980), in: H.-D. GONDEK / B. WALDENFELS (Hg.), *Einsätze des Denkens. Zur Philosophie von Jacques Derrida,* Frankfurt/M.: Suhrkamp, 1997, 19-39.) Insofern lassen sich die *Randgänge* als neuerliche „Bündelung", als eine bestimmte Etappe kennzeichnendes, „gegenwärtiges" und daher im Verhältnis zu den beiden anderen als „mittleres" Werk verstehen.

262 J. DERRIDA, Tympanon, in: *Randgänge der Philosophie* (Wien: Passagen, ^{2}1999) 13-29. – Das Wortfeld des griechisch-lateinischen Wortes und seiner Variationsmöglichkeiten im Französischen ist vielfältig und umfangreich: Zunächst bezeichnet „tympan" das Trommelfell bzw. die Paukenhöhle im Mittelohr, wird jedoch auch als Begriff für die Handpauke oder das Hackbrett (Cymbalom, Zimbel), sowie zur Beschreibung einer Wasseruhr bzw. eines Schöpfrades verwendet, dessen „Scheidewände" als „tympanum" bezeichnet werden. (Zu Beschreibung und Skizze dieser Vorrichtungen siehe *Randgänge,* 355ff Anm. 8.) Des weiteren wird mit diesem Begriff auch das Bogenfeld über dem Türsturz eines Portals (Giebelfeld) bezeichnet, das in der mittelalterlichen Kirchenarchitektur meist mit kunstvollen Reliefs geschmückt war. Schließlich bezeichnet das französische (archaische) Verb *tympaniser* auch das öffentliche Bloßstellen und Schlechtmachen, letztlich also eine zu Ohren kommende Kritik.

263 Die deutsche Übersetzung übernimmt die Zählung, die „La différance" mit Seite 1 beginnen lässt, im Gegensatz zur englischen Ausgabe (*Margins of Philosophy,* Transl., with Additional Notes, by Alan Bass, Chicago 1982) nicht, sodass der Eindruck entsteht, „La différance" sei der *zweite* Text des Bandes. Zudem erscheinen in der deutschen Ausgabe drei Hegel-Zitate sozusagen als „Motto" *des Buches,* die ursprünglich *nach* der Überschrift „Tympan" abgedruckt gewesen waren und sich somit eher bloß auf diesen einen Text beziehen dürften. Ausdrückliche inhaltliche Bezüge zwischen den Hegel-Zitaten und dem Tympan-Text bestätigen dies.

das weitere Denken Derridas eine besondere Rolle spielt. Außerdem wird sich zeigen, dass „Tympan", der einzige Text, der erst für die Herausgabe der *Randgänge* verfasst wurde, seinerseits in besonderer Weise auf diesen Beginn von „La différance" anspielt – ein weiterer Hinweis, dass dieser andeutungsreiche Text als eröffnendes Vorwort zu lesen sein wird.

1. „Tympan" eröffnet die *Randgänge* mit einer Kritik der Philosophie: „Tympaniser[264] – la philosophie" [R 13]. „Ihr das Trommelfell gerben – der Philosophie", übersetzt die deutsche Ausgabe. Derrida lässt auch nicht lange Zweifel aufkommen, worum es sich bei dieser Kritik handelt: *„L'être à la limite"*, *„Das An-der-Grenze-Sein"*, das vermeintliche Beherrschen der eigenen Grenzen wird dem philosophischen Denken vorgeworfen.

> „Weitläufig genug, um sich selbst für endlos zu halten, wollte ein Diskurs, der *sich* Philosophie *nannte* – der einzige zweifellos, der seinen Namen immer nur von sich selbst zugesprochen erhielt und der sich dessen Initiale unentwegt ins eigene Ohr murmelte –, immer die Grenze – auch die eigene sagen. Im vertraulichen Umgang mit den von ihm als natürlich bezeichneten (eingeführten) Sprachen, mit jenen, die für ihn grundlegend waren, legte dieser Diskurs immer Wert darauf, sich die Herrschaft über die Grenze (*peras, limes*) [i.O. deutsch] zu sichern. Er hat sie auf alle möglichen Weisen anerkannt, vorgestellt, gesetzt und verworfen – und sie in der Folge, um besser über sie zu verfügen, auch gleich überschritten. *Seine eigene Grenze* durfte ihm nicht fremd bleiben. Also hat er sich ihren Begriff angeeignet, und er glaubte die Randzone seiner größtmöglichen Ausdehnung zu beherrschen und sein Anderes zu denken." (Tympan, R 13)

Es ist der Hegelsche Begriff der *Aufhebung*, den Derrida hier – bemerkenswerterweise indem er seinen Kontext verändert – kritisch „der Grenze einer Befragung" zu unterziehen versucht. [R 14] Er ist sich dabei der scheinbaren Unmöglichkeit dieses Versuchs bewusst. „Kann man dann, mit all der gebotenen Präzision, einen nichtphilosophischen Ort ausmachen, einen Ort der Äußerlichkeit oder der Andersheit, von dem aus man noch *über die Philosophie* sprechen kann? Wird dieser Ort nicht immer im vorhinein schon mit Philosophie besetzt worden sein?" [R 15] Derridas Interesse kann also nicht einer Kritik philosophischer Ansprüche *innerhalb* ihrer Grenzen gelten, sondern muss – einerseits vorsichtiger, andererseits viel weitreichender – auf eine Kritik der *Beherrschbarkeit* dieser Grenzen in einem Denken, das in sich selbst verwurzelt zu sein glaubt, zielen. Die Metapher des Ohres und vor allem des Trommelfells (*tympan*), das schon rein physisch das „innere Erleben" (das Vernehmen einer Stimme) von der ganz anderen Ordnung derjenigen „Stimme", die von

264 Zu *tympaniser* vgl. Anm. 262.

außen das Ohr erreicht, trennt, wird bis in die kleinsten Details[265] als Kritik am Vertrauen auf diese innere Stimme, der sich die Philosophie stets zu versichern und bis hin zu Hegel durch Anerkennung auch noch des Anderen „umfassen" zu können meinte, herangezogen. Das Problem, das eine grundsätzliche Verschiebung der philosophischen Fragestellung notwendig machen wird, ist jedoch, wie diesem alles umfassenden philosophischen Diskurs zu entgehen ist. Kann es einen Diskurs geben, der auf andere Weise „anders" ist als derjenige, der auch noch die Andersheit zu umfassen vermag?

> „Von der Philosophie (*De la philosophie*)[266] – sich entfernen, um ihr Gesetz gut zu beschreiben (*décrire*) und in Verruf zu bringen (*décrier*), um sich hinzubewegen auf die absolute Äußerlichkeit eines anderen Ortes. Doch sind die Äußerlichkeit und die Andersheit Begriffe, die, auf sich allein gestellt, den philosophischen Diskurs nie überrascht haben. *Dieser hat sich mit jenen immer aus eigenem Antrieb be-| schäftigt.*" (Tympan, R 16f; Übersetzung leicht modifiziert)

Es ist dieser „eigene Antrieb", der Derrida beschäftigen wird und ihn fragen lässt: „In wessen Auftrag, in welcher Sache Namen handelt man denn auch wirklich? [...] Was kann einen in letzter Instanz *autorisieren*?" [R 22f] Wir werden uns nur sehr vorsichtig dieser mit unendlich vielen philosophischen Fallen ausgestatteten Fragestellung nähern können. Und wir werden auf diesem *Parcours* Derrida bzw. seinen Texten ebensowenig einfachhin trauen dürfen, wie niemals eine ernsthafte Lektüre vorgelegten Ausführungen ohne die Rückfrage, *wer* in letzter Instanz die Autorität hinter bzw. *vor* dem Text ist, wird trauen können. Auch mit dieser Arbeit wird dies nicht anders sein.

Eines ist bei den Fragen rund um die Grenzen der Philosophie und nach dem „Antrieb", der das philosophische Denken motiviert und legitimiert, bereits hier im Vor-

265 Etwa auch durch den (kritischen) Bezug auf Nietzsches „Mit dem Hammer philosophieren": „Hammer" wird nämlich auch jenes erste der Gehörknöchelchen genannt, das direkt an die Innenfläche der Hörmembran stößt und nicht nur deren Schwingungen weitergibt, sondern diese auch vor einem Platzen durch einen zu starken Ton schützt, indem es die Schwingung abzuschwächen vermag. (Vgl. dazu Tympan, R 16, sowie R 353 Anm. 2.) Der Hammer ist immer noch zu harmlos: „Indem man die Rolle des inneren Hammers übernimmt, läuft man Gefahr, den lautstärksten Diskurs an der beschaulichsten, ungestörtesten, begünstigsten Ökonomie – der philosophischen Ironie – teilhaben zu lassen. Was bedeutet – Beispiele für diese metaphysische Trommelei mangeln uns heute nicht –, dass, geht man dieses Risiko ein, man nichts riskiert." [R 16]

266 „De la philosophie", so lautet auch der Untertitel der *Randgänge* (*Marges. De la philosophie*). Die Übersetzung mit „Randgänge der Philosophie" gibt also nur *eine* mögliche Lesart des Titels wieder. Man könnte auch lesen: „Randgänge. Von der Philosophie [sich entfernen]". Die Mehrdeutigkeit ist wohl beabsichtigt, wie die Hervorhebung in diesem Zitat zeigt. Die Frage, die sich für die angemessene Lektüre dieses Buches daher von vornherein stellt, ist: Mit welchem Vorverständnis des Begriffs „Philosophie" geht die Lektüre an das Buch heran? Wird sich dieses Vorverständnis in Frage stellen lassen? Oder wird dies als prinzipiell unmöglich, d.h. als „un-philosophisch" betrachtet werden?

wort „Tympan" auf jeden Fall deutlich geworden: Derridas Diskurs hat eine eigenständige Fragerichtung erhalten, es scheint sich nicht mehr um eine „parasitäre", primär an vorliegenden Texten orientierte Lektüre zu handeln. Hier werden offensichtlich Konsequenzen zu ziehen und neue Wege zu beschreiten versucht. Umso stärker drängt sich daher die Frage auf, „in welcher Sache Namen" hier wirklich argumentiert wird. Zugleich dürfen die Ergebnisse der früheren Arbeiten, insbesondere die Entdeckung der *différance*, die, wie wir gesehen haben, eine bestimmte *andere*, vorgängige Ordnung von Zeit und Raum eröffnet, nicht außer acht gelassen werden. Am Ende von „Tympan" verweist Derrida daher auch noch einmal explizit auf diesen Kontext: „Eine Einführung also in die *différance*. Wenn es ein *Hier* dieses Buches gibt, dann schreibe man es in diesen Gang (*marche*) ein." [R 28] Die Konnotationen des „Webens" sowie des „Rasterns", einem Begriff aus dem Druckgewerbe, – beide werden im Französischen durch *tramer* ausgedrückt, das im übertragenen Sinne auch „(ein Komplott) anstiften" bedeutet) – werden dabei mit dem des *tympan*, des Ohres, des Hörens und des Angewiesenseins auf eine trennende Membran, verbunden. Der „erschöpfte Widerhall" der *différance*, so betonen die letzten Absätze, lässt sich nicht mehr überhören („Der Gehörgang schließt sich nicht mehr"), er ruft vielmehr einen – oder nennt sich selbst –: *„coup de donc"*[267] [Tympan, R 29; „(s') appellent un *coup de donc*"].

Mit dieser letzten unübersetzbaren und wohl auch im Französischen nur schwer verständlichen Ankündigung endet „Tympan" und lässt zugleich die eigentlichen *Randgänge* beginnen. Außerdem aber scheint die nachdrückliche Anspielung auf die *différance* auch den sogleich folgenden Abdruck des Vortrags „La différance" anzukündigen bzw. zu rufen (*appeller*), während der *coup de donc* – vielleicht – auf dessen Eröffnungssatz verweist. Wir werden uns daher im folgenden (durchaus kritisch) mit der Eröffnung dieses zukünftigen Denkens „de la philosophie" auseinandersetzen müssen.

2. Derrida hatte am 27. Jänner 1968 in Paris seinen Vortrag „La différance", den er auf Einladung der *Société française de philosophie* an der Sorbonne gehalten hatte, mit folgenden Worten begonnen: „Je parlerai, donc, d'une lettre.", „Ich werde also von einem Buchstaben sprechen." [D 31] Mit demselben Satz werden nun auch die *Randgänge* eröffnet. Natürlich handelt es sich bei dem genannten Buchstaben um je-

[267] Der deutsche Übersetzer gibt folgenden Hinweis zu dieser sonst unübersetzten, auch in der englischen Ausgabe französisch zitierten Wendung: „*donc*: »also«, »folglich«. Die Konjunktion *donc*, deren sich Derrida hier so häufig und auf stilistisch so einprägsame Weise bedient, leitet die Konsequenz aus einem zuvor dargelegten Sachverhalt ein, indem sie – gerade bei Derrida – zugleich eine neue Perspektive aufreißt. Der Ausdruck *coup de donc* könnte etwa in Analogie zu *coup de génie* (Geistesblitz), *coup de poignard* (Dolchstoß), *coup de grace* (Gnadenstoß) usw., verstanden werden. (*A.d.Ü.*)" (Tympan, R 357 Anm. 14)

nes *a*, das Derrida sich genötigt sah, in die Schreibung des Wortes „différence“ (mit *e*) einzuführen. Dieser Buchstabe soll uns nun hier jedoch nicht mehr näher beschäftigen. Stattdessen gilt es, auf den Beginn, den dieser Satz darstellt, auf die Eröffnung dieses Textes, der einige Jahre später zugleich zur Eröffnung eines ganzen Buches wird, wenn nicht gar – falls der Begriff „Bündel“ tatsächlich auf die Einführung der *différance* zu beziehen ist – auch zu einer Metapher für die bewusste Eröffnung einer neuen Phase im Denken Derridas oder, nimmt man den in „Tympan“ formulierten Anspruch ernst, einer *anderen* Ordnung des philosophischen Diskurses überhaupt zu denken ist. Es ist wohl einsichtig, dass ein einzelner Satz diesem Anspruch wohl kaum gerecht zu werden vermag. Schon gar nicht, wenn er so wenig zu sagen scheint wie der vorliegende. Und dennoch gilt es zu bedenken, dass dieser Beginn stets aufs neue wiederholt wird und sich die Frage nach seinem Anspruch jedesmal neu stellt, wenn dieser Text wiedergelesen wird. – Wir werden uns daher in chronologischer Absicht zunächst auf den Kontext des ursprünglichen Vortrages beschränken und nach dem Gehalt dieses Eröffnungssatzes fragen. Einige Anmerkungen dazu müssen genügen.

2.1 *Erste Anmerkung:* Der Beginn von Derridas Vortrag scheint zunächst recht einfach zu verstehen zu sein: „Ich werde sprechen.“ Dennoch vermag die Wahl dieser Worte im Kontext von Derridas Husserl-Lektüren auch durchaus Erstaunen hervorrufen. *Wovon* wird Derrida sprechen? Gefragt wird dabei nicht nach jenem Buchstaben, von dem angekündigt wird, dass er das Thema des folgenden Vortrages sein wird. Nein, gefragt wird nach der *Grundlage* des Sprechens, aus der heraus hier ein Sprechen-Können überhaupt statthaben kann. Hatten die Husserl-Lektüren nicht gezeigt, dass letztlich auch das Sprechen Schriftcharakter besitzt und daher wie diese als *Supplement* bezeichnet werden muss. Supplement jedoch wovon? Die bisherigen Erörterungen der Schrift als allgemeines und ursprüngliches (originäres) Supplement hatten dazu geführt, eine aktive, *produzierende* Bewegung, einen temporisierenden und verräumlichenden Aufschub anerkennen zu müssen, der provisorisch in einer „performativen Schreibung“ als *différance* bezeichnet wurde. Der Vortrag, der diesen Ausdruck erläutern sollte, droht jedoch sich bereits in seinen allerersten Worten zu widersprechen. Zumindest eine innere Spannung zwischen dieser Eröffnung und der Strategie der Einführung der *différance* scheint evident zu sein. Und tatsächlich ist diese Spannung auch nicht unbemerkt geblieben. Aus dem Publikum sind in der an den Vortrag anschließenden Diskussion entsprechende Anfragen gekommen. Wir werden gleich auf sie eingehen.

Zuvor soll aber die hier auftretende „innere Spannung“ noch einmal deutlicher in Erinnerung gerufen werden. Zwei Themenbereiche sollten dabei im folgenden besonders beachtet werden. Zum einen die Frage nach dem eigentlichen Subjekt dieses

Eröffnungssatzes, und zum anderen die offensichtliche Voraussetzung, dass hier überhaupt etwas gesagt werden könne. (Letzteres wird gerade im Lichte des in den frühen Texten Erörterten hinterfragt werden müssen – und zwar durchaus exemplarisch auch im Sinne all jener kritischen Anfragen an die Dekonstruktion, die aus einem ähnlichen Verdacht heraus nicht erkennen können, wie aus den Analysen Derridas jemals noch einmal eine dem traditionellen philosophischen Diskurs vergleichbare, nachvollziehbare und vor allem *argumentierende* Position erwachsen kann.) Werden wir also *erstens* sagen können, dass es schlicht Derrida selbst ist, der als Subjekt des Eröffnungssatzes und des gesamtes Vortrags zu gelten hat? Und werden wir *zweitens* erwarten dürfen, dass prinzipielle Anfragen bezüglich der Möglichkeit dessen, dass am Ende auf jeden Fall etwas gesagt worden sein wird, keinesfalls plausibel sein können? Tatsächlich jedoch hat Derrida 1968 bereits beide Annahmen in seinen veröffentlichten Texten zurückgewiesen.

(a) In seiner 1962 publizierten Einführung in Husserls „Ursprung der Geometrie" hatte Derrida – wie wir oben bereits gesehen haben – aufgezeigt, dass Husserls Transzendentale Phänomenologie letzten Endes zu äußerst erstaunlichen Konsequenzen nötigte. Husserls Versuch einer Konzeption der Philosophie auf der Basis strenger Wissenschaftlichkeit zielte nicht zuletzt auch auf intersubjektive Kommunikabilität und allzeitliche Gültigkeit. Dennoch vermag der aus dem Anspruch der strengen Wissenschaftlichkeit erwachsende Begriff der idealen Objektivität die beiden letzten Kriterien nur im Rückgriff auf die Schrift als Möglichkeitsbedingung für Kommunikabilität und Allzeitlichkeit zu erfüllen. Nur die Schrift, das heißt das geschriebene Zeichen, das Zeichen als Ausdruck, als geschriebene Repräsentation vermag die ursprüngliche Intention eines abwesenden Bewusstseins zu bezeugen. Nur die Schrift überlebt den Tod des originären, ausdrückenden Bewusstseins. Das Auftauchen dieses allgemeinen Schriftbegriffs wurde so schließlich zum Anstoß für Derridas Denken der „Grammatologie".

Dies bedeutet allerdings, dass die „absolute Idealität", die „ideale Objektivität" Husserls an einen wiederholbaren, nicht *idealen*, sondern *historischen*, sekundären und supplementären Ausdruck gebunden ist. Daraus ergibt sich wiederum die paradoxe Konsequenz, dass *das Ideale an das Endliche als Ermöglichungsgrund gebunden ist, um damit die absolute Idealität zu wahren.* Auf diese Weise ist Husserls Ansatz zwar keineswegs als Ganzer destruiert, aber es tauchen doch Fragen auf: Wenn objektive Idealitäten nur als „nicht-ideale geschriebene Repräsentationen" vorgestellt werden können, was wird dann tatsächlich vorgestellt: „Idealitäten" oder „Repräsentationen"? Die Transzendentale Phänomenologie scheint sich also trotz ihrer Strenge auch dort mit Supplementen begnügen zu müssen, wo sie auf den Ursprung der Intentionalität zielte. Die „Wahrheit" bleibt notwendigerweise *in* (oder *hinter*) ihrer schriftlichen Re-präsentation verschwunden, *in* (oder *hinter*) ihrem Supplement verborgen. Auch dies bedeutet natürlich nicht schon, dass Wahrheit als solche eliminiert ist (– um diese Schlussfolgerung zu ziehen, müssten wir erst wieder auf Wahrheit rekurrieren), doch unzweifelhaft bedeutet dies, dass die abwesende Wahrheit niemals *präsentiert*, sondern nur *re-präsentiert* werden kann. Der Ursprung der Repräsentation verbleibt in einer bestimmten abwesenden Dunkelheit. „Folglich kommt ihr der Name »Ursprung« nicht mehr zu." [D 40].

Offensichtlich sind damit aber nun hermeneutische Konsequenzen verbunden: Es ist zum Beispiel nicht mehr möglich, sich unhinterfragt auf einen Grundlagendiskurs zu beziehen, der sich weiterhin auf Prädikate wie „evident" oder „ursprünglich" bezieht. Es sind gerade diese Prädikate, die, das haben die bisherigen Lektüren ergeben, von einem solchen Diskurs prinzipiell vermieden werden (müssen). Wir haben dies – ohne auf Derrida oder Husserl zu rekurrieren – bereits im ersten Teil dieser Arbeit an mehreren unterschiedlichen Beispielen als „globale Grundlagenkrise" aufzuzeigen versucht. Die zu beachtende Spitze all dieser Analysen war und ist, dass die Krise nicht umgangen werden kann, sondern als Krise der Grundlegung überhaupt anerkannt werden muss. Politische, ethische, philosophische und auch theologische Versuche eines Rückgriffs auf evidente Ursprünge, auf nicht weiter hinterfragbare Gewissheiten oder in der Sprache beherrschbares Absolutes müssen notwendigerweise scheitern, insoweit sie diese (zum Teil versteckten) Rückgriffe und Vorstellungen entweder schlicht voraussetzen oder auf den Begriff bringen zu können meinen.

Die hermeneutische Frage also lautet: *Wovon* wird man tatsächlich noch sprechen können? Oder genauer: *Wovon* wird man eigentlich am Ende *gesprochen haben*? Wird man, im voraus intendierbar, noch *sprechen-wollen können*? *Wovon* wird man es noch *können* (wenn man sich auf die bisherigen Analysen einlässt) darüber *sprechen zu wollen*? Der innere Widerstand gegen diese Fragen muss unweigerlich wachsen. Kann man in Frage stellen, was man doch schon immer und gerade jetzt wieder getan hat? Doch *was* hat man eigentlich getan? Wir werden auf jeden Fall vorsichtig sein müssen, skeptisch, auf der Hut. Dennoch ist klar: hier wird tatsächlich nicht einmal mehr „mit dem Hammer philosophiert". Destruktion ist nicht, was sich hier ereignet. Sie wäre in gewisser Weise auch noch harmlos. Das Risiko, der Einsatz ist aber größer geworden. Die Schwierigkeiten auch. Es wird daher notwendig sein, die Strategie, die wir von Anfang an eingeschlagen haben, auch weiterhin zu verfolgen: Wir werden den Fallen der Selbstreferenz und des Selbstwiderspruchs auch künftig dadurch zu entgehen versuchen müssen, dass wir schlicht eine kritische Lektüre fortsetzen und es noch aufschieben, selbst etwas zu sagen – wenn dies jemals möglich sein sollte.

Kehren wir also zurück zu Derridas Eröffnungssatz in „La différance": „Ich werde also sprechen …" Wir werden Derrida selbst fragen müssen, *wovon* er eigentlich *genau* sprechen will. Wir werden aber auch fragen müssen – und Derrida hat diese Frage vier Jahre *später*, in der Komposition der *Randgänge* jedoch *früher*, in „Tympan", mit Blick auf „La différance" selbst gestellt –: „In wessen Auftrag, in welcher Sache Namen handelt man denn auch wirklich?" [Tympan, R 22] Wir werden sehen, dass sich Derrida all dieser Fragen und Schwierigkeiten sehr wohl bewusst ist. Er bezieht sich sogar explizit auf sie in einem Interview, das er im Dezember 1967, d.h. nur ein Monat *vor* „La différance" gegeben hat. – Indem wir uns im folgenden diesem Interview zuwenden, wollen wir Derridas Infragestellung der *zweiten* oben genannten Annahme, die Frage nach der (Un-)Möglichkeit des *Sagen-Wollens* in Erinnerung rufen.

(b) „*Vouloir-dire* " (Sagen-Wollen) ist Derridas Übersetzung für den deutschen Begriff „Bedeutung" wie er von Husserl verwendet wurde:

> „Man könnte vielleicht, ohne Husserls Intentionen zu strapazieren, *bedeuten* [i.O. dt.] durch *vouloir-dire* (sagen-wollen) definieren, gar übersetzen, und zwar zugleich in dem Sinne, dass ein sprechenden Subjekt etwas meint oder sagen will, indem sich »über etwas ausdrückt«, und dass ein Ausdruck etwas bedeutet*; und man könnte vielleicht davon ausgehen, dass *Bedeutung* [i.O. dt.] immer *dasjenige* ist, was ein Diskurs *sagen will:* so ist Bedeutung immer ein Sinn des Diskurses, ein diskursiver Gehalt." [SP 69]

Da eines der Ergebnisse der Analysen von *Die Stimme und das Phänomen* lautete, dass die scheinbar ursprüngliche „Bedeutung" als *Ausdruck*, d.h. als *Sagen-Wollen*, unausweichlich an eine „Einschreibung", d.h. an ein endliches *Anzeichen* gebunden ist, und jedes ursprüngliche Sagen-Wollen daher *in* (oder *hinter*) dem Anzeichen als Supplement, *in* (oder *hinter*) seiner Re-präsentation verborgen bleibt, lassen sich weder evidente Gewissheiten bezüglich des Inhalts noch bezüglich des ursprünglichen Subjekts einer Aussage ausmachen. Dies war der Grund, hier von einer „ursprünglichen Abwesenheit", der Abwesenheit eines *Undarstellbaren* sprechen zu müssen. Welche Konsequenzen aber hat diese ursprüngliche Supplementarität für die Möglichkeit des Sprechens überhaupt? Bisher waren die Analysen bloß auf das Verständnis eines vorgefundenen oder vorgestellten Sprachprozesses gerichtet. Bei der kritischen Betrachtung des Eröffnungssatzes von „La différance" wird es aber notwendig sein, sich mit dem umgekehrten Fall auseinanderzusetzen: denn hier wird, aller aufgezeigten Schwierigkeiten zum Trotz, offensichtlich *zu sprechen* versucht.

Zum Kontext von „La différance" gehört auch jenes bereits erwähnte Gespräch mit Henri Ronse[268], in dem Derrida Auskunft gibt über seine Texte aus der Zeit der Entdeckung der *différance*. Das Interview wurde erstmals im Dezember 1967 publiziert, einige Jahre später aber in dem Gesprächsband *Positionen* (zeitgleich mit der er-

* *(Anm. Derrida:)* „*To mean* und *meaning* sind die glücklichen Äquivalente für *bedeuten* und *Bedeutung*, über die das Französische nicht verfügt." [SP 166 Anm. 1]

268 J. DERRIDA, Implikationen. Gespräch mit Henri Ronse, in: *Positionen* (Graz-Wien: Böhlau, 1986 [fr. 1972]), 33-51. (Erstveröffentlichung in: *Lettres françaises* 1211, 6-12 décembre 1967).

neuten Publikation von „La différance" in den *Randgängen*) wiederabgedruckt. Wie so oft bei den frühen Texten Derridas, spielt hier die Datierung für die Interpretation eine zu beachtende Rolle. Für all jene, die sich im Jänner 1968 ernsthaft für Derridas Vortrag interessiert haben, wird das ein Monat zuvor publizierte Gespräch mit Henri Ronse, das zudem die drei soeben erschienenen Bücher Derridas kommentierte, wohl kein unbekannter Text gewesen sein. Zumindest wird Derrida mit seiner Kenntnis gerechnet haben müssen. Umso erstaunlicher also ist es, wenn das dort Gesagte so offensichtlich der Eröffnung von „La différance" zu widersprechen scheint. – Gegen Ende des Gespräches erläutert Derrida die Fragen, die sein Schreiben antreiben, folgendermaßen:

> „Ich versuche, den (Zwischen-)Raum zu *beschreiben* (und in dem Raum zu *schreiben*)[269], wo sich die Frage nach dem Sagen (*dire*) und dem Sagen-Wollen (*vouloir-dire*) stellt. Ich versuche, die | Frage zu schreiben: Was ist das Sagen-Wollen? (Was will ich sagen?)[270] Daher ist es notwendig, dass die Schrift in einem solchen Raum und unter einer solchen Fragestellung buchstäblich (*à la lettre*) nichts sagen will (*ne-veuille-rien-dire*)." (Implikationen, 49f; Übersetzung leicht modifiziert)

Schreiben im Nichts-Sagen-Wollen. In diesem Gespräch sucht Derrida ganz offensichtlich die Konsequenzen zu ziehen, die sich aus seinen frühen Texten geradezu aufdrängen. Dennoch bleibt ein schwerwiegender Verdacht bestehen. Denn selbst wenn bisher noch nicht deutlich geworden ist, *wie* sich Derrida die Praxis dieses Nichts-Sagen-Wollens konkret vorstellt, so scheint sein hier ausgedrücktes Selbstverständnis doch schon jetzt dem eröffnenden „Ich werde sprechen" in „La différance" ganz offensichtlich zu widersprechen. Wie bereits erwähnt, ist dies auch vom anwesenden Auditorium nicht unbemerkt geblieben. Zunächst eröffnete Jean Wahl, der der Sitzung der *Société française de philosophie* an diesem Tag vorstand und auch die Diskussion moderierte, diese mit einer vielleicht nicht allzu ernst gemeinten, dennoch bezeichnenden Anspielung:

> „It was said that *différance* with an *a* could not be spoken of, and yet, in the most fascinating way, we have heard *différance* with an *a* discussed for over an hour."[271]

Jean Wahls Einleitung und sein folgender Verweis auf Plato und die vermutete Notwendigkeit, auch die *différance* innerhalb einer Ähnlichkeitsstruktur denken zu müssen, scheint nicht direkt als Frage formuliert gewesen zu sein, zeigt aber doch recht gut das auch bei den meisten anderen Wortmeldungen vorherrschende höfliche Unverständnis, das zum Teil durch strategische Parteinahmen ergänzt wurde. Mit Aus-

269 „J'essaie d'*écrire* (dans) l'espace ..." (Implications. Entretien avec Henri Ronse, in: *Positions*, Paris 1972, 23.)

270 „(qu'est-ce) que vouloir-dire?" (Implications, aaO. 23)

271 The Original Discussion of »Différance«, in: D. WOOD / R. BERNASCONI (Hg.), *Derrida and »Différance«* (Evanston: Northwestern UP, 1988), 83-95, hier: 83.

nahme vielleicht der weiterführenden Anmerkungen der Schweizer Philosophin Jeanne Hersch. Vielleicht wird man die damals herrschende Stimmung mit jener vergleichen können, die vermutlich auch heute noch den Leser nach einer ersten durchgängigen Lektüre von „La différance“ befällt …

Jeanne Herschs durchaus kritische Anfragen beziehen sich explizit auf die auch uns hier interessierende Möglichkeit des (Nicht-)Sprechens:

> „What I would like to say does not bear on the fundamentals but rather on the language, the means and the manner of expression. Listening to you, I had the distinct impression that, *even if I do not see exactly what, in the end, you mean [voulez dire], you certainly want to say it [voulez le dire]*. This is an important point; I am not trying to raise a smile. But the means you employ lead me to question a certain contemporary philosophical style.“ (Original discussion, 87; Hervorhebung PZ)

Herschs Anfrage zielte letzten Endes auf eine Kritik einer gewissen Haltung (*posture*) zeitgenössischer Philosophie (1968!), die dem Ausdruck (*expression*) mehr Bedeutung zuzumessen scheint als der „Demut“ (*humility*) gegenüber dem Auszusagenden (*the thing to be said*).[272] Derridas Antwort machte daraufhin noch einmal deutlich, wie sehr er sich der Konsequenzen aus seinen eigenen früheren Analysen bewusst war. Das Auszusagende, das Bezeichnete (Signifikat) lassen sich nicht von der Gestalt des Bezeichnenden (Signifikant) trennen.

> „In fact, I try to place myself at a certain point at which – and this would be the very »content« of what I would like to »signify« – the thing signified *[das Bezeichnete; PZ]* is no longer easily separable from the signifier *[das Bezeichnende; PZ]*. […] But what I attempt to question in a text in which the difference between signifier and signified must be constantly revalued is precisely the radicality of this distinction between the signified and the signifier.“ (Original discussion, 88)

Gegenüber dieser prinzipiellen Verdeutlichung scheint Jeanne Herschs ursprüngliche Frage jedoch für die Interpretation des Eröffnungssatzes ausschlaggebender zu sein: „even if I do not see exactly what, in the end, you mean, you certainly want to say it.“ Derridas Antwort darauf fiel lapidar und dennoch deutlich aus: „you were convinced of my wanting-to-say-something. I am less sure of this than you.“[273] Er behielt also auch auf Rückfrage sein zuvor im Gespräch mit Henri Ronse ausgedrücktes Selbstverständnis, *nichts sagen zu wollen*, aufrecht. Leider finden sich in der Diskussion zum Vortrag keine weiteren Ausführungen zu diesem scheinbar so offensichtlichen Widerspruch zwischen dem ausgedrückten Anspruch und dem in weiterer Folge in mehrerlei Hinsicht so entscheidenden, zumindest an so entscheidender Stelle plazierten und – daran wird man bei den Texten Derridas wohl kaum zweifeln können – durchaus bewusst formulierten Eröffnungssatz. Glücklicherweise finden sich

272 Vgl. Original discussion, 88.
273 Original discussion, 89.

in dem Gespräch mit Henri Ronse, das bezeichnenderweise den Titel „Implikationen" trägt, noch zwei weitere Hinweise auf den Kontext, innerhalb dessen wir auch die Eröffnung von „La différance" (die vielleicht gar nicht so sehr eine „Eröffnung" im engeren Sinne darstellen wird) lesen müssen.

Zunächst betont Derrida dort, dass sein Schreiben sich *in* einem *bestimmten Raum* ereignet, jenem Raum, „wo sich die Frage nach dem Sagen und dem Sagen-Wollen stellt" (Implikationen, 49). Dieses Schreiben „erprobt sich" in jenem Raum, an dem „das metaphysische Sagen-Wollen [...] außer Atem gerät." (ebd. 50) Für das Verständnis dieses Nichts-Sagen-Wollens ist es dabei wichtig zu erkennen, dass der Grund für das „außer Atem geraten" nicht von außen als Kritik an das metaphysische Sagen-Wollen herangetragen wurde, sondern sich als Konsequenz aus seinen eigenen Voraussetzungen ergeben hatte. Derridas Schreiben erhält also erst dort überhaupt Raum, wo sich bereits die Frage nach dem Sagen und dem Sagen-Wollen von sich heraus gestellt hat. Das, was hier das „Nichts-Sagen-Wollen" genannt wird, lebt nur *aus* und *in* dieser Atemlosigkeit (*essoufflement*), darin aber aufgrund einer unhintergehbaren Notwendigkeit. *„Il est donc nécessaire que ... l'écriture à la lettre ne-veuille-rien-dire."* (fr. 23 / dt. 50) Noch bevor bestimmt werden kann, *wie* das Nichts-Sagen-Wollen konkret statthaben kann, sind wir so bereits darauf verpflichtet. Natürlich kann diese Verpflichtung nicht durch eine *positive Definition* ausgedrückt werden, sondern einzig durch ein nur *negativ* formulierbares *Kriterium*, eben die notwendige Vermeidung des Sagen-Wollens.[274] Dennoch hat das Unnennbare bei Derrida hier auch bereits positive Bestimmungen erhalten und lässt sich durch Spuren vermitteln, die ihm auch in ihrer Negativität *unausweichliche Anerkennung* garantieren.[275] Nur die Gestalt dieser Anerkennung bleibt noch unbestimmt.

Derridas Ausführungen in dieser Selbstreflexion werden aber auch noch durch eine weitere Konsequenz verdeutlicht. Wie er am Ende des Textes betont, kann das „Nichts-Sagen-Wollen [...] keine sehr geruhsame Tätigkeit" (ebd. 51) sein. Der Autor, das Subjekt der Schreibens und Sprechens, wird stets in das Dilemma des Sprechens, des Sagen-Wollens als Sprechen-Müssen bzw. als Stets-bereits-Gesprochen-Haben verwickelt bleiben. Das Nichts-Sagen-Wollen bleibt damit stets vom Scheitern, von einem letzten Verfehlen bedroht und erhält deshalb den Charakter eines Wagnisses:

[274] Vgl. zur konkreten „positiven" Bestimmung dieser „Vermeidung" die Betrachtung negativer Diskurse bei Platon, Heidegger und in den verschiedenen Traditionen der sog. Negativen Theologie in Derridas Jerusalemer Vortrag von 1986: J. DERRIDA, *Wie nicht sprechen. Verneinungen* (Wien: Passagen, Böhlau, 1989 [fr. 1987]).

[275] Solche „Spuren" wären z.B. der durch die genannte „Atemlosigkeit" eröffnete (Frage-)Raum, die Entdeckung der Universalität der Schrift, der ursprünglichen Supplementarität, sowie der uneinholbaren Bewegung des Aufschubs der *différance*.

„Sich selbst riskieren im Nichts-Sagen-Wollen (*Se risquer à ne-rien-vouloir-dire*), das heißt in das Spiel einsteigen und zuallererst in das Spiel der *différance*, das bewirkt, dass kein Wort, kein Begriff, keine höhere Aussage von der theologischen Gegenwart eines Zentrums aus die textuelle Bewegung und Verräumlichung (*mouvement et l'espacement textuel*) der Differenzen zusammenfasst und bestimmt. [...] In diesem Sinne riskiere ich mich beim Nicht-Sagen-Wollen (*je me risque à ne rien-vouloir-dire*) dessen, was man einfach verstehen könnte, was einfach Sache des Verstehens wäre." (Implikationen, 50; Übersetzung leicht modifiziert)

Sich selbst riskieren im Nichts-Sagen-Wollen. – Nimmt man diesen Satz ernst, so lässt sich darin eine jener entscheidenden Umkehrungen entdecken, die die dekonstruktive Arbeit Derridas so vielversprechend erscheinen lassen. Aus dem Scheitern kann zwar nicht ein neuerlicher selbstbewusster Entwurf erwachsen – aber doch ein Wagnis; kein Fundament, aber doch jene positive Möglichkeit, die in den späteren Texten zeigen wird, auf welch vielfältige und fruchtbare Weise *in* diesem eigentlich der Not verpflichteten Wagnis eines Sprechens im Bewusstsein seines unweigerlichen Zerbrechens und der damit verbundenen Enttäuschung doch ein Bekenntnis möglich werden kann, das als Zeugnis nicht nur eines *vergangenen* Abwesenden, sondern auch als Supplement eines *Zukünftigen* (*à venir*), das konkrete Denken und Handeln vielleicht auf eine ganz *andere* Art zu „fundieren" vermag. Wir werden bald näher darauf eingehen.

Inwiefern handelt es sich hier um eine „Umkehrung"? Das „Sich selbst riskieren" ist offensichtlich kein ursprüngliches Sprechen mehr. Wer riskiert, vermag gerade nicht einer unmittelbaren Gewissheit zu vertrauen. Vielmehr hat das eingegangene Risiko stets den Charakter einer Antwort auf das Bewusstwerden einer als vorgängig erfahrenen Schwierigkeit.[276] Betont und verschärft wird diese Haltung durch den reflexiven Bezug auf sich selbst. Der Wechsel von *risquer* zu *se risquer* hat eine nicht zu

[276] Der Kontext des Wortes „Risiko" dürfte aus einer Verallgemeinerung des lat. *rixari* zu beziehen sein, das soviel wie den „unkalkulierbaren Widerstand im Kampf" bedeutet (F. KLUGE, *Etymologisches Wörterbuch der deutschen Sprache*, Berlin-New York: de Gruyter, [23]1999, 688). Das Grimmsche Wörterbuch verzeichnet unter dem deutschen „riskieren", das es vom fr. *risquer* und dem ital. *rischiare* herleitet, zwei Grundbedeutungen. Die eine, „gefahr laufen", betrifft eine Gefahr, die möglicherweise von einem äußeren Ereignis droht; die zweite, reflexive Bedeutung wird durch „wagen, aufs Spiel setzen" umschrieben (J.u.W. GRIMM, *Deutsches Wörterbuch*, Bd. 14, München: dtv, 1984). Auch die französischen Wörterbücher geben bei der reflexiven Wendung *se risquer* stets das Wortfeld „wagen, Wagnis" für die deutsche Übersetzung an, während *risquer* zumeist mit „riskieren" übersetzt wird. Das Grimmsche Wörterbuch kennt schließlich auch für das Verb „wagen" im Sinne von „aufs Spiel setzen" (aaO., Bd. 27, 394ff) mehrere Wortbildungen, die sich vor allem durch die Angabe eines bestimmten oder unbestimmten Objektakkusativs („etwas bestimmtes wagen" [ebd. 394] / „es wagen" [ebd. 406]) unterscheiden. Der unbestimmten Form liegt dabei „der ursprüngliche volle bedeutungsgehalt der wendung, der auf das einsetzen der ganzen persönlichkeit hinweist" (ebd. 406) zugrunde. Da die ebenfalls auftauchende reflexive Form „sich wagen" (ebd. 412) die Konnotation „sich etwas trauen" besitzt und daher eher der Verwendung mit dem bestimmten Objektakkusativ entspricht, wird dem französischen *se risquer* im Deutschen wohl am besten mit *„(unbestimmtes) Wagnis des eigenen Selbst"* entsprochen werden können.

unterschätzende Bedeutungsverschiebung zur Folge. „Sich riskieren" bedeutet nämlich nicht nur, *alles* zu riskieren, sondern zudem auch noch, *sich* durch das eingegangene Wagnis *zu identifizieren.* Im Deutschen wird das reflexive *se risquer* daher auch besser mit „Wagnis" zu übersetzen sein, das den Bezug des eingegangenen „Risikos" zur eigenen Identität unmissverständlicher auszudrücken vermag.[277] Wird das *Sich-selbst-riskieren-im-Nichts-Sagen-Wollen* aber im Sinne eines gewagten Versuchs, einer Reaktion auf eine Verpflichtung verstanden, die ihm *vor* dem Sagen seinen „Raum" als Möglichkeit erst eröffnet hat, so findet sich bereits in diesem *Sprachverständnis* die Bewegung der *différance* aufs deutlichste „repräsentiert". Sowohl *temporisation* – die im gewagten Sagen mitausgesagte Vorgängigkeit einer Verpflichtung – als auch *espacement* – jene räumliche Aufspreizung, die allem Sprechen und Schreiben unweigerlich innewohnt und in gewissem Sinne in der Sprache „eine Welt entstehen lässt" ohne mit dieser identifiziert werden zu können – unterscheiden *dieses* Sprechen von jenem Sagen-Wollen, das sich auf ein unmittelbar präsentes Signifikat (das, was Derrida für eine sich *nicht* onto-theologisch missverstehende Theologie anstößig, für die Geschichte der Rede von Gott aber zum Großteil zutreffend die „theologische Gegenwart eines Zentrums *[présence théologique d'un centre]*" genannt hat) beziehen zu können meint. – Die genannte „Umkehrung" findet also weniger im eigentlichen „Gehalt" des Ausgesagten als vielmehr im Sagen selbst statt. Doch dies *ist* sein „eigentlicher Gehalt". Das im Wagnis gewagte Sprechen wird sich selbst lediglich als *Spur,* das heißt als lebendiges, dennoch endliches Zeugnis für das nicht-repräsentierbar Vorgängige verstehen können. *Die gewagte Spur spricht ohne zu sagen.*

Doch wir haben uns bereits weit von Derridas Formulierungen aus der Zeit des Vortrags „La différance" und seiner Veröffentlichung entfernt. Dennoch kann vielleicht bereits vom ursprünglichen Ausdruck „sich selbst riskieren im Nichts-Sagen-Wollen" her verständlich werden, inwiefern auch der scheinbar so widersprüchliche erste Satz in diesem Vortrag selbst gar nicht mehr ein ursprüngliches und *eröffnendes* Sagen-Wollen darstellt.

2.2 *Zweite Anmerkung:* Das scheinbar so einfach zu verstehende „Ich werde sprechen" hatte sich sehr bald als äußerst trügerisch entlarvt. Eine ganze Sprachphilosophie schien sich aus seinem vermeintlichen Sprechen zu entwickeln. Vielleicht eher eine Art Anti-Sprachphilosophie, insofern diese auf ein ursprüngliches Sagen oder Sagen-Wollen verzichten musste. Die letzten Anmerkungen zum Wagnis und Zeug-

[277] Die englische Ausgabe der *Implikationen* verfehlt diese reflexive Bedeutung, wenn Alan Bass das fr. *se risquer à ne-rien-vouloir-dire* mit „to risk meaning nothing" übersetzt (J. DERRIDA, Implications. Interview with Henri Ronse, in: *Positions*, Transl. and Annotated by Alan Bass; Chicago 1981, 14). Stattdessen wäre wohl die Übertragung mit „to risk *oneself* by meaning(-to-say) nothing" angemessener.

nis des Sprechens als *Sich-selbst-riskieren* lassen diesen Satz nun aber erneut in einem anderen Licht erscheinen. Und in diesem Licht lässt er sich nun auch noch einmal genauer lesen. Derrida hatte seinen Vortrag nämlich gar nicht einfach mit den Worten begonnen „Ich werde … sprechen", sondern er hatte formuliert: „Ich werde *also (donc)* … sprechen." Mit diesem *also* (*daher, folglich*) ist aber erneut eine bemerkenswerte Verschiebung verbunden. Die zu Beginn unserer Analyse formulierten kritischen Fragen müssten daher wohl umgeschrieben werden. Nicht mehr die Frage, *wovon* Derrida eigentlich sprechen wird, trifft den Kern dessen, was hier Erstaunen hervorrufen wird, sondern eher die Frage – *weshalb? Weshalb* wird Derrida sprechen? Aus welchem Grund? Woher das *also, folglich, daher* …? Von welchem Ereignis her wird dieses Sprechen als Konsequenz gelesen werden müssen?

Derridas *donc* zwingt also, einen *anderen* Ursprung für das Sprechen des Eröffnungssatzes zu denken. Dieses *Andere* bleibt jedoch *als solches* abwesend. Es bleibt ungenannt, liegt dem Gesagten vielmehr voraus. Der gesamte Vortrag „La différance" erhält dadurch von Anfang an selbst den Charakter jenes *Effekts,* den er bald als Bewegung der *différance* beschreiben wird. Sein „nachträgliches" Sagen ist das einer von einer *vorgängigen* Eröffnung zunächst ermöglichten, nun aber bewusst eingegangenen Konsequenz. Nach allem, was bisher zu Derridas Denken gesagt wurde, kann diese Konsequenz stets wiederum nur als gewagter Versuch (*essai*) vorgetragen werden. Dieser – wie jeder – erste Satz wird *daher* kaum mehr sein können als die *Ankündigung*, einem zuvor erfolgten An-spruch ent-sprechen zu wollen; eine Ankündigung, die als *Versprechen* die unmögliche, vielleicht unendlich aufzuschiebende Erfüllung des vorgängigen Anspruchs zumindest in einem durch die eigene Identität bezeugten Wagnis *spurhaft bereits hier und jetzt anwesend sein lässt.*

Tatsächlich ändert der *coup de donc – coup* bedeutet u.a. eine „überraschend durchgeführte, verwegen-erfolgreiche Unternehmung"[278] –, den Derrida so früh bereits als Konsequenz der Bewegung der *différance* herausgearbeitet hat, die Fragerichtung des Philosophierens auf eine unvermutete und vielleicht sogar überraschende Weise. Nicht in der Idealität einer transzendental-phänomenologischen Analyse oder dem Entwurf eines mehr oder minder idealistischen Systems findet das Denken seine innere Konsequenz, sondern im praktischen Entwurf eines auf eine bestimmte Zukunft hin ausgerichteten Handelns als *Wagnis.* Von daher lässt sich dieser *coup de donc* auch als Ausgangs- oder Wendepunkt für all jene zu den sog. „späteren Texten" zählenden Werke verstehen, die sich explizit mit Fragen der Praxis, der sozialen und

278 Vgl. *Duden. Das große Fremdwörterbuch* (Mannheim u.a.: Duden, ²2000). – Siehe aber auch die einschlägigen Wörterbücher des Französischen, die unter *coup* letztlich den plötzlichen, kurzen und heftigen „Schlag" (Wirkung) anführen. Vgl. *coup de théâtre:* „plötzliche unerwartete Wendung".

politischen Gestaltung der Zukunft, d.h. mit Ethik, Gerechtigkeit[279] und Politik[280], mit der Bedeutung von Religion[281], den Grundlagen der Demokratie[282], sowie der Identität Europas[283] bis hin zu Fragen der Vergebung[284] und der (De-)Legitimation der Todesstrafe[285] auseinandersetzen. Jene vor allem seit Mitte der 80er-Jahre formulierten Konsequenzen lassen sich in direkter Weise auf die frühen, fälschlicherweise oft als „(bloß) sprachphilosophisch", „abstrakt" oder „theoretisch" bezeichneten Texte zurückführen. Dies bleibt in vielen Interpretationen und Kritiken unbeachtet. Besonders das Vorwort zu dem einzigen deutschsprachigen Sammelband, das sich mit dem Werk Derridas als solchem beschäftigt, *Einsätze des Denkens*[286], führt unter dem Titel „Derridas performative Wende"[287] eine äußerst perfide, zunächst positiv wirkende Lektüre vor, die es aber letztlich erlaubt, den fundamentalen Riss in den Grundlagen der abendländischen Tradition zu ignorieren und die Ergebnisse der sog. *performativen Wende* schließlich entweder als „Altersweisheit" oder als „kompromisslerische Zugeständnisse" zu neutralisieren.[288] – Wir werden uns mit dieser Kri-

279 J. DERRIDA, *Gesetzeskraft. Der »mystische Grund der Autorität«* (Frankfurt/Main: Suhrkamp, 1991 [amer. 1989/90]).

280 J. DERRIDA, *Politik der Freundschaft* (Frankfurt/M.: Suhrkamp, 2000 [fr. 1994]).

281 J. DERRIDA, Glaube und Wissen. Die beiden Quellen der »Religion« an den Grenzen der bloßen Vernunft (1994), in: DERS. / G. VATTIMO (Hg.), *Die Religion* (Frankfurt/M.: Suhrkamp, 2001), 9-106.

282 J. DERRIDA, *Marx' Gespenster. Der Staat der Schuld, die Trauerarbeit und die neue Internationale* (Frankfurt/M.: Fischer, 1996 [fr. 1993]).

283 J. DERRIDA, *Das andere Kap. Die vertagte Demokratie. Zwei Essays zu Europa* (Frankfurt/M.: Suhrkamp, 1992 [fr. 1991]).

284 J. DERRIDA, *On Cosmpolitanism and Forgiveness* (Transl. by Mark Dooley and Michael Hughes, with a preface by Simon Critchley and Richard Kearney; London-New York: Routledge, 2001).

285 Dies war das Thema eines der letzten Seminare Jacques Derridas.

286 H.-D. GONDEK / B. WALDENFELS (Hg.), *Einsätze des Denkens. Zur Philosophie von Jacques Derrida* (Frankfurt/M.: Suhrkamp, 1997). – Die einzigen weiteren deutschsprachigen Sammelwerke zum Werk Derridas beschränken sich auf einzelne Themenbereiche: M. WETZEL / J.-M. RABATÉ (Hg.), *Ethik der Gabe. Denken nach Jacques Derrida* (Berlin: Akademie-Verlag, 1993); sowie: A. HAVERKAMP (Hg.), *Gewalt und Gerechtigkeit. Derrida – Benjamin* (Frankfurt/M.: Suhrkamp, 1994). Vgl. nun auch: L. NAGL (Hg.), *Essays zu Jacques Derrida and Gianni Vattimo, »Religion«* (Frankfurt/M. u.a.: Peter Lang, 2001).

287 H.-D. GONDEK / B. WALDENFELS, Derridas performative Wende, in: Einsätze des Denkens, aaO. 7-18. – Nach einem Hinweis von Hans-Dieter Gondek geht der Ausdruck „performative Wende" auf Rodolphe Gasché zurück (Einsätze des Denkens, 187).

288 Gondek / Waldenfels, Derridas performative Wende, 7f: „Die große Phase des Experimentierens, die uns Werke wie *La dissemination, Glas* und eben *La carte postale de Socrate à Freud et au-delà* bescherte, | scheint vorüber, von gelegentlichen Ausreißern wie dem 1991 erschienenen Text »Circonfession« einmal abgesehen (in: Bennington / Derrida, *Jacques Derrida. Ein Portrait*, Frankfurt/M.: Suhrkamp, 1994 [fr. 1991]). Ob man dies auf Altersweisheit zurückführen oder kompromisslerische Zugeständnisse darin sehen sollte, sei dahingestellt." – Die Wortwahl auf der ersten Seite des Vorworts eines Sammelbandes zu einem Autor, dessen Werk in die wissenschaftliche Diskussion in den deutschen Sprachraum dadurch eingebracht werden soll, ist zumindest erstaunlich und wäre einer näheren Analyse wert. – Vgl. dazu bereits gemäßigter, wenngleich mit derselben kritischen

tik hier nicht eigens auseinandersetzen – vor allem da sie sich selbst zurückgenommen hat[289] –, sondern eher die notwendige Stringenz des sich konsequent entwickelnden Wagnisses des Nichts-Sagen-Wollens aufzuzeigen versuchen. Die erst im Anschluss daran sinnvolle Debatte über dessen Interpretation wird sich jedoch auf jeden Fall der eigenen Grundlagen eigens noch einmal versichern müssen.

Fassen wir die Eröffnung des *coup de donc* noch einmal zusammen, so ist das, was sich in der analysierten Umkehr zeigt, nichts weniger als eine neuerliche *temporisation*, diesmal im Sinne eines im Modus der Nachträglichkeit erkennbaren vorgängigen Versprechens einer Zukunft. Die zunächst einer vorgängigen Abwesenheit zugewandte *différance* impliziert so von sich aus – d.h. durch die in der Unmöglichkeit eines ursprünglichen Sagen-Wollens keineswegs verabschiedete bleibende Notwendigkeit des (endlichen) Sagens – *von Anbeginn an das gleichfalls notwendige wie unhintergehbare Wagnis eines Engagements für eine bestimmte Zukunft, die sich in jedem aktuellen Sagen-Wollen ausdrückt, ohne dabei auf eine vorgängige ursprüngliche oder unmittelbare Gewissheit zurückgreifen zu können.* Erahnbar wird hier ein – zumindest negatives – Kriterium für dieses nachträgliche gewagte Sprechen: das Paradox, die Unmöglichkeit selbst auszudrücken ohne es in eine Gewissheit überzuführen. Die Erfahrung der Möglichkeit dieser Unmöglichkeit ist eines der durchgängigen zentralen Themen in Derridas Texten.

… das Unmögliche …

Der Begriff der Unmöglichkeit scheint auf zwei unterschiedliche Weisen gedacht werden zu können. Die *erste* wäre der Versuch, die Unmöglichkeit als einfachen Gegensatz zur ontologischen Modalität der Möglichkeit zu verstehen: als Scheitern

Absicht ebd. 10: „Auch wenn sich in der Re- oder Neulektüre der damaligen Arbeiten *[L'écriture et la différence, De la grammatologie, La voix et le phénomène; Anm. PZ]* aus der Sicht des »gegenwärtigen« Derrida manch unerwartete Kontinuitätslinie aufweisen lässt, so ist doch genauso unbestreitbar, dass Derrida sich nicht nur durch Überschreitung nach außen hin, sondern auch innerhalb des philosophischen Feldes Denkräume und Einsatzpunkte neu erschlossen hat, die vor dreißig Jahren kaum absehbar waren." Gegen diese Wende-Theorie wollen wir hier Stellung beziehen.

289 Anläßlich der Adorno-Preisverleihung an Jacques Derrida am 22. Sept. 2001 in Frankfurt hat Bernhard Waldenfels in seiner Laudatio die Rede von einer „performativen Wende" endgültig verworfen: „Seit den 80er Jahren mehren sich *[bei Derrida; PZ]* Themen wie Gabe, Gastfreundschaft, Gerechtigkeit, Verantwortung und Demokratie. Manche sehen darin, erleichtert oder enttäuscht, eine »ethisch-politische Kehre«, die das unendliche Spiel der *différance* in endgültigen Ernst verwandelt. Mir scheint, dass von einer solchen Kehre nicht die Rede sein kann, wohl aber von einer Gewichtsverlagerung." (in: *Frankfurter Rundschau* v. 24. Sept. 2001) Allerdings steht mit der Erläuterung der „Gewichtsverlagerung" sogleich das nächste Vorurteil, das die Relevanz des Denkens von Derrida aus der Philosophie wieder zu verdrängen droht, ins Haus: „Die zunehmende Anziehungskraft des Jüdischen spielt dabei eine wichtige Rolle. Die Dekonstruktion wird nun geradezu mit Gerechtigkeit gleichgesetzt, doch nicht mit der üblichen Verteilungsgerechtigkeit, sondern mit einer Gerechtigkeit, die dem Anspruch des Anderen entspringt." (ebd.) Wird es gelingen, am Ende auch die *philosophische* Kraft der religiösen Traditionen auszuweisen und anzuerkennen?

schon der *Möglichkeit* eines „Ereignisses"; als sein Unvermögen, tatsächlich Ereignis werden, d.h. Aktualität erlangen zu können. In einer anderen Lesart wäre das Unmögliche dann dasjenige, was *nicht* ohne Widerspruch gedacht werden kann. Einer solchen Bestimmung der Unmöglichkeit als fehlendem Vermögen der Möglichkeit käme dabei jedenfalls keine eigene positive Bedeutung zu.

Ein *zweites*, „positives" Verständnis der Unmöglichkeit scheint dagegen das Denken Derridas zu kennzeichnen und wird von ihm besonders in den Texten seit Mitte der 80er-Jahre als eine Grundbestimmung der Dekonstruktion entfaltet. Der spätestens dort feststellbare Wandel im Denken der Unmöglichkeit führt dabei erneut die von einer inneren Notwendigkeit getragene Bewegung von der Analyse zur Konsequenz vor Augen.

Wie wir bereits gesehen haben, war es die Strategie der frühen Texte und Vorträge aufzuzeigen, dass die von Derrida analysierten philosophischen Texte jeweils selbst an einen Punkt oder eine Grenze gelangen, an denen der in ihnen geführte Diskurs die eigenen Voraussetzungen zu verunsichern beginnt und sich selbst zu widerlegen droht. Dennoch wird diese letzte Konsequenz aus dieser Lektüre von Derrida nirgends gezogen! Sowohl die frühen Husserl-Lektüren als auch den Vortrag zu Foucault aus dem Jahr 1963 oder die Strukturalismus-Kritik im Baltimore-Vortrag von 1966 lassen diese Strategie erkennen. Allerdings werden weder Husserls phänomenologische Argumentationsweise, noch Foucaults Intention, das *Andere* der Vernunft in seiner Geschichte darzustellen, noch die (erneut „metaphysische") Metaphysik-Kritik des Strukturalismus verworfen, sondern es wird vielmehr ihr Scheitern untersucht. Ein erstes Resultat dabei war, dass ein auf dieses Scheitern bezogener Begriff der Unmöglichkeit sich von selbst aufdrängte. Den genannten Autoren und Philosophien wurden auch keine „Fehler" im engeren Sinne vorgeworfen, sondern es wurde betont, dass sie selbst die Argumente für ihr Scheitern geliefert hatten, oder – etwa im Falle Foucaults – diese nachträglich bestätigten (ohne die ursprünglich damit verbundenen kritischen Intentionen einfach aufzugeben oder auch nur aufgeben zu können). Natürlich war Derrida keineswegs der einzige, der dieses Phänomen des Selbstwiderspruchs in traditionellen ebenso wie in gerade aktuellen Diskursen herausgestrichen hat; und noch weniger sind die genannten Bereiche der Philosophie die einzigen, die diese Selbstinfragestellung betrifft. In viel grundsätzlicherer Weise hat dies z.B. bereits Kurt Gödel für den Bereich der mathematischen und logischen Grundlagenforschung gezeigt; parallel zur Entwicklung des französischen Strukturalismus hat Anfang der 60er-Jahre in Amerika Thomas S. Kuhn die historische Relativität (der Formulierung) der Paradigmen der Natur- bzw. Einzelwissenschaften untersucht; und Ende der 70er-Jahre formulierte Jean-François Lyotard eindrücklich das „Ende der großen (Legitimations-)Erzählungen" für den philosophisch-theologisch-politischen Bereich. (Auch diese Autoren sind hier bloß als mehr oder minder willkürlich gewählte Beispiele zu verstehen, die lediglich die Breite der wissenschaftlichen Selbstinfragestellung repräsentieren sollen.[290])

Im großen und ganzen bleiben jedoch alle genannten Verweise auf eine solche bestimmte unhintergehbare „Unmöglichkeit" immer noch innerhalb des traditionellen Verständnisses derselben – obwohl sich bereits beinahe alles verändert hat. Das unhinterfragte Vertrauen auf die Sicherheit einer vorgegebenen Naturordnung ist jedenfalls verschwunden. Stattdessen prägen apokalyptische Zukunftsvisionen und an beliebige „Gewissheiten" wie an Strohhalme sich klammernde Predigten gegen den „drohenden Zerfall der alten Ordnungen" bereits mindestens *eine* ganze Generation. Auch hier werden wir gar nicht erst versuchen, in diesen Diskurs, wenn es denn einer ist, einzusteigen. Er erweist sich von vornherein als re-aktionär und parasitär, insofern er sich weder selbst hervorgebracht hat, noch innovativ die Zukunft zu gestalten vermag. Gerade letzteres aber soll ein Kriterium für die folgenden Ausführungen sein.

Nach der Heraufkunft eines allgemeinen („grammatologischen") *Schrift*-Begriffs, der alles Sagen und Schreiben als Supplement eines vorgängigen, jedoch der Präsenz entzogenen, abwesenden Ursprungs versteht, beansprucht die Rede von „Unmöglichkeiten" einen neuen ursprünglicheren und in gewisser Weise auch „positiven" Status. *Unmöglichkeit* ist nun nicht mehr bloß die Negation einer Möglichkeit, sondern scheint ihr in einer noch zu bestimmenden Weise voraus- bzw. zugrunde zu liegen. Betrachten wir Derridas Verwendung des Begriffs „Unmöglichkeit" genauer, so zeigt sich, dass diese dort, wo die noch unbestimmte positive Bedeutung der Unmöglichkeit zu Tage tritt, Derrida von „*dem* Unmöglichen (*l'impossible*)" spricht anstatt allgemein von „Unmöglichkeiten". Auch wenn diese Differenzierung vielleicht nicht überall strikt sprachlich durchgehalten worden sein sollte (es erschien an dieser Stelle weder möglich noch sinnvoll, *alle* Texte Derridas daraufhin durchzusehen), so ist die Unterscheidung doch auch durch einen signifikanten veränderten Kontext gedeckt. Während „Unmöglichkeit" im traditionellen Sinn stets als Resultat eines Urteils angesehen werden kann, das auf vorgegebene Regeln oder Maßstäben basiert, wird mit „*dem* Unmöglichen" eher der vorgängige Grund, die unaufgebbare Voraussetzung als solche, letztlich also der Ausgangspunkt jedes zu-künftigen Diskurses bezeichnet. – Einige Beispiele mögen dies verdeutlichen. Sie sind notgedrungen unzusammenhängend und ganz verschiedenen Phasen und Kontexten von Derridas Denken entnommen. Allerdings wurde Wert darauf gelegt, die Beispiele (um sie nicht als willkürlich erscheinen zu lassen) *denjenigen* Texten des Werkes von Der-

290 Zur gesamten Problematik einer „(globalen) Grundlagenkrise" vgl. oben die Einleitung.

rida zu entnehmen, die einen Überblick auf sein Denken ermöglichen könnten und auch in der Rezeption als „zentral" angesehen werden.

1. Bereits die erste Erwähnung des *Unmöglichen* führt erneut zum Kern des bisher Gesagten. Und wie bereits bei der *différance* und der *Spur* ist es das Denken von Emmanuel Levinas, das im Kontext eines von Derrida entwickelten Begriffs auftaucht. Und erneut ist auch dieselbe Zeit, die den Ursprung eines Gedankens umfasst, der später – diesmal allerdings erst viel später, Ende der 80er-Jahre – fruchtbar werden sollte. 1964 veröffentlicht Derrida mit *Gewalt und Metaphysik*[291] eine erste, eigentlich *die* erste umfassende Studie zum Denken von Emmanuel Levinas. Obwohl die Untersuchung durchaus kritisch gegenüber der Durchführung des Levinasschen Projektes ist, erweist sich die inhaltliche Nähe beider Denker doch bereits als unübersehbar. Sie wird durch die spätere gegenseitige Bezugnahme aufeinander noch verdeutlicht und der Verweis auf die bisherigen genealogischen Lektüren veranschaulicht dies von seiten Derridas auch inhaltlich. Explizit bestätigt wird der gemeinsame Ausgangspunkt außerdem bereits in der Einleitung zu *Gewalt und Metaphysik*. Derrida deutet darin zunächst die Richtung des Levinasschen Denkens an, das über die Grenzen der Philosophie hinauszufragen versucht. Obwohl er betont, dass es sich dabei um Fragen handelt, „die nicht im Bereich des Beantwortbaren liegen" [SD 122], gesteht Derrida zugleich zu: „Nichtsdestoweniger dürften aber nur sie in der Lage sein, die Gemeinschaft jener zu begründen, die man in der Welt wenigstens aufgrund einer Erinnerung noch Philosophen nennt." [ebd.] Erinnern wir uns der später im Vorwort zu den *Randgängen* aufgezeigten Notwendigkeit, der Philosophie aufgrund ihrer bloß *selbst-versicherten* „Beherrschung" der eigenen Grenzen „das Trommelfell zu gerben" und sie auf das Hören der ganz *anderen* Stimme zu verpflichten, so ist diese hier bezeugte Nähe nachträglich erneut sachlich bestätigt. Die gemeinsame Fragestellung ist jedoch nur der Auftakt zu einer damit verbundenen Verantwortung:

> „Gemeinsamkeit der Frage über die Möglichkeit der Frage. Das ist wenig – fast gar nichts –, hier aber suchen und versammeln sich heute eine nicht in Angriff nehmbare Würde und Pflicht der Entscheidung. Eine nicht in Angriff nehmbare Verantwortung." [SD 122]

Im Kontext dieser noch unbestimmten Verantwortung tritt *das Unmögliche* als vorgängige Verpflichtung zur nachträglichen, das *Jetzt* bestimmenden Entscheidung auf.

> „Warum aber nicht in Angriff nehmbar? Weil das Unmögliche *schon* stattgefunden hat. Das der Totalität der Frage, der Totalität des Seienden, der Gegenstände und der

291 Jacques DERRIDA, Violence et métaphysique. Essai sur la pensée d'Emmanuel Levinas, in: *Revue de Métaphysique et de Morale* 69 (1964) H.3+4, 322-354, 425-473. [dt.: Gewalt und Metaphysik. Essay über das Denken Emmanuel Levinas', in: SD, 121-235.]

Bestimmungen gemäße Unmögliche, das der Geschichte der Fakten gemäße Unmögliche hat stattgefunden: es gibt eine Geschichte der Frage, eine reine Erinnerung der reinen Frage, die möglicherweise jede Erbschaft und jede reine Erinnerung im allgemeinen und als solche in ihrer Möglichkeit autorisiert. Wir wissen, dass die Frage schon begonnen hat, und diese befremdende Gewissheit um einen *andern* absoluten Ursprung, eine andere absolute Entscheidung, die sich der Vergangenheit der Frage bemächtigt, setzt eine unermessliche Lehre frei: die Disziplin der Frage." [SD 122; Hervorhebung i.O.]

Das Unmögliche hat „schon" stattgefunden. – Es ist erstaunlich, dass Derrida diese so ungewöhnlichen Aussagen weder näher erläutert noch überhaupt grundzulegen versucht. Die einleitenden Passagen dieser Levinas-Lektüre erwecken vielmehr den Eindruck, dass sich Derrida durchaus mit den Grundgedanken von Levinas identifiziert und so die spätere Kritik von vornherein als eine der (sprachlichen) Durchführung kennzeichnet. Will man den Kontext des Themas der „Frage" bei Derrida selbst näher bestimmen wird man daher vermutlich auf die im Februar desselben Jahres erschienene Auseinandersetzung mit dem jüdischen Dichter Edmond Jabès[292] zurückgreifen müssen, die sich u.a. auf dessen im Jahr zuvor erschienenes Werk *Le livre des questions*[293] bezieht. Dort heißt es zur „Frage":

> „Die ganze historische Unruhe, die ganze poetische Unruhe, die ganz jüdische Unruhe quälen also dieses Gedicht der nicht endenden Frage." [SD 117]

Gleichwohl bleibt im Anschluss daran auch eine für Derrida zu diesem Zeitpunkt immer noch offene, dem Vorwurf des Selbstwiderspruchs wiederum sehr nahe geratende Rückfrage bestehen, wenn er fortfährt:

> „Alle Behauptungen und alle Negationen, alle sich widersprechenden Fragen werden in ihr in der Einheit des Buches [...] aufgenommen. [...] Diese Unruhe aber und dieser Krieg, diese Entfesselung aller Naturgewalten, ruht sie nicht auf dem friedlichen und | stillschweigenden Grund einer Nicht-Frage? Ist das Schreiben der Frage nicht aufgrund einer Entscheidung, durch einen Entschluss, der Anfang der Ruhe und der Antwort? Die erste Gewalt gegenüber der Frage? Die erste Krise und das erste Vergessen, der notwendige Beginn der Irre als Geschichte, das heißt als die Verbergung der Irre?" [SD 117f]

Es ist hier vermutlich entscheidend zu bemerken, dass Derrida diese Rückfrage nicht so sehr an Jabès[294], sondern an sein eigenes Verständnis der Bedeutung der Frage

[292] Jacques DERRIDA, Edmond Jabès et la question du livre, in: *Critique. Revue générale des publications françaises et étrangéres* No. 201 (1964), 99-115. [dt.: Edmond Jabès und die Frage nach dem Buch, in: SD, 102-120.]

[293] Edmond Jabès, *Le livre des Questions* (Paris: Gallimard, 1963). [dt.: *Das Buch der Fragen* (Berlin: Alphëus, 1979).]

[294] Vgl. ebd. 119: „Wenn diese Fragen auch nicht in *le Livre des questions* gestellt werden, so wäre es doch lächerlich, Jabès daraus einen Vorwurf zu machen. Diese Fragen können nur im literarischen Akt schlafen, der ihres Lebens und ihrer Lethargie zugleich bedarf."

richtet. Es wird dabei auch nicht die „nicht endende Frage“ infragegestellt, sondern vielmehr ihre Einschreibung in die (neuerliche) Einheit eines Buches. Ohne diesen Text weiter verfolgen zu können, zeigt jedoch die Wiederaufnahme dieses Frage-Themas vom *Ende* der Jabès-Lektüre in der Art wie sie kurze Zeit später am *Beginn* des Levinas-Textes auftaucht bereits eine signifikante Akzentverschiebung: Die Frage wird nicht mehr als die in die Einheit eines Buches eingeschriebene erörtert, sondern als *erinnerte.*

> „Eine reine Erinnerung der reinen Frage, die möglicherweise jede Erbschaft und jede reine Erinnerung im allgemeinen und als solche in ihrer Möglichkeit autorisiert“ [SD 122]

Es ist die Möglichkeit der Frage, in der das Unmögliche *schon* stattgefunden hat, und dieses *Unmögliche* wird bestimmt als „befremdende Gewissheit um einen *andern* absoluten Ursprung“. Das *vorgängige* Unmögliche hat somit die Möglichkeit der Frage erst ermöglicht. Man könnte natürlich die Rückfrage an Jabès hier erneut und mit derselben Berechtigung stellen: Warum das Unmögliche überhaupt noch einmal ansprechen – und sei es in der Form der Frage? Aber der Horizont hat sich bei Derrida bereits verschoben: Die Berufung auf das Unmögliche erfüllt nicht mehr nur einen analytischen, sondern in weiterer Folge auch einen korrektivischen Zweck. Dies wird am Ende der Einleitung von *Gewalt und Metaphysik* noch einmal deutlich hervorgehoben.

> „Die Möglichkeit des unmöglichen Systems wird uns zum Horizont werden, um uns vor dem Empirismus zu bewahren.“ [SD 129]

2. In einem zweiten frühen Text, in *Die Stimme und das Phänomen* (1967) lässt sich – mehr indirekt als direkt – ebenfalls eine bestimmte Form eines Begriffs der Unmöglichkeit ausmachen, die wie in der Levinas-Lektüre jeder Möglichkeit noch *vorausliegt.* Im Kontext der Entdeckung der *différance* war ja eine bestimmte Notwendigkeit sichtbar geworden, die das eigentlich als undenkbar Bezeichnete, den abwesenden Ursprung des Sinns, dennoch – wenn auch *nachträglich* und nur vermittels einer Struktur des „Supplements“ – *hütet.*

> „Hier wird die befremdliche Struktur des Supplements deutlich: eine Möglichkeit erzeugt aufschiebend das, wovon es heißt, dass sie sich diesem hinzufügt.[295]
>
> Diese Struktur der Supplementarität ist außerordentlich komplex. Als Supplement re-präsentiert der Signifikant nicht zunächst schlicht ein abwesendes Signifikat, son-

295 Eine alternative Übersetzung findet sich als Eröffnungssatz bei Fabio CIARAMELLI, Jacques Derrida und das Supplement des Ursprungs (1994), in: H.-D. GONDEK / B. WALDENFELS (Hg.), *Einsätze des Denkens* (Frankfurt/M.: Suhrkamp, 1997), 124-152: „Die befremdliche Struktur des Supplements wird hieran deutlich: eine Möglichkeit bringt nachträglich erst das hervor, dem sie sich angeblich nur hinzufügen soll.“ – Das französische Original von Derridas Text war mir leider nicht zugänglich.

dern er unterschiebt sich vielmehr einem anderen Signifikanten, einer anderen Ordnung des Signifikanten, die mit der fehlenden Präsenz eine andere Beziehung unterhält, um dann vom Spiel der Differenz aufgewertet zu werden – aufgewertet, weil das Spiel der Differenz die Idealisierungsbewegung ist und weil der Signifikant in dem Maße, wie er ideal wird, zunehmend die Kraft der Wiederholung von Präsenz gewinnt und den Sinn hütet, reinhält und aufspart." [SP 146]

Die (nachträgliche) Möglichkeit, die das Supplement darstellt, die stets nur *mögliche* Bedeutung, die es – auch ohne die Möglichkeit einer unmittelbare Präsenz – hütet, ist selbst hervorgebracht. Insofern „erzeugt" die Möglichkeit des Supplements einerseits (nachträglich) das Vorgängige. Andererseits ist die Vorgängigkeit *als solche* jedoch niemals mit einem Supplement identifizierbar. Sie bleibt das Unmögliche. Oder anders gesagt: Das Unmögliche liegt als Ermöglichung noch der – erst nachträglich sagbaren – Möglichkeit voraus.

3. Von diesen frühen Beispielen zum Verständnis des Unmöglichen bei Derrida, die allerdings gegenüber dem zur *différance, Spur* und *Schrift* Gesagten kaum neues erkennen lassen, ist es ein großer Sprung zu jenen bereits mehrfach angesprochenen Texten ab dem Ende der 80er-Jahre, in denen das Unmögliche mit einer leicht verschobenen Konnotation als zentraler Begriff auftaucht: Derrida spricht von da an von einer „Erfahrung des Unmöglichen", einem Ausdruck, der den Umbruch von der Nachträglichkeit des Zeichens zur darin spurhaft erfahrenen vorgängigen (Nicht-)Ursprünglichkeit auch terminologisch nachvollzieht. Dieser Begriff scheint das erste Mal in Derridas Eröffnungsvortrag während des Kolloquiums „Dekonstruktion und die Möglichkeit der Gerechtigkeit" im Oktober 1989 an der Cardozo Law School in New York verwendet worden zu sein. Dieser Vortrag, der unter dem Titel „Gesetzeskraft. Der »mystische Grund der Autorität«"[296] stand, stellt einen der wesentlichen Anknüpfungspunkte der Rezeption des Denkens Derridas außerhalb eines explizit philosophischen (oder literarischen) Diskurses dar. Bereits der Ort und das Thema der Veranstaltung waren dabei erstaunlich. Es war das erste Mal, dass Derrida innerhalb eines juristischen – und damit auch explizit politischen – Kontextes sprach, obwohl dieser zunächst wenig mit den zumeist auf Sprache bezogenen

[296] J. Derrida, *Gesetzeskraft. Der »mystische Grund der Autorität«* (Frankfurt/Main: Suhrkamp, 1991). Das zweisprachige Original „Force of Law / Force de loi" ist gemeinsam mit allen anderen Beiträgen zu diesem Kolloquium in der *Cardozo Law Review* Vol. 11 (July/August 1990) No. 5-6, 920-1045 erschienen. Ein deutscher Sammelband versammelt ebenfalls einige Beiträge dieser Konferenz: A. HAVERKAMP (Hg.), *Gewalt und Gerechtigkeit. Derrida – Benjamin* (Frankfurt/M.: Suhrkamp, 1994). Der deutschsprachige Band bezieht sich u.a. auch auf Derridas Lektüre von Walter Benjamins „Zur Kritik der Gewalt (1921)", die dieser kurz nach dem Gerechtigkeitsvortrag als Eröffnung des von Saul Friedlander im April 1990 an der University of California in Los Angeles veranstalteten Kolloquiums „Nazism and the »Final Solution«: Probing the Limits of Representation" vorgetragen hat. Derridas Eröffnungsrede ist sowohl in der französisch-englischen als auch in der deutschen Ausgabe als zweiter Teil des New Yorker Vortrags abgedruckt.

Analysen der Dekonstruktion gemeinsam zu haben schien. Auch der Bezug auf das Thema der Gerechtigkeit schien bei Derrida neu zu sein. Bekräftigt wurden diese Inhomogenitäten schließlich auch noch dadurch, dass der Vortrag deutlich zwischen Gerechtigkeit und Recht zu unterscheiden versuchte. Damit waren offensichtlich drei unterschiedliche Diskurse (Philosophie, Jus und Ethik) an einem Ort zusammengetroffen.

Zum angemessenen Verständnis des Denkens von Derrida zu dieser Zeit ist es wiederum sinnvoll, einige Datierungen zu beachten. Im Dezember 1988 etwa wurde auf einem Symposium, das von der größten philosophischen Vereinigung der Vereinigten Staaten, der *American Philosophical Association (APA)*, zum Thema „Law and Society" abgehalten wurde, von Derrida unter dem Titel „The Politics of Friendship"[297] ein erster Entwurf einer Arbeit vorgetragen, die erst 1994 in dem voluminösen Buch *Politiques de l'amitié*[298] einen vorläufigen Abschluss fand.[299] Die *Politik der Freundschaft* kann – soweit dies aus dem nicht nur räumlichen, sondern in gewisser Weise auch zeitlichen Abstand des deutschsprachigen Raums heraus zu überblicken und zu beurteilen möglich ist – durchaus als zweites Hauptwerk Derridas (nach *De la grammatologie*), jedenfalls aber als Kristallisationspunkt des Denkens der letzten beiden Jahrzehnte bezeichnet werden, dessen ungemein vielfältige und sowohl philosophisch wie politisch höchst aktuelle Bezüge[300] einer ausführlicheren Lektüre bedürften als dies hier möglich sein wird.[301] Viele der Texte, die zwischen 1988 und 1994 entstanden sind, wird man jedenfalls auch als Etappen und Versuche auf dem Weg zur *Politik der Freundschaft* lesen und im Kontext des dort vorgelegten größeren Ent-

297 Ein Vorabdruck dieses Vortrags findet sich in J. DERRIDA, The Politics of Friendship, in: *The Journal of Philosophy* 85 (1988) H.11, 632-644.

298 J. DERRIDA, *Politiques de l'amitié* (Paris: Galilée, 1994). [dt.: *Politik der Freundschaft*, Frankfurt/M.: Suhrkamp, 2000.]

299 Vgl. aber auch den Band J. DERRIDA, *Von der Gastfreundschaft* (Wien: Passagen, 2001 [fr. 1997]), der zwei Sitzungen eines Seminars von Derrida aus dem Jänner 1996 wiedergibt und ein ganz ähnliches Thema, das der Gastfreundschaft, behandelt.

300 Z.B. widmet sich Derrida im Mittelteil des Buches einer ausführlichen kritischen Lektüre der Freund-Feind-Unterscheidung bei Carl Schmitt, die – wider alle gegenteiligen Beteuerungen – bis heute das politische Denken des Abendlandes bestimmt. Eine genaue Lektüre dieses Buches unter Berücksichtigung seines auffallenden Aufbaus wird herausarbeiten können, dass es gerade jene von Carl Schmitt so eindrücklich systematisierte Unterscheidung ist, die es sowohl philosophisch wie politisch zu überwinden gilt. Anhand des *innerhalb* des Buches formulierten „Epitaphs" (Grabschrift) auf das Denken Schmitts und der in den letzten Kapiteln entwickelten *anderen* politischen Ordnung unter Wahrung eines mit dem Ansatz von E. Levinas vergleichbaren Alteritätsbegriffes könnte die gegenüber anderen zeitgenössischen, vielleicht „populäreren", letztlich aber visionslos bleibenden, politischen Analysen herausragende „positive" Zukunftsperspektive und politische Relevanz des Derridaschen Denkens herausgearbeitet werden. Als Skizze einer noch ausstehenden Arbeit muss dies hier genügen.

301 Ein erster Interpretationsband, der sowohl in deutscher als auch in französischer und englischer Sprache erscheinen wird, ist in Vorbereitung.

wurfs interpretieren können. Umgekehrt wird ein angemessenes Verständnis der *Politik der Freundschaft* die während ihrer Ausarbeitung entstandenen Texte mitberücksichtigen müssen. Beides soll im folgenden zumindest ansatzweise in Bezug auf unser Thema versucht werden.

Kehren wir zur *Gesetzeskraft* zurück. Der Untertitel des New Yorker Vortrags, *Der »mystische Grund der Autorität«,* deutet das eigentliche Thema des Textes an: eine Bestimmung der Grundlagen eines eminent praktischen Diskurses – dem der Autorität (der Gesetze). Zugleich wird aber in diesem Untertitel mittels eines Zitats auch die grundlegende Schwierigkeit dieser Bestimmung angesprochen. Der Ausdruck *»mystischer Grund der Autorität«* stammt nämlich ursprünglich von Montaigne[302], wurde aber seinerseits wieder von Pascal in einem seiner *Pensées* zitiert. Beide setzen sich mit dem Wesen der Gerechtigkeit und ihrer ungenügenden Bestimmung als Recht auseinander:

> „[...] der eine sagt, dass das Wesen der Gerechtigkeit (*justice*) in der Autorität des Gesetzgebers besteht, der andere dagegen, dass jenes, was dem Souverän zweckdienlich ist, dieses Wesen ausmacht; ein dritter schließlich meint, dass die Gerechtigkeit in den jeweils geltenden Gewohnheiten ihr Wesen hat. Diese Meinung ist wohl jene, die am ehesten zutrifft: folgt man nämlich der Vernunft, gibt es nichts, was von sich aus gerecht (*juste*) ist. Alles gerät mit der Zeit in Bewegung. Weil sie übernommen wird, bestimmt die Gewohnheit gänzlich die Gerechtigkeit (*équité*): das ist der mystische Grund ihrer Autorität (ihrer Anerkennung und ihren Ansehens). Wer sie auf ihr Prinzip zurückführt, zerstört sie." (Pascal, *Pensées* 293; zit.n. Derrida, Gesetzeskraft, 24)

Die entsprechende Passage bei Montaigne lautet:

> „Die Gesetze genießen ein dauerhaftes Ansehen und verfügen über einen Kredit, nicht etwa, weil sie gerecht sind, sondern weil sie Gesetze sind: das ist der mystische Grund ihrer Autorität; es gibt keinen anderen [...] Wer immer auch den Gesetzen gehorcht, weil sie gerecht sind, folgt ihnen nicht auf angemessene Weise, so, wie er ihnen folgen soll und muss." (Montaigne, *Essais* III, XIII; zit.n. Derrida, Gesetzeskraft, 25)

Die zunächst vielleicht Erstaunen hervorrufende Formulierung Montaignes, man dürfe den Gesetzen nicht gehorchen „weil sie gerecht sind", wird in Pascals Wiederaufnahme eindeutiger formuliert: *Weil sie durch die Vernunft anerkannt worden ist* (*par cette seule raison qu'elle est reçue*), wird die Gerechtigkeit durch die Gewohnheit bestimmt. Nicht Gesetzen als solchen kommt nach Montaigne und Pascal das Prädikat der Gerechtigkeit zu, sondern allenfalls den ihrer Formulierung vorausliegenden Diskursen – und seien sie solche der Gewohnheit. Das Problem, das Derrida mit diesen Verweisen anspricht, ist das der (Be)Gründung des Rechts, d.h. der Rechtfer-

302 Michel de MONTAIGNE, *Essais* III, XIII. – Auch die *Politik der Freundschaft* situiert sich um ein Zitat aus Montaignes *Essais*.

tigung des Moments seiner Stiftung. Diese Rechtfertigung kann nicht ad infinitum einem schon vorausliegenden Rechtsbestand aufgebürdet werden. Zudem würde ein solcher rückläufiger Regreß die Frage nach dem Rechtsfortschritt und der Rechtsentwicklung nicht zu beantworten vermögen. Letztlich stößt der rechtfertigende Diskurs also auch im juristischen Bereich an seine Grenzen. Selbst wenn das Recht im Sinne der Umsetzung einer vorausliegenden Gerechtigkeitsidee zu verstehen versucht wird, bleibt deren konkrete Rechtfertigung stets im Dunkeln.

> „Das Aufkommen des Rechts und der Gerechtigkeit, von denen Pascal redet, das Moment der Stiftung, der (Be)gründung, der Rechtfertigung des Rechts impliziert eine performative Kraft/ Gewalt (*force performative*), das heißt es impliziert regelmäßig eine deutende Kraft/Gewalt (*force interprétative*) [...] Das Moment ihrer Stiftung, ihrer (Be)gründung | oder ihrer Institutionalisierung [...], das Vorgehen, das das Recht stiftet, (be)gründet, eröffnet, rechtfertigt, das das Gesetz diktiert, wäre ein Gewaltakt (*coup de force*), eine performative und also deutende Gewalt (*violence*), in sich selbst weder gerecht noch ungerecht: eine Gewalt, die ihrer eigenen Definition gemäß von keiner vorgängigen Justiz, von keinem vorgängigen Recht [...] in Abrede gestellt oder für ungültig erklärt werden könnte. Kein rechtfertigender Diskurs kann oder darf die Rolle einer Metasprache übernehmen und dafür sorgen, dass sie gesprochen wird, wenn es um die Performativität der instituierenden Sprache oder um deren vorherrschende Deutung geht.
>
> An diesem Punkt stößt der Diskurs auf seine Grenze: in sich selbst, in seinem eigenen performativen Vermögen, in seiner performativen Kraft oder Macht (*pouvoir*). Ich schlage vor, dass man dies hier das Mystische nennt." (Gesetzeskraft, 27f)

Wiederum ist ein *vorgängiger, abwesender und performativer (Nicht-)Ursprung* spurhaft sichtbar geworden, den Derrida diesmal aber mit explizitem Verweis auf Wittgenstein, „das Mystische" nennt. Die Konsequenz für den juristischen (politischen) Diskurs ist damit, dass das Recht, dass die Gesetze ihrem Wesen nach *dekonstruierbar*, das heißt auf ihre versteckten Voraussetzungen hin stets befragbar und kritisierbar bleiben. [ebd. 29] Darin erblickt Derrida nun aber eine „politische Chance historischen Fortschritts". [ebd. 30] Ein solches Rechtsverständnis wäre nicht mehr ideologisierbar. Dies wird in Form eines als Konsequenz formulierten Paradoxons verdeutlicht:

> „Doch das Paradoxon, das ich in die Diskussion einbringen möchte, hat folgende Gestalt: Die dekonstruierbare Struktur (*structure déconstructible*) des Rechts (*droit*) oder – wenn Sie so wollen – der Gerechtigkeit/Justiz (*justice*) als Recht (*droit*) sichert die Möglichkeit der Dekonstruktion. Die Gerechtigkeit als solche, wenn es so etwas gibt, außerhalb oder jenseits des Rechts, lässt sich nicht dekonstruieren. Ebensowenig die Dekonstruktion selbst, wenn es so etwas gibt. Die Dekonstruktion ist die Gerechtigkeit." (Gesetzeskraft, 30; Übersetzung modifiziert)

Diese scheinbar provokante Aussage wurde, hört man nur genauer hin, äußerst vorsichtig vorgetragen. Mehrfach ist sie durch konditionale Formulierungen gebremst. Die Kraft des Paradoxons liegt nicht in seiner Schärfe, sondern in seiner Unausweichlichkeit: Das Recht *ist* dekonstruierbar. *Wenn* es überhaupt so etwas wie Gerechtigkeit geben sollte, *dann* ist sie jedenfalls, insofern sie jenseits des Rechts angesiedelt ist, nicht auf dieselbe Weise dekonstruierbar. Dasselbe gilt auch für die Dekonstruktion selbst, *wenn* so etwas existiert. Eine solche Dekonstruktion, wäre *dann* nämlich bereits selbst dasjenige, was die Ungerechtigkeit des Rechts verhindert – und das ist die *Gerechtigkeit.*

In diesem Paradoxon ereignet sich mehrfaches: Nicht nur werden Gerechtigkeit und Recht klar voneinander geschieden, um sie jedoch nur umso eindeutiger aufeinander beziehen zu können, sondern es wird auch, mehr oder minder beiläufig, eine praktische Bestimmung des Wesens und der Aufgabe der Dekonstruktion gegeben. Deren Ort wird einige Zeilen später wie folgt umschrieben:

> „Die Dekonstruktion ereignet sich in dem Zwischenraum (*intervalle*), der die Undekonstruierbarkeit der Gerechtigkeit von der Dekonstruierbarkeit des Rechts, von der legitimieren- | den oder legitimierten Autorität trennt." (Gesetzeskraft, 30f)

Der Begriff des „trennenden Zwischenraums (*intervalle*)" könnte hier leicht zu Missverständnissen Anlass geben, wenn er als Zwischenraum *zwischen* zwei entgegengesetzten, aber in ihrer Entgegensetzung vergleichbaren Polen gedacht wird. Ein solcher Vergleich ist zwischen Gerechtigkeit und Recht jedoch niemals möglich. Die Abwesenheit eines entsprechenden Kriteriums ist vielmehr der Grund ihrer Unterscheidung. Der Zwischenraum, der hier angesprochen ist, wird daher eher mit dem Aufschub der *différance* (mit *a*) in Zusammenhang gebracht werden müssen, von der ja ebenfalls gesagt wird, dass sie „Effekte produziere" so wie das Recht auch nur als „Effekt" einer vorgängigen Gerechtigkeit seine Rechtfertigung erhält. – Vielleicht ist es auch dieses mögliche Missverständnis, das Derrida veranlasst hat, in der von ihm im Zuge der Übersetzung bearbeiteten deutschen Ausgabe von 1991 an dieser Stelle einen ganzen Absatz hinzuzufügen, der in der französisch-englischen Fassung keine Entsprechung hat. An dieser entscheidenden Stelle taucht nun schließlich auch der Begriff der *Erfahrung des Unmöglichen* auf.

> „Als Erfahrung des Unmöglichen ist sie *[die Dekonstruktion; Anm. PZ]*, selbst wenn es sie (noch) oder nie gibt, dort möglich, wo es Gerechtigkeit gibt. Überall dort, wo man das X der Gerechtigkeit ersetzen, übersetzen, festsetzen kann, sollte man sagen: Die Dekonstruktion ist in dem Maße (dort) als unmögliche möglich[e] *[korr. PZ]*, in dem (wo) *es X (Undekonstruierbares) gibt;* sie ist also in dem Maße (dort) möglich, in dem (wo) *es gibt* (dies ist das Undekonstruierbare)." (Gesetzeskraft 31; Hervorh. i.O.)

Die Bewegung der *Dekonstruktion*, die in dem asymmetrischen Zwischenraum zwischen Gerechtigkeit und Recht sich ereignet – und zwar nur insofern *sich ereignet* als sie die einzig bewohnbare Seite dieses Raumes, die des Rechts, auf den »mystischen Grund ihrer Autorität« hin überschreitet –, ist also selbst die *Erfahrung des Unmöglichen.* Das für den Gang unserer Untersuchung Bedeutsame ist jedoch, dass die Dekonstruktion nicht nur mit der Gerechtigkeit koextensiv ist, sondern zugleich die Bewegung ihres Hervorbringens bezeichnet. *Die Dekonstruktion ist in dem Maße (als unmögliche) möglich und erfahrbar, in dem sie Undekonstruierbares – und das heißt hier Gerechtigkeit – sich ereignen lässt.* Damit mag vielleicht noch immer nicht geklärt sein, auf welche Weise die Gerechtigkeit zu vollziehen sein wird. Aber die Möglichkeit dieser Unmöglichkeit ist engstens mit dem politisch-juristisch-ethischen Diskurs verknüpft – und darin auch *als das Unmögliche* erfahrbar, *wenn es denn so etwas wie Gerechtigkeit überhaupt gibt.*

4. Eine nochmalige Bekräftigung dieser Aussage findet sich in einem sowohl die gegenwärtige politische Identitätskrise Europas vorwegnehmenden als auch einige bisher kaum beachtete mögliche Aufbrüche entfaltenden Text, dessen Ausführungen ebenfalls in direktem Bezug zu dem später in *Politik der Freundschaft* vorgelegten Entwurf stehen: in *Das andere Kap*[303]. Dieser Text wurde ursprünglich im Mai 1990 auf einem Symposium in Turin zum Thema „Die kulturelle Identität Europas" vorgetragen. Eine gekürzte Fassung wurde im Oktober desselben Jahres in der *Europäischen Kulturzeitschrift „Liber"* veröffentlicht, deren Ausgaben jeweils zum gleichen Zeitpunkt vier europäischen Zeitungen (*Frankfurter Allgemeine Zeitung, L'Indice, El Pais* und *Le Monde*) beigelegt werden und damit einen sonst kaum in seiner Gesamtheit beachteten Raum – Europa – nicht nur in seiner geographischen, sondern auch in seiner sprachlichen Identität zu umfassen und anzusprechen versuchen.

Derrida verwendet den Begriff *cap* in der Mehrdeutigkeit sowohl seiner französischen Verwendung als auch seines lateinischen Ursprungs (*caput*), die im Deutschen (*Kap*) und Englischen (*cape*) durch die auf einen geographischen Begriff reduzierte Bedeutung nicht angemessen mit einem Wort ausgedrückt werden können. Das lateinische *caput* bezeichnet sowohl „das Haupt, den Kopf" als auch „die Spitze, das Ende", die seine spätere geographische Verwendung erklären. Mit *caput* werden jedoch auch eine Geldsummme (*Hauptsumme, Kapital*), die *Hauptstadt*, sowie das Hauptstück eines Textes bezeichnet (*Kapitel*). Im Französischen kommt noch die (aero-) nautische Verwendung zur Bezeichnung des Kurses, der angezielten Richtung hinzu. Da die beiden letzten Bedeutungen – *Kapitel* und *Kurs* – in dem englischen Wort *heading* (Überschrift, eingeschlagene Richtung) zusammengefasst werden können, trägt die englische Ausgabe von *L'autre cap* auch den Titel *The Other Heading.*

Signifikanz für die Bestimmung der Identität Europas erhalten diese verschiedenen Bedeutungen einerseits durch Derridas Verweis auf Paul Valérys Beschreibung Europas als „Kap der alten Welt, ein westlicher Ausläufer Asiens" in den nach dem

303 J. DERRIDA, Das andere Kap. Erinnerungen, Antworten und Verantwortungen (1990), in: *Das andere Kap. Die vertagte Demokratie. Zwei Essays zu Europa* (Frankfurt/M.: Suhrkamp, 1992) 9-80.

ersten Weltkrieg erschienen Briefen zur „Krise des Geistes“[304], andererseits aber durch Derridas Re-lecture dieses Bildes, die das „Kap Europa“ weder geographisch noch geistesgeschichtlich als Ausläufer eines größeren Horizontes oder einer vergangenen Zeit interpretiert, sondern dessen (aero-)nautische Konnotation ernstnimmt und im Namen „Europa“ den nicht immer glücklichen, aber stets sich neu auf das *Andere* besinnenden Aufbruch zu einem *anderen Kap* zu erkennen versucht. Dieser Aufbruch war stets dann ein aus der europäischen Identität erwachsener, wenn er sich nicht in diese einschließen ließ, sondern gewissermaßen „zu neuen Ufern“ aufbrach – das heißt aber auch: sich von sich selbst zu unterscheiden begann.[305] Das damit verbundene Selbstverständnis nennt Derrida das „alte“ Modell Europas, welches die geographische mit der geistigen Identität im Bild einer vorgeschobenen Spitze (*Kap*) verband:

> „Europa ist nicht allein ein geographisches Kap, das stets sich selbst die Gestalt eines geistigen Kaps verliehen hat – im Sinne eines Entwurfs, einer unendlichen und folglich universellen Aufgabe oder Idee: Gedächtnis seiner selbst, das sich sammelt und akkumuliert [...] Europa hat ebenfalls sein Abbild, sein Gesicht, seine Gestalt und sogar seine Stätte, sein Statt-Haben mit dem Bild einer vorgeschobenen Spitze konfundiert, mit der Darstellung eines Phallus, wenn sie so wollen [...] Die Idee einer vorgeschobenen Spitze der *Beispielhaftigkeit* ist *die Idee der* europäischen *Idee*, sie ist deren *eidos*, sei es in der Form einer *arché* [...], sei es in der Form eines *telos* [...] Die vorgeschobene Spitze ist Anfang und Ende zugleich, sie teilt sich in Anfang und Ende. Sie ist | der Ort, von dem aus oder im Hinblick auf den sich alles ereignet. [...] Bestimmt, gebildet, kultiviert hat sich Europa stets dadurch, dass es die Gestalt des *westlichen* Kaps angenommen hat, die Gestalt der Spitze *als Endzweck*. Europa identifiziert sich selbst aufgrund dieser Gestalt.“ (Das andere Kap, 22f)

Dieser „alte“ Diskurs zu Europa wird von Derrida an dieser Stelle nicht bewertet. Beides wird gesehen: Schuld und Selbstanklage, Bekenntnis und „feierlich-feiernde Selbsterhöhung“ (ebd. 24). Entscheidender als jede Kritik eines europäischen Selbst- oder des unweigerlich folgenden Gegen-Entwurfs ist jedoch, dass sich ein Diskurs, der die Identität Europas noch als *arché* oder *telos* zu bestimmen versucht, längst in den Möglichkeiten seines Für und Wider erschöpft hat.[306] Es handelt sich dabei viel-

304 Die beiden ersten Texte – „The spiritual crisis“ und „The intellectual crisis“ – sind im April und Mai 1919 in der Londoner Zeitschrift *Athenaeum* in der Rubrik „Foreign Literature – Letters from France“ erschienen und wurden später unter dem Titel „La Crise de l'Esprit“ und der Hinzufügung eines dritten, aus einer etwas größeren zeitlichen Distanz die Folgen des Weltkrieges resümmierenden Textes vom November 1922 („Notiz [oder Der Europäer“) zusammengefaßt. Vgl. die aktuelle deutsche Ausgabe: P. VALÉRY, Die Krise des Geistes (1919/22), in: *Werke. Frankfurter Ausgabe* 7 (Frankfurt/M.-Leipzig: Insel, 1995), 26-54.

305 Derrida, Das andere Kap, 23.

306 Hier wäre sowohl auf die mit der Entdeckung der *différance* verbundene Kritik an jedem „archeo-teleologischen Programm“ (Das andere Kap, 24) als auch auf die Ausführungen zu einer „globalen Grundlagenkrise“ in der Einleitung zu verweisen.

mehr bereits um einen *traditionellen* Diskurs, und zwar einen *traditionellen Diskurs der Moderne* (ebd. 25). Dieser Diskurs scheint selbst bereits zu seiner eigenen gesuchten Identität geworden zu sein. Sein *Horizont* – und damit seine Grenze – ist jedoch erreicht, wenn sich Europa nun nicht mehr von seinen bereits ausgeschöpften *Möglichkeiten*, sondern von seinen *Grenzen* her zu bestimmen beginnt. Im An-die-Grenzen-kommen (in gewissem Sinne also in der „Globalisierung") der „alten" europäischen Idee steckt aber für Derrida auch noch eine ganz *andere Universalität*, die als zukünftige Identität Europas erst aufzubrechen beginnt. In der *Erinnerung* der „alten" Idee steckt letztlich eine ganz *andere Verpflichtung* und *Verantwortung*, jenseits all jener „globalen" Aufbruchsversuche, die – ob historisch oder allzu gegenwärtig – durch ihr Selbstverständnis in einen kolonialen oder hegemonialen Eurozentrismus münden. Diese *andere* Verantwortung für das europäische Erbe kehrt die Blickrichtung des Identitätsdiskurses um: nicht die Identität wird universalisiert, sondern das Universale wird zur Identität. Damit wird der Diskurs aber auch aporetisch, denn die damit verbundene Verantwortung bindet in eine „zwangsläufig doppelte Verpflichtung, ein *double-bind*" ein. Obwohl diese Verantwortung unabschließbar ist; ist sie dennoch *an den Grenzen* der „alten" Moderne als Versprechen auch positiv erfahrbar. Ein längeres Zitat soll diese jenseits der Grenzen des Möglichen angesiedelte Hoffnung Derridas verdeutlichen:

> „Der Befehl, die Weisung, die an uns ergehen, teilen uns, sie lassen uns immer schuldig werden, weil sie das *»Man soll«* oder *»Man muss«* verdoppeln: Man soll oder man muss zu Hütern einer bestimmten Vorstellung von Europa werden, einer Differenz Europas, *doch* eines Europas, das gerade darin besteht, dass es sich nicht in seiner eigenen Identität verschließt und dass es sich beispielhaft auf jenes zubewegt, was nicht es selber ist, auf das andere Kap oder das Kap des anderen, ja auf das andere *des* Kaps – vielleicht ist das andere des Kaps etwas ganz anderes, das | Jenseits der modernen Tradition, eine andere Struktur des Randes, ein anderes Ufer.
>
> Dass man für dieses Gedächtnis einsteht [...], sollte es den Versuch bedeuten, *eine ganz andere Geste zu erfinden*, eine lange Handlung, die das Gedächtnis voraussetzt, gerade um die Identität von der Alterität her zu bestimmen, vom anderen Kap und vom anderen des Kaps, von einem ganz anderen Rand und Ufer aus?
>
> Eine solche Hypothese, an der ich mich vor allem ausrichten möchte, ist nicht einfach eine Hypothese oder ein Anruf, ein Ruf, der zu dem aufruft, was sich zugleich als widersprüchlich und unmöglich darstellt. Ich glaube vielmehr, dass sich das, was damit gemeint ist, *jetzt ereignet.* (Man muss daher auch beginnen, dieses »jetzt« so zu denken, dass es weder gegenwärtig noch aktuell ist und nicht die Gegenwart einer Aktualität hat.) Es soll nicht behauptet werden, dass es ankommend statthat oder dass es schon angekommen ist und sich ereignet hat, dass es als *gegenwärtig* Gegebenes vorliegt. Dieses Ereignis ereignet sich vielmehr, wie ich glaube, als das, was *heute* in Europa im Kommen bleibt, was *heute* in Europa noch auf der Suche nach sich selbst ist und sich verspricht oder als Versprechen ankündigt. [...] Europa fungiert an dieser Stelle nur als *paleonymische* Bezeichnung. Wenn es heute ein Ereignis gibt, so glaube

ich, dass es gerade dort statthat, wo der Akt der Erinnerung eine bestimmte Ordnung des Kapitals verrät, um de[m] anderen Kap oder dem anderen des Kaps die Treue zu halten. Dies geschieht zu einem Zeitpunkt, für den das Wort »Krise« – im Sinne einer Krise Europas oder einer Krise des Geistes – vielleicht nicht mehr angemessen ist." (Das andere Kap, 25f)

Sehr gut ist hier erkennbar, wie Derrida in der anfänglichen Aporie einer notwendigerweise unabschließbaren „Identität" (ihre Abschließbarkeit würde zugleich Ausschluss und auf politischer Ebene wenn schon nicht Kolonialismus, so doch unausweichlich hegemoniales, mit sich selbst identisches Denken und Handeln bedeuten) am Ende zugleich das Versprechen einer Zukunft zu erkennen vermag. Diese aus der Erinnerung erwachsende Zukunft, die jedes Handeln als von einer vorgängigen Beziehung der Alterität her bestimmt, kann per definitionem weder kolonialistisch noch hegemonial sein. Die hier angedeutete Anerkennung der Alterität (wenngleich hier noch in Frageform formuliert, ist sie doch bereits als Konzept und Kriterium einer politischen Praxis identifizierbar) lässt sich so unschwer mit jenem Begriff der Gerechtigkeit zur Deckung bringen, der kurz zuvor in *Gesetzeskraft* als juristisch-politisch-ethisches Konzept entworfen wurde. Hieß es dort, *die Dekonstruktion ist die Gerechtigkeit*, so ließe sich von hier bereits die Praxis der Dekonstruktion als *Erfindung einer Geste der Anerkennung einer ursprünglichen Alterität* definieren.

Natürlich kann sich auch die Praxis dieser Anerkennung ihres aporetischen Charakters nicht entziehen. Auch das politische Handeln bleibt ohne letzte legitimierende Basis. Es muss vielmehr nachträglich als über sich selbst hinausweisendes – und damit eigentlich *unmögliches* – Handeln verantwortet werden: „Ich trage – das einzigartige »Ich« trägt – die Verantwortung, Zeugnis abzulegen vom Universellen."[307] Nur diese *Erfahrung des Unmöglichen* vermag gerechtes, ethisches und von der Anerkennung der Anderen bestimmtes politisches Handeln von seinen selbstsicheren und damit, das haben die frühen Analysen gezeigt, doch von vornherein an ihrer eigenen Legitimation scheiternden Entwürfen zu unterscheiden.

„Ich wage es, sie zu dem Gedanken anzuregen, dass die Moral, die Politik, die Verantwortung – wenn es sie denn gibt – erst mit dieser Erfahrung der Aporie anheben. Hat man einmal einen Zugang gefunden, weist das Wissen den Weg im voraus, so ist die Entscheidung bereits getroffen worden. Mit anderen Worten: Es gibt dann keine Entscheidung mehr, die man noch treffen müsste: indem man ein festgesetztes Programm anwendet, verhält man sich unverantwortlich und lässt sich vom guten Gewissen beruhigen. Dagegen kann man den Einwand vorbringen, dass man sich vielleicht nie dem Programm entzieht. In diesem Fall gilt es aber, diese Unmöglichkeit einzugestehen, statt weiterhin autoritativ von moralischer oder politischer Verantwortung zu reden. Die Möglichkeitsbedingung dieser Sache, der Verantwortung, ist eine bestimmte *Erfahrung der Möglichkeit des Unmöglichen*: Sie ist die *Probe*, der uns die Aporie

307 Derrida, Das andere Kap, 54.

> unterzieht, die *Erfahrung der Aporie*, von der aus man die einzig *mögliche Erfindung* erfinden kann, die *unmögliche Erfindung*." (Das andere Kap, 33)

Epilog. – Ob diese Bestimmung des Politischen, der politischen Verantwortung und der veränderten Identität Europas wohl jemals überzeugend sein wird? Wohl nicht. Die Worte dieser Texte scheinen zu groß, zu abstrakt. Selbst wenn vom Unmöglichen die Rede ist, ist die Rede davon letzten Endes dann doch möglich gewesen. Die Anfrage von Jeanne Hersch scheint hier erneut Berechtigung zu finden.[308] Ein Text erweist sich eben selten als eine *Erfahrung des Unmöglichen.* Selbst wenn der Ausdruck *différance* tatsächlich diesem Kriterium zu entsprechen vermochte, lässt sich dies nicht so einfach von einem durchgängigen philosophischen Diskurs behaupten. Das Nichts-Sagen-Wollen, das die frühen Texte Derridas auszeichnete – lässt es sich auch bei diesen späten, offensichtlich einem praktischen Anspruch verpflichteten Erörterungen erkennen? Beim früheren Versuch, Derridas „performatives Schreiben" darzustellen, hatte sich gezeigt, dass dieses Schreiben eine veränderte Lesehaltung nicht nur erfordert, sondern in gewissem Sinne – lässt man sich auf die Texte ein – auch hervorbringt, *produziert.*[309] Bei den zuletzt erörterten Themen der Gerechtigkeit, sowie eines *anderen*, Universalität als Alteritätsverwiesenheit denkenden, politischen Selbstverständnisses schien diese Performativität notgedrungen hinter der erörternden Intention des Textes zurückgetreten zu sein. Wird der Anspruch *Dekonstruktion ist Gerechtigkeit* auch innerhalb eines auch weiterhin der philosophischen Argumentation verpflichteten Textes durchgehalten werden können? – Vielleicht.

… – vielleicht

Am Beginn dieses Kapitels, das die Konsequenzen aus Derridas Denken erörtern wollte, war ein bedeutender Einschnitt gestanden: der als *coup de donc* bezeichnete Umschwung von einem Denken der Vorgängigkeit zu einem dieser Vorgängigkeit entsprechenden *gewagten* Zukunftsentwurf. Das Sich-selbst-riskieren-im-Nichts-Sagen-Wollen war dazu der von Derrida selbst formulierte unhintergehbare Ausgangspunkt gewesen. Der zuletzt behandelte Abschnitt hatte darüber hinaus – im Kontext einiger jüngerer Texte – ein *Kriterium* für diesen Zukunftsentwurf herauszuarbeiten versucht. Dieses Kriterium wurde als *Erfahrung (Erfahrbarkeit) des Unmöglichen* bezeichnet und dessen *Möglichkeit*, also die Möglichkeit des Unmöglichen, sowohl in seiner strukturalen Notwendigkeit innerhalb jedes juridisch-politischen Legitimationsdiskurses als auch in seiner historischen Vermittlung als innere Konsequenz einer an ihre Grenzen stoßenden und sich von ihnen her verstehenden „Identität" Euro-

308 Siehe oben S. 113.
309 Siehe oben S. 78ff.

pas[310] aufzuzeigen versucht. Trotz angegebenem „Grund" und „Kriterium" ist der *faktische Gehalt* dieser unmöglichen Möglichkeit bisher allerdings rätselhaft geblieben. Ausgehend von einer kursorischen Lektüre des zweiten Hauptwerkes Jacques Derridas, der 1994 erschienenen *Politiques de l'amitié*[311] wollen wir abschließend versuchen, anhand der dort zentralen Kategorie des *Vielleicht* eine über die bisherigen Lektüren hinausweisende Interpretation der Bedeutung dieses philosophischen Denkens vorzuschlagen.

Die Kategorie des *Vielleicht* besitzt bei Derrida eine sehr lange, tatsächlich aber auch sehr verborgene Geschichte. Obwohl sie vor *Politik der Freundschaft* nirgends explizit „eingeführt" wurde, taucht sie doch gerade – und zwar wie es scheint ausnahmslos – an den für ihr Verständnis entscheidenden Stellen seiner Werke auf, sodass sich die Frage aufdrängen könnte, ob Derrida diese Kategorie nicht erst in einer *nachträglichen* Lektüre seiner eigenen Texte „(wieder-)entdeckt" hat. Auf jeden Fall bleibt die Konsequenz ihrer durchgängigen Verwendung erstaunlich und erweist sich als weiteres Indiz für die Kontinuität dieses Denkens. In einem sehr späten Text, fünf Jahre nach dem Erscheinen der *Politik der Freundschaft*, bestätigt Derrida diesen Eindruck, indem er in einem kurzen Nebensatz, der auf die Verwendung dieses Wortes in seinem Buch *Marx' Gespenster*[312] aufmerksam macht, selbst einen Hinweis auf die Bedeutung des *Vielleicht* für das Verständnis seines Denken gibt. Schon „seit Jahrzehnten" würde die Modalität des *Vielleicht* gerade jene Aussagen kennzeichnen, die Derrida „am meisten bedeuteten":

> „[...] those »perhaps*es*« which have for decades explicitly marked the privileged modality [...] of the statements that matter the most to me [...]"[313]

In der Erwähnung findet sich keine Aufzählung dieser für Derrida so bedeutenden Stellen, einzig der Hinweis auf die Ausführungen in *Politik der Freundschaft*, die nicht nur die Bedeutung, sondern auch die „Notwendigkeit oder Unvermeidlichkeit" des *Vielleicht* erhellen würden.

310 Das Verständnis des Begriffs *„Europa / Europäer"* ist in jenem an seine (globalen wie historischen) Grenzen gelangten Verständnis, wie es bei Paul Valéry anklingt und von Derrida entfaltet wird, nicht mehr auf eine entweder innerhalb geographischer oder aber politischer Grenzen liegende Herkunft und damit nicht auf die Kontingenz der Geburt zu reduzieren. Die Zugehörigkeit zu dem mit dem Namen „Europa" Bezeichneten ergibt sich vielmehr aus der *Übernahme* dieser Identität. – Zu einer möglichen näheren Bestimmung dieses „Europäers" vgl. Valéry, Krise des Geistes, 47ff.

311 J. DERRIDA, *Politiques de l'amitié* (Paris: Éditions Galilée, 1994). [dt.: *Politik der Freundschaft*, Frankfurt/M.: Suhrkamp, 2000.] [= P]

312 J. DERRIDA, *Marx' Gespenster. Der Staat der Schuld, die Trauerarbeit und die neue Internationale* (Frankfurt/M.: Fischer, 1996 [fr. 1993]).

313 J. DERRIDA, Marx & Sons, in: M. SPRINKER (Hg.), *Ghostly Demarcations. A Symposium on Jacques Derrida's »Specters of Marx«* (London-New York: Verso, 1999), 213-269, hier: 221.

„(it so happens that I elucidated, at length, the meaning and even, if the word may be hazarded, necessity or ineluctability of this »perhaps« the year after *Specters of Marx*, in *Politics of Friendship*)" (ebd.)

Derridas bestätigender Hinweis allein hätte gar nicht die Kraft, von der Bedeutung des *Vielleicht* zu überzeugen, ließe sich diese nicht schon an den Texten selbst, auch an den frühesten, erkennen. Von dieser Kontinuität her lässt sich dann schließlich auch die *Politik der Freundschaft* als konsequente Fortführung und Entfaltung zentraler Motive dekonstruktiven Denkens verstehen.

1. Die Geschichte des *Vielleicht* bei Derrida begann bereits im Oktober 1966 mit jenem Vortrag *Die Struktur, das Zeichen und das Spiel im Diskurs der Wissenschaft vom Menschen*[314] auf einem Kolloquium in Baltimore, der ihn im Kontext einer ersten (gleichzeitig erfolgten) amerikanischen Rezeption der französischen Strukturalismus- und Anti-Strukturalismus-Debatte bekannt machen sollte. Wie wir oben in der genetischen Lektüre der frühen Texte Derridas gesehen haben (s.o. S.45ff) kennzeichnet dieser Schwellentext den Übergang von „einer bislang bloß kritischen *Lektüre* vorliegender Texte zu einem eigenständigen Entwurf der Möglichkeit einer *zukünftigen* Philosophie" (ebd.). Und unabhängig von jeder expliziten Entfaltung einer „Kategorie" des *Vielleicht* ist dieses Wort, das Derridas Vortrag eröffnete, bereits im dortigen Kontext als besonderes Strukturmerkmal des Textes erkennbar gewesen. Es leitete eine These ein, die „voll und ganz aus der Feder Derridas stammt" (ebd.). Letztlich musste sogar festgestellt werden, dass jenes „trügerische Vielleicht" offensichtlich gar keine Alternative zuließ, sondern die eingeleitete These eine „– erst nachträglich als solche erkennbare – *Notwendigkeit*" (s.o. S.46) bezeichnete.

Wir haben oben ebenfalls gesehen, dass dieser Text im Kern eine Strukturalismus-Kritik darstellt (bei gleichzeitiger Anerkennung von dessen berechtigter Kritik an der Metaphysik). Doch nicht sein Gehalt soll uns hier nun interessieren, sondern vielmehr seine eigene Argumentationsstruktur. Zu diesem Zweck wollen wir die entscheidenden Passagen nochmals eingehender betrachten. Es war zu erwarten, dass Derridas Kritik den Versuch unternehmen würde, eine Alternative zur strukturalistischen Position zumindest anzudeuten. Es ist jedoch aufschlussreich zu sehen, wie Derrida eine solche Ahnung einer ganz anderen als der strukturalistischen Ordnung vermittelt ohne sie dabei näher zu kennzeichnen:

„Vielleicht hat sich in der Geschichte des Begriffs der Struktur etwas vollzogen, das man ein »Ereignis« nennen könnte, wäre dieses Wort nicht mit einem Sinn beladen, den die strukturale – oder strukturalistische – Theorie von ihrem Selbstverständnis her auflösen oder zumindest verdächtigen muss. Nichtsdestoweniger wollen wir »Ereignis« sagen und dieses Wort vorsichtshalber in Anführungszeichen setzen. Was für

[314] in: SD, 422-442.

ein Ereignis könnte dies nun sein? Äußerlich hätte es die Gestalt eines *Bruchs* oder einer *Verdoppelung*." [SZ 422]

„Das Ereignis eines Bruches, der Riss, auf den ich anfänglich anspielte, hat sich vielleicht in dem Augenblick vollzogen, als man damit beginnen musste, die Strukturalität zu denken, das heißt zu wiederholen." [SZ 424]

Was geschieht in diesem Text? Zwei Beobachtungen: *Zunächst* ist klar, dass es Derrida selbst ist, der hier eine These aufstellt. *Andererseits* aber dekonstruiert der Autor seine eigene These, indem er sie mit einem „vielleicht" einleitet. Kann eine Aussage noch als „These" genommen werden, wenn sie unter einem „Vielleicht" formuliert wurde? Traditionelle Philosophien hätten ihre Schwierigkeiten damit.[315] Doch hatten wir gleichzeitig aufgezeigt, dass Derridas Kritik mit *Notwendigkeit* vorgetragen werden musste. Insofern nämlich die Strukturalität selbst gedacht werden musste, zeigt sich auch ihre bleibende metaphysische Verwurzelung. Das „Ereignis", das sich zeigte, war also das der Unmöglichkeit, sich dem metaphysischen Denken zu entziehen. Doch wie steht es um die *Formulierung* dieses „Ereignisses"? Würde sie, das heißt würde Derrida dieser metaphysischen Falle entgehen können? Wohl kaum. Selbst die kritischste Formulierung wäre durch ihren metaphysischen Gehalt entlarvt. Einzig das *Vielleicht* scheint sich einer solchen metaphysischen Bestimmung zu sträuben. Es bleibt metaphysisch unbestimmt – letztlich „sinnlos" in der Ordnung traditionellen Denkens. Dennoch re-präsentiert es „etwas", das es gar nicht selbst aussagt und das trotz seiner Abwesenheit unhintergehbar ist. „Vielleicht hat sich etwas vollzogen, das man ein »Ereignis« nennen könnte." Vielleicht wird man es nicht so nennen können – jedenfalls aber wird man diesem *performativen* Vielleicht-(nicht)-Nennbaren ent-sprechen müssen.

2. Ein zweites Beispiel dafür, dass das Vielleicht bei Derrida einen ganz bestimmten Kontext umgreift, wurde ebenfalls bereits erwähnt (s.o.S.90.). Es findet sich in einer kurzen und zunächst unscheinbaren Passage in *De la grammatologie* (1967), die jedoch durch ihre Stellung innerhalb des Buches herausragt.

„Die »Rationalität« – aber vielleicht müsste auf dieses Wort aus dem Grunde, der am Ende dieses Satzes sichtbar wird, verzichtet werden –, die eine derart erweiterte und radikalisierte Schrift beherrscht, stammt nicht mehr aus einem Logos. Vielmehr beginnt sie mit der Destruierung und, wenn nicht mit der Zerschlagung, so doch der

315 Rodolphé Gasché etwa zitiert zu Beginn seiner Studie zum Begriff des *Vielleicht* Hegel, der in einer polemischen Kritik, die Verwendung dieses Wortes als Ausdruck des „gemeinen Menschenverstands", der sich letztlich doch nicht traut, etwas mit Gewissheit zu versichern, bezeichnet. (R. GASCHÉ, Perhaps – A Modality? On the Way with Heidegger to Language, in: *Graduate Faculty Philosophy Journal* 16 (1993) H.2, 496-511. Vgl. dazu G.W.F. HEGEL, Wie der gemeine Menschenverstand die Philosophie nehme – dargestellt an den Werken des Herrn Krug, in: *Werke in zwanzig Bänden*, Bd.2, Frankfurt/M. Suhrkamp, 1970, hier: 201.)

De-Sedimentierung, der Dekonstruktion aller Bedeutungen, deren Ursprung in der Bedeutung des Logos liegt.“ [G 23]

Diese Zeilen stellen eine These dar, die zugleich als die eigentliche Eröffnung der Argumentation in *De la grammatologie* bezeichnet werden kann.[316] Sie beziehen sich auf den im voraufgehenden Abschnitt („Programm“) als radikale Ausweitung des Schriftbegriffs bezeichneten Hintergrund und Anlass der folgenden Untersuchungen.[317] Zugleich sind sie auch ein typisches Beispiel für die Arbeitsweise der Dekonstruktion. Zusätzlich zu den oben genannten Elementen dieser „Strategie“ (s.o. S. 90) fällt hier nun auch die Verwendung des *vielleicht* auf. Es hat erneut die Funktion, die sprachliche Gestalt dessen, was immer noch in metaphysischen Begriffen ausgesagt werden muss ohne sich durch sie identifizieren zu lassen, zu dekonstruieren. Es drückt ein Misstrauen gegen die eigene Sprache aus, dem sogar die Anführungszeichen nicht genügend zu entsprechen vermögen. Dennoch wird festzuhalten sein, dass das *vielleicht* hier im Kontext einer *positiven,* über ihre Relativierung hinausgehenden Aussage steht.

3. Ein drittes Beispiel führt uns bereits in den Entstehungskontext von *Politik der Freundschaft.* Es handelt sich um einen Kernsatz des Vortrags *Gesetzeskraft* (1989), der sich mit dem Verhältnis von Recht und Gerechtigkeit im juridischen Legitimationsdiskurs auseinandersetzte. Am Ende des ersten grundlegenden Teils, der übrigens wiederum kaum als „Lektüre“ eines vorliegenden Textes bezeichnet werden kann und so auch von daher als eigenständiger (*gewagter*) Entwurf Derridas bezeichnet werden muss, findet sich eine bemerkenswerte „Definition“ der Gerechtigkeit. Diese Bestimmung korrespondiert mit der im vorigen Abschnitt beschriebenen *Erfahrung des Unmöglichen*, die die Gerechtigkeit vom Recht unterscheidet. Die Gerechtigkeit ist selbst nur als diese *unmögliche* möglich, gleichzeitig aber sowohl auf ihre *Erfahrbarkeit* in der Gegenwart als auch auf eine zugleich stets ausständige *Zukunft*, also einem gegenüber seinem *Kommen* immer auch schon *Gegenwärtigen* bezogen.

„Die Gerechtigkeit bleibt *im Kommen* (*à venir*), sie muss noch kommen, sie hat, sie ist Zu-kunft (*à venir*), sie ist die Dimension ausstehender Ereignisse, deren Kommen irreduktibel ist. Diese Zu-kunft wird immer die ihre sein / gewesen sein. *Vielleicht* schafft darum die Gerechtigkeit in dem Maße, in dem sie nicht einfach ein juridischer oder ein politischer Begriff ist, zu-künftig Offenheit für eine Verwandlung, eine Umgestal-

316 Zum Aufbau der Eröffnung dieses Buches vgl. oben S. 90, Anm. 234.

317 „Mit einer behutsamen Bewegung, deren Notwendigkeit kaum wahrzunehmen ist, beginnt alles, was seit wenigstens zwei Jahrtausenden sich unter dem Namen der Sprache zu versammeln trachtete und damit schließlich auch Erfolg hatte, sich nun in den Namen der Schrift zu verlagern, zumindest darunter sich zusammenfassen zu lassen. Mit einer Notwendigkeit, die kaum wahrzunehmen ist, scheint der Begriff der Schrift zusehends die Extension der Sprache zu überschreiten.“ [G 17] – Zur sprachlichen Formulierung dieses Horizonts vgl. oben S. 88, Anm. 231.

tung oder eine Neu(be)gründung des Rechts und der Politik – öffnet sie *vielleicht* diese Verwandlung, Umgestaltung oder Neu(be)gründung der Zu-kunft. »Vielleicht« – wenn es um (die) Gerechtigkeit geht, muss | man immer »vielleicht« sagen. Es gibt eine Zukunft für die Gerechtigkeit (*Il y a un avenir pour la justice*) und es gibt Gerechtigkeit nur dann, wenn ein Ereignis möglich ist, das als Ereignis die Berechnungen, die Regeln, die Programme, die Vorwegnahmen usw. übersteigt. Als Erfahrung der absoluten Andersheit (*altérité absolue*) ist die Gerechtigkeit undarstellbar (*imprésentable*), doch darin liegt die Chance der Ereignisses und die Bedingung der Geschichte." (Gesetzeskraft, 56f; Unterstreichung PZ; Übersetzung leicht modifiziert)[318]

Der Text besitzt zwei miteinander verwobene Pointen: Die *erste* liegt in der (im Text durch Unterstreichung hervorgehobenen) Gerechtigkeits-„Definition". Es handelt sich dabei nicht so sehr um eine positive Umschreibung des Wesens der Gerechtigkeit, vielmehr um die Formulierung einer Möglichkeitsbedingung, die aber, wie wir oben gesehen haben, in der – stets endlichen – Anerkennung ihrer (unmöglichen) Möglichkeit („wenn ein Ereignis *möglich* ist, das als Ereignis die Berechnungen ... übersteigt"; *Hervorhebung PZ*) zugleich Gerechtigkeit sich bereits ereignen lässt. Die „Chance", die in der Erfahrung der Möglichkeit dieses undarstellbaren Ereignisses liegt, ist die damit verbundene notwendige Offenheit für eine „Verwandlung, Umgestaltung oder Neu(be)gründung" des Rechts und der Politik, die sich damit nicht mehr auf die Berechnung und das Kalkül (Derridas Umschreibungen des „Bösen" und „Schlimmsten") zu stützen vermögen.

Die *zweite* Pointe liegt erneut in der *performativen* Formulierung dieser in der Gerechtigkeit liegenden Öffnung durch das vorangestellte *Vielleicht*. Das gesamte vorgetragene Gerechtigkeitsverständnis würde – zwar nicht in seinem (nachträglich als vorgängig bestimmten) „Gehalt", aber in seiner sprachlichen Darstellung – scheitern, wenn es erneut als starke These mit „starken Kategorien" vorgetragen würde. Sein Ausdruck würde sich schlicht selbst widersprechen. Im Kontext des bisher Gesagten würde dies aber bedeuten: weder Dekonstruktion noch Gerechtigkeit finden statt. Denn jenes Ereignis, das allein als „gerecht" bezeichnet werden könnte, ist an den *endlichen Ausdruck* gebunden. Die Lektüre der frühen Texte lässt hier keinen Zweifel offen. *Die performative Kraft des »Vielleicht« gehört daher wesentlich zum juridisch-politisch-ethischen Ausdruck der Gerechtigkeit hinzu – das »Vielleicht« ist ein* notwendiges *Vielleicht.*

4. Letztendlich wird das *Vielleicht* bei Derrida aber erst in *Politiques de l'amitié*[319] explizit. Allerdings verweigert es sich auch da einem bloß begrifflichen Zugang und wird in seiner Performativität erst im Kontext des ganzen Buches verständlich. Ein

318 Vgl. auch das französisch-englische Original: Force de loi / Force of Law, 969f.

319 J. DERRIDA, *Politiques de l'amitié* (Paris: Éditions Galilée, 1994). [dt.: *Politik der Freundschaft*, Frankfurt/M.: Suhrkamp, 2000.] [= P]

Blick auf das Register zeigt zudem, dass sich der Begriff durch alle Kapitel hindurchzieht.

Leider ist nicht von vornherein klar, was das eigentliche Thema dieses Buches ist. Mehrere Möglichkeiten scheinen sich einer oberflächlichen Betrachtung aufzudrängen. Aber wie so oft bei Derrida erzeugt auch hier erst eine genauere Lektüre des Textes ein zusammenhängendes Verständnis und zwingt auf diese Weise den Leser zu einer bestimmten „Unvoreingenommenheit". (Dies ist die *positive* Beschreibung dessen, was man über das Lesen von Derridas Texten sagen kann; es gibt auch andere Meinungen.) Da wir diese Vorgehensweise bisher stets – nach einigen Anstrengungen der Lektüre – als ungemein fruchtbar erfahren hatten und aus diesen Erfahrungen bereits über einige mögliche Kriterien für eine angemessene Interpretation verfügen, wollen wir es wagen, diesem voluminösen Werk *nach*zudenken.

Der Titel des Buches spricht von „Freundschaft" – und tatsächlich werden in weiterer Folge vor allem Autoren zitiert, die von der Freundschaft zu sprechen scheinen (Platon, Aristoteles, Cicero, Montaigne, Nietzsche, sowie – indirekt – auch Carl Schmitt). Zumeist handelt es sich um Erörterungen der besonderen Beziehung von Freundespaaren, durchwegs Männern (z.B. Michel de Montaigne und Étienne de La Boétie), oder um die Frage nach der möglichen (maximalen) Anzahl von Freunden. Als Leitmotiv durch den gesamten Text wird ein Satz von Montaigne zitiert, der über Diogenes Laertius auf Aristoteles zurückgehen soll: „O meine Freunde, es gibt keinen Freund". Dennoch wäre es verfehlt, wenn man meinte, dass die Geschichte der mit diesem Satz verbundenen Zitatenkette oder das Thema der Freundschaft bereits den Kern des Buches ausmache. Der Titel spricht vielmehr auch von *Politiques*, d.h. von Politik(en) im Plural.[320] Damit scheint weniger die Freundschaft als Freundschaft das eigentliche Thema zu sein, sondern vielmehr deren Bezug zu verschiedenen Formen der Politik. Der doppelte Genitiv des Titels macht es zudem fraglich, welcher Begriff hier welchen bestimmt: die Politik die Freundschaft oder umgekehrt. – In der folgenden äußerst kursorischen Lektüre werden wir versuchen, den *in* den einzelnen Ausführungen zum Teil verborgenen Grunddiskurs des Buches transparenter werden zu lassen. Zumindest *einen* Strang dieses Diskurses. Wir werden uns dabei auf den Aufbau des Buches stützen – und beschränken[321] – wie er vor allem in der „Vorbemerkung" von Derrida angedeutet wird.

320 Der Plural wird im Titel der deutschen Ausgabe leider nicht wiedergegeben.

321 Es scheint uns mit Blick auf die Intention dieser Arbeit wenig sinnvoll, an dieser Stelle eine umfassendere Interpretation dieses wichtigen Werkes vorzulegen. Dennoch ist zumindest eine rudimentäre Kenntnis der Argumentationsweise von *Politik der Freundschaft* notwendig, um die mit dem Rückgriff auf die Performativität des *Vielleicht* verbundenen (notwendigen) Veränderungen innerhalb eines zukünftigen philosophischen Diskurses im Sinne Derridas deutlich werden zu lassen. Mehr als eine Skizze wird dies dennoch nicht sein können.

(a) Bereits die ersten beiden Zeilen der Vorbemerkung geben einen ersten Hinweis:

> „Dieser Essay (*essai*) gleicht einem langen Vorwort. Vielleicht ist er eher die Vorbemerkung zu einem Buch, das ich eines Tages gern schreiben würde." [P 9]

Vermutlich ist bereits das Wort *essai* ein Verweis auf die von Montaigne geprägte literarische Form, sowie auf dessen *Essais*, aus denen später ausführlich zitiert wird. Zugleich aber bedeutet *essai* auch „Versuch" und verweist damit auch auf frühere Kontexte, in denen Derrida seine Arbeiten als *Versuche* kennzeichnete.[322] Zudem soll dieser Essay einem „langen Vorwort gleichen", was wohl nur bedeuten kann, dass ein eigentlicher „Haupt-Text" in der derzeitigen Gestalt des Buches nicht folgen wird. Auch dies verbindet die *Politik der Freundschaft* mit früheren Arbeiten.[323] – Das *Vielleicht* des zweiten Satzes stellt von Anfang an eine Frage in den Raum: um welche Art „Buch" es sich bei diesem „langen Vorwort" am Ende eigentlich gehandelt haben wird? Nähere Hinweise dazu gibt der Text zunächst aber nicht.

(b) Auch der Beginn des folgenden Absatzes benennt ein durchgängiges Thema des Buches:

> „Von einem Vokativ eröffnet (»O meine Freunde [...]«), hat er *[der Essay; PZ]* in seiner vorliegenden Gestalt, die Form eines Sich-richtens-an ... beibehalten [...]" [P 9]

Der an dieser Stelle leicht zu übersehende Hinweis ist durchaus bewusst gesetzt. Der Vokativ, das Sich-richten-an, der Appell und die Adresse werden sich nämlich im Zuge der Argumentation als Schlüssel sowohl für den von Derrida entwickelten Freundschaftsbegriff als auch für den damit vermittelten politischen Kontext erweisen. Das Buch wird schließlich auch mit einem Vokativ enden ...

(c) Nach einer historischen Verortung des Buches innerhalb von Derridas Seminaren seit 1983 wird auf der folgenden Seite ein weiterer Hinweis auf das Thema gegeben. Zunächst wird mit Blick auf Montaignes „Zitat" des Aristoteles festgestellt, dass der „Freund" zumeist die Züge eines „Bruders" getragen hatte und daher stets einer „*familiären, fraternalistischen* und also *androzentrischen* Konfiguration des Politischen" anzugehören schien. Im Anschluss daran aber wird im folgenden Absatz auch noch ein ganz anderes Interesse Derridas deutlich:

> „Warum ist der Freund *wie* ein Bruder? Träumen wir von einer Freundschaft, die über die Nähe des gleichartigen und gleichgeschlechtlichen Doppels hinausginge. Von einer Freundschaft jenseits der natürlichsten wie der alles andere als natürlichen Ver-

322 Vgl. etwa die „Nachbemerkung" am Ende von *L'ecriture et la difference* (oben S. 79).

323 In „Buch-Ausserhalb. Vorreden / Vorworte" (in: *Dissemination*, Wien: Passagen, 1995, 9-68. [fr. 1972]) etwa wird von Derrida – im Gegensatz zu Hegels kritischer Haltung gegenüber „Vorreden" – betont, dass es vielleicht nie *mehr* als ein Vorwort (Vorrede) wird geben können. Der dortige Text beginnt daher mit dem beziehungsreichen Satz: „Dies hier (also) wird kein Buch gewesen sein. / *Ceci (donc) n'aura pas été un livre.*" [ebd. 11]

wandtschaft [...] Fragen wir uns, wie die Politik eines solchen »Jenseits des Brüderlichkeitsprinzips« aussehen könnte.

Stünde ihr der Name der »Politik« noch zu?" [P 10]

„Träumen wir / Lasst uns träumen." – Um *Politik der Freundschaft* recht zu verstehen, wird es wohl notwendig sein, sich zu fragen, welche Philosophie und welches Denken im allgemeinen überhaupt eine angemessene Antwort auf diese Aufforderung geben könnte. Ohne Kriterium für eine Antwort auf diese Frage sollte der Diskurs, der hier begonnen hat, jedenfalls nicht vorschnell in eine bestimmte Richtung interpretiert werden.

Inhaltlich zeigt sich, dass Derrida über das, was er eine „natürliche Freundschaft" nennt und in die Nähe der verwandtschaftlichen Beziehung rückt, hinauszugehen versucht. Ohne dies im einzelnen ausführen zu können, sei hier angemerkt, dass mit natürlicher Freundschaft/Verwandtschaft eine soziale Beziehung bezeichnet wird, die sich auf mehr oder minder metaphorische Weise auf die gleiche Herkunft (*isogonia* – Gleichheit der Geburt, d.h. Herkunft aus derselben Familie, derselben politischen Gemeinschaft, oder demselben Vaterland zugehörig –, die letztlich auch die Gleichheit vor dem Gesetz, *isonomia*, bestimmt) bezieht.[324] Auch die „Verbrüderung" wird zumeist mit denselben Konnotationen (und Rechten) belegt. Das damit jedoch gleichzeitig auftretende Phänomen ist das des Ausschlusses der *Anderen* als Feinde. Mit dieser Freund-Feind-Unterscheidung verbunden ist dann schließlich ein *Begriff des Politischen* wie er bei Carl Schmitt[325] „systematische Gestalt" annimmt. [P 123] Wenn Derrida also von einer *Überschreitung* des „natürlichen" Freundschafts- oder Verwandtschaftsbegriffs spricht, zielt dies letztlich auf eine Bestimmung des Politischen *jenseits* der Freund-Feind-Unterscheidung (nicht nur) bei Schmitt. Dies ist auch der Grund der ausführlichen, den gesamten Mittelteil der *Politik der Freundschaft* prägenden Schmitt-Lektüre der Kapitel 4-6 [P 123-230], die am Ende in ein Epitaph auf Schmitt mündet [P 228ff], an das sich Derridas eigener Entwurf anschließt.[326]

324 Vgl. P 139-149.

325 C. SCHMITT, *Der Begriff des Politischen. Text von 1932 mit einem Vorwort und drei Corollarien* (Berlin: Duncker & Humblot, ²1963).

326 Eine ausführliche Lektüre des Schmitt-Teils, wie ich sie an anderer Stelle vorgetragen habe, zeigt, dass Derrida zunächst mit Schmitts Freund-Feind-Unterscheidung „fertig werden" muss, um einen *anderen* politischen Entwurf überhaupt denkbar werden zu lassen. Derridas Lektüren zielen dabei darauf ab, dass Schmitt die Reinheit seiner Unterscheidung, die „*konkrete* Gegensätzlichkeit" von Freund und Feind (vgl. C. SCHMITT, *Der Begriff des Politischen. Text von 1932 mit einem Vorwort und drei Corollarien*, Berlin: Duncker & Humblot, ²1963, hier: 30f; siehe dazu auch P 161-168) letztlich gar nicht aufrecht erhalten kann. Der „Feind" wird ebenso zum wichtigsten Bündnispartner, wie der „Freund" stets der potentielle Feind ist. Die *Theorie des Partisanen. Zwischenbemerkuung zum Begriff des Politischen* (Berlin 1963) und die *Weisheit der Zelle* (in: *Ex captivitate Salus. Erinnerungen der Zeit 1945/47*, Köln 1950) machen dies deutlich.

(d) Die letzten Absätze der Vorbemerkung geben erneut einen Hinweis auf die Grundkonzeption des Buches:

> „»O Freunde, es gibt keinen Freund«. Von einer Anrede eröffnet, bringt dieser Essay vielleicht nur einen Ruf, einen Aufruf, einen Appell zu gehör. Gewiss, aber unter der Bedingung, die *appellation de l'appel* (das Rufen des Rufs, das, was er beim Namen ruft, und das was man Ruf, Aufruf, Zuruf, Anrufung, Berufung nennt) auf vertraute Sätze zu beziehen, die durch zwei geläufige Wendungen geprägt werden: *faire appel* und *prendre appel*, »Berufung einlegen« und »zum Sprung ansetzen«. Als wollte er *[der Essay; PZ]* den Ruf seinerseits kommen heißen und beim Namen rufen, bevor auch nur die Möglichkeit irgendeiner Bestimmung und irgendeiner Adresse, an die er sich richtet, verbürgt wäre." [P 15]

Die im Deutschen etwas kryptisch klingende Passage lässt sich durch die Doppelbedeutung des frz. *appel* als „Ruf/Anruf" und als „Berufung" im juridischen Sinn aufschlüsseln. Beide Bedeutungen spielen im späteren Text eine wichtige Rolle. – *Zunächst* wird der Essay als (Auf-)Ruf gekennzeichnet. Dies bedeutet indirekt, dass vermutlich keine stringente, auf Überzeugung angelegte Argumentation vorgelegt werden wird. Wieder einmal wird dies durch das performativ eingesetzte Adverb „vielleicht" unterstrichen. Die Schwierigkeit des Essays kündigt der letzte Satz an: das Thema des Textes ist ein Appell, der noch *vor* jeder Möglichkeit einer näheren Bestimmung ergeht. Der Text vermag also aus noch zu klärenden Gründen nicht einmal eindeutig beim Namen zu rufen, was er zu (be)nennen versucht. – *Zugleich* aber ist der Appell auch als eine „Berufung" gekennzeichnet und dies setzt voraus, dass bereits ein Urteil stattgefunden hat, dass der Appell also Ungereimtheiten oder neue Fakten anzugeben vermag, die ein neues, noch ausstehendes, noch unbekanntes Urteil erforderlich machen. Dies wird im nächsten Absatz noch verdeutlicht:

> „Die Entscheidung, »Berufung einzulegen«, würde eine Wiederaufnahme des Verfahrens einleiten, eine neuerliche Prüfung der Beweislage. Es gibt Revisionsgründe und Übervorteilungen, es gibt Grund zu einer Klage, die das ergangene Urteil, seine Beweggründe, die am besten beglaubigten Begriffe des Politischen und die kanonische Interpretation der Freundschaft, die *Verbrüderung* betrifft: Um *Einspruch zu erheben* oder *das Urteil anzufechten*, vor einer anderen »Instanz« der Bezeugung Berufung einzulegen, gegen das Faktum das Recht, gegen das Recht die Gerechtigkeit anzurufen." [P 15]

Der abschließende Hinweis auf die Gerechtigkeit bezieht das zuvor zum Appell Gesagte erneut auf einen politischen Kontext. „Gerechtigkeit" muss, das haben die früheren Lektüren gezeigt, als – durchaus mögliche – *Erfahrung des Unmöglichen* bezeichnet werden. Der Appell der *Politik der Freundschaft* steht in demselben Kontext.

Zuletzt werden sowohl der Appell als auch der gesamte Text als Ansatz zum Sprung (*prendre appel*) bezeichnet. Als Sprung ins Ungewisse.

„Im »Zum-Sprung-ansetzen« dagegen würde ein gekrümmter Körper seine Kräfte sammeln, zunächst über sich selbst gebeugt in einer vorbereitenden Reflexion: vor dem Absprung ohne Horizont und über jeden Prozess hinaus." [P 16]

Ein erster Rückblick auf diese Vorbemerkung zeigt, dass Derrida sich immer noch dem Anspruch eines *performativen Schreibens* verpflichtet fühlt: Geht es darum, eine ursprüngliche Unsicherheit auszudrücken, muss sich diese Unsicherheit auch in der Gestalt des Textes selbst niederschlagen. Die Verwendung des *Vielleicht* war dafür bisher stets ein angemessenes Mittel. Unbeantwortet blieb allerdings bisher die Frage, wie auf diese Weise jemals eine *positive Aussage* möglich werden könnte. Der Hinweis auf den Appell-Charakter der *Politik der Freundschaft* scheint dieser Frage nun näherzukommen. Mit einigen abschließenden Hinweisen soll eine entsprechende Antwort versucht werden.

5. Die zehn Kapitel der *Politik der Freundschaft* werden durch zwei Vokative gerahmt. Das erste Kapitel wird durch den bereits zitierten Satz Montaignes, »O meine Freunde, es gibt keinen Freund«, eröffnet. [P 17] Auf das Ende des zehnten Kapitels werden wir später zu sprechen kommen. Neben vielen anderen Diskussionssträngen zieht sich eine Frage durch das ganze Buch hindurch: Wie ist dieser von Montaigne zitierte Satz, der auf Aristoteles zurückgehen soll, zu verstehen? Die Interpretation stößt dabei auf mehrere Schwierigkeiten, die damit beginnen, dass sich der von Montaigne auf Französisch zitierte Satz (*»O mes amis, il n'y a nul amy«* [P 18]) in seiner griechischen Rückübersetzung (*O philoi, oudeis philos*) so bei Aristoteles nicht findet. Ein zweites Problem bildet der offenkundige performative Selbstwiderspruch des Satzes selbst [P 52], der zunächst Freunde anspricht, nur um zu betonen, dass es gar keinen Freund gibt. Eine Kette von Interpretationen schließt sich an diese Problematik, die durch den Wechsel von Plural zum Singular nur nochmals verstärkt wird, an. Betrachtet man die Anspielungen der „Vorbemerkung" auf das durchaus *aktuelle politische Fragen* betreffende Thema des Buches, so mag es verwundern, dass der eher philologischen Fragestellung der Herkunft und Bedeutung eines Satzes so viel Platz eingeräumt wird. Vielleicht aber geht es auch gar nicht um eine philologische Frage, sondern um eine ganz andere Verdeutlichung.

Das erste Kapitel beschäftigt sich fast ausschließlich mit der Apostrophe und den Feinheiten des Freundschaftsverständnisses bei Aristoteles und wirkt daher eher wie eine Einführung in die später erörterten Begriffe und Themen.[327] Dies ändert sich

[327] Zugleich finden sich in diesem Kapitel allerdings auch bemerkenswerte Formulierungen zum Verhältnis von Nachträglichkeit und Vorgängigkeit („*es könnte sein*, dass einzig das Stattfinden des Ereignisses nachträglich, *vielleicht*, das zu denken erlaubt, wodurch es zuvor ermöglicht wurde." [P 41]), zum Verständnis von Demokratie („Keine Demokratie ohne Achtung vor der irreduziblen Singularität und Alterität." [P 47]) oder asymmetrischen Beziehung zum Anderen [P 50]. Der fliegende Wechsel von den mehr „konkreten" Beispielen der Freundschaft aus der Lektüre Aristoteles'

allerdings, wenn im zweiten Kapitel plötzlich eine aus der Feder Nietzsches stammende „parodistische Umkehrung" des untersuchten Zitats auftaucht:

„[...] und vielleicht kommt Jedem auch einmal die freudigere Stunde, wo er sagt:
»Freunde, es giebt keine Freunde!« so rief der sterbende Weise;
»Feinde, es giebt keine Feinde!« – ruf' ich, der lebende Thor."[328]

Was Derrida mit diesem Beispiel verbindet, ist schwer zu fassen. Bedeutung bekommt die Nietzscheanische Umkehrung durch mehrere Aspekte: Zunächst (1) ist Nietzsche der erste, der sich *gegen* das überlieferte Zitat stellt, das sich letztlich in seiner tradierten Form sogar als „ungeheures Gerücht [...] das die gesamte philosophische Literatur des Abendlandes durchzieht" [P 52] herausstellt.[329] Neben diesem ersten Aspekt ist es aber (2) auch die Art und Weise, *wie* Nietzsche das Zitat umkehrt: „Feinde, es gibt keine Feinde". Dahinter sieht Derrida ein bemerkenswertes Versprechen einer zukünftigen Freundschaft jenseits der Freund-Feind-Unterscheidung, das es zu verfolgen gilt. Und schließlich (3) ist es der Modus des einleitenden *Vielleicht*, den Derrida in weiterer Folge zu einer eigenständigen Kategorie entwickelt.

(Man wird wahrscheinlich zugestehen müssen, dass der Weg, der zur Entwicklung des *Vielleicht* führt, höchst willkürlich erscheint. Es hätte dazu der Zitate und des Themas der Freundschaft nicht bedurft. Der weitere Gang des Buches wird allerdings die zunächst bloß zufällig verbundenen Diskurse in den Schlusskapiteln zu einer durchaus fruchtbaren Verbindung führen. Von daher sei nochmals an die für Derrida bedeutsame Struktur der „nachträglichen Vorgängigkeit" erinnert. In ihrem Sinne ist auch das Kontingente nicht von einer erst nachträglich erkennbaren „Notwendigkeit" ausgeschlossen.)

Was versteht nun Derrida unter der Kategorie des *Vielleicht*? Zunächst eröffnet es eine Zukunft. Die Rede im Modus des *Vielleicht* ist eine stets auf Zukunft gerichtete, zugleich aber auch eine, die sowohl benannte als in ihrer (behaupteten) Möglichkeit in gewisser Weise zugleich auch *performativ vorweggenommene* Zukunft vergegenwärtigende Rede. Das *Vielleicht* verbindet also – logisch unbestimmt, doch unzweifelhaft *aktiv intervenierend* – Zukunft und Gegenwart. Dies wird auch sprachlich in den ent-

zu den abstrakt-grundsätzlichen Überlegungen über Möglichkeitsbedingungen und dem Denken des „Ereignisses" – und wieder zurück [bes. P 41f] – verstärkt den Eindruck, dass das eigentliche Thema des Textes tiefer liegt als eine Bestimmung der Freundschaft oder eine hermeneutische Lektüre einer Zitatenkette.

328 F. NIETZSCHE, Menschliches, Allzumenschliches I, 376, in: *KSA* 2, 263. – Vgl. P 54.

329 Das achte Kapitel wird zeigen, dass die Bedeutung des griechischen Textes von der Akzentuierung des einleitenden Omega (ω) abhängt. Das Resultat kann dann – neben der bisher tradierten vokativen Schreibweise – durch die Schreibung des Omega mit einem Iota subscriptum auch den Dativ eines Pronomens bezeichnen. Die entsprechende Übersetzung würde dann – ohne jeden performativen Widerspruch – lauten: „Der, *dem* (viele) Freunde (gegeben sind), dem ist kein Freund (gegeben)." – Vgl. P 281f.

sprechenden Adverbien im Deutschen (*Vielleicht*) und Englischen (*perhaps, perchance*), nicht jedoch im Französischen (*peut-être*) sichtbar.

- Das deutsche *Vielleicht* besitzt eine sprachliche Auszeichnung, die Derridas performativen Absichten in besonderer Weise entgegenkommt. Das Wort „vielleicht" ist nach dem *Grimmschen Wörterbuch* eine Zusammenfügung aus *vil* und dem mittelhochdeutschen *lîhte*, das bis in das ältere Neuhochdeutsch sogar alleinstehend die Bedeutung des Adverbs „vielleicht" innehaben konnte. Die Besonderheit dieses adverbiellen Gebrauchs liegt daher im Bedeutungsgehalt „es kann *sehr leicht* sein" im Gegensatz zu einem unbestimmten „es kann sein":

  „*mhd.* vil lîhte *wird nicht nur im sinne von »sehr leicht, ganz ohne schwierigkeit«, sondern schon in freierer bedeutung angewandt [...]. der unterschied gegen die heutige anwendung kann sehr gering sein; im allgemeinen wird in der älteren sprache der zusammenhang mit* leicht *facilis noch empfunden, daher mehr die sichere erwartung, vermuthung oder befürchtung, als die blosze möglichkeit bezeichnet.*"[330]

  „vielleicht *bezeichnet die angenommene möglichkeit, dasz eine aussage der wirklichkeit entspricht, oder dasz etwas eintritt oder sich ereignet.*"[331]

- Im Englischen wird der positive Bezug auf das Eintreffen eines zukünftigen Ereignisses durch die Referenz auf die *Chance* in „perchance" und „perhaps" sichtbar werden, während „maybe" stärker die unbestimmte Möglichkeit „it may be" bezeichnet.[332]

- Das französische *peut-être* ist in seiner Bedeutung identisch mit dem Englischen *maybe*. Es drückt lediglich das „es kann sein" aus und wird daher von Derrida zumeist durch das deutsche *vielleicht* oder das englische *perhaps* ausgedrückt. Erstaunlicherweise nennt Derrida aber auch noch einen anderen Grund für einen philosophischen Vorbehalt gegenüber dem französischen Wort *peut-être*: Im Gegensatz zum *vielleicht* oder *perhaps* drückt das *peut-être* nämlich nicht nur die (zu) unbestimmte Möglichkeit aus, sondern es drückt diese Möglichkeit auch *(zu) bestimmt* aus.

  „[...] auch wenn das französiche *peut-être* (*kann sein*) mit seinen beiden *Verben* (dem Können und dem Sein) vielleicht schon zuviel sagt." [P 71]

330 J.u.W. GRIMM, *Deutsches Wörterbuch*, Bd. 26 (München: dtv, 1984), 236.

331 Ebd. 238.

332 Vgl. P 56, sowie den dortigen Hinweis auf den Artikel von R. Gasché (s.o. Anm. 315) zur möglichen philosophischen Relevanz des *Vielleicht*. Derrida bezeichnet die Fragestellung Gaschés als „von ausnehmender Bedeutung" für sein eigenens Denken des *Vielleicht*: „Und wenn *vielleicht* die Modalität eines Diskurses wäre, der nicht mehr von | Propositionen (*statements*: Erklärungen, Behauptungen, Feststellungen, Assertionen) vorangetrieben wird, ohne darum weniger streng zu sein als der Diskurs der Philosophie?" [P 56f, Anm.5; Zitat aus Gasché, Perhaps, 496]

Derrida versucht also mit dem *Vielleicht* zweierlei zu verbinden: Einerseits das Aufzeigen der Möglichkeit eines bereits *für* und *in* der Gegenwart relevanten Vorgriffs auf die Zukunft, dabei zugleich aber andererseits den Eindruck zu vermeiden, diese Zukunft in der sprachlichen Formulierung bereits unhinterfragbar bestimmt zu haben. Dies wird ausdrücklich formuliert:

> „Zum Beispiel: [...] Indem wir häufig ein präzisierendes »wenn es das gibt« hinzufügen, um die Daseinsthesis überall dort außer Kraft zu setzen, wo das Gesetz einer Aporie, einer Unentscheidbarkeit, eines dop- | pelten Zwangs (*double bind*) zwischen einen Begriff und ein Ereignis tritt, in Wahrheit dazwischentreten und in diesem Zwischen ausgehalten werden muss. Es ist dies der Moment, in dem die Kluft zwischen Denken und (Er)Kennen sich als unüberbrückbar und unerlässlich erweist. Der Moment, in dem man den Sinn oder den Nicht-Sinn nur denken kann, wenn man sich nicht länger gewiss ist, ob das, wovon die Rede ist, auch jemals eintritt, oder ob es, *selbst wenn es dergleichen gibt*, jemals einem theoretischen Wissen, einem bestimmenden Urteil, irgendeiner gesicherten Gewissheit des Diskurses oder der Benennung im allgemeinen zugänglich sein wird. Daher sagen wir stets wieder, aber die Beispiele ließen sich vervielfältigen: Die Gabe, *wenn es sie gibt;*[333] die Erfindung, *wenn es sie gibt*, etc.[334] Es geht dabei nicht um das Einräumen einer hypothetischen oder konditionalen Dimension (falls; vorausgesetzt; dass; etc.), sondern um die Markierung einer Differenz zwischen dem »es gibt« einerseits, dem »ist« oder »existiert« andererseits, also zwischen dem »es gibt« und den Worten der Präsenz. Das, was es gibt, wenn es dergleichen gibt, *ist* nicht notwendigerweise. Vielleicht *existiert* es nicht, vielleicht *gegenwärtigt* und *zeigt* es sich niemals – und doch gibt es das, kann es das geben." [P 70f]

Die hier angedeutete Differenz zwischen dem »es gibt«, d.h. der Gabe eines Ereignisses, das nicht kalkulierbar und auch in seinem *Sein-Können*, in seiner *Möglichkeit* nicht vorab identifizierbar ist, erweist sich letztlich als eine der als *différance* bezeichneten abwesenden Vorgängigkeit entsprechende Bewegung im Modus der Zukunft. Von daher ist es durchaus sinnvoll auch einen weiteren früher eingeführten Neologismus in den Modus der Zukunft zu transformieren – den der Spur. Der Schluss liegt nahe, dass *insofern der Begriff der »Spur« im Kontext der Schrift als endliche Re-präsentation einer abwesenden Vorgängigkeit bezeichnet wurde, die Rede im Modus des »Vielleicht« als »endliche Spur der Zukunft«, als gegenwärtige Re-präsentation eines noch Zu-Kommenden bezeichnet werden kann.* Derrida selbst legt diesen ungewöhnlichen, auf die Zukunft bezogenen Repräsentationsbegriff nahe, wenn er schreibt:

> „Das Künftige, das, was kommen soll und im Kommen bleibt, geht dem Gegenwärtigen und der Gegenwart, ihre[r] Gegenwärtigung und Selbstvergegenwärtigung vorher.

333 *[Anm. Derrida:]* Insbesondere in: J. DERRIDA, *Donner le temps: I. La fausse monnaie* (Paris 1991). [dt.: *Falschgeld: Zeit geben I*, München 1993.]

334 *[Anm. PZ:]* Vgl. auch Derrida, Gesetzeskraft, 30: „die Dekonstruktion, wenn es so etwas gibt" (s.o. S. 128); Ders., Das andere Kap, 26: „Wenn es heute ein Ereignis gibt ..." (s.o. S. 132); ebd. 33: „Moral, Politik, Verantwortung – wenn es sie denn gibt" (s.o. S. 133).

> Daher ist es »früher« als die Gegenwart, »älter« als jede vergangene Gegenwart.“ [P 69]

Diese Bestimmungen laufen sogar darauf hinaus, zwischen der Entdeckung der produktiven Bewegung der *différance* und der Kategorie[335] des *Vielleicht* keinen grundsätzlichen Unterschied mehr zu sehen. Beide Rede- oder Schreibweisen finden in der Endlichkeit der Gegenwart statt, die aber zugleich rückverwiesen bleibt auf eine von ihnen nicht beherrschbare Vorgängigkeit. Hatte die Analyse dieser Vorgängigkeit als Konsequenz das Wagnis einer gleichwohl unmöglichen wie notwendigen nachträglichen Anerkennung erforderlich gemacht, dem Derrida mit der performativen Umsetzung des „Sich-selbst-riskierens-im-Nichts-Sagen-Wollen“ von Anfang an zu entsprechen versuchte, so erweist sich die in der *Politik der Freundschaft* so spät explizit gewordene Kategorie des *Vielleicht* – erneut *nachträglich* – zugleich als Ermöglichungsgrund und Legitimationskriterium dieses Wagnisses. Die Erfahrung (Erfahrbarkeit) des Unmöglichen, die zuletzt als notwendige Bedingung allen Sprechens erschien, das zu seiner Legitimation auf letzte Gewissheiten verzichten muss, hatte von sich aus bereits auf das Hereinbrechen einer bestimmten Zukunft verwiesen.[336] Auf einen solchen notwendig gewordenen Ausgriff auf die Zukunft (die dadurch als *vorgängige Zukunft* gekennzeichnet ist), lässt sich natürlich selbst nicht wiederum durch den Rückgriff auf unmittelbare Gewissheiten antworten. Der Ausgriff und die Rede von der Zukunft sind vielmehr immer nur im Modus des *vielleicht* möglich.

In gewisser Weise *ist* das *Vielleicht* sogar die Zukunft. Im *Vielleicht* ist die Zukunft auf die einzige mögliche Art „präsent“. Würde man es wagen, das *Vielleicht* nicht mehr nur als Ausdruck einer „ungewissen Möglichkeit“ zu denken, sondern sie in ihrer eigenständigen, *positiv vorwegnehmenden* Bewegung zu verstehen, so hieße das, die Zukünftigkeit der Zukunft gedacht zu haben.

> „Was da *vielleicht* kommen wird, ist nicht bloß dieses oder jenes. Es ist letztlich das Denken des *vielleicht*, das *vielleicht* selbst. Das Heraufkommende wird *vielleicht* heraufkommen, denn dessen darf man sich nie sicher sein, wenn es um Heraufkunft geht, aber | diese[s] Kommende wäre auch das *vielleicht* selbst, die unerhörte Erfahrung des *vielleicht*. Die unerhörte, ganz neue, nie dagewesene, kurzum: die Erfahrung selbst, die noch kein Metaphysiker zu denken gewagt hätte.
>
> Vielleicht bringt das Denken des »vielleicht« das einzig mögliche Denken des Ereignisses auf den Weg. […] Keine Kategorie ist der Zukunft angemessener, keine wird ihr gerechter als die des »vielleicht«.“ [P 55f]

Derridas Interesse gilt, wie wir gesehen haben, keineswegs einer Zukunft, die entsprechend ihrer bekannten „Möglichkeiten“ erwartet wird, sondern einem Mögli-

335 Zum Hinweis, das *Vielleicht* in systematischer Hinsicht als „Kategorie – wenn es denn eine ist“ zu denken vgl. P 56, Anm. 5.

336 Vgl. etwa die Gerechtigkeits-„Definition“ in Derrida, Gesetzeskraft, 56f (s.o. S. 138).

chen, „dessen Ermöglichung dem Unmöglichen abgerungen werden muss." [P 56] Dieses Abringen der Ermöglichung, diese Erfindung einer Geste oder von Regeln, die – im Sinne Lyotards – „später einmal gegolten haben werden"[337], ist wie auch die Bestimmung „Dekonstruktion ist die Gerechtigkeit" aus der *Gesetzeskraft,* in einer eminent praxisbezogenen Weise politisch. Ohne selbst zukünftiges Handeln in irgendeiner Weise zu determinieren, liefert dieses Denken doch sowohl den notwendig anzuerkennenden Grund (Unausweichlichkeit der Anerkennung einer zu (ver-) antwortenden Vorgängigkeit) als auch ein nachvollziehbares Kriterium (Ermöglichung eines Unmöglichen, z.B. der Gerechtigkeit, der Demokratie, der Anerkennung des Anderen in seiner Alterität) zur Beurteilung jeglichen Handelns. Eine Ausnahme von der Beurteilungsfähigkeit dieses Kriteriums ist aufgrund der fehlenden „Grenzen" des dekonstruktiven Diskurses nicht möglich. Dekonstruktion – wenn man damit den Diskurs der Infragestellung vorausgesetzter und damit potentiell gewaltlegitimierender Gewissheiten bezeichnet – ist stets möglich und effektiv. Auch die kritische Frage nach der „Durchsetzbarkeit" eines solchen Denkens und seiner resultierenden Entwürfe würde letztlich die unhintergehbare Performativität des Derridaschen Denken übersehen haben. Denn die Frage der Durchsetzbarkeit eröffnet wider Erwarten *keinen* eigenständigen Diskurs. Dieser ist vielmehr mit der Dekonstruktion identisch. Ihre Ermöglichung und ihr Vollzug *sind* bereits die geforderte Praxis.

Das *„... daher das Unmögliche – vielleicht"* ließe sich, jenseits jeglicher Freund-Feind-Unterscheidung, diese vielmehr noch einmal hinterfragend und umgreifend, so durchaus als Grundlage des Politischen selbst entwerfen. In diesem Sinne ist auch Derridas „Traum" aus der Vorbemerkung der *Politik der Freundschaft* zu verstehen.[338] Der Essay ist letztlich der Versuch, eine solche ganz andere Grundlage des Politischen sichtbar werden zu lassen. Der Weg dieses Buches konnte hier im Einzelnen nicht nachgezeichnet werden. Er würde eine viel zu ausführliche Darstellung erfordern, welche die hier einzig im Zentrum stehende Erörterung der Kategorie des *Vielleicht* doch kaum ergänzt hätte.[339] Die Absicht der Lektüre wäre erreicht, wenn die Herausarbeitung der das Denken Derridas in ungewöhnlicher Eindringlichkeit und Kontinuität bestimmenden Performativität die Möglichkeit einer *ganz anderen* „Grundlegung" eines zukünftigen Denkens deutlicher werden lassen konnte.

337 J.-F. LYOTARD, Beantwortung der Frage: Was ist postmodern?, in: *Postmoderne für Kinder. Briefe aus den Jahres 1982-1985* (Wien: Passagen, 1987), 11-31, hier: 30f.

338 P 10; siehe oben S. 141.

339 Wir haben oben bereits darauf hingewiesen, dass ein erster Interpretationsband zur *Politik der Freundschaft* derzeit in Vorbereitung ist.

Politiques de l'amitié endet schließlich wie sie begonnen hatte – mit einem Vokativ. Dieser Appell ist zugleich die performative Antwort auf eine zuvor im Modus des *Vielleicht* formulierte Hypothese:

„[Die Hypothese] nähme vielleicht die folgende Form | an: Ist es möglich, die Demokratie oder das, was weiterhin auf den alten Namen Demokratie hört, zu denken und ins Werk zu setzen, indem man sämtliche Formen der Brüderlichkeit, nämlich der Familie oder der androzentrischen Ethnie entwurzelt, die ihr von all jenen Figuren der (philosophischen oder religiösen) Freundschaft diktiert werden? Ist es möglich, indem man ein gewisses treuer Gedächtnis der demokratischen Vernunft und der Vernunft *tout court*, ich würde sogar sagen: einer bestimmten *Aufklärung* [i.O. deutsch] in sich wachhält (lassen wir den Abgrund offen, der sich heute noch, heute wieder unter diesen Wörtern auftut), sie nicht etwa zu gründen oder zu begründen, sondern zu öffnen und offenzuhalten, dort wo es zweifellos nicht mehr um eine *Gründung* und *Grundlegung* geht, sondern um die Offenheit für die Zukunft oder vielmehr für das »Komm« einer bestimmten Demokratie? [...]

Wann werden wir für eine Erfahrung der Freiheit und der Gleichheit bereit sein, die auf diese Freundschaft, aus Achtung vor ihr, die Probe macht und schließlich gerecht, gerecht jenseits des Rechts, das heißt dem Maß ihres Unmaßes gemäß wäre?

O Freunde, Demokraten ...“ [P 408f]

NOTWENDIGKEIT GEBROCHENEN SPRECHENS – *»theologische« Aufbrüche?*

Im Rückblick auf die bisher gelesenen Texte Derridas zeichnet sich eine durchgängige temporale Verfasstheit allen Denkens ab. *Zum einen* drängte sich in den frühen Texten zunächst die unausweichliche, von keinem Diskurs einholbare Vorgängigkeit der Bewegung der *différance* auf, einer „Vergangenheit, die nie gegenwärtig war" [D 50], wie Derrida mit explizitem Bezug auf Levinas formuliert. Dieser nachträgliche, *per posterius* erfolgende Rückbezug auf eine unvordenkliche Vergangenheit ist keine völlig neuartige und kontextlose Bestimmung. Die Konnotationen, die mit dieser sich aufdrängenden Temporisation[340] und dem sicherlich bewussten Verweis auf Levinas verbunden sind, sollten daher beachtet werden. So ist etwa bei Levinas diese Formel ein ausdrücklicher Rückbezug auf einen (philosophischen) Begriff des Religiösen. Dies ist Derrida sicherlich nicht entgangen, wird doch dieser in die Form einer Frage gekleidete Bezug gerade in jenem Kontext genannt, der Derrida zum Verständnis seines eigenen Begriffs der *Spur* inspirierte.[341] In dem bereits das Denken des zweiten Hauptwerkes von Levinas[342] vorbereitenden Aufsatz *Rätsel und Phänomen* (1965) fragt Levinas unmissverständlich: „Kommen nicht vielleicht die Religionen auf uns zu aus einer Vergangenheit, die nie reines Jetzt war?"[343] Derridas eigene Stellung zu einer explizit religiösen oder theologischen Rede ist bei genauerer Betrachtung allerdings nicht eindeutig. Er grenzt sich stets nur unter einem bestimmten Blickwinkel (darin jedoch nachdrücklich) von den auftauchenden religiösen – oder, da es sich stets um Phänomene der Sprache handelt, wohl besser: *theo-logischen* – Konnotationen der *différance* ab. „Theologie" wird so für Derrida in den frühen Texten stets nur als Ontologie, als Onto-Theologie gedacht. Dies wurde bereits in dem *Différance*-Vortrag explizit ausgesprochen:

> „[Die *différance*] gehört in keine Kategorie des Seienden, sei es anwesend oder abwesend. Und doch ist, was derart mit *différance* bezeichnet wird, nicht theologisch, nicht

340 Siehe dazu oben S. 62.

341 Vgl. dazu Derridas Rückbezug auf Levinas' *Die Spur des Anderen* (s.o. S. 53 Anm. 146). Zur Nähe der *différance* zum Denken von Levinas vgl. auch S. 83.

342 E. LÉVINAS, *Jenseits des Seins oder anders als Sein geschieht* (Freiburg/Br.-München: Alber, 1992 [fr. [1]1974]).

343 Levinas, Rätsel und Phänomen, 250.

> einmal im negativsten Sinne der negativen Theologie, welche bekanntlich stets eifrig darum bemüht war, über die endlichen Kategorien von Wesen und Existenz, das heißt von Gegenwart, hinaus, eine Supraessentialität herauszustellen und daran zu erinnern, dass Gott das Prädikat der Existenz nur verweigert wird, um ihm einen Modus höheren, unbegreiflichen, unaussprechlichen Seins | zuzuerkennen. Hier geht es nicht um eine solche Bewegung, und dies wird sich zunehmend bestätigen.“ [D 34f]

Die in der Bewegung der *différance* sich zeigende temporale Beziehung zu einer unvordenklichen Vergangenheit, die nicht noch einmal onto-theologisch missverstanden werden darf, hatte sich in den Texten Derridas aber *zum anderen* auch als Beziehung zu einer unnennbaren Zukunft, zu einer nur im Modus des Vielleicht antizipier*baren*, zugleich aber performativ auch bereits *antizipierten* Zukunft herausgestellt. Beide Aspekte dieser temporalen Spannung, ihre Einheit und ihr Aufeinander-verwiesen-sein wurden oben bereits durch das Verständnis der *Spur* als Re-präsentation, die sich nicht nur auf eine vorgängige Vergangenheit, sondern auch auf die Vorgängigkeit einer Zu-kunft bezieht, auszudrücken versucht (s.o. S. 147). Auch hier bleibt die Nähe zu Emmanuel Levinas unübersehbar.[344] Denn nicht bloß der Rückgriff auf die unvordenkliche Vergangenheit, die nur als Spur einer Abwesenheit gegenwärtig ist, findet sich bei Levinas, sondern auch die Modalität des Vielleicht. Ganz ausdrücklich wiederum in *Rätsel und Phänomen,* jenem Text, in dem Levinas einer auf Präsenz bezogenen und von Evidenz zu Evidenz fortschreitenden Philosophie die „Verwirrung“ (*dérangement*, Un-Ordnung, Ent-Ordnung) entgegenhält, die entsteht, wenn man Begriffe jenseits des begrifflich Faßbaren, etwa den Begriff Gottes oder auch die platonischen Begriffe des Einen und des Guten, zu denken versucht. Das Denken des Begriffs Gottes müsste, so Levinas, wenn dieser in seiner jenseits der Vernunft liegenden Bedeutung gedacht werden soll, in einer neuen Modalität und damit jenseits einer Philosophie, die auf gegenwärtige Phänomene bezogen bleibt, erfolgen, einer Modalität, die sich der unvordenklichen Vergangenheit anzunähern vermag, dabei aber den Charakter der Spur wahrt und nicht wiederum zurückgeführt werden darf „auf die Möglichkeit, die Wirklichkeit und die Notwendigkeit der formalen Logik, auf die sogar der Skeptizismus sich bezieht.“[345] Ausdruck dieser *neuen Modalität* ist, für Levinas ebenso wie später für Derrida, die Rede im Modus des *Wenn* oder des *Vielleicht*.[346]

Was bei allen gleichlautenden Begriffen und bei aller Nähe der beiden Denker und ihrer Werke jedoch nicht außer acht gelassen werden darf, ist der signifikante Unterschied in der Argumentationsweise. Derrida bleibt, wie wir gesehen haben, von Anfang an einer selbstkritischen Sprache verpflichtet. Das „Nichts-Sagen-Wollen“,

344 Vgl. Levinas, Die Spur des Anderen, 210.
345 Levinas, Rätsel und Phänomen, 247.
346 Levinas, Rätsel und Phänomen, 247.

die Dekonstruktion des sprechenden Subjekts, ist so für ihn gleichermaßen Programm wie Kriterium. Das Sprechen ist die gewagte Konsequenz („sich selbst riskieren") einer sich aufdrängenden Vorgängigkeit. Die Texte Levinas' scheinen demgegenüber noch viel mehr einer (wenn auch erweiterten) phänomenologischen Methode verpflichtet zu sein, die, obwohl ausdrücklich über die Phänomenalität des Gegebenen hinauszielend, doch die Unmittelbarkeit des entgegentretenden Anderen, die „Nacktheit des Antlitzes" in seinem verpflichtenden Anspruch am Ende philosophisch unbefragt lässt.[347] Im Gegensatz dazu sind auf Grund der durchgehaltenen dekonstruktiven Selbstkritik religiöse und ethische Bezugnahmen, aber auch die Rede von Gott bei Derrida nicht in derselben Unmittelbarkeit möglich wie in den Texten von Emmanuel Levinas. Dennoch zeigt sich bei genauerer Lektüre eine auffällige gegenseitige Verwiesenheit des philosophischen Diskurses im Sinne der Dekonstruktion und einer, die in der Einleitung genannten Diagnosen der Zeit ernstnehmenden Theologie.

347 Die Rückfrage nach dem Status der „(quasi-)phänomenalen" Prämisse eines alteritär gedachten Anderen bei Levinas, also gerade jenes Anderen, der weder in (s)einer Phänomenalität noch in deren Möglichkeitsbedingungen adäquat zur Sprache gebracht werden kann und doch jenseits dieser Phänomenalität unmittelbar „anspricht" und in die Verantwortung ruft, wird gegenüber Levinas m.W. kaum gestellt. Einzige Ausnahme scheint Bernhard Taureck zu sein, der am Ende seiner Einführung in das Denken von Emmanuel Levinas hier eine noch ungelöste Fragestellung in dessen Alteritätsverständnis ortet: „Wie ist der andere bei Lévinas vorgestellt? Wir begnügen uns jetzt nicht mit der negativen Antwort, er sei nicht als alter ego gedacht. Vielmehr fragen wir: Wer oder was begegnet als anderer? Lévinas' Antwort lautet: der andere Mensch. Diese Antwort setzt aber voraus, dass einem Menschen überhaupt etwas sich zeigt und dass er zur Sortierung und Identifizierung *[von „Menschen" im Gegensatz zu Tieren, Pflanzen oder anderen sich zeigenden »Gegenständen«; Anm. PZ]* fähig ist. [...] Wann genau kann M *[ein Mensch]* sagen, dass X ein anderer Mensch ist?" B. TAURECK, *Lévinas zur Einführung* (Hamburg: Junius, 1991), hier: 110. – Zwar scheint Taurecks Fragestellung das Sich-Zeigen des Anderen noch einmal in einer phänomenologischen Weise zu unterstellen und lässt eine Antwort von daher als unmöglich bzw. dem Ansatz Levinas' gegenüber inadäquat erscheinen. Doch bleibt die Motivation seiner Rückfrage aufrecht: Wie lässt sich der allein aus dem Jenseits aller Phänomenalität an-rufende Andere *als* Anderer konkret vermitteln? – Levinas scheint sich des Problems durchaus bewusst zu sein. Die „Wende" in seinem Denken zwischen *Totalité et Infini* (1961) und *Autrement qu'être ou au-delà de l'essence* (1974) zeigt dies: Wurde der Andere zunächst strikt jenseits der Phänomenalität gedacht, spricht er für Levinas im Entwurf der Texte ab Ende der 50er-Jahre im Diesseits des unmittelbaren Erlebens an. (Vgl. N. KREWANI, Einleitung: Endlichkeit und Verantwortung, in: E. LEVINAS, *Die Spur des Anderen*, aaO. 9-51, bes. 19f. 38ff.) Doch vermag Levinas' Vorstellung von der „Verwirrung" *(dérangement)*, das heißt der Störung der Ordnung durch den Einbruch des Anderen nicht vollständig zu überzeugen. Muss bei der Rede von einer (kontingenten) Störung nicht in deren Erfahrung der Andere bereits vorausgesetzt werden, um ihn als (menschlichen) Grund der Störung identifizieren zu können? Muss Levinas auf die Frage „Ist da jemand?" nicht die Antwort voraussetzen: „Ja, ein Mensch" – ohne die Möglichkeit zu haben, sich darüber noch einmal kritisch Gewissheit zu verschaffen? Hier wäre erneut auf den Artikel *Rätsel und Phänomen* zu verweisen, in dem Levinas, wie das eingangs zitierte Motto aus Eugen Ionescos *Die kahle Sängerin* nahelegt – „Also wissen wir immer noch nicht, ob, wenn es an der Türe klingelt, jemand da ist oder nicht ..." (236; vgl. 241.245) –, diese Thematik explizit aufgreift. Die Frage nach der Möglichkeit eines Irrtums wird bei Levinas nicht gestellt.

Das abschließende Kapitel versucht daher, diese keinesfalls ausgeschlossene *theologische* Bezugnahme auf das Denken Jacques Derridas, ja die Annäherung der Dekonstruktion an einen (fundamental-)theologischen Diskurs unter Wahrung ihrer unüberbrückbaren Unterschiedenheit, anhand der Texte Derridas selbst aufzuzeigen. *Wenn* nun allerdings innerhalb dieses Denkens tatsächlich die Möglichkeit einer Annäherung an einen „theologischen" Diskurs, das heißt an eine – noch näher zu bestimmende – *Rede von Gott* gedacht werden soll, so wird dies nicht bereits unter theologischen Prämissen geschehen können. Die in der Einleitung angesprochene Grundlagenkrise, aus deren Diagnose heraus sich das dekonstruktive Denken Derridas – nicht als Methode, vielmehr als Konsequenz – aufdrängte, bleibt mit ihrem Verdacht unhinterfragter Voraus-Setzungen unüberwindbar. Wir werden also weiterhin einem konsequent nachträglichen Denken verpflichtet bleiben.

Ausgespannt zwischen der (quasi-)ursprünglichen Bewegung der *différance* und dem gleichfalls unumgehbaren performativ antizipierenden Modus des *Vielleicht*, lässt sich die bisher aufgezeigte, allem Denken und Handeln bereits vorausliegende Temporalität nicht mehr in die gleichförmige und kontinuierliche Datierbarkeit der physikalisch interpretierten Zeitmodi Vergangenheit, Gegenwart und Zukunft einfügen oder auf sie reduzieren. Sie macht vielmehr die Öffnung auf einen ganz anderen Zugang zu den Phänomenen der Welt und ihrer Deutung notwendig. Der Einbruch des *ganz anderen*, der Einbruch der Erfahrung des Unmöglichen in den philosophischen Diskurs verändert die Perspektive. Aus diesem Grund wird, wie gerade jene Texte aus der Entstehungszeit der *Politik der Freundschaft* gezeigt haben, auch die Grundlegung bzw. Legitimation zukünftigen politischen, gesellschaftlichen, kurz: auf Praxis ausgerichteten Handelns eines anderen Diskurses als dem des Rückgriffs auf allgemein geteilte Prämissen bedürfen. Die Legitimation, *wenn es denn eine gibt*, liegt nun nicht mehr allein in der überzeugenden Kraft der Argumentation, nicht in ihrer (doch stets nur mehrheitlichen) Plausibilität oder formalen Universalität, sondern allenfalls dieser bereits voraus. Legitimation ist, wenn überhaupt, nur im Rückgriff auf ein nicht sprachlich gegebenes, nicht benennbares *Vorgängiges* möglich. Sie ist niemals durch einen abgeschlossenen Diskurs oder ein beschreibbares Verfahren gesichert, sondern kann nur durch einen gewagten Rückgriff auf eine noch ausstehende Zukunft *antizipiert*, d.h. von einer erst von der eröffneten Zukunft her sich bewährenden[348] Grundlegung im hier und jetzt (und auch da nur im Modus des Vielleicht) vorweggenommen werden.

348 Vgl. zur Thematik der Bewährung F. ROSENZWEIG, *Der Stern der Erlösung* (Frankfurt/M.: Suhrkamp, ^{4}1993).

Es wurde bereits mehrfach auf die *Notwendigkeit* dieses Rückgriffs hingewiesen.[349] So ist, wie Derrida in *Gesetzeskraft* gezeigt hat, Gerechtigkeit nicht ohne den vorausgreifenden Rückgriff auf die Möglichkeit des Unmöglichen denkbar. Ohne Beachtung der temporalen Struktur, ohne Anerkennung einer unvordenklichen Vergangenheit und ohne die performative Antizipation des Unmöglichen bleibt jegliches Handeln einer unhinterfragten, letztlich delegitimierenden Gewalt ausgesetzt. Andererseits ist mit dem Kriterium der Dekonstruktion allein diese Gewalt nicht schon ausgeschlossen. Eine Kritik an der „Anwendbarkeit" dekonstruktiver Kriterien scheint berechtigt. Ist die Art und Weise des geforderten Rückgriffs letzten Endes doch wieder kontingent? Oder ist sie einfach der Erfindungsgabe des herrschenden Diskurses anheimgegeben? Bleibt das Kriterium der Dekonstruktion letzten Endes doch formal? Im Kontext der seit Mitte der 80er-Jahre erörterten Themen wird allerdings auch eine, letztlich immer selbstbezügliche, das heißt subjektzentrierte und alteritätslose Formalität dekonstruiert. Vielleicht ist es sogar diese gewiss unerwartete Konsequenz aus der Bewegung der Dekonstruktion, die zunächst den Eindruck einer performativen oder ethischen „Wende" im Denken Derridas entstehen ließ. In Form einer ausführlichen dekonstruktiven Entfaltung einer durchaus selbstkritisch zu lesenden Fragestellung kehrt dieser jedenfalls noch einmal – und erneut unter Bezugnahme auf die Erfahrung der *différance* – den Begründungszusammenhang um und erweist im Durchgang durch diese Frage indirekt die Unmöglichkeit eines bloß formalen Verständnisses der Dekonstruktion. Die vielleicht nachträglich doch eher als beziehungsreiche Antwort erkennbare Frage bildete den Titel eines Vortrags, den Derrida 1986 zur Eröffnung eines Kolloquiums über „Abwesenheit und Negativität" in Jerusalem gehalten hatte: *How to avoid speaking. Denials.*[350] Das Thema des Vortrags schien zunächst das Verhältnis der Dekonstruktion bzw. Derridas selbst zu den verschiedenen Traditionen einer „Negativen Theologie" zu sein. Gleichwohl zeigte sich sehr bald, dass Derrida es vermied, einfach *über* die Negative Theologie zu sprechen.

349 Siehe oben S. 139 u. 129

350 dt.: J. DERRIDA, *Wie nicht sprechen. Verneinungen* (Wien: Passagen-Böhlau, 1989). [= W] – Der ursprünglich in englischer Sprache gehaltene Vortrag wurde zunächst auf Französisch publiziert: Comment ne pas parler, in: J. DERRIDA, *Psychè. Inventions de l'autre* (Paris: Galilée, 1987), 525-595. Zum englischen Text vgl. u.a. den allein Derridas Bezug zur Negativen Theologie gewidmeten Sammelband *Derrida and Negative Theology* (Ed. by Harold COWARD / Toby FOSHAY; New York: SUNY Press, 1992), 73-142.

How to avoid speaking – Wie nicht sprechen?

Der Jerusalemer Vortrag ist einer der Schlüssel- oder Schwellentexte Jacques Derridas. Dies wird zum einen an seiner sprachlichen Form deutlich, an seinem „autobiographischen“ Ton, den Derrida selbst unterstreicht, zugleich aber auch einklammert („Man wird dieses Wort mit all den »Anführungsstrichen« umstellen müssen, die man dafür wird finden können.“ [W 122 Anm. 29]), noch mehr aber an seiner Stellung zu den späteren Texten. Der Vortrag lässt einen noch ungewohnten Horizont für die dekonstruktive Philosophie sichtbar werden. Wie bereits angedeutet, wird die ethische und politische Thematik, die Derridas Texte seit dieser Zeit prägt, in *How to avoid speaking* jedoch noch keine Rolle zu spielen scheint, vielleicht sogar erst durch diesen Vortrag als Konsequenz aus den früheren Arbeiten deutlich. Auf jeden Fall sollten die deutlich erkennbaren strukturellen Besonderheiten des Textes, seine Sprache und sein Verhältnis zu früheren und späteren Texten, bei der Lektüre besonders beachtet werden.

Wie bei *De la grammatologie*, *La différance* und *Politiques de l'amitié*, die ebenfalls jeweils eine Schwelle im Werk Derridas markieren, ist auch in *How to avoid speaking* nicht von vornherein klar, worum es eigentlich geht. Der Text hat, wie auch die Vorgeschichte seines Titels zeigt[351], kein benennbares Thema. Der zumeist mit dem keineswegs eindeutigen Namen „negative Theologie“ angegebene Kontext erweist sich bei näherer Betrachtung als äußerst trügerische Bestimmung. Weder lässt sich der Vortrag auch nur einigermaßen systematisch auf die Traditionen der Negativen Theologie, noch auf die im Text genannten Autoren, die einer solchen Tradition nahestehen, ein. Derrida interessiert sich einzig für die grundsätzlich verneinende Sprachbewegung der Negativen Theologie und ihre Vorgangsweise bei der Vermeidung prädikativer Aussagen. Gleichzeitig wiederholt Derrida diese Bewegung selbst in seinem Text. Die Beziehung zwischen dem Jerusalemer Vortrag und den Traditionen der Negativen Theologie ist also von vornherein – dies ist aus den bisherigen Lektüren nicht mehr ungewohnt – eine performative: Derrida spricht, wenn überhaupt, nicht *über* Negative Theologie, sondern allenfalls selbst in einer gewissen Nähe zu deren Sprechen. Darin zeigt sich indirekt zugleich auch, im Zuge einer nachträglich bestätigenden Wiederholung, der Anlass für das „Thema“ des Vortrags: Derrida antwortet auf den keineswegs neutral vorgebrachten Verdacht, in seinem Werk „ständig die Vorgehensweisen der negativen Theologie zu wiederholen.“ [W 11]

351 Vgl. Derrida, Wie nicht sprechen, 29f, sowie 117f Anm. 15.

Vorgängigkeit des Müssens

Auffallend ist bereits der Beginn des Textes. Wie stets bei Derrida ist der Einstieg in den Diskurs keineswegs willkürlich gewählt. Schon der Titel lenkt die Aufmerksamkeit auf die Sprechweise des Textes, vor allem auf das sprechende Subjekt selbst. Wie könnte man es vermeiden, zu sprechen? Lässt sich die nähere Bedeutung des Titels wohl erst im Zuge des Vortrags verstehen,[352] so ist er doch von Anfang an der ursprünglichen Zuhörerschaft wie auch den heutigen Lesern bereits bekannt. Derrida hat also schon gesprochen, er hat dem Sprechen schon stattgegeben – er hat einen Titel genannt. Auch wenn er durch die Dringlichkeit der Situation eines Ferngesprächs genötigt war, binnen zwei Minuten einen Titel zu improvisieren [W 29f], und mit dem zunächst in französischer Sprache formulierten „Comment ne pas dire …?" vielleicht doch mehr einen eigenen Widerstand beschrieben hat, als ein zu erörterndes Thema, bleibt die Spannung im Blick auf den Vortrag selbst doch aufrecht. Das Sprechen hat bereits begonnen. Es ist schon zu spät, es zu vermeiden. Aus dem Kontext des frühen Vortrags *La différance* ist diese Problematik bereits bekannt. Dem „Nichts-Sagen-Wollen", dem sich Derrida als Konsequenz seiner früheren Lektüren verpflichtet fühlt,[353] schien dort bereits der erste Satz zu widersprechen: Derrida hatte seinen Vortrag 1968 eindeutig als sprechendes Subjekt eröffnet („Ich werde also von einem Buchstaben sprechen" [D 31]).[354] Diese sich von Beginn an zeigende Spannung ist jedoch nicht die einzige Parallele zwischen *La Différance* und *How to Avoid Speaking*. Derrida reflektiert auch in Jerusalem, wie zuvor an der Sorbonne in Paris, auf sein eigenes Denken; und er verweist auf eine bestimmte Vorgängigkeit: Derrida spricht – damit wird der Vortrag eröffnet – aus einer *vorgängigen Verpflichtung* heraus.

> „Noch bevor ich begann, diesen Vortrag vorzubereiten, wusste ich, dass ich über die »Spur« zu sprechen wünschte in ihrem Bezug zu dem, was man, mitunter missbräuchlich, die »negative Theologie« nennt. Genauer, ich wusste, dass in Jerusalem ich es *würde* tun *müssen*. Doch wie verhält es sich hier mit einem solchen Müssen? Und wenn ich sage, ich wusste, es tun zu müssen, noch vor dem ersten Wort dieses Vortrags, so nenne ich beim Namen bereits eine einzigartige Vorgängigkeit des Müssens – ein Müssen vor dem ersten Wort, ist das möglich? –, bei der man einige Mühe haben dürfte mit der Situierung, und dies wird vielleicht heute mein Thema sein." [W 9]

Wie die meisten Texte Derridas kann auch *How to Avoid Speaking* nicht einfach referiert, sondern muss *gelesen* werden. Schon der Zugang zu diesem Text bestimmt ein

352 Zur Frage nach der Beziehung zwischen Titel und Text, seiner stets erst nachträglichen Bestimmung vgl. J. DERRIDA, Titel (noch zu bestimmen) (1979), in: *Gestade* (Wien: Passagen, 1994) 219-244.

353 Vgl. Derrida, Positionen, 49ff.

354 Siehe oben S. 107ff.

mögliches oder ein von vornherein scheiterndes Verständnis. Wenn der Anspruch des Titels „Wie nicht sprechen" nicht prinzipiell scheitern oder in einen Selbstwiderspruch führen soll, so wird das Verständnis des Textes jedenfalls weniger von dem Umstand, *dass* etwas gesagt – und deshalb keineswegs das Sprechen vermieden wird, abhängen können, als vielmehr von der Art und Weise seines Sprechens bzw. seines Scheiterns. *Wie* wird hier das „nicht-sprechen" versucht? Bereits an den kurzen einleitenden Sätzen – sie werden sehr schnell von einem ganz anderen, erläuternden Ton unterbrochen, durch eine „approximative" Umschreibung der „negativen Theologie", aus der sich dann die weitere Argumentation entwickelt –, bereits an dieser kurzen Einleitung lassen sich für die weitere Lektüre entscheidende Beobachtungen anstellen.

1. Derrida spricht, so der erste Eindruck, von sich selbst, von einem (reflexiven) Wissen und (s)einem Wunsch, über einen bestimmten Begriff Rechenschaft abzulegen. Dennoch wird das sprechende Subjekt hier nicht als das primär aktive vorgestellt. Vielmehr wird im reflexiven Rückbezug auf das eigene Wissen und Wünschen auch noch auf eine ganz andere Handlungskette angespielt. „Noch *vor*" dem Beginn der *Vorbereitung* des Vortrags, deren Resultat der nun vorliegende Text ist, sei ein Wissen gestanden, dem seinerseits ein Wunsch *voran*gegangen sei. Dieser Wunsch bliebe, das ist zu beachten, immer noch ein Ausdruck desselben, nun nachträglich darauf reflektierenden Subjekts. Wie der folgende Satz jedoch zeigt, wird der Rückgang aber noch weiter getrieben. „Noch *vor*" allem Wissen (oder Wünschen) sei vielmehr eine dem aktiven Subjekt selbst nochmals *vorgängige* Verpflichtung gestanden: „Genauer, ich wusste, dass [...] ich es *würde* tun *müssen.*" Nimmt man diesen ersten Entwurf eines antwortenden Diskurses ernst, so ist *vielleicht* noch gar nicht ausgemacht, *wer* hier eigentlich *das Sagen hat.*

2. Der Rückbezug auf „eine einzigartige Vorgängigkeit des Müssens" ist an dieser Stelle nicht einfach eine rhetorische Metapher, um dem Vorgetragenen besonderen Nachdruck zu verleihen, sondern er ist das Thema des Vortrags selbst. Schon diese wenigen Zeilen lassen dies deutlich werden. Nicht das im ersten Satz genannte Wissen, sondern die Problematik des Müssens wird von Derrida als eigentliches Thema genannt. Dennoch bleiben auch hier Vorbehalte. Bereits die Möglichkeit dessen, was hier Thema werden soll, ist durchaus zweifelhaft. „Ein Müssen vor dem ersten Wort, ist das möglich?" Blickt man voraus auf den weiteren Gang des Vortrags, so wird jenes Müssen auch keineswegs explizit im Mittelpunkt der Ausführungen stehen. Worauf Derrida mit dieser Einleitung also aufmerksam machen will, ist, dass das Folgende *vielleicht* auch unter dem Aspekt einer sich zeigenden, zugleich aber noch näher zu bestimmenden „vorgängigen Verpflichtung" gelesen werden könnte und sollte.

3. Zur Problematik einer Vorgängigkeit des Müssens gehört, wie Derrida hier ebenfalls bereits andeutet, auch die Frage ihrer „Situierung" oder Einordnung *(situer)*. Es ist die Frage des Ortes, des Topischen, der Topologie, die hier anklingt. Welches ist der *Ort* oder die Ordnung einer solchen Vorgängigkeit; von welchem Ort aus, innerhalb welcher Ordnung kann eine Verpflichtung überhaupt ansprechen? Woran lässt sich die temporale Beziehung zu einer an-sprechenden Vorgängigkeit festmachen? Wie Hans-Dieter Gondek für die deutsche Übersetzung anmerkt, ist das Topische, die Frage des Ortes, ein durchgängiges Thema des Jerusalemer Vortrags. Im deutschen Text wird daher das französische Wort *lieu*, das mit Ort, Stelle, Platz oder Stätte wiedergegeben werden kann, aber auch in Wendungen wie „*statt*haben, *statt*geben" u.ä. vorkommt, stets eigens durch Großschreibung hervorgehoben. (Vgl. W 113 Anm.8)

4. Inhalt des vorgängigen Wissens, auf das Derrida rekurriert, war sein Wunsch bzw. die Verpflichtung „über die »Spur« zu sprechen [...], in ihrem Bezug zu dem, was man [...] die »negative Theologie« nennt." Beide Begriffe verweisen erneut auf den bereits bekannten Kontext zurück: die Thematik der *différance* als Beziehung zu einer bestimmten produktiven Vorgängigkeit. Mit der Entdeckung dieser Bewegung waren ja sowohl die Einführung des Begriffs der „Spur" in *De la grammatologie* und *La différance* verbunden gewesen, als auch die Ablehnung der Einordnung der *différance* unter die Kategorien einer „negativen Theologie", insofern diese auf eine bestimmte „Supraessentialität" zielte. Dabei wurde, dies war die eigentliche Kritik Derridas an diesem Begriff, die Existenz Gottes auch jenseits aller vermiedenen Prädikationen doch noch einmal unhinterfragt vorausgesetzt. (vgl. D 34f; s.o. S. 151) Mit dem Hinweis auf diese Begriffe bereits im ersten Satz seines Vortrags schließt Derrida ausdrücklich und direkt an die frühen Arbeiten an und bleibt, wie sich zeigt, auch weiterhin dem für das Verständnis jener Texte unverzichtbaren „Nichts-Sagen-Wollen" verpflichtet. Dennoch zeichnet sich auch eine Verschiebung ab. Die Nennung der „negativen Theologie" erfolgt nun in einer weit weniger bestimmten Weise. Es wird nicht ein *bestimmtes* Verständnis dieser Tradition angesprochen, sondern lediglich ganz allgemein dasjenige, was – „mitunter missverständlich" – unter diesem Namen versammelt wird. Damit bleibt das Wesen dieser Tradition in der Einleitung selbst noch unbestimmt. Es wird erst in einem zweiten, sogleich anschließenden Schritt entsprechend einer „approximativen Hypothese" zu definieren versucht. [W 9ff] (Auch diese Annäherung an einen unbestimmten Begriff erweist sich als Parallele zum *Différance*-Vortrag.)

5. Ein letzter Hinweis wird vielleicht noch länger unbestimmt und dunkel bleiben müssen. In ungewohnter Weise verbindet Derrida nämlich die Notwendigkeit, auf ein vorgängiges Müssen zu reflektieren, ausdrücklich mit einem bestimmten Ort: Je-

rusalem. „Genauer, ich wusste, dass in Jerusalem ich es *würde* tun *müssen.*" Wieso Jerusalem? Welche Beziehung hat dieser Ortsname zur angedeuteten Vorgängigkeit einer Verpflichtung? Die naheliegende Interpretation, mit „Jerusalem" sei lediglich der von Anfang an feststehende Ort des Kolloquiums gemeint, löst die Frage nicht auf. Wieso „wusste" Derrida, dass er gerade *in Jerusalem* von einer vorgängigen Verpflichtung werde sprechen müssen? Um welches Wissen handelt es sich hier? Jerusalem taucht als beziehungsvoller Eigenname mehrmals in *How to Avoid Speaking* auf [W 9. 26f. 88. 117 Anm. 15]. Abgesehen von der Unsicherheit seiner Bedeutung im ersten Satz, ist Jerusalem jedoch stets als Ort einer Verheißung und einer Nähe genannt, die zu ihrem Verständnis auf die jüdisch-christliche Tradition verweist, – wie etwa bei jenem Jerusalem, dem Meister Eckehart in seiner Seele nahe ist[355] und auf das Derrida verweist. [W 27] Derrida wird im Zuge seiner Ausführungen diesbezüglich auch noch einige ungewöhnliche, vermutlich für viele sogar befremdliche, Fragen stellen:

> „Bin ich in Jerusalem oder anderswo, weit entfernt von der heiligen Stadt? Unter welchen Bedingungen befindet man sich in Jerusalem? Reicht es hin, physisch, wie man sagt, darinnen zu sein und – ich tue es gegenwärtig – Orte zu bewohnen, die diesen Namen tragen? Was heißt es, Jerusalem zu bewohnen?" [W 27]

Wir werden von diesen Fragen hier zunächst nur den Hinweis ableiten, dass vielleicht schon in der Einleitung der Name „Jerusalem" mehr anzeigen könnte, als zunächst zu erwarten gewesen wäre.

»Negative Theologie« – eine Anklage?

Im Anschluss an die kurze, aber nichtsdestoweniger, wie wir gesehen haben, äußerst dichte und beziehungsreiche Einleitung entfaltet Derrida eine erste nähere Bestimmung dessen, was gemeinhin mit dem Namen „negative Theologie" bezeichnet wird. Ohne auf die Eigenheiten einzelner Traditionen einzugehen, kennzeichnet er sie ganz allgemein als eine „bestimmte Sprachform" [W 9], die darin bestehe „anzunehmen, jedes Prädikat, ja alle prädikative Sprache, bleibe dem Wesen, in Wahrheit der Überwesentlichkeit Gottes, inadäquat, und infolgedessen könne allein eine negative (»apophatische«) Attribution den Anspruch erheben, sich Gott anzunähern, uns auf eine schweigend erfahrene Anschauung Gottes vorzubereiten." [W 10] Mit dieser Kennzeichnung vermeidet es Derrida, eine klare Abgrenzung dessen zu geben, was er das „Archiv" der negativen Theologie nennt und dessen Einheit er gemeinsam mit Jean-Luc Marion bestreitet [vgl. W 111 Anm. 3]. Derrida interessiert lediglich die Sprachform der absprechenden Verneinung *(dénégation)*. Er geht sogar soweit, zu fragen, ob überhaupt jemals ein Diskurs den Titel „negative Theologie" für sich bean-

[355] MEISTER ECKEHART, *Deutsche Predigten und Traktate* (hg.v. J. Quint; München: Hanser, ^{3}1969), hier: 39. Predigt, S. 341.

sprüchen könnte ohne damit gleichzeitig die von sich selbst geforderte Vermeidung der Prädikation aufzugeben. [W 10. 26] Insofern es also in der Negativen Theologie um die Logik eines Sprechens geht, das es konsequent zu vermeiden sucht, sich von einer vorausgesetzten prädikativen Bestimmung her verstehen zu müssen, wird sie auch eine vorschnelle Identifizierung ihrer selbst vermeiden müssen. „Gibt es je anderes als eine »negative Theologie« der »negativen Theologie«?" [W 26]

Mit der sehr allgemeinen Umschreibung, die Derrida hier gibt, lässt sich so schließlich eine sehr weitreichende „Familienähnlichkeit" [W 11] der Negativen Theologie mit jedem Diskurs, der prädikative Bestimmungen konsequent vermeidet, feststellen. Auch mit den Bewegungen der Dekonstruktion. Derrida nennt ausdrücklich einige Beispiele von „Begriffen" aus seinen eigenen Texten, die sich auf die genannte Weise einer solchen Bestimmung zu entziehen suchen („Zum Beispiel der Text, die Schrift, die Spur, die *différance*, das Hymen[356], das Supplement[357], das Pharmakon[358], das Parergon[359], usw." [W 11])[360] Diese Selbstidentifizierung mit einem ausgeweiteten Begriff der „negativen Theologie" hat für Derrida in diesem Vortrag einen ganz bestimmten Grund, der seinerseits sowohl zum konkreten Anlass für die folgende dekonstruktive „Lektüre" wird, als zugleich auch die weiteren, zum Teil sehr verwickelten und sich in zahlreichen Exkursen ergehenden positiven Ausführungen daraus erwachsen lässt. – Wir werden den Erörterungen hier nicht im einzelnen folgen, sondern mit Blick auf einen ebenso konsistenten wie knappen Durchgang durch Derridas Werk, wie er in dieser Arbeit vorgelegt wird, allein die in der Einleitung angedeutete Vorgängigkeit einer Verpflichtung anhand des Textes zu verdeutlichen suchen.

Derrida nennt zwei Gründe, die ihn veranlasst haben, sein eigenes Denken mit der Sprachform der Negativen Theologie im oben genannten Sinn in Verbindung zu bringen. Der *zweite* Grund, der den Horizont für den größten Teil des Vortrags darstellen wird, wurde bereits genannt: der „sehr alte *(fort ancien)*" Wunsch, „direkt und um ihrer selbst willen das Netz von Fragen anzugehen, welches man in überhasteter

356 Vgl. J. DERRIDA, Die zweifache Séance (1970), in: *Dissemination* (Wien: Passagen, 1995), 193-320..

357 Vgl. J. DERRIDA, *Grammatologie* (Frankfurt/M.: Suhrkamp, [6]1996 [fr. [1]1967]).

358 Vgl. J. DERRIDA, Platons Pharmazie (1968), in: *Dissemination* (Wien: Passagen, 1995), 69-190.

359 Vgl. J. DERRIDA, Parergon (1974/78), in: *Die Wahrheit in der Malerei* (Wien: Passagen, 1992), 31-176.

360 Zu weiteren solchen Aufzählungen dekonstruktiver „Begriffe" vgl. auch J. DERRIDA, Positionen. Gespräch mit Jean-Louis Houdebine und Guy Scarpetta (1971), in: *Positionen.* (Graz-Wien: Böhlau, 1986), 83-184, bes. 90. 93. 96. 157. – Wie der in diesem Zusammenhang stehende „Begriff" der *Dissemination* (Zerstreuung, Ausstreuung, Vervielfältigung, Verbreitung), den Derrida als Titel für einen seiner Texte, sowie eines seiner Bücher wählt, nahelegt, ist es gerade diese Vielfalt, die der darin angezeigten Bewegung, die Eindeutigkeit einer Bestimmung versagt und sie damit zugleich für ihre Wahrnehmung offenhält.

Weise unter dem Titel »negative Theologie« zusammenknüpft.“ [W 16][361] Bereits zuvor wird jedoch anhand der Ausführungen zum *ersten*, unmittelbarer zugänglichen Grund der Identifizierung von Dekonstruktion und Negativer Theologie, wie sie etwa in einem im Jahr zuvor erschienenen Text von Jürgen Habermas unter dem Stichwort „jüdische Mystik“ vorgetragen wurde,[362] auf wenigen Seiten die Stoßrichtung der von Derrida in weiterer Folge entwickelten Argumentation deutlich.

> „Zum einen hat man mich sehr bald *(tôt)* dessen angeklagt – eher *(plutôt)* angeklagt als mich zu beglückwünschen –, in einer Landschaft, in der man sich gut auszukennen glaubt, ständig die Vorgehensweisen der negativen Theologie zu wiederholen. In diesen Vorgehensweisen wollte man in diesem Fall eine bloße Rhetorik, ja | gar eine Rhetorik des Scheiterns, schlimmer noch, des Verzichts auf das Wissen, auf die begriffliche Bestimmung, auf die Analyse, sehen: für die, die nichts zu sagen haben oder nichts wissen wollen, ist es stets ein leichtes, die Technik der negativen Theologie nachzuahmen.“ [W 11f]

Der Kern des Vorwurfs, der in der „Anklage“ der negativen Theologie nahezustehen liegt, ist also der Verdacht, dass es sich bei der Derridaschen Dekonstruktion (wenn dieser keineswegs eindeutige Begriff hier einmal als *Name* für all jene Denkbewegungen genannt werden kann, die sich in den Texten Derridas zeigen – und auf diese wollen wir uns hier beschränken), – dass es sich bei der Dekonstruktion also bloß um eine „Rhetorik“, genauer: um eine Methode oder „Technik“ handle. Ungewiss bleibt dabei, ob dieser Verdacht auch die negative Theologie *als solche* – wenn es denn jemals ein Projekt unter dem Titel „Negative Theologie“ *als solche* geben kann[363] – treffen würde. Ist eine negative Theologie möglich? Unter welcher Voraussetzung? Was würde sie, der genannten Anklage nach, von der Dekonstruktion unterscheiden (müssen)? Derrida lässt sich jedoch gar nicht näher auf diese schwer zu treffende, vielleicht schwerer noch zu legitimierende Unterscheidung ein. *Die* Ne-

361 Jacques Derrida hatte z.B. bereits im Jänner 1981 auf die Bitte von John P. Leavey, Jr., einen Beitrag für das Themenheft „Derrida and Biblical Studies“ der Zeitschrift *Semeia* zu verfassen, in einem in diesem Heft später veröffentlichten Brief seine Absage vor allem mit dem Argument begründet, er könne zum Thema „negative Theologie“, das von den anderen Autoren des Heftes in Hinblick auf ein adäquates, sich von jeglicher Onto-Theologie absetzendes theologisches Verständnis der Dekonstruktion, vor allem der *différance*, angesprochen worden war, nur sehr „unzulängliches“ beisteuern: „I believe I have no objection to make to them, not even against some reservation or other regarding what I could say very insufficiently in the direction of negative theology. I am aware of this insufficiency and am quite convinced of the need for a rigorous and differentiated reading of everything advanced under this title (negative theology).“ (J. DERRIDA, Letter to John P. Leavey, Jr., in: *Semeia* 23: »Derrida and Biblical Studies« (1982), 61-62, hier 61.) – Derridas einziger Vorbehalt gegenüber der negativen Theologie ist auch hier die Gefahr einer ontotheologischen Interpretation.

362 Vgl. J. HABERMAS, Überbietung der temporalisierten Ursprungsphilosophie. Derridas Kritik am Phonozentrismus (1985), in: *Der philosophische Diskurs der Moderne* (Frankfurt/M.: Suhrkamp, [6]1998), 191-218.

363 Vgl. W 10. 111 Anm. 3.

gative Theologie gibt es vielleicht gar nicht. Er übernimmt die Unterscheidung, die sich in dem geäußerten Verdacht zeigt, nicht einfach, sondern befragt vielmehr seinerseits die Anklagerede – und scheint sie damit in gewisser Weise zu bestätigen. (*Noch bevor* das Kreuzverhör der Anklageschrift allerdings begonnen hat, lässt Derrida seine Hörer bzw. Leser keineswegs im Unklaren darüber, worauf seine Antwort letztlich abzielen wird. Sie wird sich nicht bloß auf eine neuerlich dem Verdacht ausgesetzte Rhetorik der Hinterfragung beschränken, sondern zuletzt – vielleicht sogar von Anfang an – eine bestimmte Affirmation beinhalten; eine Bejahung, die die Dekonstruktion mit der negativen Theologie stets gemeinsam gehabt haben wird, selbst wenn sie nicht jeder ihrer Traditionen in ihren Prämissen gleichermaßen wird folgen können. Die Nennung dieser Affirmation hat an dieser Stelle zwar eher den Charakter einer Verheißung, doch gibt sie noch einmal in klaren Worten den keineswegs bloß „rhetorischen" Horizont der gesamten Argumentation an: das Gebet und die Adresse, das Sich-richten-an-den-Anderen.[364]) – Derridas Rückfrage an die Anklage wird zunächst durch die Formulierung eines gleichlautenden Verdachts eröffnet:

> „Es gibt auch einen automatischen, rituellen und »doxischen« Gebrauch des Verdachts, gerichtet gegen alles, was der negativen Theologie ähnelt. Dieser interessiert mich seit langem. Seine Matrix entwickelt wenigstens drei Typen von Einwänden." [W 12]

Derrida spricht nicht von einzelnen, konkret vorgebrachten Kritikpunkten, sondern von einer Typologie, in die sich die jeweilige Stellung zur Negativen Theologie einordnen lässt. Wie sich bald zeigen wird, ist diese Typologie jedoch nicht auf die Beschreibung von Einwänden beschränkt, sondern verwandelt sich in ihrer zweiten und dritten Gestalt in eine affirmative Beschreibung der Negativen Theologie selbst. Man könnte auch formulieren: in eine Beschreibung der Negativen Theologie bzw. der Dekonstruktion *als* Affirmation. Diese Umkehrung der Kritik in die Notwendigkeit einer bestimmten Bejahung ist die prägende Entdeckung, die im Laufe der 80er-Jahre in den Texten Derridas Konturen gewinnt. Sie ist keineswegs auf den Vortrag *How to Avoid Speaking* beschränkt, sondern wird hier von Derrida bereits in einer ersten Zusammenfassung als Ausdruck seines Selbstverständnisses verdeutlicht. Vorbereitet wurden die hier gemachten Aussagen z.B. bereits in jenen Arbeiten, in denen sich Derrida in den Jahren zuvor zur Problematik der Übersetzung beschäf-

364 „Ich werde gleich versuchen zu zeigen, worin sie *[die Vorgehensweise Derridas bzw. der negativen Theologie; Anm. PZ]* zumindest den Anspruch erhebt, sich nicht mit einer dem Simulakrum und der Parodie, der mechanischen Wiederholung ausgesetzten Technik verwechseln zu lassen. Sie würde ihr durch das *Gebet* entgehen, das den apophatischen Aussagen vorausgeht, und durch die Adresse an den anderen, an dich, in einem Moment, der nicht nur die Präambel oder die methodische Schwelle der Erfahrung ist." [W 12] – Zu beachten wäre hier auch, dass ein „Moment" genannt wird, der der Erfahrung nicht einfach „theoretisch" *vorangeht*, sondern – so scheint angedeutet zu sein – selbst schon „Erfahrungscharakter" besitzt.

tigte[365] – etwa in *Theologie der Übersetzung*, einer Lektüre von Schellings *Vorlesungen über die Methode des akademischen Studiums*,[366] oder in den diesem Vortrag vorangegangenen Überlegungen des Aufsatzes *Babylonische Türme*, der sich mit Walters Benjamins *Aufgabe des Übersetzers* auseinandersetzt.[367] Die späteren Aussagen zur Adresse, zum Sich-richten-an-den-Anderen, wie sie besonders zu Beginn von *Gesetzeskraft* entfaltet werden, dann aber auch in *Das andere Kap* und *Politik der Freundschaft* eine zentrale Rolle spielen, sind ohne die in dieser Zeit gemachten Beobachtungen in ihrer Herkunft kaum verständlich. Auch die im vorigen Kapitel entfalteten Lektüren zur Bedeutung der *Erfahrung des Unmöglichen* und der Modalität des *Vielleicht* bei Derrida würden ohne die Notwendigkeit einer ihnen zugrundeliegenden Affirmation doch nur, wenn auch unhintergehbar, als „Kriterium“ für eine zu legitimierende Praxis genommen werden können. Es erscheint daher für die Darstellung des Selbstverständnisses der Dekonstruktion und ihrer, wie hier am Ende deutlich werden soll, inhärenten *theologischen* Relevanz durchaus sinnvoll, die in der Reflexion auf die Kritik liegende Umkehr der Argumentation näher zu betrachten und nachzuvollziehen.

Der *erste* Typ von Einwänden gegen die Nähe Derridas zur Sprachform der negativen Theologie ist ebenso simpel wie verbreitet: „Sie ziehen es vor zu verneinen *(nier)*, Sie bejahen nichts, sie sind grundsätzlich ein Nihilist, ja ein Obskurantist.“ [W 13] Dieser Einwand wird nicht weiter kommentiert. Er wird am Ende einfach dadurch widerlegt sein, insofern gezeigt worden ist, dass den inkriminierten Verneinungen eine Bejahung grundsätzlich vorangeht.

Der *zweite* Typ der Kritik ist für Derrida interessanter. Er beinhaltet den bereits genannten Vorwurf, eine bestimmte Technik missbräuchlich zu wiederholen, um letztlich doch damit bloß „nichts zu sagen“. Hinter diesem Einwand steht ein bestimmter, vielleicht selten auf diese Weise ausgesprochener Verdacht, der sich vom ersten Typ grundsätzlich unterscheidet:

> „Sie sprechen allein, um zu sprechen, um die Erfahrung des Sprechens zu machen. Oder, schwerwiegender noch, Sie sprechen so in der Absicht zu schreiben *(en vue d'écrire)*, denn das, was Sie schreiben, das verdient es dann *(alors)* nicht einmal, gesagt zu werden.“ [W 13; *Übers. anhand des frz. Textes leicht modifiziert*]

Der Hinweis auf die Schrift ist sicherlich polemisch vorgetragen. Er muss jedoch im Kontext all jener Traditionen gelesen werden, die das gesprochene Wort für ursprünglicher ansehen als die Schrift. Vor diesem Hintergrund würde ein Sprechen,

[365] Vgl. dazu auch Bennington, Derridabase, 174-186.

[366] J. DERRIDA, Theologie der Übersetzung (1984), in: Alfred HIRSCH (Hg.), *Übersetzung und Dekonstruktion* (Frankfurt/M.: Suhrkamp, 1997), 15-36. [frz. in: *Qu'est-ce que Dieu? Philosophie/Théologie. Hommage à l'abbé Coppieters de Gibson* (Bruxelles: Publications des Facultés des Saint-Louis, 1985).]

[367] J. DERRIDA, Babylonische Türme. Wege, Umwege, Abwege (1985), in: A. HIRSCH (Hg.), *Übersetzung und Dekonstruktion* (Frankfurt/M.: Suhrkamp, 1997), 119-165.

insofern es allein um seiner selbst Willen spricht, den Verdacht teilen, der auch dem „toten Buchstaben" entgegengebracht wird. Ein solches Sprechen würde, so ließe sich konsequenterweise formulieren, immer schon „im Blick auf die Schrift" *(en vue d'écrire)* erfolgen. Insofern ihm kein unmittelbares Sagen, kein *logos* innewohnt, verdiente es dann auch nicht einmal, in einem ursprünglichen Sinn *gesagt* zu werden. Ein auf eine Technik reduziertes Sprechen würde, so der Vorwurf, nicht nur stets den (sekundären) Charakter der Schrift tragen, sondern darüber hinaus „nichts sagen". – Dass ein von der Schrift unabhängiges Sagen *so* nicht existiert, wurde allerdings schon in den Husserl-Lektüren Derridas deutlich. Derrida interessiert sich daher – ohne die genannte Umschreibung grundsätzlich zu verwerfen – auch mehr für die Bewertung des „Sprechens um des Sprechens willen". In dieser Kritik steckt die zentrale Anfrage an ein der Dekonstruktion verpflichtetes Denken. Doch trifft der Vorwurf überhaupt zu? Derrida stellt ihn gleich zweifach in Frage. *Zum einen*: Wer in diesem Sinne spricht, oder bloß „Schrift" intendiert, sagt nicht nichts. Auch dann nicht, wenn er spricht, „um *nichts* zu sagen *(pour (ne)* rien *dire)*" [W 13]. In jedem Sprechen liegt vielmehr eine Erfahrung, zumindest die seiner selbst. Sie bleibt auch dann als „Erfahrung [...] einer Möglichkeit des Sprechens" [W 13] zugänglich, wenn scheinbar *nichts*, dieses aber *gesagt* wird. Dem Sprechen, so wird man vielleicht sagen können, liegt mehr zugrunde als das, was darin identifizierbar ist. Diese positive Erfahrung, die im Sprechen selbst liegt – also auch im Sprechen *um des Sprechens willen* (vielleicht dort sogar „explizit"!) –, muss schließlich auch derjenige noch unterstellen und zugeben, der seine Kritik in der genannten Weise formuliert. Sie kann niemandem prinzipiell abgesprochen werden. – *Zum anderen* entnimmt Derrida dem verdächtigten „Sprechen um nichts zu sagen" auch noch einen weiteren knappen, erst später entfalteten Hinweis: „Vor allem heißt das nicht, zu niemandem zu sprechen *(ne parler à personne).*" [W 13] Das Sprechen adressiert sich also auf jeden Fall. Es richtet sich an einen Adressaten.

Der *dritte* Typ der Kritik ist dem vorhergehenden gänzlich entgegengesetzt. Er bildet auf diese Weise das Komplement zu den ersten beiden Gestalten. Man könnte auch sagen, er ist deren Konsequenz, insofern zuvor deutlich wurde, dass das apophatische Sprechen keineswegs auf ein leeres Sprechen reduziert werden *muss.* Die bisherige Kritik, formuliert Derrida, „reicht also nicht an die wesentliche Möglichkeit der Adresse oder der Apostrophe heran. Sie entwickelt deshalb eine dritte, weniger offensichtliche, aber zweifellos interessantere Möglichkeit." [W 14] Der Verdacht richtet sich diesmal nicht gegen eine bestimmte Leere der Apophatik, sondern im Gegenteil auf eine, vielen vielleicht ebenso suspekte, vor allem aber der Dekonstruktion nicht zugemutete Positivität. Der Vorwurf verfängt sich dabei letzten Endes allerdings in den eigenen Prämissen:

„Der Verdacht nimmt hier eine Form an, die imstande ist, den Vorgang der Anklage umzukehren: wenn sie nicht einfach nur unfruchtbar, wiederholend, verdunkelnd, mechanisch ist, so gibt uns die apophatische Rede – ist sie erst einmal in ihrem logisch-grammatischen Typus analysiert – vielleicht das Theologisch-Werden einer jeden Rede zu denken. Sobald eine Proposition eine negative Form annimmt, genügt es, die sich darin bekundende Negativität bis an ihre Grenze zu treiben, derart, dass sie einer theologischen Apophatik zumindest ähnelt. Jedesmal wenn ich sage: X ist nicht dieses noch jenes, noch das Gegenteil von diesem oder jenem, noch die einfache Neutralisierung von diesem oder jenem, mit denen es *nichts gemeinsam hat*, denen gegenüber es absolut heterogen oder inkommensurabel ist, würde ich schließlich anfangen, von Gott zu sprechen – unter diesem Namen oder einem anderen. Der Name Gottes wäre dann der hyperbolische Effekt dieser Negativität beziehungsweise aller in ihrem Diskurs sich daran anschließenden Negativität." [W 14]

Es ist offensichtlich, dass das Wort „Gott" hier nicht eine bestimmte *religiöse* Gottesrede markiert, sondern allenfalls, wenn diese Unterscheidung jemals aufrecht erhalten werden kann, einen „philosophischen Gottesbegriff". Die entscheidende Aussage des vorgebrachten Einwandes ist, dass eine konsequent verfolgte absprechende Verneinung *(dénégation)* letztlich – im Unterschied zur vorangegangenen Kritik – *anderes* als sie selbst zur Sprache bringen würde, *ganz anderes*; nicht aus eigener Kraft, aber doch erfahrbar als *hyperbolischer Effekt* der apophatischen Rede.

„Jeder negative Satz wäre bereits heimgesucht von Gott oder vom Namen Gottes – wobei der Unterschied / die Unterscheidung *(distinction)* zwischen Gott und dem Namen Gottes den Raum selbst *(l'espace même)* dieses Rätsels *(de cette énigme)* eröffnet." [W 14; *Übersetzung leicht modifiziert*][368]

Derrida hat längst schon begonnen, den ursprünglichen Verdacht zu affirmieren. Die hier vorgenommene Differenzierung ist ein Indiz dafür. Der *Name* Gottes wird, jenseits aller theologischen Prämissen, von dem unterschieden, was wohl nur unter größtem Vorbehalt weiterhin mit dem „Begriff" *Gott*, wenn es denn einer ist, bezeichnet werden kann. Mit dem Wort „Gott" ist hier jedoch nicht ein *Gottesbegriff*, sondern, im Unterschied zum „Namen Gottes" *Gott selbst* gemeint. Wird man aber nicht sagen müssen, dass dieses „Gott selbst" letztlich doch erneut als „Name" fungiert? Derrida nennt selbst die Schwierigkeiten dieser Unterscheidung, die Schwierigkeit eines bloßen Gottes*begriffs*, die letztlich wieder zur Nähe des Namens Gottes zu Gott *„selbst"* führt. Am Ende des ersten Teils seines Vortrags, im Anschluss an eine Erörterung des Geheimnisses *(secret)*, das ebensowenig wie die Negative Theologie *als solches* existieren kann [W 46ff; vgl. W 10] und von Derrida auch explizit mit dem

368 *L'espace même* ist im Deutschen ohne verdeutlichende Erklärung nicht leicht zu übersetzen: Es geht um den Raum, der durch die Eröffnung erst entsteht, und nicht um eine nachträgliche Erschließung eines zuvor bloß „verschlossenen" Raumes. – Die entsprechende englische Übersetzung lautet: „the distinction between God and God's name opening up *the very space* of this enigma." (How To Avoid Speaking, 76; *Hervorhebung PZ*)

soeben genannten „Rätsel" *(enigme)* in Verbindung gebracht wird [W 14.47], werden *Name Gottes* und *Gott* in einer rätselhaften Beziehung gesehen, die allein in der *dénégation* entsprechenden Ausdruck findet:

> „Der Name Gottes (ich sage nicht Gott, doch wie vermeiden, hier Gott zu sagen, sobald ich den Namen Gottes sage?) lässt sich nicht anders *sagen* als in der Modalität dieser geheimen absprechenden Verneinung *(dénégation secrète)*." [W 48]

Die Bedeutung der Wahrnehmung dieser bei Derrida angesprochenen „Unterscheidung *(distinction)*" zwischen Gott und dem Namen Gottes liegt darin, dass sie, wie Derrida hinsichtlich der dritten Anklage erläutert, „den Raum selbst dieses Rätsels *(énigme)* eröffnet." [W 14] Mit dem in diesem Kontext doch ungewöhnlichen Wort *énigme* ist zugleich eine (von Derrida keinesfalls unbewusst gesetzte) Anspielung auf dessen Verwendung bei Emmanuel Levinas verbunden. Wie oben bereits erwähnt, ist Derrida mit dem Kontext der Einführung des Begriffs der *Spur* bei Levinas und damit auch mit dem Aufsatz *Enigme et phénomene* (Rätsel und Phänomen)[369] vertraut. Dort hatte Levinas dieses Wort sowohl in Verbindung zu einer unvordenklichen Vergangenheit gesetzt, als auch zur „Zweideutigkeit" ihrer Anwesenheit, das heißt zur Zweideutigkeit der Spur.

> „Diese Weise des Anderen, um meine Anerkennung nachzusuchen und dennoch zugleich das *Inkognito* zu wahren [...], diese Weise, in Erscheinung zu treten, ohne zu erscheinen, nennen wir – unter Bezug auf die Etymologie des griechischen Wortes und im Gegensatz zum siegreichen und indiskreten Erscheinen des *Phänomens* – *Enigma*, Rätsel." [Rätsel und Phänomen, 246]

In seinem späteren zweiten Hauptwerk *Autrement qu'être ou au-delà de l'essence* wurde dieser Bezug dann noch einmal explizit aufgenommen[370] und erneut damit eine geheimnisvolle Unterscheidung bzw. eine bestimmte „Zweideutigkeit" bezeichnet. Es ist dort die für Levinas zentrale „Ambiguität von *Sein* und *Anders-als-sein*", die im *Sagen* – im Unterschied zum *Gesagten* – ein Rätsel *(énigme)* bleibt. Dieses Rätsel, zu dessen Eigenheit es gehört, stets in Blick auf eine bestimmte Unvereinbarkeit zu erscheinen,[371] ist für Levinas eine „Modalität der Transzendenz"[372]. Seine Zweideutigkeit ergibt sich aus dem Dilemma der Verpflichtung gegenüber der Transzendenz,

369 E. LEVINAS, Rätsel und Phänomen (1965), in: *Die Spur des Anderen. Untersuchungen zur Phänomenologie und Sozialphilosophie* (Freiburg/Br.-München: Alber, 1983), 236-260.

370 E. LÉVINAS, *Jenseits des Seins oder anders als Sein geschieht* (Freiburg/Br.-München: Alber, 1992 [fr. ¹1974]), hier: 39 Anm. 6. – Zur ausdrücklichen Referenz von Derrida auf dieses Werk vgl. W 115ff Anm. 10.

371 Derrida selbst hatte in *Die weiße Mythologie. Die Metapher im philosophischen Text* (in: Randgänge der Philosophie, 229-290) auf die griechische Verwendung des Wortes, besonders in Aristoteles' *Poetik* hingewiesen. Dieser gibt als wesentliches Merkmal des Rätsels die Fähigkeit an, „unvereinbare Wörter miteinander zu verknüpfen und hiermit gleichwohl etwas wirklich Vorhandenes zu bezeichnen (Poetik 1458a)" (zit.n. ebd. 262).

372 Levinas, Jenseits des Seins, 38f.

der unendlichen *Verantwortung für den Anderen*, die in dem Moment deutlich wird, wo die Geschlossenheit der gewohnten Ordnung durch eine nicht-identifizierbare Verwirrung *(Alterität)* gestört wird. Gebunden an die Ordnung der Phänomene (das *Gesagte*), darin jedoch zugleich die Alterität (das *Unendliche*) fortwährend und unaufhaltsam negierend, ist es allein die Zweideutigkeit des Rätsels, das diese andere Ordnung bezeugt und somit, als *Spur*, erfahrbar macht. Dieser Kontext lässt sich unschwer auch als der der „Anklage" des Theologisch-Werdens der apophatischen Rede erkennen. Das Rätsel ist für Levinas einerseits Rätsel *des Unendlichen*, es ist andererseits aber auch *das Rätsel* seiner „Anwesenheit".

> „Das Rätsel des Unendlichen, dessen Sagen in mir, als Verantwortung, bei der niemand mir beisteht, zur Bestreitung des Unendlichen wird, aber zur Bestreitung, durch die alles nun mir obliegt, durch die daher mein Eintritt in die Pläne des Unendlichen erfolgt – das Rätsel trennt das Unendliche von aller Phänomenalität, vom Erscheinen, von der Thematisierung, vom *sein*."[373]

Der „Raum selbst *(l'espace même)*", den das Rätsel der Unterscheidung zwischen Gott und dem Namen Gottes für Derrida eröffnet, ist von diesem Kontext her durchaus analog zu jener Verräumlichung *(espacement)* zu sehen, die bereits die *différance* auszeichnete.[374] Das Rätsel, die Beziehung des Namens zu jenem, das *weder* Begriff *noch* Name sein kann, wurde auch schon in *La différance* als „Rätsel der *différance*" [D 48] bezeichnet. Auch dort drückte es sich in einer bestimmten Ambiguität von begehrter Gegenwart und ihrer unendlichen Verschiebung aus.

Auch wenn die genaue Aussage des Derridaschen Textes an dieser Stelle auf Grund der zahlreichen Verneinungen, des stets im Konkjunktiv referierten Einwands eines zudem nicht genau identifizierbaren „Anklägers" und der Andeutung einer möglichen Umkehrung dieser Argumentation nicht mit letzter Klarheit benennbar zu sein scheint – es zeigt sich darin vielmehr Derridas Bemühen, noch sprechend zu vermeiden zu sprechen –, ist die Affirmation der Anklage doch schon allein durch die Abwesenheit eines Widerstandes gegen sie erkennbar. Der ursprüngliche Verdacht, der gegenüber der apophatischen Sprachbewegung ausgesprochen wurde, kehrt sich (entsprechend der Ankündigung) dabei gerade insofern um, als Derrida in seiner bestätigenden Darstellung der Anklage die *unauflösliche Verbundenheit* von konsequenter *dénégation* und dem genannten „Theologisch-Werden jeder Rede" unterstreicht.

> „Wenn es eine Arbeit der Negativität im | Diskurs und in der Prädikation gibt, sie brächte Göttlichkeit *(divinité)* hervor. Es würde dann *(alors)* allein ein Wechsel des (Vor)Zeichens *(d'un changement de signe)* genügen (oder, eher noch, der Beweis – eine ziemlich leichte und geradezu klassische Sache –, dass diese Inversion *immer schon* *(toujours déjà)* Statt gefunden hat *(a … eu lieu)*, dass sie die eigentliche Notwendigkeit

373 Levinas, Jenseits des Seins, 337.

374 Vgl. oben S. 63.

des Denkens ist), um zu sagen, dass die Göttlichkeit *(divinité)* hier keine hervorgebrachte, sondern eine hervorbringende ist. [...] Man bekäme so Zugang zu einer Art Gottesbeweis, nicht ein Beweis der *Existenz* Gottes, sondern ein Beweis Gottes *durch seine Wirkungen (par ses effets)*, genauer noch ein Beweis dessen, was man Gott nennt, des Namens Gottes durch Wirkungen ohne Ursache, durch das *ohne Ursache (sans cause)*. [...] In der absolut einzigartigen Logik dieses Beweises würde »Gott« *dieses* nennen, *ohne welches* man überhaupt keiner Negativität Rechnung tragen könnte." [W 14f; *Übersetzung leicht modifiziert*]

Auch hier ist der Text genau zu lesen, um Missverständnisse in die eine oder die andere Richtung zu vermeiden. Wir haben bisher – wahrscheinlich für eine theologische Arbeit ungewöhnlich – stets betont, dass Derridas Argumentation keiner theologischen Tradition in deren Selbstverständnis verpflichtet ist. Derridas Texte waren niemals *theologisch*. Nun aber wird, am Ende einer *theologischen* Arbeit, gerade der Blick auf jene Passagen gelenkt, die nicht nur ein (hier allerdings noch unbestimmtes) „Theologisch-Werden" der Sprachbewegung der Dekonstruktion affirmieren, sondern auch noch, vor dem Hintergrund der Unterscheidung Gottes *selbst* von seinem Namen, von „einer Art Gottesbeweis" sprechen. Ein bestimmter Verdacht wird hier nicht ausbleiben. Dass Derrida letztlich doch *theologisch* zu interpretieren sei, werden die einen erkennen und, wie wir gesehen haben, damit eine Anklage verbinden; dass die Lektüre das Theologische gegen die Intention des Textes in diesen erst hineinliest, werden andere vermuten. Wie lassen sich solche Fragen jemals vermeiden?

Die Rede von einem „Theologisch-Werden einer jeden *(apophatischen)* Rede" ist weder hinsichtlich der Anklage noch ihrer Affirmation durch Derrida eindeutig: Wird sich die apophatische Rede hier als das erweisen, was in einer gewissen tradierten Begrifflichkeit als „theologisch" bezeichnet wird, oder wird, was als „theologisch" bezeichnet werden soll, von dem her bestimmt werden müssen, was die apophatische Rede darstellt? Welche Umkehrung wird am Ende Statt gefunden haben? – Wir müssen weiterlesen.

Derridas Bezug auf Gott – es ist aus den Parenthesen und Erläuterung innerhalb der oben zitierten Passage bereits deutlich, dass der Text nicht mehr bloß eine Anklage referiert –, Derridas Bezug auf Gott ist indirekt, vermittelt. Der „Gottesbeweis" ist nicht ein Erweis der Plausibilität eines vorgängigen Gottesbegriffs, sondern umgekehrt der Rückgriff auf einen Namen, der sich auf Grund von „nicht auf einen Grund" *(sans cause)* rückführbaren Wirkungen *(effets)* aufdrängt. Notwendig aufdrängt. Nicht der Name *Gott* beschreibt das Phänomen, sondern Gott wird auf Grund des *ohne Grund* des Phänomens erst *nennbar*. „In der absolut einzigartigen Logik dieses Beweises würde »Gott« *dieses* nennen, *ohne welches* man überhaupt keiner Negativität Rechnung tragen könnte." Derrida entwirft hier also erst einen Gottes*namen*, einen Namen für jenes, das (auf Grund seiner Wirkungen) als Grund *sans cause* der apophatischen Rede anerkannt werden müsste. Die notwendige Konsequenz, die sich in dieser Sprachbewegung zeigt, ist daher die Achtung vor *„einer"*, damit noch weitgehend unbestimmten, ihre Bestimmung immer nur als Effekt der Negation erhaltenden „göttlichen Ursache".

> „Ohne zu behaupten, dass es wenigstens ebensoviel an »Realität« in der Ursache wie in der Wirkung geben muss, und dass die »Existenz« Gottes außer der religiösen | Symptomatik keines weiteren Beweises bedarf, würde man im Gegenteil in der Verneinung oder in der Suspension des Prädikats, ja der »Existenz«setzung, das primäre Merkzeichen der Achtung vor einer göttlichen Ursache erkennen, die selbst nicht des »Seins« bedarf." [W 15f]

Aus der Anklage ist ein Ausgangspunkt für eine bestimmte Affirmation „einer" negativen Theologie geworden. Derrida würde sogar dem Urteil, dass man in einem *solchen* Verständnis der Dekonstruktion „das letzte Zeugnis, um nicht zu sagen, den letzten Märtyrer des Glaubens in diesem »fin de siecle«" [W 16] sehen könnte, zustimmen – mit einer nicht unbedeutenden „Einschränkung" (die allerdings eher einer Universalisierung gleichkommt): Die Dekonstruktion gibt sich nicht mit der Möglichkeit der genannten Interpretation zufrieden, sondern fragt nach dem, was es verhindern könnte, dieses Verständnis der Dekonstruktion als *notwendig* zu erachten, oder anders ausgedrückt: was an der Dekonstruktion selbst diese Notwendigkeit bezeugt.

> „Doch was ist geschehen, dass dieses, was auf diese Weise erlaubt ist, niemals in gleichem Maße notwendig sein könnte? Was muss die Schrift dieser Dekonstruktion, die Schrift gemäß dieser Dekonstruktion sein, damit es so sein könnte?" [W 16]

In diesen letzten Fragen wird, neben der allgemeinen Richtung der Argumentation Derridas aber auch noch einmal deutlich, dass die angeklungene Vereinbarkeit von Dekonstruktion und apophatischer Rede doch hier noch nicht in einer Weise deutlich wird, die es etwa bereits nahelegen würde, die Dekonstruktion als „Philosophische Theologie" zu interpretieren. Schon gar nicht innerhalb einer bestimmten Tradition. Es ist an dieser Stelle vielmehr noch sehr schwer zu bestimmen, welche Konsequenzen in der Umkehrung der Anklage und ihrer allein *in ihrer Möglichkeit* affirmierten *theologischen Interpretation* liegen könnten.

Von onto-theologischen Missverständnissen zur Positivität der Dekonstruktion

Derrida hatte sich noch vor Beginn seines Jerusalemer Vortrags nicht nur mit der oben genannten Anklage konfrontiert gesehen, sondern selbst auch mehrfach betont, seine Texte gehörten *nicht* der „negativen Theologie" an. Der Grund für diese Distanzierung war stets die gefährliche Nähe zu einer onto-theologischen Interpretation einer solchen Tradition, insofern diese in aller Negativität doch die Form einer Proposition und vor allem die „Autorität des Namens" beibehält. [W 17] Sowohl die angesprochene Thematik des Rätsels als auch die Analysen zur unüberbrückbaren Trennung von Signifikant und Signifikat in *De la grammatologie* haben die unmittelbare Autorität des Namens bereits fraglich werden lassen. Der Name, auch der Eigenname, bleibt von einer ursprünglichen Ungewissheit im Akt des Benennens gekennzeichnet, „mit dessen Überprüfung eine »Dekonstruktion« den Anfang machen muss". [W 17][375] – Eine zweite Gefahr liegt für Derrida in jenem Verständnis von „negativer Theologie", das „jenseits aller positiven Prädikation, jenseits jeglicher Verneinung, jenseits gar noch des Seins, irgendeine Überwesentlichkeit *(quelque suressentialité)*" [W 17] zurückzubehalten scheint. Mehrfach werden in diesem Zusammenhang Dionysios Areopagita und seine Verwendung des Wortes *hyperousios* genannt. Auch noch Meister Eckehart rekurriert auf den Terminus der Überwesentlichkeit. [W 18] Derridas eigene Wortwahl versuchte dagegen stets, sich dieser Bestimmung zu entziehen.

> „Weil ich also genau an diese Bewegung hin zur Hyperessentialität dachte, glaubte ich mich dagegen verwahren zu müssen, innerhalb des Registers der »negativen Theologie« zu schreiben. Dies, was die *»différance«*, die »Spur« und so weiter »sagen-will« *(»veut dire«)* – was von nun an *nichts sagen will (ne veut rien dire)* –, dies wäre »vor« dem Begriff, dem Namen, dem Wort, »etwas«, das nichts wäre, das nicht mehr dem Sein, der Anwesenheit oder der Gegenwärtigkeit des Gegenwärtigen, nicht einmal mehr der Abwesenheit und noch weniger irgendeiner Hyperessentialität *(quelque hyperessentialité)* angehörte." [W 19]

Mit der Absicht allein ist es jedoch nicht getan. Da die Frage der onto-theologischen Wiederaneignung aber auch „im Herzen eines Denkens der *différance* oder einer Schrift über die Schrift" [W 20] stehenbleibt, ist Derrida genötigt, der Frage des Verhältnisses von Dekonstruktion und negativer Theologie weiter nachzugehen. Ansatz für eine dekonstruktive Kritik ist dabei stets die Präsenz, die bei der Rede von einer mystischen Vereinigung selbst dort noch verheißen wird, wo sie mit einem *Nichtwissen* und einer Nichterkenntnis verbunden ist. Wo der mystischen Erhebung die reine Anschauung des Unaussprechlichen verheißen wird, ist diese Gegenwart bereits zur Sprache gebracht – selbst wenn sie wie in der Vorstellung des Dionysios Areopagita von einem letzten Verstummen begleitet sein wird [W 23].

375 In seinem 1985 erschienenen Aufsatz „Babylonische Türme. Wege, Umwege, Abwege" (in: A. HIRSCH (Hg.), *Übersetzung und Dekonstruktion,* Frankfurt/M.: Suhrkamp, 1997, 119-165) hatte Derrida anhand der biblischen Turmbau-Erzählung und des Namens „Babel", der sowohl als Eigenname als auch als Gattungsbegriff (Stadt „Babel" als „Stadt Gottes", wenn *Ba* als „Vater", *Bel* als „Gott" übersetzt wird) gelesen werden kann, die Notwendigkeit der Übersetzung auch noch des Eigennamens herausgestellt. Die Referenz des Eigennamens muss notwendigerweise stets neu hergestellt werden. Seine Verwendung wird auf diese Weise selbst zu einem Ereignis, das innerhalb der Grenzen des sprachlichen Ausdrucks verbleibt. Es wird zu einem Ereignis einer nie abgeschlossenen, je neu zu situierenden Übersetzung.

Solchen teleologischen Aspekten apophatischer Traditionen gegenüber bleibt das Denken der *différance* stets heterogen und fremd. Gleichwohl zeichnet sich für Derrida jedoch zuletzt innerhalb der bisherigen Weigerung der Identifikation von Dekonstruktion und negativer Theologie auch noch eine ganz andere, keineswegs teleologische, vielmehr aus einer bestimmten Vorgängigkeit heraus verpflichtende Bewegung ab. Den damit verbundenen Umschwung stellt Derrida am Beispiel der bekannten Sätze aus Wittgensteins *Tractatus logico-philosophicus* dar. Dort heißt es: „6.522 Es gibt allerdings Unaussprechliches. Dies *zeigt* sich, es ist das Mystische." und „7. Wovon man nicht sprechen kann, darüber muss man schweigen. *(Ce dont on ne peut parler il faut le taire.)*" – Insofern das Unaussprechliche „sich zeigt" und das *Telos* als dasjenige bestehen bleibt, „wovon" man schweigen muss, betont Derrida zwar erneut, dass das Denken der *différance* dazu „wenig Affinität" [W 23] besitze. Insofern allerdings in Wittgensteins letztem Satz ein „Müssen" *(il faut)* genannt ist, ein Gebot und eine Notwendigkeit, die das Schweigen nicht als teleologische Konsequenz verstehen, sondern als Aufforderung zu schweigen, vielleicht sogar im Sinne eines damit verbundenen, dem Schweigen erneut vorgängigen, Versprechens, insofern wird hier noch einmal eine ganz andere, nicht mehr teleologisch interpretierbare Sprachbewegung sichtbar. Diese Sprachbewegung wird von Derrida in einer knappen, aber beziehungsreichen Formulierung als *Spur* gekennzeichnet.

> „Es ist die Beschaffenheit dieses »man muss« *(»il faut«)*, die hier wichtig sein wird: es schreibt das Geheiß *[fr. injonction / engl. injunction: Weisung, ausdrücklicher Befehl]* des Schweigens ein in die Anordnung oder die Verheißung *[fr. promesse / engl. promise: Versprechen]* eines »man muss sprechen« *(»il faut parler«)*, »man darf – nicht vermeiden zu sprechen« *(»il faut – ne pas éviter de parler«)*, – oder eher noch »es ist geboten, dass es Spur gebe« *(»il faut qu'il y ait de la trace«)*. Nein, »es ist geboten, dass es Spur *gegeben habe*« *(»il faut qu'*il y eu *ait de la trace«)*, ein Satz, den man gleichzeitig auf eine Vergangenheit *und* auf eine Zukunft, beide noch nicht darstellbar, hin wenden muss: es ist eben (jetzt) geboten *[il faut bien (maintenant)]*, dass es Spur *gegeben habe* (in einer unandenklichen Vergangenheit *(passé immémorial)*, und genau aufgrund dieser Amnesie ist das »man | muss« *(»il faut«)* der Spur geboten); doch desgleichen ist es geboten (von jetzt an, es wird geboten sein *(il faudra)*; das »man muss« *(»il faut«)* gilt immer auch für das zukünftig Kommende), dass es in der Zukunft Spur gegeben habe." [W 23f; *Übersetzung leicht modifiziert*]

Die *Spur*, jener „Begriff", den Derrida bereits in seinem ersten Satz als eigentliches Thema seines Vortrags bezeichnet hatte [W 9], diese Spur wird hier als der positive Gehalt eines elliptischen Schweigens verstanden, wie es auch die Traditionen der negativen Theologie kennzeichnet. Sie liegt dem nicht zu vermeidenden, gleichwohl im Schweigen mündenden Sprechen als Geheiß (Befehl) oder Verheißung (Versprechen) voraus. Das Sprechen/Schweigen spricht *als* Sprechen aus dem Befehl *(injonction)* der Spur heraus. Es antwortet – nicht mit seinem benennbaren Gehalt, sondern *als* Sprechen selbst. Gerade dort, wo jedes Prädikat in der absprechenden Verneinung negiert wird, wo das Sprechen dem Verdacht ausgesetzt ist, nur noch „um des Sprechens willen" aufrecht erhalten zu werden, käme der Charakter des Sprechens als Antwort auf die Spur des vorgängig Ansprechenden zum Ausdruck. Die absprechende Verneinung *(dénégation)* wäre eine bestimmte Negation, nicht die Verneinung eines Bestimmten, sondern die nur in der elliptischen Verneinung positive Darstellung des Vorgängigen.

Da die Spur selbst *nichts* ist [W 19], da ihr Sagen-Wollen (wenn die Kategorie des Sprechens hier in seinem transformierten Sinn überhaupt gewagt werden kann) „vor" oder *außerhalb* der Möglichkeiten des Begriffs liegt, lässt sie sich nur – gegenüber ihrer erfahrenen Notwendigkeit *nachträglich*, gegenüber der im Sprechen stets ausstehenden Anerkennung *vorgängig* – als Forderung im Sinne eines Kriteriums verstehen: „es ist geboten, dass es Spur *gegeben habe*". Es ist *jetzt* geboten, anzuerkennen, dass es immer schon Spur gegeben hat, dass das Sprechen demnach in einer noch unbestimmten Weise Antwort-Charakter besitzt. Es ist aber auch *zukünftig* geboten, dass das Sprechen auf eine Weise spricht, die die Anerkennung fordernde Vorgängigkeit der Spur (mit-)aussagt. Der Umschwung, der sich in dieser Darstellung der Nähe der Dekonstruktion zur Negativen Theologie abzeichnet und auf den Derrida von Anfang an anspielt, liegt gerade in diesem fordernden Charakter der Spur, insofern ihre Vorgängigkeit jedes Sprechen immer schon affiziert hat. Dieser Appell kann auch für das Selbstverständnis dekonstruktiven Sprechens nicht unberücksichtigt bleiben. Aus der negativen Sprachbewegung erwächst ein, nicht „benennbarer", nichtsdestoweniger aber *positiver* Gehalt: Die Anerkennung und Verantwortung dessen, was als Spur sich zeigt. Dekonstruktion ist damit selbst an eine ihr vorausliegende Grenze gestoßen. Diese Grenze bedeutet allerdings keine Einschränkung, sondern drängt die Reflexion noch über die Bewegung der *différance* hinaus auf eine mehr positive Bestimmung dieser Vorgängigkeit.

Derrida ist sich bewusst, dass der dekonstruktiven Bewegung in diesem Sinne bereits von Anfang an das bestimmte Versprechen innewohnte, über eine Beziehung zur „negativen Theologie" zu sprechen, die nicht durch die Kritik an einer ontotheologisch verstandenen „Hyper-Essentialität" getrübt ist. Um diese Beziehung in ihrer Eigenart darzustellen, könnte es notwendig sein, sich nicht durch ein zu enges Vorverständnis dessen, was der Ausdruck „negative Theologie" bezeichnet, einschränken zu lassen. Wer Derrida nicht doch zuletzt als unausgewiesenen Theologen betrachten möchte (was schon auf Grund der Vielfalt des Gesamtwerkes entweder absurd erscheinen oder aber – aus philosophischer Sicht – als massive Kritik formuliert werden würde), der wird diese Annäherung an einen explizit theologischen Diskurs mit umso größerer Aufmerksamkeit verfolgen.

„2. Denn – und dies war häufig die zweite Phase meiner improvisierten Antworten – die generelle Berufung auf die »negative Theologie« deckt vielleicht Verwechslungen zu und gibt zuweilen verkürzten Interpretationen Statt *(donne … lieu)*. Vielleicht gibt es da verborgen, regsam, verschiedenartig und heterogen in sich selbst, eine Vielfalt von Möglichkeiten, für die der – allzu massive und allzu schwammige – einzige Ausdruck »negative Theologie« noch inadäquat bliebe. […] So wie ich immer fasziniert gewesen bin von den der negativen Theologie zugesprochenen Bewegungen, die zweifellos niemals fremd sind gegenüber der Erfahrung der Faszination überhaupt, so galt, was auch immer ich unternahm, um die Angleichung eines Denkens der Spur oder der *différance* an irgendeine negative Theologie zurückzuweisen, meine Antwort einem Versprechen *(promesse)* gleich: eines Tages wird es geboten sein *(il faudra)* | aufzuhören zu vertagen, eines Tages wird es geboten sein *(il faudra)* zu versuchen, sich direkt zu diesem Sujet zu erklären und endlich von der »negativen Theologie« *selbst* zu sprechen – einmal angenommen, eine solche Sache existiere." [W 24f]

Obwohl die Vertagung nicht länger fortgeführt werden soll, führt Derrida den wohl mit Spannung erwarteten Diskurs auch an dieser Stelle nicht aus. Er kann es auch gar nicht, will er das implizit gegebene Versprechen nicht von Anfang an durch eine notgedrungen nicht-dekonstruktive, nicht-negative, stets einer Onto-Theologie verfallende Ausdrucksweise verfehlt haben. – Zugleich ist dies aber nicht die ganze Wahrheit. Der Diskurs über die „»negative Theologie« *selbst* – einmal angenommen, eine solche Sache existiere" findet vielleicht gerade dort gar *nicht* statt, wo er in die vorgegebenen Grenzen eines Diskurses eingeschrieben bleibt. Die Erfahrung der *différance*, der Vorgängigkeit der Spur und des Supplement- bzw. Schrift-Charakters allen Sprechens haben dieses Dilemma bereits früh sichtbar werden lassen: *Wenn* das Sprechen, der Diskurs oder der Text etwas sagt, dann hat sein Sprechen bereits *vor* seinem erfahrbaren Ausdruck begonnen. Fragt man also, ob ein bestimmter, benennbarer Diskurs – wie zum Beispiel der der negativen Theologie oder jener der Dekonstruktion – dieser Vorgängigkeit überhaupt zu entsprechen vermag, ob er die Vorgängigkeit selbst bezeugt und wahrt, so ist der angemessenste Weg zur Beantwortung dieser Frage wohl der, zu zeigen, *inwiefern* jener Diskurs dieses „Gedächtnis" [W 29] *tatsächlich* wahrt, das heißt: inwiefern er „mehr sagt als er sagt". *Wie*, auf welche Weise vermeidet der Diskurs von dem (bloß) zu sprechen, was jedem Diskurs vorausliegt, von dem man also nicht sprechen, zumindest nicht ungebrochen sprechen kann? – Im folgenden müsste also die Vermeidung stets dekonstruierbarer positiver (onto-theologischer) Voraussetzungen, mit denen die negative Theologie bisher verbunden gewesen zu sein schien, zugleich in eine bestimmte *Positivität der dekonstruktiven Bewegung selbst* münden.

Das Versprechen

Derrida wählt, so scheint es, zwei Wege, um diese Frage zu erörtern. Bezüglich seines eigenen Diskurses betont er von Anfang an, einem vorgängigen Müssen zu antworten. [W 9] Dem Aufweis, dass diese Verpflichtung durchaus einen argumentierbaren Anknüpfungspunkt für eine weitere Reflexion besitzt, dienten die bisherigen Überlegungen zu den drei „Anklagen" und zu den ungenügenden ersten Antworten auf die Frage nach Derridas Verhältnis zur negativen Theologie. Die Einlösung des genannten Versprechens steht innerhalb des Jerusalemer Vortrags an dieser Stelle zunächst also noch am Anfang. Sie hat als solche noch gar nicht begonnen. Mehrfach kommt der Vortrag daher gerade hier auf die ersten Sätze zurück [vgl. W 25. 28. 29. 31] und markiert damit zugleich einen (Neu-)Anfang. Dieser durch die vorangegangenen Ausführungen nun viel *bestimmtere* Ausgang ist dabei in auffallender Parallele zum Beginn des Vortrags *La différance* formuliert. Auf diese Weise wird erneut dessen zentrale Bedeutung für das Verständnis der Dekonstruktion bestätigt, zugleich aber auch rückwirkend das nun erörterte „Versprechen" in das Verständnis und Gedächtnis der *différance* eingetragen. Die Bewegung der *différance* und die Erfahrung der Vorgängigkeit des Versprechens sind beide allein *per posterius* erfahrbar. Selbst die immer auch erst nachträglich erfolgende, sprachlich formulierbare Reflexion bleibt einer unandenklichen Vergangenheit *(passé immémorial)* verpflichtet, die niemals Gegenwart war, und daher auch jetzt nicht ungebrochen re-präsentiert werden kann. Hatte Derrida in *La différance* den Beginn seines Textes noch im Dunkeln gelassen, wird die in jedem Text waltende Bewegung der Vorgängigkeit hier nun in weiterführender Absicht explizit zum Thema gemacht:

> „Ich werde also von einem Versprechen, aber auch im Versprechen sprechen *(je parlerai donc d'une promesse, ...)*. Die Erfahrung der negativen Theologie hängt vielleicht *an* einem Versprechen, dem des anderen, das ich halten muss, weil es mich verpflichtet da zu sprechen, wo die Negativität die Rede in ihre absolute Verknappung führen müsste. Denn warum sollte ich *in der Absicht* sprechen zu erklären, zu unterrichten, zu führen – auf den Bahnen einer Psychagogie oder einer Pädagogie – hin zu Schweigen, zur Vereinigung mit dem Unaussprechlichen, zum stummen Sehen? Warum kann ich nicht vermeiden zu sprechen, wenn nicht aus dem einzigen Grunde, dass ein Versprechen mich verpflichtet hat, noch bevor ich damit beginne, auch nur die kleinste Rede zu halten? Wenn folglich ich vom Versprechen spreche, werde ich ihm gegenüber keine meta-sprachliche Distanz einhalten können. Die Rede über das Versprechen ist im voraus ein Versprechen: *im* Versprechen. Ich werde also nicht von diesem oder jenem Versprechen sprechen, sondern von genau dem, das uns so notwendig wie unmöglich mit seiner Spur in die Sprache einschreibt – vor der Sprache. Sobald ich den Mund öffne, habe ich bereits versprochen, oder eher noch *(plutôt)*, früher noch *(plus tôt)*, das Versprechen hat das *ich* ergriffen, welches verspricht, zum anderen zu sprechen, etwas zu sagen, durch das Sprechen zu bejahen oder zu bestätigen – an

> der äußersten Grenze zumindest dies: dass man schweigen müsse, und zwar schweigen von dem, was man nicht sagen kann. Man konnte es im voraus wissen. Dieses Versprechen ist älter als ich." [W 28]

„Ich werde also … sprechen." – Dies ist eine wörtliche Aufnahme des ersten Satzes von *La différance*. Die Parallele könnte kaum ausdrücklicher sein. Wie dort wird auch hier eine diskursive Entfaltung eingeleitet mit der Andeutung des Bezugs zu einer bestimmten Vorgängigkeit. Und wie bereits zwei Jahrzehnte zuvor markiert auch hier die Konjunktion *donc* sowohl diese Verknüpfung als auch den ungewöhnlichen affirmativen Umschwung im Anschluss an eine zuvor erfahrene und beteuerte Unmöglichkeit. Das Ungewöhnliche am Beginn von *La différance* war, dass Derrida seine bekannten Lektüren fremder Texte gerade zu dem Zeitpunkt mit einem eigenen Entwurf zu übersteigen schien, an dem er erstmals das „Nichts-Sagen-Wollen" als konstitutiv für sein Denken ausdrücklich betont hatte. Mit der einleitenden Stellung des *donc* wurde dann aber eine zunächst weitgehend unbestimmte und erst in der Erfahrung der *différance* gegebene, nicht mehr im gewohnten Sinn „ursprünglich" zu nennende Verwiesenheit zum Ausdruck gebracht. Auch hier, in Jerusalem, findet ein solcher Umschwung vom Nicht-Sagen zum Sprechen statt, und er besitzt denselben Wagnischarakter wie der Vortrag in Paris, dessen zentrales Thema, die *différance*, nur insofern angemessen zur Sprache gebracht werden konnte, insofern diese *nicht* als gewöhnliches Wort oder Begriff gelesen werden konnte. In analoger Weise geht auch dem oben zitierten Neuanfang des Vortrags in Jerusalem eine kurze Erörterung der gegebenen Sprechsituation voraus, die diesen Umschwung erkennbar werden lässt. Den folgenden Ausführungen liegt damit nicht mehr eine bestimmte Anklage als Negativfolie zugrunde, es ist vielmehr – wie in Paris – nun Derrida selbst, der spricht. Die Frage, die sich ihm aber gerade in diesem Sprechen stellt, ist, auf welche Weise er das zu Beginn genannte Versprechen, einmal *in Jerusalem* über die „Spur" und ihren Bezug zur negativen Theologie zu sprechen, einlösen soll. Wie von etwas sprechen, dessen Wesen in der Vermeidung des Sprechens liegt? Wie überhaupt *von* oder *über etwas* sprechen? Wird es letztlich möglich sein, das Versprechen zu halten? Die Lektüre des Vortrags wird sich jedenfalls bewusst bleiben müssen, dass das frühe, in *Positionen* genannte unhintergehbare „Sich-selbst-riskieren-im-Nichts-Sagen-Wollen" immer noch den Horizont allen reflektierenden Denkens und Sprechens für Derrida bildet.

> „Dieser Tag, ist er gekommen? […] Bereits versprochen habend, *gleichsam wider Willen*, wusste ich nicht, *wie* ich dieses Versprechen würde halten können. […] Werde ich es tun? Bin ich in Jerusalem? […] Es ist nicht sicher, dass ich heute mein Versprechen halte, aber es ist genauso wenig sicher, dass ich es, indem ich noch die Erfüllung verzögere, nicht dennoch – bereits *(déjà)* – gehalten habe." [W 25ff]

In gewisser Weise sind die Ausgangssituationen der beiden Vorträge also vergleichbar. Dennoch könnte, wenn man will, der Unterschied zwischen *La différance* und *How to avoid speaking* zugleich auch kaum größer gedacht werden. *La différance* hatte letztlich bloß die Beziehung zu einer produktiven Vorgängigkeit zur Sprache gebracht. In Jerusalem scheint nun dieses Andere selbst – und nicht nur eine *differante Beziehung* angesprochen zu sein. Der zitierte Neubeginn macht dies deutlich.

Derrida betont, er werde nicht nur *von* einem Versprechen, sondern auch *im* Versprechen sprechen, das heißt innerhalb eines Raumes oder Kontextes, der von einem bereits vorausliegenden Versprechen eröffnet worden ist. Damit ist die bisher entwickelte Gesprächssituation aber bereits sehr komplex geworden. Es lassen sich mehrere ineinander greifende „Sprechakte" unterscheiden: (1) Zunächst handelt es sich um einen gewöhnlichen Vortrag, in Jerusalem, in dem Derrida sich an seine ZuhörerInnen wendet und von einem Versprechen spricht. (2) Des weiteren spricht Derrida, wenn man dieser Hypothese zunächst weiterhin folgt, aber auch „*in* einem Versprechen", das seinem Sprechen noch vorausliegt. Der Jerusalemer Vortrag würde also auf zumindest zwei Ebenen sprechen: einerseits auf der gewohnten Ebene eines akademischen Vortrags, andererseits aber als Antwort oder Einlösung einer vorgängigen Verpflichtung. Die Eigenart dieser Verpflichtung, so die dargestellte Hypothese, würde dabei die Trennung der beiden Ebenen im Sprechen selbst gar nicht zulassen. – Es gibt jedoch auch noch einen dritten Sprechakt, der implizit diesen beiden Ebenen gerade dort, wo sie als Ausdruck einer „dekonstruktiven Sprachbewegung" gelesen werden können, innewohnt: (3) Gerade da, wo ein Text sich konsequent der Arbeit der *dénégation* verschreibt, würde er – so bereits die immanente Umkehrung der dritten „Anklage" – jenes „implizieren", würde er also von jenem sprechen, was man „Gott" nennen müsste. [W 15] Damit ist nun zwar nicht schon eine Sprechweise identifiziert, die von Gott sprechen *könnte* (in deren Vermögen es läge, von Gott zu sprechen), weil „Gott" hier ja gar nicht als objektiver Gehalt des Sprechens in den Blick kommt; andererseits ist hier aber eine Sprechweise beschrieben, die, wenn es sie gibt, *tatsächlich* von Gott sprechen *würde* (deren Sprechen – allenfalls nachträglich identifizierbar – ein Sprechen von Gott gewesen wäre), ohne dass „Gott *selbst*" hier bereits unter den Voraussetzungen einer bestimmten theologischen Tradition genannt wäre.

Daher ist es nur plausibel, wenn Derrida das Wesen negativer Theologie in diesem Sinne gleich zu Beginn neu zu umschreiben versucht: „Die Erfahrung der negativen Theologie hängt vielleicht *an* einem Versprechen, dem des anderen, das ich halten muss, weil es mich verpflichtet da zu sprechen, wo die Negativität die Rede in ihre absolute Verknappung führen müsste." [W 28] Das Wesen negativer Theologie wäre damit nicht mehr auf ihr Telos hin bestimmt, sondern aus dem vorausliegenden Grund ihres Sprechens. Die apophatische Rede, die zuletzt wie bei Dionysios Areopagita in eine nur noch schweigend zu vollziehende Vereinigung mit dem Unaussprechlichen zu münden scheint [W 22], würde auf diese Weise einen positiven Gehalt umschließen, den sie nicht erst anzielt, sondern der sie bereits *„ist"*, insofern sie *spricht*. Als Nicht-Schweigen bewahrt die apophatische Rede die Spur eines „älteren". Die Positivität der Negativen Theologie und einer dieser sich annähernden Dekonstruktion, kurz: der Grund für das ausführliche Sprechen beider Diskurse läge damit in ihrem Antwortcharakter. Beide Diskurse würden, so lässt sich hier noch einmal deutlich erkennen, „sich selbst riskieren im Nichts-Sagen-Wollen". Ihren Grund aber hätte das Sprechen, nicht nur das apophatische Sprechen, sondern letztlich das Sprechen selbst in einem vorgängigen Anspruch, dessen Spur gewahrt werden müsste. Jedes Sprechen hätte, so Derrida, bereits *vor* seinem eigenen Akt begonnen.

> „Sobald ich den Mund öffne, habe ich bereits versprochen, oder eher noch *(plutôt)*, früher noch *(plus tôt)*, das Versprechen hat das *ich* ergriffen, welches verspricht, zum anderen zu sprechen, etwas zu sagen, durch das Sprechen zu bejahen oder zu bestätigen – an der äußersten Grenze zumindest dies: dass man schweigen müsse, und zwar schweigen von dem, was man nicht sagen kann. Man konnte es im voraus wissen. Dieses Versprechen ist älter als ich." [W 28]

Der hier anklingende Antwort-Charakter allen Sprechens ist nicht erst seit *How to avoid speaking* ein in mehreren Gestalten wiederkehrender Topos im Werk Derridas. Fast könnte vielmehr der Eindruck entstehen, dass in Jerusalem eine bereits zusammenfassende Reflexion stattfindet in der Art wie auch *La différance* erst *nachträglich* die in den frühen Lektüren immer wieder auftauchende Erfahrung der *différance* gebündelt hatte. Einige Texte, die in den Jahren zuvor entstanden sind, bestätigen diesen Eindruck und geben die Möglichkeit, den Kontext des Sprechens *im* Versprechen näher zu skizzieren.

EXKURS: *Die Apokalypse*

In einem Vortrag anlässlich eines zehntägigen Kolloquiums, das 1980 ausgehend von seiner Arbeit *(travail)* in Cerisy-la-Salle unter dem Titel „Les fins de l'homme. A partir du travail de Jacques Derrida" stattfindet, liest Derrida den kleinen, kaum bekannten Text *Von einem neuerdings erhobenen vornehmen Ton in der Philosophie* von Immanuel Kant.[376] Schon die Auswahl des Textes steckt voller Bezüge, auf die Derrida auch im Titel seines Vortrags – *Von einem neuerdings erhobenen apokalyptischen Ton in der*

[376] I. KANT, Von einem neuerdings erhobenen vornehmen Ton in der Philosophie (1796), in: *Werkausgabe* VI (hg.v. W. Weischedel; Frankfurt/M.: Suhrkamp, ⁹1996), 377-397.

Philosophie[377] – anspielt. Kants Schrift ist eine pointierte Kritik an all jenen Schwärmern und Mystagogen, die meinen, die philosophische Arbeit des Verstandes durch Inspiration, Ahnung oder Gefühl ersetzen zu können. Konsequenz dieses „vornehmen Tons"[378] ist, nach Kant, letzten Endes der „Tod aller Philosophie".

> „Dass hierin *[in der »Ahnung des Übersinnlichen«; PZ]* nun ein gewisser mystischer Takt, ein Übersprung (salto mortale) von Begriffen zum Undenkbaren, ein Vermögen der Ergreifung dessen, was kein Begriff erreicht, eine Erwartung von Geheimnissen, oder vielmehr Hinhaltung mit solchen, eigentlich aber Verstimmung der Köpfe zur Schwärmerei, liege: leuchtet von selbst ein. Denn Ahnung ist dunkle Vorerwartung, und enthält die Hoffnung eines Aufschlusses, der aber in Aufgaben der Vernunft nur durch Begriffe möglich ist, wenn also jene transzendent sind und zu keinem eigenen Erkenntnis des Gegenstandes führen können, notwendig ein Surrogat derselben, übernatürliche Mitteilung (mystische Erleuchtung), verheißen müssen: was dann der Tod aller Philosophie ist."[379]

Mit John D. Caputo[380] wird man wohl sagen können, dass Derrida mit dem Verweis auf Kants Kritik zugleich auch die Kritik an seiner eigenen Philosophie zitiert, die sich ebenfalls dem Verdacht ausgesetzt findet, irrational oder gar vor- bzw. antimodern zu sein, und schließlich die Philosophie in Literatur, in Poesie umzudichten.[381] Noch zum Zeitpunkt des Erscheinens von *How to avoid speaking* im Jahr 1987 sieht sich Derrida offensichtlich mit dieser (Ver-)Stimmung, diesem Ton gegenüber der Dekonstruktion konfrontiert und versucht mehrfach, nicht nur dieses Missverständnis aufzuklären, sondern auch zu befragen, – inwiefern es denn überhaupt entstehen konnte.[382] Der Vortrag in Cerisy-la-Salle könnte im Rückblick daher durchaus als ein paradigmatisches Beispiel für diese Rückfrage gelesen werden.

377 J. DERRIDA, Von einem neuerdings erhobenen apokalyptischen Ton in der Philosophie, in: *Apokalypse* (Edition Passagen 3; Graz-Wien: Böhlau, 1985), 9-90.

378 „Alle dünken sich vornehm, nach dem Maße als sie glauben, nicht arbeiten zu dürfen; und nach diesem Grundsatz ist es neuerdings so weit gekommen, dass sich eine vorgebliche Philosophie, bei der man nicht arbeiten, sondern nur das Orakel in sich selbst anhören und genießen darf, um die ganze Weisheit, auf die es mit der Philosophie angesehen ist, von Grunde aus in seinen Besitz zu bringen, unverhohlen und öffentlich ankündigt: und dies zwar in einem Tone, der anzeigt, dass sie sich mit denen, welche – schulmäßig – von der Kritik ihres Erkenntnisvermögens zum dogmatischen Erkenntnis langsam und bedächtig fortzuschreiten sich verbunden halten, in Eine Linie zu stellen gar nicht gemeinet sind, sondern – geniemäßig –, durch einen einzigen Scharfblick auf ihr Inneres, alles das, was Fleiß nur immer verschaffen mag, und wohl noch mehr, zu leisten im Stande sind." (Kant, vornehmer Ton, 387).

379 Kant, vornehmer Ton, 396; vgl. 386. – Siehe auch Derrida, apokalyptischer Ton, 19f.

380 J.D. CAPUTO, *The Prayers and Tears of Jacques Derrida. Religion without Religion* (Bloomington-Indianapolis: Indiana University Press, 1997), bes. 88ff.

381 „To its critics deconstruction seems to threaten the university and intellectual life generally with a kind of antimodernism that jettisons all that the Enlightenment had achieved." (Caputo, Prayers and Tears, 88). – Vgl. auch Derrida, apokalyptischer Ton, 43f.

382 Während Caputo die Kritik an der Dekonstruktion in den Vereinigten Staaten letztlich in einer „Beleidigung" des liberalen, analytisch geprägten „Establishments" begründet sieht (Caputo, Pray-

Kants Kritik am Versuch „durchs Gefühl zu philosophieren“[383] mündet letztlich in einer Reflexion auf die Vernunft als gemeinsamer Grundlage jedes Versuchs zu Erkenntnis zu gelangen. „Die innere Erfahrung, und das Gefühl [...] wird allein durch die Stimme der Vernunft (dictamen rationis), die zu jedermann deutlich spricht und einer wissenschaftlichen Erkenntnis fähig ist, aufgeregt.“[384] Wie Derrida betont, ist diese Replik Kants „die eines entschiedenen Fortschrittsdenkers, der an die endlich offene und entschleierte Zukunft der Philosophie glaubt.“[385] Ohne an der Berechtigung der Intention Kants zu zweifeln und ohne sich mit den kritisierten Mystagogen zu identifizieren, erkennt Derrida aber auch in der Position Kants einen bestimmten „Ton“, der nun zwar nicht mehr „vornehm“, aber doch auch in einer ganz bestimmten Weise „apokalyptisch“ ist, ein Ton, der selbst in enthüllender Absicht von einem Ende spricht.

Kant beschließt seinen kurzen Text mit einem „Friedensvertrag“ bzw., wie Derrida formuliert, mit einem „Konkordat“[386]. Dieser Versuch Kants, einen gemeinsamen Konsens zwischen den Mystagogen und einer der Aufklärung verpflichteten Philosophie zu benennen, ist für Derrida in mehrfacher Hinsicht interessant. *Zum einen* anerkennt Kant mit seinem Konkordatsentwurf von Anfang an die ursprüngliche Intention aller beklagten Parteien (der Verdacht wurde ja gegenseitig ausgesprochen![387]), der Wahrheit zu einem angemessenen Ausdruck zu verhelfen:

> „Aber, wozu nun aller dieser Streit zwischen zwei Parteien, die im Grunde eine und dieselbe gute Absicht haben, nämlich die Menschen weise und rechtschaffen zu machen? – Es ist ein Lärm um nichts, Verunreinigung aus Missverstande, bei der es kei-

ers and Tears, 94), die sicher auch aus der frühen und vorherrschenden Rezeption dieses Denkens in den literaturwissenschaftlich orientierten Departments ihre Nahrung erhält, wird man sich fragen müssen, wie das Unverständnis gegenüber der Arbeit Derridas im deutschsprachigen Raum zu deuten sei. Hier geht die Kritik ja noch mehr als in den USA mit der Unkenntnis der Texte selbst einher. – Zu einer eindeutigen Stellungnahme zur genannten Kritik, sowie zum aufklärerischen Gestus der Dekonstruktion selbst, vgl. das Interview mit Jacques Derrida in: F. RÖTZER (Hg.), *Französische Philosophen im Gespräch* (München: Boer, 1987), 67-87. – Zur Unhaltbarkeit der bekannten Polemik gegenüber der Dekonstruktion siehe auch den 1991 im Rahmen einer Vorlesungsreihe „Theologie und Postmoderne“ gehaltenen Vortrag von Walter LESCH, Wer hat Angst vor Dekonstruktion? Jacques Derridas Herausforderung der Theologie, in: DERS. / G. SCHWIND (Hg.), *Das Ende der alten Gewissheiten. Theologische Auseinandersetzungen mit der Postmoderne* (Mainz: Grünewald, 1993), 27-47.

383 Kant, vornehmer Ton, 390.

384 Kant, vornehmer Ton, 392.

385 Derrida, apokalyptischer Ton, 49.

386 Kant, vornehmer Ton, 395f; Derrida, apokalyptischer Ton, 50.

387 „Es lebe also die Philosophie aus Gefühlen, die uns gerade zur Sache selbst führt! Weg mit der Vernünftelei aus Begriffen, die es nur durch den Umschweif allgemeiner Merkmale versucht, und die, ehe sie noch einen Stoff hat, den sie unmittelbar ergreifen kann, vorher bestimmte Formen verlangt, denen sie jenen Stoff unterlegen könnte! Und, gesetzt auch, die Vernunft könne sich über die Rechtmäßigkeit des Erwerbs dieser ihrer hohen Einsichten gar nicht weiter erklären, so bleibt es doch ein Faktum: »die Philosophie hat ihre fühlbaren Geheimnisse.«“ (Kant, vornehmer Ton, 384)

ner Aussöhnung, sondern nur einer wechselseitigen Erklärung bedarf, um einen Vertrag, der die Eintracht fürs künftige noch inniglicher macht, zu schließen." (Kant, vornehmer Ton, 395)

Auch der Mystagoge zielt demnach auf dieselbe Weisheit wie der aufgeklärte Philosoph, selbst wenn er sie seiner Meinung nach nur wie hinter einem „Schleier" zu erahnen vermag. Der Vertrag ist in diesem Sinne dann sogar unausweichlich, denn die Kritik und der in ihr sich ausdrückende Anspruch, einer umgreifenden, letztlich universalen Wahrheit zu entsprechen, würden ja gerade in dem Moment nicht mehr greifen, in dem man meinte, auf eine solche gemeinsame, vernünftige Kommunikationsbasis verzichten zu können. – *Zum zweiten* ist das Konkordat auf Grund seines rein negativ formulierten Gehalts für Derrida von Bedeutung. Der gemeinsame Boden der Vereinbarkeit – man könnte im Blick auf einen anderen zentralen Begriff Derridas, der in zahlreichen Texten dieser Zeit immer wieder auftaucht, hier auch von der „Übersetzbarkeit"[388] der Positionen sprechen –, der gemeinsame Boden der beiden Positionen ist durch eine bestimmte Bedingung, einen Verzicht oder Ausschluss geprägt, durch den Ausschluss eines „Unzulässigen"[389]. Die Bedingung für die von Kant angezielte Vereinbarkeit/Übersetzbarkeit der Positionen, die für diesen zugleich die Bedingung für die Arbeit der Philosophie als solcher darstellt, ist der Verzicht einer Personifizierung der moralisch gebietenden Vernunft, als derjenigen Stimme, „die in uns spricht". Die philosophische *Arbeit* bleibt vielmehr einem strikten Entmystifizierungsprogramm verpflichtet.

„Die verschleierte Göttin, vor der wir beiderseits unsere Knie beugen, ist das moralische Gesetz in uns, in seiner unverletzlichen Majestät. Wir vernehmen zwar ihr Stimme, und verstehen auch gar wohl ihr Gebot; sind aber beim Anhören in Zweifel, ob sie von dem Menschen, aus der Machtvollkommenheit seiner eigenen Vernunft selbst, oder ob sie von einem anderen, dessen Wesen ihm unbekannt ist, und welches zum Menschen durch diese seine eigene Vernunft spricht, herkomme. Im Grunde täten wir vielleicht besser, uns dieser Nachforschung gar zu überheben; da sie bloß spekulativ ist, und, was uns zu tun obliegt (objektiv), immer dasselbe bleibt, man mag eines, oder das andere Prinzip zum Grunde legen: nur dass das didaktische Verfahren, das | moralische Gesetz in uns auf deutliche Begriffe nach logischer Lehrart zu bringen, eigentlich allein philosophisch, dasjenige aber, jenes Gesetz zu personifizieren und aus der moralisch gebietenden Vernunft eine verschleierte Isis zu machen (ob wir dieser gleich keine andere Eigenschaften beilegen, als die nach jener Methode gefun-

388 Vgl. J. DERRIDA, Theologie der Übersetzung (1984), in: A. HIRSCH (Hg.), *Übersetzung und Dekonstruktion* (Frankfurt/M.: Suhrkamp, 1997), 15-36; DERS., Babylonische Türme. Wege, Umwege, Abwege (1985), in: *ebd.,* 119-165; sowie DERS., Außer dem Namen (Post-Scriptum) (1991/92), in: *Über den Namen. Drei Essays* (Wien: Passagen, 2000), 63-121. – In *Außer dem Namen* wird, dies ist für den Kontext von *How to avoid speaking* von Bedeutung, die negative Theologie als Ort, der einer universalen Übersetzung Raum gibt, entworfen.

389 Derrida, apokalyptischer Ton, 50. 52.

den werden), eine ästhetische Vorstellungsart eben desselben Gegenstandes ist; deren man sich wohl hinten nach, wenn durch erstere die Prinzipien schon ins reine gebracht worden, bedienen kann, um durch sinnliche, obzwar nur analogische, Darstellung jene Ideen zu beleben, doch immer mit einiger Gefahr, in schwärmerische Vision zu geraten, die der Tod aller Philosophie ist." (Kant, vornehmer Ton, 395f)

Trotz der Vermeidung jedes „mystagogischen" Pathos vernimmt Derrida dennoch auch hier einen „apokalyptischen Ton", gerade dort, wo in der negativ bleibenden Umschreibung der „Stimme des moralischen Gesetzes in uns" hörbar und erkennbar wird. Wie bei seinen anderen Lektüren ist Derrida auch hier nicht an einer Kritik der erörterten Position interessiert, sondern macht auf eine ganz andere, dem entmystifizierenden Gestus verborgen bleibende Botschaft aufmerksam. Mehrfach identifiziert sich Derrida während seines Vortrags mit dem Kantischen Projekt der Aufklärung[390], frägt dann aber dennoch auch nach den Grenzen der Entmystifizierung.[391] Indem Kant mit seiner Philosophie selbst eine ganz klare und deutliche Grenzziehung gegenüber einem bestimmten Typ traditioneller Metaphysik zieht, eröffnet er gleichwohl einen eschatologischen Diskurs, verkündet und offenbart er ein bestimmtes Ende. Kant wird dabei nur der erste einer „Welle eschatologischer Diskurse in der Philosophie"[392] sein, die, seien sie nun durchaus unterschiedlich von Hegel, Marx oder Nietzsche thematisiert, letztlich doch eine gemeinsame Grund*stimmung* erkennen lassen: eine Passion für das Ende. Jeder einzelne Diskurs scheint hellsichtiger und wachsamer als der andere sein zu wollen, sodass wir es heute bereits mit einer langen Liste solcher eschatologischer Diskurse im Namen der Aufklärung zu tun haben, die dennoch alle dieselbe *Stimmung*, denselben *Ton* verbreiten – nämlich ...

„Ich sage euch in Wahrheit, das ist nicht nur das Ende von diesem, sondern auch und zuerst von jenem, es ist das Ende der Geschichte, das Ende des Klassenkampfes, das Ende der Philosophie, der Tod Gottes, das Ende der Religionen, das Ende des Christentum und der Moral (was die größte Naivität war), das Ende des Subjekts, das Ende des Menschen, das Ende des Abendlandes, das Ende des Ödipus, das Ende der Welt, *Apocalypse now,* ich sage Euch, in der Sintflut, dem Feuer, dem Blut, der erderschüttertenden Beben, dem Napalm, das aus Hubschraubern vom Himmel fällt, so wie die Prostituierten, und dann auch das Ende der Literatur, das Ende der Malerei, der Kunst als Sache der Vergangenheit, das Ende der Psychoanalyse, das Ende der Universität, das Ende des Phallogozentrismus und was weiß ich noch alles. Und wer auch immer dahin käme, das Ganze auf die Spitze zur treiben und das Raffinierteste *[le fin du fin]* zu sagen, nämlich das Ende des Endes *[la fin de la fin]*, das Ende des Zwecks *[le fin des fins]*, dass das Ende | immer schon begonnen hat, dass man vielmehr zwischen Abschluss *[clôture]* und Ende *[fin]* unterscheiden müsse, so würde auch

390 Derrida, apokalyptischer Ton, 59. 74f; vgl. auch 50f. – Siehe dazu auch das Interview mit Derrida in: F. RÖTZER (Hg.), *Französische Philosophen im Gespräch* (München: Boer, 1987), bes. 70ff.

391 Derrida, apokalyptischer Ton, 75. 77; vgl. 60f.

392 Derrida, apokalyptischer Ton, 54.

> er, ob er will oder nicht, in das Gesamtkonzert miteinstimmen. Denn es ist gleichermaßen das Ende der Metasprache über die eschatologische Sprache, so dass man sich fragen muss, ob es sich bei der Eschatologie um einen Ton oder vielmehr um die Stimme selbst handelt." (Derrida, apokalyptischer Ton, 55f)

Wie aus dem Ende dieses Zitats deutlich wird, nimmt sich Derrida keineswegs aus dieser Bewegung aus. Auch die Dekonstruktion, in diesem Sinne fest auf dem Boden der Aufklärung verankert, ist ein Diskurs von einem Ende, dem Ende des Endes, oder vielleicht eher den Grenzen oder den Rändern der Möglichkeit, von einem Ende zu sprechen. Der Ton aber, mit dem dieses Ende verkündet wird, von einem Diskurs, der nicht die geringste Herrschaft darüber ausübt, der selbst beständig von diesem Ende bedrängt wird und seiner durch keine Metasprache habhaft werden kann, – dieser Ton ist, das ist die Kernaussage des Vortrags in Cerisy-la-Salle, notgedrungen „apokalyptisch", enthüllend, offenbarend. Mit diesem Rekurs auf einen biblischen Begriff fällt Derrida nun aber keineswegs hinter die Aufklärung zurück. Ganz im Gegenteil. Kant selbst hatte ja in der Formulierung seines universalen Friedensvertrags, vielleicht unbemerkt, aber mit zu würdigender Konsequenz, diesen Ton angeschlagen. Er empfiehlt, darauf zu verzichten nachforschen zu wollen, woher die Stimme des moralischen Gesetzes in uns kommt. Jene, die Grenzen des Verstandes sprengende und aus diesem Grund unmögliche Antwort auf diese Frage käme – dort, wo sie nach Kant dennoch und mit einer gewissen Berechtigung gegeben wird, dabei aber stets eine nachträgliche, lediglich analoge und somit supplementäre Gestalt erhält – letztlich immer einer ästhetischen Personifizierung gleich.[393] Da sich auch Kants Diskurs dieser von ihm formulierten Bedingung nicht zu entziehen vermag und somit, wie das Konkordat deutlich werden lässt, diesen Grund des moralischen Gesetzes auch selbst nicht „beherrscht", sondern lediglich seine verpflichtende Stimme vernimmt, bleibt auch im entmystifizierenden Diskurs der Aufklärung der apokalyptische Ton stets hörbar. Es ist derselbe Ton, der in *How to avoid speaking* die Anklage, Dekonstruktion würde zum einen in reiner Formalität sich ergehen, zum anderen aber, insofern sie konsequent apophatisch bleibt, das „Theologisch-Werden" jeder Rede zu denken geben, in eine Affirmation umkehren lässt. Er wird überall dort hörbar, wo nicht mehr eindeutig geklärt werden kann, wer das ursprüngliche Subjekt einer Aussage oder Botschaft ist, wo sein Sprechen, wie das der Stimme des moralischen Gesetzes in uns, in einem eigenen Diskurs letztlich *bezeugt* wird. „Von dem Augenblick an, wo man nicht mehr weiß, wer spricht oder wer schreibt, wird der Text apokalyptisch." [A 71][394] Der apokalyptische Ton, der mit der escha-

393 Kant, vornehmer Ton, 395f.

394 Aus der Beobachtung der über mehrere Boten verlaufenden Kommunikationsstruktur des Beginns des Buches der Apokalypse des Johannes (Offb. 1,1-4a) wird diese Konsequenz von Derrida auch innerhalb eines theologischen Kontextes fruchtbar gemacht: es ist, so ließe sich im Anschluss an

tologischen Botschaft verbunden ist, hat gerade insofern diese einer radikalen Entmystifizierung verpflichtet bleibt nicht mehr die „*agogische* Funktion" eines subjektiv bleibenden (myst*agogischen* oder päd*agogischen*) „philosophischen" Entwurfs,[395] sondern den Charakter einer Antwort auf eine vorgängige Verpflichtung, einer Antwort auf einen verpflichtenden Anruf. Dieser Antwort-Charakter jedes Sprechens, das von einem Ende kündigt, bildet den unmittelbaren Bezug für die Rede von einem Sprechen *im* Versprechen, wie sie in *How to avoid speaking* ausdrücklich wird.

> „Wenn uns die Eschatologie beim ersten Wort überrascht, beim ersten wie beim letzten, das immer das vorletzte ist, was sollen wir da sagen? Was tun? Eine Antwort auf diese Frage ist vielleicht unmöglich, da sie sich niemals erwarten lässt. Denn diese Frage ist diejenige der Antwort und diejenige eines Anrufes, der vor der Frage verspricht oder antwortet." (Derrida, apokalyptischer Ton, 58)

Diese auf den ersten Blick nur weniges „enthüllende", keine eigene Botschaft verkündende Offenbarung eines apokalyptischen Tons, der jedoch auch noch allen Entmystifizierungsprogrammen der Aufklärung innewohnt,[396] hat damit zumindest erneut die Aufmerksamkeit auf das „Außerhalb" jedes Textes gelenkt, auf jenes andere, das bereits durch die Bewegung der *différance* bezeugt wurde, nun aber den „Text"/die „Schrift" in ihrem universalen Verständnis nicht nur strukturell, sondern auch bezüglich seines zu verantwortenden Gehalts bestimmt. Die im vorigen Kapitel skizzierte Rede von der Notwendigkeit der Erfahrung des Unmöglichen etwa in der Bestimmung der Gerechtigkeit, wie sie von Derrida fast ein Jahrzehnt später entfaltet wird, kündigt sich hier bereits an.

Derridas Ausführungen formulieren, die Art und Weise *wie* das (gegenwärtige) Zeugnis von einem *kommenden* Ereignis, von einem kommenden Ende spricht, die zugleich einen unbeherrschbaren, nur im Zeugnis zur Sprache zu bringenden göttlichen Ursprung, einen vorgängigen Ruf bezeugt – und dadurch als grundsätzlich apokalyptische Botschaft *theologisch* wird.

395 Die verführende („agogische") Pädagogik des Mystagogen ist der Kern der Kritik des von Derrida affirmierten Ausgangspunktes in Kants *Von einem neuerdings erhobenen vornehmen Ton in der Philosophie.* (Derrida, apokalyptischer Ton, 27; vgl. auch ebd. 77)

396 Michael Wetzel bringt in seinem Nachwort zur deutschen Ausgabe den Vortrag von Derrida aus diesem Grund auch mit einer „Aufklärung der Aufklärung" in Zusammenhang: „Mit der Aufklärung dieser im Namen der Apokalypse *[verstanden als »Wille zur Enthüllung, zur Offenbarung, zur Aufklärung eines im Dunkeln Verborgenen«; Anm. PZ]* aufgehobenen Tradition von Aufklärung ist Derrida der *Coup* gelungen, eine der bestgehütetsten Grenzen des abendländischen Denkens zu überschreiten: die Grenze zwischen dem *Rationalen* und dem *Irrationalen.* Er fügt damit der *Dialektik der Aufklärung* ein weiteres, ein erhellendes, ein aktuelles Kapitel hinzu, das den Kern der Sache, den Wahrheitsbegriff selbst trifft. [...] | Anders gesprochen gibt Derrida die *Zeitlichkeit der Wahrheit* zu bedenken, die nirgend besser zum Ausdruck kommt als im Aktus des Enthüllens, der Apokalypse selbst." [...] | Solange Wahrheit auf dem Anspruch beharrt, individuelles Allgemeines zu sein, unterliegt sie der Dialektik der Apokalypse, un darin ist die Moderne nicht wesentlich vom Mittelalter entfernt." (M. WETZEL, »Apokalypse now«. Der Wahrheitsbegriff der Postmoderne?, in: J. DERRIDA, *Apokalypse* (Graz-Wien: Böhlau, 1985), 133-139, hier: 134.137.138.

Derrida entfaltet diese Beziehung zu einem vorgängigen Anruf im Fortgang seines Vortrags vor allem anhand des Wortes bzw. Motivs des Rufes „Komm!", dessen singuläre, in ihrer Ereignishaftigkeit nicht-zitierbare Bedeutung er bereits einige Jahre zuvor zunächst am Werk Maurice Blanchots wahrgenommen hatte und dessen Bezug zur biblischen Apokalypse des Johannes ihm nicht sogleich[397], sondern erst in späteren Texten (in *Survivre*[398] und dem Levinas gewidmeten Text *En ce moment même dans cet ouvrage me voici*[399]) bewusst wurde.[400] All diese Texte und ausufernden Bezüge können hier jedoch nicht im einzelnen verfolgt werden, ohne Gefahr zu laufen, restlos den Bezug zu *How to avoid speaking* und der skizzenhaften Darstellung der grundlegenden Motivation des Werkes von Jacques Derrida aus dem Blick zu verlieren.[401] Die Schwierigkeit der Darstellung läge dabei nicht nur an dem bewussten Bezug Derridas auf literarische Texte, sondern auch an der äußeren Form der Arbeiten, die vor allem im Laufe der 70er-Jahre entstanden sind und (ebenfalls durchaus bewusst) die Grenzen des tradierten philosophischen Diskurses auszuloten und – mit entmystifizierendem aufklärerischem Interesse – zu hinterfragen versuchen. (Eine Selbstdeutung dieser Phase seines Werkes hatte Derrida nur wenige Wochen vor seinem Vortrag in Cerisy-la-Salle bei der Verteidigung seiner Habilitations-*thèse* an der Sorbonne vorgelegt.[402])

397 „Nicht sogleich", das heißt nicht schon in dem 1976 erstmals veröffentlichten Aufsatz „Pas" (in: *Gramma*, 1976, Heft 3/4), in dem sich Derrida zentral mit dem Ruf des „Komm" *(Viens)* bei Blanchot auseinandersetzt. – Auf deutsch ist *Pas* zugänglich in der Übersetzung des dem Werk Blanchots gewidmeten Sammelbandes *Parages* (Paris, 1986): J. DERRIDA, Pas, in: *Gestade* (Wien: Passagen, 1994), 21-118.

398 Deutsche Übersetzung: J. DERRIDA, Überleben, in: *ebd.*, 119-217. – Der Text ist ursprünglich in englischer Sprache erschienen, in: H. BLOOM u.a. (Hg.), *Deconstruction and Criticism* (New York, 1979).

399 in: F. LARUELLE (Ed.), *Textes pour Emmanuel Levinas* (Paris: Jean-Michel Place, 1980); dt.: J. DERRIDA, Eben in diesem Moment in diesem Werk findest du mich, in: M. MAYER / M. HENTSCHEL (Hg.), *Lévinas. Zur Möglichkeit einer prophetischen Philosophie* (Parabel. Schriftenreihe des Evangelischen Studienwerks Villigst Bd. 12; Gießen: Focus, 1990), 42-83.

400 Derrida, apokalyptischer Ton, 80; vgl. zur Entwicklung des Apokalypse-Motivs, das in den Texten Derridas seit 1973/74 mehrfach wiederkehrt, auch ebd. 78ff.

401 Zu einer ersten Hinführung zur Thematik des „Komm" vgl. neben den zitierten Originaltexten auch Caputo, Prayers and Tears (Anm. 380), 78ff. 95-101.

402 J. DERRIDA, Punktierungen – die Zeit der These (1980), in: H.-D. GONDEK / B. WALDENFELS (Hg.), *Einsätze des Denkens. Zur Philosophie von Jacques Derrida* (Frankfurt/M.: Suhrkamp, 1997), 19-39. – Vgl. dazu auch Derrida, apokalyptischer Ton, 84: „Was ich damals *[in Texten zu Blanchot, Levinas und Heidegger (aber auch anderen); Anm. PZ]* versucht habe, einer Analyse zu unterziehen, die unter anderem eine Spektographie des Tons und des Tonwechsels sein sollte, konnte sich per definitionem nicht an die Disposition oder Maßgeblichkeit des philosophischen, pädagogischen oder lehrenden Beweises halten. Zunächst, weil das die Szene eröffnende »Komm« kein Gegenstand, Thema keine Repräsentation werden konnte, d.h. kein Zitat im geläufigen Sinne, um einer Kategorie untergeordnet zu werden, sei es die des Kommens oder die des Ereignisses. Aus demselben Grunde fügt sich das auch nur sehr schwer der von der gegenwärtigen Szene geforderten Rhetorik. Nichtsdestotrotz

Supplement, Nachbemerkung, Post-Scriptum: Am Ende seines Vortrags deutet Derrida – dies sei hier noch (im Blick auf die Lektüre von *How to avoid speaking*) hinzugefügt – eine neuerliche Umkehrung an, die, *wenn sie entfaltet werden kann*, noch jenseits von Kants letztlich doch immer noch (zu) positiver, (zu) verführerischer (myst*agogischer*) Formulierung einer gebietenden Stimme in uns liegen würde. Der apokalyptische Ton, der jedem entmystifizierenden, auf Wahrheit zielenden Diskurs innewohnt, ist selbst noch einmal Ausdruck einer ganz anderen, strikt *an-agogischen*, zunächst nicht mehr zu einer bestimmten Erwartung (ver-)führenden Apokalypse. Diese erweist sich damit, insofern sie ohne benennbare Enthüllung bleibt, letztlich (oder zumindest zunächst) als „Apokalypse *ohne* Apokalypse". [A 87f] Da es nämlich keinen Diskurs geben kann, der den apokalyptischen Ton *als solchen* zur Sprache bringen könnte, da eine solche „Enthüllung" den Ton nur neuerlich wiederholen würde, bleibt die apokalyptische Rede auch dort, wo sie der Entmystifizierung verpflichtet ist, stets von der verführenden und irreführenden Gewalt des konkreten sprachlichen Entwurfs bedroht. „Dieses Risiko ist unabwendbar, und es bedroht den Ton wie ein Doppelgänger." [A 86] Mit diesem Risiko ist jedoch nicht unbedingt auch ein unausweichliches Scheitern verbunden. Die angedeutete „Umkehrung", die Derrida im ursprünglichen Wortsinn auch als „Katastrophe" [A 87][403], als die in der Apokalypse erwartete Wendung, bezeichnet und mit der er seinen Vortrag beschließt, findet nämlich vielleicht gerade dort statt, wo die Negativität der Apokalypse *ohne* Apokalypse nur in einem affirmativen Diskurs (als welcher dann auch noch die Dekonstruktion bezeichnet werden müsste), bezeugt werden kann.

> „Aber was macht folglich derjenige, der Ihnen sagt: Ich sage Euch, ich bin gekommen, Euch zu sagen, es gibt keine Apokalypse, es hat nie eine Apokalypse gegeben und wird keine geben, »die | Apokalypse trügt«? Es gibt nur die Apokalypse *ohne* Apokalypse.
>
> Das Wort *ohne* spreche ich hier gemäß der so notwendigen Syntax von Blanchot aus, der oft sagt: X *ohne* X. Das *ohne* kennzeichnet eine interne und externe Katastrophe der Apokalypse, eine Umkehrung des Sinns, der nicht mit der verkündeten oder in den apokalyptischen Schriften beschriebenen Katastrophe zusammenfällt, ohne ihr jedoch fremd zu sein. Die Katastrophe wäre hier vielleicht [!] *die der* Apokalypse

versuche ich, auf die Gefahr hin einer anderen Verzerrung, die beweisende Funktion in Begriffen des philosophischen Diskurses herauszulösen."

403 Zum Wortverständnis von „Katastrophe" vgl. Caputo, Prayers and Tears, 92: „By a catastrophe Derrida has in mind a certain textualist turning around. *Strephein* means to move; a *strophe* is what the chorus sings as it moves from right to left across the stage; hence, a *kata-strophe* means a reversal of movement, to get the chorus moving in the opposite direction, to sing a new song and strike up a change of tone. By this Derrida means reversing the strong sense of *destination* in the apocalyptic tone, which is the note that biblical commissions and institutional authoritarians strike. Deconstruction would disturb this scene of assured destination, un-veiling or exposing the structure of a system of relays in which we do not know who is saying what to whom, thereby stirring up *la passion du non-savoir*." – Zur Kritik an Caputos Konsequenzen siehe Anm. 404.

selbst, ihre Einfaltung und ihr Ende, eine Geschlossenheit ohne Ende, eine Ende ohne Ende.“ [A 88f; *Kursivierung im Original*]

Nach dieser im Modus des Vielleicht ausgedrückten Hypothese folgt die entscheidende, einen entmystifizierenden, wenngleich selbst positiven (agogischen) Diskurs letztlich wiederum ins Recht setzende bzw. ihm das Recht nicht verweigern könnende Fragestellung:

> „Aber welche Lektüre, welche Geschichte der Lektüre, welche hermeneutische Kompetenz berechtigt sie zu sagen, dass diese selbst, diese Katastrophe *der* Apokalypse, nicht diejenige ist, die in ihrer Bewegung und selbst in ihrem Verlauf, in ihrer Spur, von *dieser* oder *jener* apokalyptischen Schrift beschrieben wird? Zum Beispiel von der aus Patmos, die damals der Aufgabe geweiht war, aus sich herauszugehen in jene aleatorische Irrung?“ [A 89; *Hervorhebung im Original*]

Oder allgemeiner formuliert

> „Und wenn dieses Draußen der Apokalypse *in* der Apokalypse anzutreffen wäre?“ [ebd.]

Das „Außerhalb“ und das „Innerhalb“ jenes Textes, der einem (entmystifizierenden, anagogischen) apokalyptischen Ton verpflichtet ist und dadurch ein Vorgängiges zur Sprache zu bringen sucht, sind, so kann auch Derrida nicht umhin anzuerkennen, nicht in letzter Konsequenz voneinander trennbar. [A 89] Der apokalyptische Ton bleibt nur innerhalb eines *positiven*, konkreten, gewagten apokalyptischen Diskurses hörbar. Dem sich in der Apokalypse *ohne* Apokalypse ankündigenden vorgängigen Ruf kann nur innerhalb eines Zeugnisses – wie das des Johannes auf Patmos – entsprochen werden. Das Zeugnis bewahrt die Spur dieses Rufes auch noch dort, wo sie vom Risiko der „aleatorischen Irrung“, der Zufälligkeit und Endlichkeit der Darstellung bedroht ist.[404]

Die Schlussfolgerungen aus dieser letzten, eindeutig auf die Berechtigung eines *affirmativen* Sprechens abzielenden Umkehrung, die gleichwohl immer noch aus der dekonstruktiven Lektüre selbst erfolgt, vielleicht sogar aus der Dekonstruktion der De-

404 Die bei Caputo anklingende allgemeine Kritik an traditionellen (institutionellen, sprich: kirchlichen) Verständnissen apokalyptischer Aussagen (vgl. Anm. 403) trifft, wie die letzten Zitate gezeigt haben, gerade die katastrophische Umwälzung, auf die Derrida am Ende seines Textes anspielt, nicht: Die angedeutete Notwendigkeit einer affirmativen, stets von der verführenden Gewalt und der „aleatorischen Irrung“ bedrohten, dem Verdacht der Beliebigkeit, Zufälligkeit und Irrtumsanfälligkeit ausgesetzten Botschaft, die Bejahung des konkreten apokalyptischen Sprechens wird in der Praxis stets die institutionalisierte Gestalt einer bestimmten Apokalypse annehmen. Daher ist Caputos Schlussfolgerung, „This apocalypse without any vision, verity or un-veiling, this apocalypse *sans* apocalypse, is not John's, which calls determinately and identifiably for Adon Yeshoua.“ [99], gerade *nicht* durch Derridas Text gedeckt: Hier ist gerade *nicht* ausgeschlossen, dass die Apokalypse des Johannes ein Ausdruck, eine Konkretisierung, ein *weiterführender* gewagter Entwurf dessen ist, was zuvor – ohne als solches bereits theologisch gewesen zu sein – im Sprechen selbst zunächst als Apokalypse *ohne* Apokalypse anerkannt wurde.

konstruktion, die nun erst in dieser Selbstanwendung zu jenem Diskurs wird, von dem in *Gesetzeskraft* behauptet wird, er sei ebensowenig dekonstruierbar wie die Gerechtigkeit[405], – die sich abzeichnenden Schlussfolgerungen könnten für die Grundlegung einer Ethik und einer Kriteriologie politischer Praxis im Horizont der Dekonstruktion ebenso entscheidend sein wie für den Diskurs in und über religiöse Kontexte. Wenn das Sprechen stets einem vorgängigen Anspruch verpflichtet ist, wenn sich keine Rede, keine Praxis diesem sprachlich nicht restlos einholbaren Appell entziehen kann, so lässt sich dennoch ein, zwar „negatives", selbst nicht auf eine Regel reduzierbares, gleichwohl in seiner Anwendbarkeit *positives* Kriterium für die Wahrnehmung dieser Verantwortung erkennen: Insofern der gewagte positive Diskurs (im Bereich der Ethik, der Politik, der Religion, etc.) über seine Dekonstruierbarkeit hinausweist, insofern *anderes* in ihm zur Sprache kommt, insofern *das Andere* im Kontext dieses Diskurses sich ereignen, *Ereignis werden* kann,[406] – insofern das Andere ins Kommen gerufen wird ohne selbst schon vollständig identifizierbar zu sein, bleibt der vorausliegende Anspruch gewahrt.

Derrida vermeidet es, die immer noch bloß angedeuteten Konsequenzen selbst und damit stellvertretend für andere zu ziehen. Auch darin bleibt die Dekonstruktion konsequent. Die Texte der letzten beiden Jahrzehnte haben jedoch deutlich gemacht, wie sehr die Dekonstruktion zu einem Diskurs über die Grundlagen einer Praxis geworden ist, die weder diskursiv eingeholt, noch von ihrem sprachlichen Ausdruck einfach getrennt werden kann.[407]

EXKURS: *Die Erinnerung – feu la cendre*

Derridas Schreiben ist, das haben schon die frühen Lektüren, vor allem dort, wo sie auf die Bewegung der *différance* stoßen, gezeigt, einer bestimmten Performativität verpflichtet. Diese Performativität war gleichsam unumgehbar. Wenn jede Äußerung letztlich den supplementären Charakter der Schrift trägt, so lässt sich aus diesem Grund nicht noch einmal eine Metasprache angeben, die über das Sprechen bzw. die Schrift ungebrochen reflektieren könnte. Dies wird in *How to avoid speaking* an der Stelle, an der wir oben die Lektüre des gerade neu einsetzenden Vortrags unterbrochen hatten, ebenso betont, wie bereits Jahre zuvor in *Von einem neuerdings erhobenen*

405 Derrida, Gesetzeskraft, 30 (s.o. S. 129). – Vgl. dazu auch: Interview mit J. Derrida, in: Rötzer (Hg.), Französische Philosophen im Gespräch, 86f.

406 Vgl. etwa die „Definition" von Gerechtigkeit in *Gesetzeskraft*, 57: „Die Gerechtigkeit ist der Zukunft geweiht, es gibt Gerechtigkeit nur dann, wenn sich etwas ereignen kann, was als Ereignis die Berechnungen, die Regeln, die Programme, die Vorwegnahmen usw. übersteigt. Als Erfahrung der absoluten Andersheit ist die Gerechtigkeit undarstellbar, doch darin liegt die Chance des Ereignisses und die Bedingung der Geschichte."

407 Vgl. dazu etwa die in ihrer Thematik bereits kurz dargestellten Texte *Gesetzeskraft, Das andere Kap* und *Politik der Freundschaft*.

apokalyptischen Ton, wo Derrida in seiner abschließenden Wendung auf den affirmativen Ton des apokalyptischen „Komm" zu sprechen kommt, das in seiner nicht zitierbaren Singularität ernstgenommen werden muss.

„Warum kann ich nicht vermeiden zu sprechen, wenn nicht aus dem einzigen Grunde, dass ein Versprechen mich verpflichtet hat, noch bevor ich damit beginne auch nur die kleinste Rede zu halten? Wenn folglich ich vom Versprechen spreche, werde ich ihm gegenüber keine meta-sprachliche Distanz einhalten können." [W 28]

„Ich werde nun mit beschleunigtem Tempo *[mouvement; zugleich eine Anspielung auf die musikalische Bedeutung des Wortes; Anm. PZ]* Folgendes sagen. Vom anderen kommend, als wäre es schon eine Antwort, und als Zitat ohne vergangene Gegenwart, lässt das »Komm« keine andere metalinguistische Zitierung zu, während es selbst doch schon eine Erzählung *(récit)*, ein Rezitativ und ein Gesang ist, dessen Singularität zugleich absolut und absolut teilbar bleibt. Es lässt sich ebensowenig noch durch eine Onto-Theo-Eschatologie überprüfen wie durch eine Logik der Ereignisse, so neuartig sie auch sei und welche Politik sie auch verkünden mag. Mit diesem *affirmativen* Ton kennzeichnet das »Komm« in sich weder ein Begehren noch einen Befehl, weder eine Bitte noch eine Forderung." [A 85]

Die Unmöglichkeit einer metasprachlichen Distanz dort, wo die Reflexion den unhintergehbaren Grund allen Sprechens zu benennen sucht, hat Konsequenzen nicht nur für das philosophische Sprechen. Das Sprechen / die Schrift muss selbst den Verweis über sich hinaus hervorbringen. Im apokalyptischen Ton, speziell im antwortenden Ruf des „Komm" erkennt Derrida diese unumgehbare Performativität eingebettet in einen affirmativen Diskurs bzw. Entwurf. Es handelt sich bei dieser „performativen Affirmation" um ein Sprechen, das nicht propositional verstanden werden will, das vielleicht sogar zunächst gar keine, der Kritik unterliegende, negierbare Proposition enthält. Die Anspielungen auf den Gesang und die Singularität im obigen Zitat deuten darauf hin. Mehrfach war Derrida in den Texten dieser Zeit auf Ausdrucksformen zu sprechen gekommen, die sich der Zitierbarkeit entziehen.[408] In einem Gespräch mit Elisabeth Weber, das im Mai 1990 im Hessischen Rundfunk gesendet wurde, wurde dieser Zusammenhang von Versprechen, Zitat und Vorgängigkeit, vom Hören einer Stimme, Antwort und Singularität ebenfalls angesprochen und im Kontext der hier behandelten Texte und Themen verdeutlicht.[409] In der *Postkarte* hatte Derrida etwa betont, ihn „interessiert im Grunde nur das, was sich nicht

[408] Vgl. etwa das zweibändige, im Jahr des Kolloquiums in Cerisy-la-Salle publizierte, aber nicht immer leicht lesbare Werk *Die Postkarte von Sokrates bis an Freud und jenseits* (Berlin: Brinkmann & Bose, ²1989, ¹1982 [fr. 1980]).

[409] J. DERRIDA, Übergänge – vom Trauma zum Versprechen, in: *Auslassungspunkte. Gespräche* (Wien: Passagen, 1998), 377-398. – Dieses Gespräch mit Elisabeth Weber wurde in gekürzter Form zunächst am 22. Mai 1990 unter dem Titel „Im Grenzland der Schrift. Randgänge zwischen Philosophie und Literatur" im *Abendstudio* des Hessischen Rundfunks gesendet.

expedieren, sich keinesfalls depeschieren lässt"[410] und als Beispiele für diese singulären Ausdrucksformen, die an den Augenblick gebunden und von daher nicht unmittelbar zitierbar sind, das Lachen, den Gesang und die Tränen genannt.

> „Was haben das Lachen, der Gesang und die Tränen gemeinsam? Was lässt den Briefeschreiber *[in »Die Postkarte«; Anm. PZ]* sagen, sie ließen sich nicht senden (ebensowenig, sagt er, wie das Kind)? Vielleicht eben jenes [...], das sie mit der unwiederholbaren Einzigkeit verbindet. Eine in Sätzen angeordnete und artikulierte Rede zum Beispiel kann man versenden, insofern sie schon im Element der Universalität lesbar ist, weil sie über eine Konsistenz und eine Übersetzbarkeit verfügt. Das ermöglicht dass sie ihrem postalischen oder nichtpostalischen Versenden, der Tatsache, dass man sie adressiert, dass sie Ort und Zeit durchquert und wechselt, zum Trotz bis zu einem gewissen Grad bleibt, was sie ist, weil sie vom einzigen und einmaligen Moment ihrer Entstehung losgelöst ist. Demgegenüber lösen sich das Lachen, der Gesang und die Tränen sehr viel schwerer von der Einzigkeit des Momentes. Zunächst kann man die Tränen nicht mit der Post verschicken, ebensowenig wie ein Auflachen oder einen Gesang. Der Gesang ist gerade an etwas gebunden, das sich in der Sprache nicht leicht wiederholen lässt, das jedenfalls weniger wiederholbar ist als zum Beispiel die Erzählung. Was sich nicht senden lässt ist dasjenige, das sich in gewisser Weise nicht wiederholt oder sich nur sehr viel schwerer wiederholen lässt." (Derrida, Übergänge, 392)

Im Blick auf den Kontext und den doch oft engen thematischen Zusammenhang der Schriften der frühen 80er-Jahre (etwa 1980-1987) bekommen die im einzelnen doch oft recht unzugänglichen Formulierungen Derridas schließlich eine klarere und in ihrer Stoßrichtung bestimmbare Struktur. Die Performativität des Derridaschen Schreibens, die aus den Vorträgen in Jerusalem und Cerisy-la-Salle als Konsequenz aus der Unmöglichkeit eines metasprachlichen Diskurses erkennbar wurde, ist eines ihrer wichtigsten Momente. Sie ist, wie an den bisherigen Beispielen deutlich wurde, jedoch kein Selbstzweck, sondern versucht ein bestimmtes Ereignis zu evozieren. Damit ist sie mit dem Risiko einer Affirmation verbunden, die kein Diskurs zu vermeiden vermag.

Das Sprechen / die Schrift muss selbst den Verweis über sich hinaus hervorbringen. Im Jerusalemer Vortrag ist genau dies das Thema. Der Text versucht, das Sprechen in seinem vorgängigen Bezug auf ein Versprechen wahrzunehmen. („Noch bevor ich begann, diesen Vortrag vorzubereiten, wusste ich, dass ich über die »Spur« zu sprechen wünschte ..." [W 9]) Die Erfahrung jenes Versprechens *vor* allem Sprechen, das, wie Derrida in Cerisy-la-Salle gezeigt hat, auch noch jeder aufklärerischen Intention innewohnt und dabei in deren unausweichlichen Rückgriff auf die Ankunft eines Anderen einen apokalyptischen Ton vernehmen lässt, lenkt zuletzt die Aufmerksamkeit

410 Derrida, Postkarte, 1. Lfg., 21; vgl. 33f. 177f. 205. 263. 275. 300. – Vgl. zur ganzen Thematik: Derrida, Übergänge, 391ff.

auf die Eröffnung eines zeitlichen Horizontes, der nicht allein auf Zukunft gerichtet ist. Es wäre daher ein Missverständnis, die ethischen und politischen Konsequenzen, die in der Thematik des Versprechens und des „Komm" liegen, dadurch in Frage gestellt zu sehen, dass diese von einem unendlichen Aufschub (z.B. in Formulierungen wie „die Gerechtigkeit bleibt im Kommen" oder *la démocratie à venir,* „Demokratie im Kommen"), sowie der bleibenden Unerfülltheit des ausgedrückten Begehrens geprägt und damit den Anforderungen konkreter Praxis scheinbar wiederum nicht gewachsen sein werden. Es wurde bereits erwähnt, dass sich die Dekonstruktion als Grundlagendiskurs jeder präjudizierenden Konkretisierung enthalten muss. Dies erfolgt allerdings nicht ohne selbst dabei die Notwendigkeit eines affirmativen Diskurses herauszuarbeiten. Die Frage kann daher nur lauten, *inwiefern* die dekonstruktive (Sprach-)Bewegung, die ja ebenfalls keinen meta-sprachlichen Diskurs darstellen kann, selbst ein *affirmativer, antwortender und verantworteter Diskurs* ist.

„Il y a là cendre: il y a lieu."
„Es gibt da Asche: Es gibt Grund."

Zwischen den Vorträgen in Cerisy (1980) und Jerusalem (1986) liegt die Ausarbeitung eines Text-Projektes, in dem sich erneut das Selbstverständnis des Denkens von Derrida zeigt und dabei das Aufkommen des Verdachts der Etablierung eines metasprachlichen Diskurses, der mit vielen Formen philosophischer Reflexion verbunden werden könnte, weitgehend vermieden wird. Wiederum legt Derrida keine bestimmte Lektüre vor, zumindest nicht die eines Textes eines fremden Autors. Vielmehr unterzieht er einen seiner eigenen Sätze, den er mehr als ein Jahrzehnt zuvor fast beiläufig geschrieben hatte, um zuletzt auch noch Ungenannte(s) zur Sprache zu bringen, einer *Relecture.*

Feu la cendre (1982/87)[411] ist ein Text über die Asche, die vielleicht stets mehr ist als *bloß* Asche; ein Text über die Asche als Spur und damit über die Asche als Erinnerung eines Abwesenden. *Il y a là cendre. Es gibt da Asche – nicht hier, sondern da.* [vgl. FA 15] Der Text besitzt zahlreiche Eigenheiten, die es erschweren, ihn einzuordnen, die sich vielmehr der Einordnung, der Ökonomie, von vornherein zu entziehen versuchen. Wir werden diesen Charakter des Textes, dort wo er vielleicht literarischer Art ist, jedoch nicht im Gegensatz zu einem wie auch immer zu bestimmenden *philosophischen* Gehalt verstehen, sondern gerade darin seine „philosophische" Relevanz

[411] J. DERRIDA, *Feu la cendre* (Paris: Editions Des Femmes, 1987). – Deutsch: *Feuer und Asche* (Übers. und mit einem Nachwort versehen v. Michael Wetzel; Berlin: Brinkmann & Bose, 1988). [= FA] – Bereits die Übersetzung des Titel *Feu la cendre* bereitet hier Schwierigkeiten. Der deutsche Titel beschränkt sich darauf, die zentralen Begriffe wiederzugeben, während die französische Wendung auch mit der adjektivischen Bedeutung von *feu* (verstorben, selig) spielt. Der Originaltitel ließe also auch Übersetzungen wie „Selig (sei) die Asche" oder „Friede der Asche". Vgl. dazu die Hinweise zur Übertragung von Michael Wetzel in FA 63ff.

zu erkennen und zu lesen versuchen. Die genannten Eigenheiten gehen schließlich – zumindest in der unübersetzbaren französischen „Buchfassung" – sogar noch über die Textgestalt selbst hinaus. (Daraus resultiert dann auch eine der performativ evozierten „Aussagen".) Der von 1980 an für die Zeitschrift *Anima* erarbeitete [vgl. FA 6] und 1982 dort zunächst auch erschienene Text,[412] wurde 1987 in einer Buchfassung in den *Editions Des Femmes* erneut veröffentlicht und dabei durch eine Toncassette des gelesenen Textes ergänzt. Während schon der ursprüngliche Text zahlreiche grammatikalische und semantische Mehrdeutigkeiten aufweist und zudem als Polylog vielfältiger nicht immer eindeutig abgrenzbarer und als männlich oder weiblich identifizierbarer Stimmen gestaltet ist,[413] steht die als gleichwertiges Original zu verstehende (Re-)Lektüre auf der Toncassette, auf der scheinbar nur *eine* weibliche und *eine* männliche Stimme sprechen, dazu in einer bewusst gesetzten Spannung: Die hörbare (Re-)Lektüre des Textes musste – notgedrungen – den zahlreichen Mehrdeutigkeiten, die die schriftliche Gestalt auszeichnen, nicht nur eine bestimmte Entscheidung im Akt des Lesens aufdrängen und gegenüberstellen (z.B. schon in der Wahl des Geschlechts des/der SprecherIn), sondern konnte bestimmte, allein lesbare, nicht aber hörbare Unterscheidungen (z.B. die den Text bestimmende Unterscheidung zwischen dem bestimmten weiblichen Artikel *la/die* und dem gleichlautenden, allerdings mit ‚accent grave' geschriebenen Ortsadverb *là/da*) gar nicht eindeutig zum Ausdruck bringen. Der Polylog spricht in diesem Zusammenhang davon, dass die Lektüre ein Gleichgewicht halten müsse: „Man durfte beim Entziffern das Gleichgewicht zwischen Auge und Ohr nicht verlieren, und ich bin mir nicht sicher, ob ich darauf habe achten können." [FA 15] Die (Re-)Lektüre erweist sich daher unweigerlich als (be)urteilende Interpretation. Aus diesem Grund entzieht sich das Projekt bereits formal einer ungebrochenen und einheitlichen Darstellung. – Allerdings

[412] Ein Hinweis auf die bibliographischen Angaben zu dieser Erstveröffentlichung (»Feu la cendre«, in: *Anima 5 en cendres*, Dez. 1982, 47-99) findet sich in: H. RAPAPORT, Derridas Gaben, in: H.-D. GONDEK / B. WALDENFELS (Hg.), *Einsätze des Denkens. Zur Philosophie von Jacques Derrida* (Frankfurt/M.: Suhrkamp, 1997), 40-59, Anm. 15.

[413] Auch die Form des Polylogs hat für Derrida musikalischen Charakter. Vgl. dazu die Anmerkungen zur Mehrstimmigkeit in Derrida, Übergänge, 396-398. – Besonders zu beachten ist der Hinweis, dass sich die Mehrstimmigkeit als Notwendigkeit erwies: „Ich habe mehrere Texte wohlüberlegt mit mehreren Stimmen geschrieben – wie etwa *Die Wahrheit in der Malerei [1978], Feuer und Asche [1982/87], Eben in diesem Moment in diesem Werk findest du mich [1980], Recht auf Einsicht [1985]* und so weiter *[Zu ergänzen wäre etwa der für Derridas Auseinandersetzung mit der negativen Theologie zweite zentrale Text »Sauf le nom«/»Außer dem Namen« (1991); Anm. PZ]* – und jedesmal habe ich es zu einem Zeitpunkt getan, an dem es mir buchstäblich unmöglich war, eine monologische Rede zu halten. Das Gespräch, die Vielstimmigkeit drängte sich gewissermaßen auf, und ich musste ihr den Vortritt lassen. Jedoch versuchte ich in diesen Texten nichtsdestoweniger, diese Vielfalt bis zu einem gewissen Punkt zu strukturieren, Plätze anzuweisen, Unterbrechungen und Wiederaufnahme der Rede zu verteilen." (ebd. 397)

lässt der Prolog zur Buchfassung einige Grundintentionen – oder vielleicht besser ausgedrückt: eine erste Selbstinterpretation erkennen.

Ausgangspunkt des Textes, so stellen sowohl der Prolog als auch der Polylog (als „Haupttext") von Anfang an klar [FA 5.15], ist eine kurze Redewendung, die von Jacques Derrida am Ende seines Buches *La dissémination*[414] innerhalb einer datierten, ansonsten aber nicht weiter gekennzeichneten Anmerkung, die zugleich den Charakter einer Widmung trägt, erstmals verwendet wurde: *il y a là cendre* (Es gibt da Asche).

> „Von sich aus sich aufspreizend, sich ganz darin formend, beinahe ohne Rest, verleugnet und anerkennt in einem einzigen Zug die Schrift die Schuld. Äußerste Erschütterung der Signatur, weit vom Zentrum, ja von den Geheimnissen, die darin geteilt werden, um zu zerstreuen bis hin zur Asche.
>
> Dass der Buchstabe/Brief *(lettre)* stark sei allein in dieser Ungerichtetheit und stets fehlgehen zu können ihm widerfährt, werde ich nicht zum Vorwand nehmen, mich von der Pünktlichkeit einer Widmung fernzuhalten: R. Gasché, J.J. Goux, J.C. Lebensztejn, J.H. Miller, andere, *il y a là cendre*, werden, vielleicht, erkennen, was hier von ihrer Lektüre dazwischentritt. *Dezember 1971*"[415]

Derrida geht nicht näher auf den Kontext in *La dissémination* ein, doch erweist sich vor allem der erste Absatz der Widmung als Horizont für die Andeutungen, die den Prolog von *Feu la cendre* bestimmen. Die Schrift, das Lesbare, steht für Derrida in einer nicht-eindeutigen, aber unleugbaren Beziehung zur Schuld: die Schrift verleugnet und anerkennt zugleich. Sie bezieht sich auf ein ihr gegenüber Vorgängiges, anerkennt es dadurch, und verleugnet/verrät es dennoch: sie wird ihm nicht gerecht. Die Schrift bewahrt nur die *Asche.* [FA 5f] Derridas Relecture der kurzen, beiläufigen, das Vergessene bzw. die Vergessenen, die ungenannt Gebliebenen evozierende Redewendung, versucht, das *il y a là cendre* selbst sprechen zu lassen.[416] Er deutet an, dass das *Es gibt da Asche* einem Appell, einem Ruf, einer Stimme angehört, die jedem Text innewohnt und daher von jeder Lektüre in Betracht gezogen werden muss. Der Text, die Asche, evoziert die Stimme einer Lektüre, die das Risiko einer Entscheidung, die jede Lektüre darstellt, eingeht – und dabei aber zugleich die Zurückhaltung

414 J. DERRIDA, *La dissémination* (Paris: Éditions du Seuil, 1972). – Deutsch: *Dissemination* (übers.v. H.-D. Gondek; Wien: Passagen, 1995).

415 Derrida, Dissemination, 415 (Hervorhebung im Orig.; Übers. leicht modifiziert). – Eine differierende Übersetzung von Michael Wetzel findet sich auch in FA 14.

416 Derridas erste Verwendung des *il y a là cendre* hatte sich in weiterer Folge als über die ursprüngliche Intention hinausweisender Anruf erwiesen: „Ich glaubte, dass sie *[die Redewendung; PZ]* geschickt kalkuliert, gemeistert, bezwungen sei, so als hätte ich sie mir auf immer und ewig angeeignet. Seitdem muss ich mich nun ohne Unterlaß überzeugen lassen: Die Redewendung entbehrte aller Autorisierung, sie hatte ohne mich gelebt. Sie hatte immer allein gelebt. [...] | Annähernd zehn Jahre lang gibt es nun das Kommen und Gehen dieses Gespenstes, die unerwarteten Besuche des Revenants. Die Sache sprach von ganz allein. Ich sollte mich mit ihr verständigen, ihr antworten – oder dafür Rede und Antwort stehen *(lui répondre – ou en répondre).*" [FA 5f]

(réserve) der Schrift lesbar macht.[417] Der um die kurze Redewendung herum verfaßte Polylog sollte dieses Verhältnis von Text/Schrift und (Re-)Lektüre, die für Derrida stets den Charakter einer oder mehrerer Stimmen (der Interpretation) annimmt, selbst – performativ – evozieren.[418] Der Text appelliert und nötigt zur Interpretation, zur Be*stimm*ung.[419] Die einzelnen (Lektüre-)Stimmen, von denen die auf Band aufgenommene nur eine unter mehreren möglichen ist, bleiben damit einem Text verpflichtet, ohne ihm eindeutig entsprechen zu können. Sie bleiben vielmehr auf andere, ergänzende Stimmen verwiesen – oder anders ausgedrückt: der Text appelliert an die Stimme (an den/die LeserIn), seinen Asche-Charakter, die Mehrdeutigkeit seines Wesens zu erinnern. [FA 6f] Der Text, die Asche, appelliert selbst. Das Genre des Polylogs wurde von Derrida daher bewusst gewählt, als „ein Dispositiv von Schriften, das, wie man sagen könnte, die Stimme, die Stimmen *anrief.*" [FA 6] Die äußere Form hatte sich als Performativum aufgedrängt: „Aber wie soll man diesen unvermeidlich stummen Anruf, der vor seiner eigenen Stimme spricht, zu Gehör bringen? Wie soll man ihn erwarten lassen?" [ebd.]

Ohne es auszusprechen (das Sprechen müsste als interpretierender Akt immer zunächst auf das ihm Vorgängige, auf den in die Antwort rufenden Ruf hinterfragt werden), – ohne es auszusprechen macht Derrida, macht das Projekt somit performativ auf eine Beziehung zwischen Schrift und Rede aufmerksam, wobei letztere stets eine gewagte Konkretisierung, eine Antwort, das konkrete Gedächtnis eines vorgängigen Anrufs ist. [FA 7][420] Der Anruf selbst aber ist, insofern ihm geantwor-

[417] Diese Zurückhaltung der Schrift vermag die Stimme nicht nachzuvollziehen, wodurch sie auf immer „andere Stimmen" angewiesen bleibt: „Indem sich die »aufgenommene« *(recordée)* laute Stimme auf die Unmöglichkeiten der Wahl einlässt, macht sie eine Zurückhaltung *(réserve)* der Schrift lesbar, ihre tonalen und stimmlichen Schwingungen, die Wellen (weder Schrei noch Rede), sie sich in dem einen einzigen Herausschreien *(vocifération)*, in der einzigartigen Reichweite einer anderen Stimme, verbinden oder auflösen. Diese andere Stimme lässt man also passieren, um die möglichen Stimmen zu filtern, sie ist im voraus *passée*, ein doppelt gegenwärtiges Gedächtnis *(mémoire)* oder eine doppelte Gegenwärtigkeit *(présence).*" [FA 9; Übers. leicht modifiziert]

[418] „Dieser *[der Polylog; PZ]* richtete sich, so scheint es ans Auge und stimmte nur mit der inneren Stimme, einer absolut leisen Stimme, überein." [FA 7]

[419] Vgl. auch den von Antoinette Fouquet an Derrida, den „Philosophen der Schrift", herangetragenen Wunsch, „den Weg für die Stimme zu bahnen [...] Nicht um das Buch durch den Schauplatz der Schrift zu ersetzen, sondern um dem einen und dem anderen in dem Maße, wie sie sich gegenseitig anregen und ankurbeln, seinen Raum oder vielmehr sein *entsprechendes* Volumen zu geben" [FA 7] Die Stimme (des/der LeserIn, der Lektüre), die „Verstimmlichung" erweist sich so letztlich als notwendiges (positives) Supplement der Schrift, als herbeigerufene „unmögliche Verlautbarung *(proféra-tion)*" [ebd.]. Die Vorgängigkeit der Schrift bleibt dabei unberührt: „Ich glaube nicht, dass die stille Lektüre darunter leidet, noch der Wunsch des Buches, im Gegenteil, er erhält durch diese Erfahrung neue interpretative Kräfte." [ebd.]

[420] Vgl. FA 9: „Wie soll man sie *[die „Potentialität" des Textes; Anm. PZ]* aus ihrer Zurückhaltung *(réserve)* ohne einen Glaubensakt *(acte de foi)* heraustreten lassen, den absoluten Hiatus im Augenblick einer unmöglichen Entscheidung? Letztere findet sich, wenn der Augenblick gekommen ist, immer der Stimme des anderen *(à la voix de l'autre)* anvertraut *(confiée)*. Nein, *einer* Stimme des anderen, einer an-

tet, insofern er interpretiert wird, nicht *hörbar*, sondern – wie die Husserl-Lektüren es bereits für die innere Stimme gezeigt haben – allein *lesbar*. Der Text, die Asche, ruft – spricht. Während nun aber der nachträgliche, nur der Buchfassung von 1987 vorangestellte Prolog mit seinem Bezug auf die Stimme(n) insbesondere das Verhältnis von vorliegendem Text und dem damit verbundenen Anruf zur Erinnerung, zu seiner Konkretisierung in einer gewagten Interpretation unterstreicht, widmet sich der Polylog selbst einer nochmals anderen Beziehung, die aber ebenfalls auf das Gedächtnis eines Vorgängigen hinweist: der Asche als Spur eines Verbrannten, als Erinnerung eines Abwesenden.

Die folgende Lektüre des Polylogs lässt sich, obwohl sie strikt kommunikabel zu sein trachtet, schlecht legitimieren. Hatte nicht die ganze Konzeption des Projekts darauf abgezielt, jeder einzelnen Lektüre, jeder Interpretation die Kraft abzusprechen, aus ihr allein schon eine Argumentation, eine *bestimmte,* dem Text gerecht werdende Aussage ableiten zu können? Immer wieder erweckt der dekonstruktive Umgang mit Texten den Anschein, mit der Vervielfältigung möglicher Lektüren (der eigenen Texte, aber auch fremder, vorliegender Werke) die philosophische Argumentation zu verunmöglichen. Gleichzeitig, so wurde bereits mehrfach aufgezeigt, bleibt die Dekonstruktion der Forderung einer bestimmten Affirmation verpflichtet, ja stellt sie selbst einen affirmativen, wenngleich apophatisch vorgetragenen Diskurs dar. Ohne eine bestimmte „Aussage" des Textes *Feu la cendre* daher präjudizieren zu wollen (oder zu können) geht die folgende Lektüre, im Blick auf seine Bedeutung für eine Darstellung des Denkens von Jacques Derrida, wie sie in dieser Arbeit versucht wird, von dem einfachen Umstand aus, dass dieser Text *nicht nicht-geschrieben* wurde, dass die Lektüre des Werkes von Derrida also auch mit einem solchen Text rechnen, ihn berücksichtigen und einordnen muss. Dieser eigentlich für jede Lektüre selbstverständliche und zumeist nicht näher zu reflektierende Zugang ist hier von Bedeutung.

Derridas *Relecture* der Redewendung *(phrase) il y a là cendre* geht zunächst von ihrer ersten Verwendung in *La dissémination*, d.h. davon aus, dass hinter den fünf Worten Personen, Personen*namen* verschwunden sind. [FA 17ff][421] Die Rede von der Asche spricht damit nicht von der Asche selbst, sondern von einem/einer oder mehreren anderen. Die Asche ist mit einem Geheimnis [FA 15] verbunden; ihre Bedeutung entzieht sich. Zugleich, allerdings ohne über den Charakter einer Andeutung hinauszugehen, spielt der Text in seiner Formulierung auch auf konkrete historische, mit

deren Stimme *(Non, à* une *voix de l'autre, à une autre voix)*: dieser, hier, von Carole Bouquet." [Übersetzung anhand des Originals modifiziert und ergänzt]

421 „[Es] war genau da die Asche, wo eine Person verschwunden ist, aber ein Ding da ist, das die Spur bewahrt und zugleich verliert." [FA 17]

dem Ereignis der Asche verbundene Katastrophen an – es sind immer *Katastrophen*, die sich mit der Asche als wenig identifizierbarem Rest eines Verschwundenen, Verbrannten verknüpfen; die Asche als dasjenige, dem ein Feuer vorangegangen ist, ist niemals ein neutraler Begriff –: „Wer hätte noch den Mut, sich an ein Gedicht über die Asche zu wagen?" [FA 15]

Mit der Rede von der Asche ist, so ruft der Einsatz des Polylogs in Erinnerung, ein Gedächtnis verbunden; zumindest der Traum von einer solchen *memoria*:

> „Das Wort Asche, man würde träumen, dass es wäre: selbst eine Asche in diesem Sinn, da, dort unten, in der Ferne der Vergangenheit, ein Gedächtnis *(mémoire)*, das verloren ist für das, was nicht mehr von hier ist. Und dadurch würde seine Redewendung *(phrase)* sagen wollen: die Asche ist nicht mehr hier. War sie jemals dort?" [FA 15]

Die Asche würde – so der Traum[422] – das Gedächtnis der verlorenen Vergangenheit bewahren. Sie wäre die Spur, die, obwohl selbst ein Ding, die (verlorene) Erinnerung an eine(n) ganz andere(n) doch noch zu wahren vermag. Gleichwohl bleibt diese Bewahrung nicht ungebrochen:

> „Ich, ein Anzeichen *(signal)* für Asche, ich rufe etwas oder jemanden ins Gedächtnis, von dem ich nichts sagen werde; aber dieser Umriss *(tracé)*, der sichtlich da ist, um nichts zu sagen, wird das | Gesagte seines Sagens annulliert, dem Feuer übergeben, durch die Flamme und nicht anders zerstört haben müssen. Keine Asche ohne Feuer!" [FA 19f]

Im Rückblick auf Derridas Lektüren und Äußerungen zur Thematik der Schrift, zur *différance* und zur Spur, wird man mit diesem Text nun nicht nur das Thema Asche *als solche*, wenn es das überhaupt gibt,[423] oder seine angedeuteten geschichtlichen Be-

422 Auf die Thematik des Träumens (vgl. FA 17) und ihre Bedeutung für das Selbstverständnis Derridas wurde hier schon früher, in der Lektüre eines späteren Textes, aufmerksam gemacht: als Appell in der Vorbemerkung zur *Politik der Freundschaft* (s.o.S. 142). – Siehe dazu zuletzt auch die Dankesrede anläßlich der Verleihung des Theodor W. Adorno-Preises in Frankfurt am 22. Sept. 2001 (J. DERRIDA, Dankesrede anläßlich der Verleihung des Theodor-W.-Adorno-Preises 2001, in: *Le Monde diplomatique. Deutsche Ausgabe* 8 (2002) Nr. 1, 12ff): „Nehmen Sie an, dass ich träume." [12] Mit Bezug auf Walter Benjamin reflektierte Derrida dort auf sein eigenes Denken: „Aufwachen, das Wachen und die Wachsamkeit pflegen, ohne die Bedeutung eines Traums außer Acht zu lassen, ohne | seine Lehren und seiner Hellsicht untreu zu werden, das bedenken, was der Traum zu denken gibt, vor allem dort, wo er uns die *Möglichkeit des Unmöglichen* zu denken aufgibt. Die Möglichkeit des Unmöglichen kann nur geträumt werden, sie kann nur als geträumte sein. Aber das Denken, ein ganz anderes Denken des Verhältnisses zwischen dem Möglichen und dem Unmöglichen, jenes andere Denken, dem ich im Laufe meiner Vorlesungen oder meiner Läufe so lange schon nachsinne oder nachlaufe, das mich schon lange in Atem hält und manchmal außer Atem bringt, es hat zu diesem Traum vielleicht eine größere Affinität als die Philosophie selbst. Es gälte, erwachend nicht müde zu werden, über diesen Traum zu wachen."

423 Die reine Asche, die Asche *selbst*, existiert nicht; sie ist stets der Rest von einem anderen, das durch ein Feuer verbrannt wurde. Daher *ist* die Asche nur Asche, insofern zuvor ein Feuer ein Vorgängiges verbrannt hat.

züge verbinden können, sondern auch wahrnehmen, dass in der *phrase (il y a là cendre)*, in diesem Bild, dieser Metapher oder Metonymie [FA 15] das, was man das Schrift- oder Sprachverständnis der Dekonstruktion im Sinne Derridas nennen könnte, versammelt und gebündelt wird. [vgl. FA 25.27] Die Asche, die Erinnerung, die nichts sagt, als dass hier die Beziehung zu einem nicht mehr Anwesenden bezeugt wird, ist ein nicht sehr gehaltvoller, zugleich aber bestimmbarer, lesbarer Ausgangspunkt:

> „Es gibt da Asche, das ist es, was Platz nimmt, indem es Platz lässt, um zu Gehör zu bringen: Nichts wird statt haben als die Stätte. Es gibt da Asche: Es gibt Grund." [FA 21]

Es gibt Grund: Dieser Ausgangspunkt ist zugleich Appell zur Wiederanerkennung, er ist in die Pflicht rufende Motivation zu bestimmter Praxis. „Es gibt Grund dafür, dies oder das zu tun – zu geben, zurückzugeben, zu zelebrieren, zu lieben." [FA 23] Die Rede von der Asche, *il y a là cendre*, ruft zurück, was eigentlich „durch das Feuer zur Zerstreuung ohne Rückkehr bestimmt ist." [ebd.] Die Asche ist Spur, positive Spur, obwohl sie nichts ist: „Es gibt da Asche, sprich, die Asche ist nicht, sie ist nicht das, was ist. Sie bleibt zurück von dem, was nicht ist, um als bröckeliger Grund von ihr nur Nicht-Sein und Ungegenwärtigkeit in Erinnerung zu rufen." [FA 23] Die Aschenspur wird damit zum zentralen Bild für Derridas Spurbegriff, mit dem er sich akzentuell sowohl von Emmanuel Levinas[424], viel mehr noch von Heideggers „früher Spur des Unterschieds"[425] absetzt:

> „aber das ist genau das, was er Spur nennt, dieses Erlöschen. Ich habe jetzt den Eindruck, dass das beste Paradigma der Spur für ihn nicht, wie gewisse Leute geglaubt haben, und er vielleicht auch, die Jagdfährte, die Bahnung, der Abdruck im Sand, die Kielspur im Meer, die Liebe des Schritts zu seinem Abdruck ist, sondern die Asche (das, was vom Holocaust, vom All-Brand, dem Weihrauch der Feuersbrunst, bleibt ohne zu bleiben)" [FA 27]

Der Text des Polylogs wird an dieser Stelle allerdings unterbrochen. Im französischen Original findet die Unterbrechung sogar mitten im Satz, der nun durch meh-

[424] Levinas hatte u.a. die Spur mit dem Bild des Jägers, der eine Fährte verfolgt, zu erläutern versucht. Vgl. etwa E. LEVINAS, Die Bedeutung und der Sinn, in: *Humanismus des anderen Menschen* (Hamburg: Meiner, 1989), 9-59, bes. 55. – Diesen Vortrag, den Levinas im Oktober 1963 am *Collège Philosophique* in Paris gehalten hatte, hatte Derrida gehört, dessen Begriff der Spur daraufhin auch affirmiert, m.W. aber niemals das – sich auch in die Intention von Levinas schlecht einfügende – Bild von der Spur als Fährte übernommen. (Siehe auch oben S.53 Anm.146)

[425] Vgl. M. HEIDEGGER, Der Spruch des Anaximander (1946), in: *Holzwege* (Gesamtausgabe, Bd.5; Frankfurt/M.: Klostermann, ^{7}1994), 321-373, bes. 365. 369. – Siehe auch Derridas Lektüre dieses Textes im Vortrag *La différance* (Randgänge der Philosophie, 52ff).

rere Leerseiten getrennt wird, statt.[426] Das fortschreitende Selbstgespräch war schon bisher, sowohl in der französischen Buchfassung als auch in der deutschen Übersetzung, nur auf die rechte Buchseite gesetzt worden, während die linke bis auf die eingangs zitierte Widmung aus *La dissémination* [FA 14] frei geblieben war. Die nun, vor allem im Kontext der Unterbrechung(en), auf der linken Buchseite auftauchenden Zitate aus Texten Derridas[427] sollen, so die Erläuterung aus dem Prolog, Textstellen in Erinnerung rufen, „die alle etwas über die Asche sagen, ihre Aschen und das Wort »Asche« mit etwas anderem vermengen." [FA 10] Der Ruf, der mit den Zitaten verbunden wird, die sich dadurch selbst, wie bereits der Satz *Il y a là cendre,* als Asche(n), als vielleicht vergessene, unbemerkte Spuren erweisen, wird noch dadurch betont, dass den Zitaten das Wort *animadversio* (lat. Aufmerksamkeit, Bemerkung, Ermahnung) vorangestellt ist. [FA 14][428] – Die Texte aus *Glas* („Totenglocke"), die, während der Polylog in der Schriftgestalt unterbrochen ist, auf der linken Buchseite zitiert werden, sprechen von einem „All-Brand", der alles zerstört ohne eine sichtbare Spur zu hinterlassen. „Wenn der All-Brand bis auf den Buchstaben und seinen Körper zerstört, wie kann er seine | eigene Spur bewahren und eine Geschichte anfangen, in der er sich erhält, indem er sich verliert?" [FA 28f] Der Sinn der Zitate bleibt, wie das Buch *Glas* selbst, dunkel.[429] An dieser Stelle soll daher nur auf den unterbrechenden Charakter dieser Texte im Bezug auf die Textgestalt des Polylogs aufmerksam gemacht werden. – Vielleicht hat sich nach dieser Unterbrechung allerdings überhaupt der Ton, die Stimmung geändert. Während der Verweis auf die Asche als Erinnerungsspur bisher fast den Charakter einer begründeten Hoffnung angenommen hatte, wird nun explizit die Frage in den Raum gestellt, ob in der Asche, insofern sie nur noch sprachlich vermittelt erscheint, nicht doch bereits alles verschwunden, erkaltet ist:

> „Man sagt »heiße Asche«, »kalte Asche«, dem entsprechend, ob das Feuer darin noch spürbar ist, darin schwelt oder nicht mehr geschürt wird. Aber da? Wenn die Asche ganz als Redewendung nur ihre Syntax als Konsistenz und nur in ihrem Vokabular einen Körper hat? Sind Wörter heiß oder kalt? Weder heiß noch kalt! Und die graue Form dieser Buchstaben? [...] In einer Asche aus Wörtern, in der Asche eines Na-

426 Diese Satzunterbrechung im Original ist in der deutschen Übersetzung lediglich durch einen Gedankenstrich markiert. Die Einfügung der Leerseiten findet hier erst am Ende des Absatzes statt. [FA 27]

427 *Glas* [„Totenglocke"] (1974), *Die Postkarte* (1980), sowie „La pharmacie de Platon", das sowohl in der Fassung in *La dissémination* (1972) als auch der (nicht vollkommen identischen) Erstveröffentlichung in der Zeitschrift *Tel Quel* (Nr. 32/33, 1968) zitiert wird.

428 Zugleich ist dieses Wort auch eine Hommage an die zur Zeit der Veröffentlichung der französischen Buchfassung bereits verschwundene Zeitschrift *Anima*, in der *Feu la cendre* ursprünglich erschienen war (s.o. Anm. 412). [vgl. FA 11]

429 Einige Hinweise auf den Inhalt und den Stellenwert von *Glas* gibt H. KIMMERLE, *Jacques Derrida zur Einführung* (Hamburg: Junius, [4]1997), 51ff. 59ff

mens, ist die Asche selbst, die buchstäbliche Asche – die, die er liebt – verschwunden. Der Name aus Asche ist eine Asche, die immer noch aus der Asche selbst besteht." [FA 35]

Nicht nur die kalte, zerstreute Asche könnte allen Bezug zu dem, was sie nicht mehr ist, verloren haben, auch der, der von der Asche spricht, wird in Frage gestellt. Er könnte ein Betrüger, ein Fälscher, ein Nachahmer sein. Wenn es hier ein Geheimnis gibt, das ein Subjekt, das von der Asche spricht, zu „beweihräuchern" suchen würde –: es könnte erfunden sein, der Sprecher könnte lügen, auf jeden Fall aber wird das „Geheimnis", wenn es eines gibt, mit ihm sterben. [FA 37] Derrida ist also auch hier nicht der Vermittler einer einfachen Hoffnung. Die Dekonstruktion wird vielmehr konsequent auch auf sich selbst angewendet. Die Stimmen des Polylogs wagen nicht, hier auf ein vorgebliches Wissen zu vertrauen:

„Wenn er sich wirklich seines Wissens sicher wäre, warum hätte er dann diesen Wunsch gehabt, eine sich so aller Bestimmung entziehende Redewendung niederzuschreiben und zu veröffentlichen? Warum sollte man eine doch lesbare Aussage derart abweichen oder heimlich werden lassen? Seine Behauptung, dass es da Asche gäbe, sie besteht in ihrer extremen Fragilität wie in dem wenigen an Zeit, über das sie verfügt (ihr Leben wird so kurz gewesen sein) aus diesem Nicht-Wissen, auf das die Schrift und das Bekenntnis *(l'aveu)* sich immer als Paar stürzen. Der eine dem anderen, die eine der an- | deren, so schauen sie sich in derselben Krypta wechselseitig auf die Finger." [FA 37f]

Der Text, so scheint es, gerät damit zu einer Rechtfertigung bzw. Selbstinfragestellung des eigenen Schreibens angesichts der Unmöglichkeit der Fixierung eines unzweifelhaften Wissens – und sei es der Asche als Spur. Wird die fragile *Behauptung* [!], dass es da Asche gäbe, dem Verdacht standhalten können? In Form einer Frage gibt eine der Stimmen im folgenden eine vielleicht ganz andere, nicht mehr einem ursprünglichen Wissen verpflichtete, sondern schlicht beschreibende Deutung der Rede von der Asche:

„Könnte es sein, dass wir im Begriffe sind, durch die beharrliche, quälende, ironische Wiederkehr der Exegese, die zu nichts voranschreitet und die Unbefangene für anstößig halten könnten, eine Urne aus einer Sprache für diese Redewendung aus Asche zu modellieren, die er ihrem Glück und Geschick überlassen hat, – als eine Tugend der Selbstzerstörung, die ganz allein aus vollem Herzen Feuer fängt?" [FA 39]

Vielleicht ist der ganze, von Derrida entfaltete Diskurs nur eine – „zerbrechliche, zerbröckelnde", wie sogleich betont wird [FA 39] – *Sprachurne*[430], ein Diskurs der Trauer [FA 41] oder auch nur der „Halb-Trauer, die nur solange währt wie das Stadium einer Asche." [FA 21] Mit diesem geäußerten und ernstzunehmenden Ver-

430 Mehrfach klingen in der Wortwahl des Polylogs Bezüge auf die Lyrik Paul Celans an. Vgl. „Gitter" [FA 59] mit seinem Bezug auf das für Derrida bedeutsame Celan-Gedicht „Sprachgitter"; zu diesem Gedicht siehe auch *Schibboleth. Für Paul Celan* (Wien: Passagen, [2]1996 [fr. [1]1986]), hier: 67. 109

dacht, wechselt der Ton allerdings erneut. Was hier, ohne ein Wissen sein zu können, zumindest als „Trauerarbeit" [FA 39f] wahrgenommen wird, bewahrt – wo sie sich nicht selbst betrügt – auf fragile Weise, was andererseits dem verzehrenden Feuer widerstandslos ausgeliefert wäre. Gerade ihre Schwäche betont die Kraft dieses Widerstands.

> „Was die Sprachurne betrifft, so halte sie, wenn sie aus Feuer wäre, nicht für so bröckelig. Und lüge nicht, Du weißt genau, dass eine Redewendung *(phrase)* solide *[widerstandsfähig; PZ]* ist. Gerade durch ihr Verschwinden leistet sie Widerstand gegen soviel und soviele Verdunkelungen, bewahrt sie immer auch eine Chance der Wiederkehr, beweihräuchert sie sich unendlich, was im Grunde genommen sicherer ist als die Unterbringung des Archivs in einem waffenstarrenden Betonbau [...] Und so sehr Du Dich herabsetzt [...] es ist immer noch zugunsten der Trauer." [FA 41]

Als „Trauerarbeit" ist der Diskurs, der sich genötigt sieht, von der Asche zu sprechen, von vornherein einer konkreten Praxis verpflichtet. Die Trauer ist aktives Handeln, sie muss sich ihrem Gegenstand, dem verlorenen Gedächtnis des anderen, bewusst nähern (ohne dazu im engeren Sinn *fähig* zu sein, es gibt da kein Wissen), um ihn nicht zu verlieren. Die Trauer ist Arbeit[431] und die Rede von der Asche ist das Wagnis einer Antwort. Ohne es zu *können*, antwortet sie – als *Sprachurne* – dem sich aufdrängenden, allein durch Leugnung zu widerstehenden Ereignis, der Erfahrung der Asche:

> „Du sagtest gerade, dass es für dieses Wort aus Asche keine Redewendung *(phrase)* von »heute« geben konnte. Doch, vielleicht gibt es nur eine, deren Veröffentlichung angemessen wäre, | sie würden den All-Brand, anders gesprochen, den Holocaust und den Krematoriumsofen in allen jüdischen Sprachen der Welt auf Deutsch zum Ausdruck bringen." [FA 41f]

Derridas Selbstgespräch ist an dieser Stelle höchst angreifbar geworden. Er kann am Ende sein Fundament selbst nicht eindeutig benennen. Allenfalls bleibt da Asche. Seine einzige Stärke liegt in seiner Konsequenz – und in der Aussichtslosigkeit einer Alternative. Er weiß, „es gibt die Rebellion gegen Phoenix und ebenso die Affirmation des Feuers ohne Ort noch Trauer." [FA 45] Es gibt noch den Fatalismus, könnte man übersetzen. Doch der Polylog gibt den Praxisbezug nicht auf: *Wenn* es da Asche gibt, formuliert eine Stimme vorsichtig ihren Ausgangspunkt in der geschichtlichen Erfahrung, dann, weil (mit Bezug auf die Gegenwart) immer noch Feuer droht:

431 Vgl. dazu auch Derridas zahlreiche Grabreden und Nachrufe, die er im Laufe der letzten beiden Jahrzehnte für viele seiner verstorbenen Freunde (R. Barthes, P. de Man, M. Foucault, L. Althusser, E. Jabès, S. Kofman, G. Deleuze, E. Levinas, J.-F. Lyotard u.a.) gehalten hat. Eine Sammlung dieser Klageschriften ist in englischer Sprache erschienen: J. DERRIDA, *The Work of Mourning* (hg.v. P.-A. BRAULT / M. NAAS; Chicago-London: University of Chicago Press, 2001). Vgl. in deutscher Sprache J. DERRIDA, *Adieu. Nachruf auf Emmanuel Levinas* (München-Wien: Hanser, 1999).

> „Das Feuer: Dasjenige, das man nicht auslöschen kann in dieser Spur unter anderen, die eine Asche ist. Gedächtnis oder Vergessen, wie Du willst, aber aus Feuer, ein Zug, der immer noch einen Bezug auf die Verbrennung hat. Sicherlich hat sich das Feuer zurückgezogen, ist die Feuersbrunst unter Kontrolle, aber wenn es da Asche gibt, dann weil im Zurückweichen *(retrait)* Feuer bleibt." [FA 45]

Der Polylog wird an dieser Stelle noch ein letztes Mal unterbrochen. Wiederum mitten im Satz, in einem Zitat, und durch mehrere eingeschobene Leerseiten. Dies ist in der deutschen Übersetzung allerdings nicht mehr erkennbar, sodass der Themenwechsel hier nicht deutlich wird bzw. sprunghaft erscheint. – Wie schon zuvor setzt der Text nach der Unterbrechung mit einem Einwand ein:

> „Durch diese Zitate, diese Referenzen, autorisieren Sie die Asche, erbauen Sie vielleicht eine neue Universität." [FA 47]

Der Vorwurf, der zunächst durch die zahlreichen Zitate zur Asche auf der linken Buchseite, sowie durch den Polylog selbst gespeist wird, richtet sich in letzter Konsequenz auf den allgemeinen Verdacht, dass mit der Dekonstruktion ein neuer geschlossener Diskurs, ein neues Lehrgebäude errichtet werden sollte – nach altem Muster. Der Radikalität der vorgeschlagenen Konsequenz, die sich gegen eine solche, letztlich nichts wirklich verändernde Errichtung wehrt und mit einem Zitat aus Virginia Woolfs *Drei Guineen* umschrieben wird: „Lasst es lodern! Lasst es lodern! Denn von solcher »Erziehung« haben wir genug." [FA 53], hält eine(r) der GesprächspartnerInnen reflektierend entgegen: „Allerdings muss man in Brand zu stecken wissen." [ebd.] Der Anspruch, mit dem Bezug auf die Asche letztlich auf das Ganze zu zielen, eine *universitas* zu begründen, wird, so der Gegenentwurf, dem drohenden Selbstwiderspruch nur entgehen können, wenn diese *universitas* „nicht mehr durch irgendeinen beruhigenden metonymischen logos geregelt erscheint." [ebd.] Die knappe, wenig deutliche Antwort gibt zunächst dem Verdacht recht: ein neues Lehrgebäude, eine neue Universität nach altem Muster, würde das Gedächtnis der Asche erneut verfehlen. Die Veränderung muss tiefer liegen und ursprünglicher ansetzen: nicht am Gebäude selbst, sondern an dem, was es zusammenhält und immer wieder neu errichten lässt.[432]

[432] In dem ursprünglich 1998 an der Universität Stanford gehaltenen und im Sommer 2000 auf Einladung von Jürgen Habermas in Frankfurt wiederholten Vortrag *Die unbedingte Universität* (Frankfurt/M.: Suhrkamp, 2001) entwirft Derrida ein solches ganz anderes Verständnis von Universität und *universitas*, die am augenscheinlichsten durch das Ernstnehmen des Wortes *Professor, professeur* umschrieben werden könnte, als demjenigen, der nicht in erster Linie eine Lehre vertritt, sondern dessen Beruf *(profession)* vor allem ein (Glaubens-)Bekenntnis *(professsion de foi)* verlangt [ebd. 9ff. 34ff], ein Eintreten für eine unbedingte Wahrheit (im Sinne der *universitas*), sowie deren performatives Ins-Werk-Setzen. [ebd. 38ff] Universität, nicht als Ort der Lehre, sondern als Ort, an dem das Ereignis des Werks stattfinden kann. Die „unbedingte Universität" – könnte es eine andere geben – lässt sich schlecht in eine Ordnung pressen und damit Bedingungen unterwerfen. *Universitas* kann nur performativ stattfinden: „Dass der Performativ das Ereignis, von dem er spricht, hervorbringt,

Mit einigem Mut, dem Text, der sich einer allzu stringenten Lektüre zu entziehen versucht, doch noch eine mögliche „Aussage“, ein Bekenntnis, zumindest eine Orientierung abzuringen[433], lassen sich am Ende des Polylogs und im Rückblick auf seinen Beginn, seinen Einsatz bei der Adresse in *La dissémination*, einige zentrale Aussagen dieses literarisch-philosophischen Selbstgesprächs erkennen: Im Zentrum *(centre)* der Reflexion liegt die/da Asche *(la/là cendre)*. Einen anderen Referenzpunkt gibt es nicht. Ihr Grund – *Es gibt da Asche: Es gibt Grund* – ist *als er selbst* nicht mehr erfahrbar, er ist verschwunden. „Die Asche [tritt] an die Stelle der Gabe.“ [FA 55]. Deren Anerkennung ist eine Restitution, die Erinnerung und Wahrnehmung einer Schuld – im Sinne der Verantwortung gegenüber einem vorgängigen, nicht mehr unmittelbar *hörbaren*, nur noch durch den Umstand, *dass* es da Asche gibt, *lesbaren* Anruf. „Es habe eine Gabe gegeben, selbst wenn es nicht gesagt ist, wie es sich gehört, damit man Grund hat zu dem oder das.“ [FA 55] Der „Begriff“ der Asche wird so zuletzt zu einer philosophischen (wird man sagen können *ontologischen* oder *quasi*-ontologischen?) Bestimmung:

> „Ich verstehe, dass die Asche nichts ist, was noch am Leben *(au monde)* ist, nichts, was als ein Seiendes *(étant)* bleibt. Sie ist vielmehr das Sein *(l'être)*[434], das es gibt – es ist ein Name des Seins *(l'être)*, das es da gibt, aber das, indem es sich gibt *(es gibt ashes* [i.O.]) nichts ist, jenseits von allem bleibt, was ist *(konis epekeina tes ousias)*, unaussprechbar bleibt, um das Sagen möglich zu machen, während es nichts ist.“ [FA 59]

Die letzte sich zu Wort meldende Stimme des Polylogs ruft schließlich noch einmal in verneinender Weise, in einem apophatischen Appell, die Raum-gebende, die Möglichkeit des Ereignisses eröffnende, und damit positive Struktur dieses, der Asche antwortenden Diskurses in Erinnerung:

> „Nein, Sie behandeln seine Redewendung *(phrase)* als Anhäufung eines Mehrwertes, als wenn er mit etwas Asche als Kapital spekulierte. Nun, es handelt sich um ein Zurückweichen, das einer Gabe ohne das geringste Gedenken an sich ihre Chance lassen soll, letztendlich durch einen Corpus, einen Haufen Asche, der sich nicht darum bekümmert, seine Form zu bewahren, ein Zurückweichen einzig und allein ohne irgend-

haben wir oft genug gehört. Man muss sich umgekehrt vor Augen führen, dass, wo immer es einen Performativ gibt, kein Ereignis, das dieses Namens würdig wäre, stattfinden kann. Solange das, was sich ereignet, dem Horizont des Möglichen, ja eines möglichen Performativs angehört, ereignet es sich oder geschieht es, im vollen Wortsinn nicht. Wie ich häufig zu zeigen versucht habe, *kann* einzig das Unmögliche geschehen. Auf denselben Gedanken stützt sich auch meine wiederholte Erinnerung daran, dass die Dekonstruktion unmöglich oder das Unmögliche und dass sie keine Methode, keine Lehre, keine spekulative Meta-Philosophie sei, sondern *das, was geschieht.*“ [ebd. 73] – Vielleicht, so das Bekenntnis, ist es nicht zu spät.

433 Die gerade vorgestellte Lektüre vermag nicht den Anspruch zu erheben, den Text als solchen „ausgelegt“ oder interpretiert zu haben. Sie erhebt einzig den Anspruch, ihn auf einige Aspekte in ihrem Bezug auf eine Skizzierung des Denkens von Jacques Derrida hin *gelesen* zu haben.

434 M. Wetzel übersetzt hier fälschlicherweise „vielmehr das Seiende“.

einen Bezug auf das, was ich jetzt aus Liebe gerade getan habe und Ihnen gleich sagen werde –" [FA 61]

* * *

Manchmal ist es schwer, im Detailreichtum der Ausführungen, viel mehr noch der Anspielungen Derridas und in der Dichtheit seiner Formulierungen nicht den großen Bogen aus den Augen zu verlieren, den seine Texte gleichwohl verfolgen. Man wird sich hier in der Darstellung immer beschränken und den Zusammenhang, wenn es ihn gibt, abschließend selbst verantworten müssen. – Derridas Textprojekt lässt mehrere Ebenen erkennen, die trotz oder gerade *in* ihrer literarischen Gestalt für das Verständnis der Dekonstruktion zu beachten sind. Wir hatten die Lektüre des Polylogs mit dem Hinweis begonnen, dass es von Bedeutung ist, dass der Text *nicht nicht-geschrieben* wurde. Dieses Versprechen des Sinns, in dem sich die vorliegende Lektüre den Texten Derridas scheinbar jenseits der sich darin immer wieder entziehenden und vervielfältigenden Sprachspiele unter der noch wenig reflektierten Voraussetzung, dass hier eine Kontinuität lesbar würde, genähert hat, – dieses implizite Versprechen wird eingelöst werden müssen.

In den Lektüren dieser Arbeit wurde bisher der philosophische Charakter des Denkens und Schreibens von Jacques Derrida betont. So war etwa die performative Fassung der Bewegung der *différance* in einem „Begriff", der sich der gewohnten Ordnung von Worten und Begriffen zu entziehen scheint und eng mit der Universalität des Schriftbegriffs, mit dem universellen und unhintergehbaren Charakter der Supplementarität der Schrift verknüpft war, ein entscheidender Schritt *(pas)*, ein entscheidendes *„nicht" (pas)*, eine entscheidende Negation im Denken Derridas. Die *différance* benannte noch dort die Beziehung zu einer Vorgängigkeit, wo die Begrifflichkeit selbst an ihre Grenzen gekommen war. Dennoch blieb sie, so schien es, in gewisser Weise „formal", sie zog nicht von selbst Konsequenzen nach sich. Ihre Performativität schien sich auf die Benennung einer unbenennbaren Beziehung zu beschränken. In *Feu la cendre*, einem Text, der *nach* der Wahrnehmung eines Anrufs geschrieben wurde, der sich zunächst in der Sprache selbst gezeigt hatte – etwa im antwortenden Charakter des „Komm", den Derrida bei Blanchot, aber auch in anderen Texten wahrgenommen und beschrieben hat; dann aber auch als antwortender apokalyptischer Ton in der Philosophie selbst bzw. in jedem um Wahrheit ringenden Diskurs hörbar wurde, – in *Feu la cendre*, einem Text-Projekt, das bis zu einem gewissen Grad eher der Literatur als der Philosophie (wenn man diese diffuse Unterscheidung hier noch ein letztes Mal aufrecht erhält) zuzurechnen wäre, – in *Feu la cendre* erhält die *différance* in ihrer Performativität eine neue metonymische Beschreibung. Die Asche, die es niemals als reine Asche gibt, sondern stets bereits als Aschenspur, ist, so wurde am Ende des Polylogs deutlich [FA 59], als philosophische Bestimmung zu denken. Hierin liegt kein Spiel. Literarischer Charakter, wenn es so etwas in reiner Abgrenzung gibt, und philosophischer Anspruch sind engstens aufeinander verwiesen.

Eine Besonderheit der nun in ihrer metonymischen Verschiebung philosophisch gelesenen *Aschenspur* ist – so wie dies durchgängig für die Texte und Begriffe Derridas auch bisher bereits erkennbar wurde – die strikte Abwehr einer abstrakten „Hinterwelt". So wie sie erst durch ihren Bezug zu einem vernichtenden Feuer, durch ihren Bezeug zu einem durch ein Feuer Ver*nichte*ten zur *Asche* wird – ohne diesen Bezug gibt es keine Asche, die Asche selbst ist nichts, sie *ist* dieser Bezug –, so ist das Nichts der Asche, *wenn* es da Asche gibt, doch auch immer – und das ist entscheidend – Etwas. Es gibt keine Asche, ohne dass konkret *etwas* Asche ist, d.h. nicht ohne dass diese Asche historisch, geschichtlich benannt wird. Sie ist keine Fiktion, kein Abstraktum. Es gibt *da* Asche. (Derridas vorsichtige Bezugnahme auf die geschichtliche Katastrophe des Holocaust lässt es nicht zu, »heute« dieses „Wort aus Asche" [FA 41], diese *Sprachurne* [ebd., vgl. FA 39], ungeschichtlich, abstrakt oder bloß struktural zu deuten. Auch für diesen Rekurs Derridas wird gelten müssen: er wurde *nicht nicht-geschrieben*. Die Interpretation muss ihn daher lesen oder verwerfen lernen.)

Es ist nicht unerheblich, dass Derridas Denken stets um das Phänomen der Sprache kreist, besser: innerhalb des Horizonts der Sprache bleibt, innerhalb der Schrift, eines Denkens der Schrift und – wie in *Von einem apokalyptischen Ton* und *Feu la cendre* – der Stimme, die als nachträglich von der Schrift evoziert bestimmt wird. Die dem Ruf der Schrift*spur* antwortende Stimme, die Stimme der Lektüre, der Interpretation, des eigenen antwortenden, eine Antwort entwerfenden Schreibens, – diese Stimme, die Sprache, ist es, in der die Aschenspur *wirklich* wird, Wirkung zeigt. Die Stimme, die Sprache hat es immer mit Asche, mit Schrift zu tun. Die Asche, von der *Feu la cendre* spricht, ist nicht schon im Sinne einer physikalische beschreibbaren Materialität „konkret" oder *gegenständlich*, sie ist vielmehr *widerständig* in ihrer Unhintergehbarkeit. Die Aschenspur bestimmt die transzendentale Struktur, das Sprechen der Sprache: es gibt kein Sprechen ohne darin eine Antwort auf den Anspruch einer abwesenden Vorgängigkeit, die nicht mehr in ihrer Reinheit benannt werden kann, riskiert und das Abwesende damit lesbar gemacht, das heißt *erinnert* zu haben. Die allgemeine Struktur der Sprache, in ihrer Antwort auf die Aschenschrift, ist eine *konkrete Erinnerung* des Abwesenden. – Der Realitäts- oder Praxisbezug dieses dekonstruktiven Sprachverständnisses liegt zum einen darin, dass sie Affirmation dessen ist, *dass* es da Asche (Anspruch, Appell, Gegenstand, Widerstand, Schrift) gibt, zum anderen darin, dass die Antwort, die Erinnerung, die eigentlich immer eine unmögliche, gleichwohl notwendige bleibt – *unmöglich* insofern sie als einzelne Stimme niemals das Abwesende, das Vorgängige *als solches* zur Sprache zu bringen vermag, insofern also die Erinnerung niemals gelingt; *notwendig* insofern das Sprechen unhintergehbar ist, insofern man nicht vermeiden kann zu sprechen, insofern man, wenn es Sprache gibt, immer schon versprochen hat, das unweigerliche Sprechen (woran auch die Möglichkeit des Schweigens nichts zu ändern vermag) in positiver Weise zu riskieren –, dass also die Antwort, die Erinnerung, stets als bestimmtes Bekenntnis gewagt und lesbar, wenngleich vielfach verfehlt wird. Derridas Reflexion auf das „*Wie* nicht sprechen", die er in Jerusalem als Einlösung eines vorgängigen Versprechens riskiert, wäre von daher als der Versuch zu verstehen, die Bedingung der Möglichkeit einer Erinnerungssprache oder auch – in den Worten von *Feu la cendre* – einer „*Sprachurne*" zu benennen. (Selbstverständlich ohne damit das Gelingen eines solchen Sprechens zu behaupten. Mehrfach hat Derrida in seinen Texten betont, dass die Bedingungen der Möglichkeit stets nur als *Bedingungen der Unmöglichkeit* formuliert werden können, als Bedingungen dafür, das Unmögliche Ereignis werden lassen zu können, als Bedingung der Möglichkeit des Unmöglichen.)[435] Das Sprechen der Dekonstruktion – als apophatischer Diskurs im Sinne der negativen Theologie, ohne die Prämisse einer unhinterfragten Hyperessentialität, aber in der Erinnerung eines vorgängigen Anrufes bzw. als Antwort auf die konkrete Erfahrung einer Aschenspur – muss daher, so die Con-

[435] „Ich behaupte, ein Philosoph zu sein, und ich möchte auch einer bleiben, und diese philosophische Verantwortlichkeit führt mich. Das, was ich von den großen Persönlichkeiten in der Philosophie gelernt habe, vor allem von Husserl, ist die Notwendigkeit, transzendentale Fragen zu stellen, um nicht in der Fragilität eines empirizistischen Diskurses gefangen zu bleiben; und um Empirizismus, Positivismus und Psychologismus zu vermeiden, ist es notwendig, das transzendentale Fragen zu erneuern. Ein solches Fragen muss aber so erneuert werden, dass es die Möglichkeit der Fiktion, Zufälligkeit und Kontingenz miteinbezieht, und dabei sicherstellen, dass die neue Form des transzendentalen Fragens nicht nur das Phantom der klassischen transzendentalen Seriosität nachahmt, ohne auf das zu verzichten, was, in diesem Phantom, ein grundlegendes Erbe konstituiert. Und ich glaube, dass das, was ich vorhin über Fiktion und Literatur sagte, für die Erarbeitung dieser Quasi-Transzendentalität unerlässlich ist. Das ist namentlich dann der Fall, wenn ich daran zurückdenke, wie ich in den letzten dreißig Jahren immer wieder, und in Zusammenhang mit den unterschiedlichsten Problemen, auf die Unum- | gänglichkeit zurückverwiesen wurde, die transzendentalen Bedingungen der Möglichkeit auch als die Bedingungen der Unmöglichkeit zu definieren. Das ist etwas, das ich nicht einfach annullieren kann. Klarerweise ist es aus einer traditionellen transzendentalen Perspektive äußerst unorthodox, die Funktion der Möglichkeit als eine Funktion der Unmöglichkeit zu definieren, und genau das ist es, was immer wieder aufscheint, wenn ich auf die Frage der Fatalität der Aporie zurückkomme." (J. DERRIDA, Bemerkungen zu Dekonstruktion und Pragmatismus (1993), in: Ch. MOUFFE (Hg.), *Dekonstruktion und Pragmatismus. Demokratie, Wahrheit und Vernunft* (Wien: Passagen, 1999), 171-195, hier: 181f.) – Vgl. auch *Das andere Kap*, S. 33 (s.o. S. 133); sowie Derridas Adorno-Preis-Rede (s.o. S. 196 Anm. 422). Siehe auch schon frühe Formulierungen der Bedingung der Unmöglichkeit in den *Randgängen der Philosophie* (aaO. 239. 349). Zur „Möglichkeit des Unmöglichen" im Kontext der Negativen Theologie vgl. *Außer dem Namen* (aaO. 74. 89. 92. 105) bzw. im Kontext der Rede von der Möglichkeit bzw. Unmöglichkeit des eigenen Todes (Heidegger: „Der Tod ist die Möglichkeit der schlechthinnigen Daseinsunmöglichkeit", *Sein und Zeit* § 50) vgl. J. DERRIDA, *Aporien. Sterben – Auf die »Grenzen der Wahrheit« gefaßt sein* (München: Fink, 1998 [fr. 1996]), bes. 45ff. 112ff.

clusio dieses langen Exkurses, die Bedingung der Möglichkeit eines unmöglichen Sprechens bewähren. Welcher Art aber müsste dieses, hier erst kriteriologisch umschriebene Sprechen sein?

»Mit den Gebeten beginnen« – die Adresse

Die Fragestellung von *How to avoid speaking* ist nicht schon damit angemessen beantwortet, dass der antwortende Charakter allen Sprechens bzw. die Erfahrung einer Vorgängigkeit des (Sprechen-)Müssens, mit dem der Jerusalemer Vortrag einsetzt [W 9], philosophisch nachvollziehbar wird. Die zentrale Frage lautet vielmehr, *wie* im konkreten Sprechen diesem Anspruch gerecht werden? Wie das unmögliche Sprechen, dem die Dekonstruktion (wie die negative Theologie) verpflichtet ist, in die Tat umsetzen? Wie vermeiden, die Dekonstruktion (wie die negative Theologie) lediglich als parasitären, abstrakt-negativen Diskurs zu verstehen?

> „Ich wusste es also: ich werde es nicht vermeiden können, davon zu sprechen. Doch wie und unter welchem Titel werde ich es tun?" [W 29]

Im zweiten Teil seines Vortrags [W 51ff] wird Derrida sehr vorsichtig eine Antwort versuchen. Wir werden dazu jedoch vermeiden müssen, den Text hier in extenso vorzustellen: so entscheidend die dort vorgelegten Lektüren zu Platons Verständnis der Idee des Guten jenseits des Seins (*epekeina tes ousias*), zur Negativen Theologie bei Dionysios Areopagita und zu Heideggers Vermeidung, vom Sein zu sprechen, in dem er es durchkreuzt („~~Sein~~"), im einzelnen auch sein mögen, sie alle lassen in ihren Lektüren oft (vielleicht mit Ausnahme der Einführung zum zweiten Paradigma) gerade jenen autobiographischen Ton vermissen, den Derrida zu Beginn seines Vortrags angeschlagen hatte und der uns hier – im Blick auf das Selbstverständnis der Dekonstruktion im Sinne Derridas und im Vorgriff auf das Verständnis seiner späteren Texte – vor allem interessiert. *How to avoid speaking* ist ein Schwellentext im Denken Derridas, nicht im Gehalt seiner Lektüren, sondern in den darin angedeuteten Konsequenzen. Wir werden daher vor allem die Struktur dieses Vortrags weiterhin nachzuzeichnen versuchen.

Am Beginn des zweiten Teils wird Derrida immer noch nicht wirklich begonnen haben. Es heißt dort immer noch: „Wir sind noch auf der Schwelle/im Beginn." [W 51] Der verschobene Neuanfang, den Derrida nach der Erörterung der Anklage, die Dekonstruktion würde ständig die Vorgehensweise der negativen Theologie wiederholen [W 11], in auffallender Parallelität zum Vortrag *La différance* formuliert hatte [W 28], wurde danach sehr schnell durch zwei Exkurse zum Thema der Möglichkeit des Geheimnisses und zum Ort des Geheimnisses unterbrochen:

„Um zu vermeiden zu sprechen, um den Moment zu verzögern, an dem man wirklich wird etwas sagen müssen und vielleicht eingestehen, preisgeben, ein Geheimnis anvertrauen, vervielfältigt man die Abschweifungen.“ [W 32]

Derrida vermeidet es auf diese Weise immer neu, zum Thema zu sprechen. Indem er aber beobachtet und beschreibt, *wie* anerkannte Diskurse ihrem eigenen Anspruch „nicht zu sprechen“ *in actu* gerecht zu werden versuchen, wird am Ende vielleicht doch genau jene kritische Reflexion möglich geworden sein, die auf andere Weise auf Grund der Unmöglichkeit einer metasprachlichen Darstellung und Einordnung scheitern müsste. Die Lektüre, so hat das Textprojekt *Feu la cendre* gezeigt, ist selbst ein performativer, sich entscheidender und damit darstellender, aussagender, positiver Akt. Der Rückgriff auf die Thematik des Geheimnisses und dessen bewusste Wahrung in einem noch näher zu bestimmenden Akt des Nicht-Sprechens ist insofern nicht willkürlich gewählt.

Der *erste* kurze *Exkurs* wirft die Frage nach der *Möglichkeit* eines Geheimnisses auf. Zwei Aspekte scheinen dabei wichtig: (1) Das „Geheimnis“ basiert letztlich auf der Möglichkeit zu sprechen. Ohne diese Möglichkeit gibt es kein Geheimnis. [W 32f] (2) Wenn es Geheimnis gibt, so ist dieser Umstand zugleich mit der Unmöglichkeit der Vergewisserung verbunden, *dass* die Verheimlichung tatsächlich stattgefunden hat. Dadurch, dass es für die Rede von einem Geheimnis notwendig ist, „bereits mehrere/verschiedene zu sein und von sich selbst zu differieren/verschieden zu sein *(différer)*“ [W 34], wird eine Gemeinschaft, ein „Raum eines versprochenen Sprechens“ unterstellt, in dem das Nicht-Sprechen (oder auch die Lüge) selbst bereits einer Spur gleichkommt. Das Verheimlichen ist ein (bewusster) Modus des Sprechens. Man könnte somit sagen, das Geheimnis adressiert sich (an den/die anderen), das Geheimnis spricht. (Ein Umstand, aus dem nicht nur die Kriminologie eine Wissenschaft zu machen versucht.[436])

436 Michael Wetzel weist diesbezüglich in seinem Nachwort zu *feu la cendre* – das er in seinem Titel mit *»Lebewohl Asche«* übersetzt [FA 69ff] – auf die „Entstehung des *»Indizienparadigmas«* gegen Ende des 19. Jahrhunderts“ (vgl. dazu die Literaturangaben zu C. Ginzburg und M. Wetzel: ebd. 71 Anm. 3) hin, vor allem auf die Figur des Sherlock Holmes, „auf die »Untersuchung der verschiedenen Aschensorten«, die es ihm ermöglicht, »jede gängige Zigaretten*marke* oder Tabak*sorte* aus ihrer Asche zu ermitteln«.“ [FA 72] – Die Spuren häufen sich hier: vgl. dazu die Hinweise in *Feu la cendre* [FA 47]: auf (das Geheimnis der Gabe in) Derridas Lektüre von Baudelaires *La fausse monnaire/Das falsche Geldstück* [J. DERRIDA, *Falschgeld. Zeit geben I* (Übers.v. A. Knop u. M. Wetzel; München: Fink, 1993), bes. die „Poetik des Tabaks“ (ebd. 97ff. 136ff); obwohl der Text erst 1991 erstmals erschienen ist, geht er auf ein Seminar aus dem Jahr 1977/78 zurück (ebd. 7) und gehört somit in die Vorgeschichte der hier gelesenen Texte (ebd. 7f Anm. 1 u. 2)], sowie den nicht näher spezifizierten Hinweis auf Stéphane Mallarmé – vielleicht auf das 1868 entstandene Prosagedicht *La Pipe/Die Pfeife* (in: Mallarmé, Gedichte, aaO. 172ff), in dem die (wieder-)gefundene Pfeife bereits beim ersten Zug unverhofft eine vergangene Erinnerung wachruft: „ganz London, London, wie ich es als ganzes völlig allein erlebt hatte, ist aufgetaucht [...] Mein Tabak roch nach einem dunklen Zimmer mit kohlenstaubgepuderten Ledermöbeln, auf denen sich der magre schwarze Kater einrollte; das

Der *zweite Exkurs* widmet sich nicht dem Geheimnis selbst, sondern seinem *Ort*. Wo, unter welchen Bedingungen, findet tatsächlich ein Geheimnis statt? Ohne nähere Erläuterung referiert Derrida dazu einzelne Passagen aus der *Mystischen Theologie* des Dionysios Areopagita und versucht, bestimmte Motive seiner Rede von der Wahrung des göttlichen Mysteriums für die Frage nach dem geeigneten Ort der Erfahrung (und zugleich Wahrung) des Geheimnisses festzuhalten. [W 37ff. 42ff] So etwa betont Derrida mit Dionysios, dass der *Ort* des Geheimnisses noch nicht das (göttliche) Geheimnis selbst darstellt. Vielmehr ist der Ort des Geheimnisses derjenige, an dem dieses gewahrt und geschützt wird. Darin liegt schließlich die Konsequenz, dass es kein Geheimnis *als solches* gibt. [W 48] Auch die theologische Rede bringt das göttliche Mysterium nicht *als solches* zur Sprache, vielmehr muss der Theologe hier „die doppelte Einschreibung seines Wissens" [W 45] praktizieren. Die theologische Überlieferung muss einem doppelten Kriterium entsprechen: „einerseits unsagbar, geheim, untersagt, vorbehalten, unzugänglich oder mystisch, »symbolisch oder initiatisch«, zum anderen philosophisch, beweisführend, darstellbar." [ebd.] Es bleibt an dieser Stelle offen, wie diese „Kreuzung von Geheimnis und Nicht-Geheimnis" [W 46] gedacht oder praktiziert werden sollte. Einzig die Forderung wird, *insofern* es da Geheimnis geben soll, aufgestellt. Gott, das Geheimnis, das, was in der apophatischen Rede vermieden wird, liegt allenfalls jenseits des Ortes, an dem sein Geheimnis gewahrt wird. Diese Trennung des Ortes Gottes, „der nicht Gott ist" [W 49], bleibt unverzichtbar. „»Die Gegenwärtigkeit« *(parousia)* Gottes situiert sich »über den intelligiblen Gipfeln seiner heiligsten Stätten«." [W 49]

Wir haben bereits erwähnt, dass Derrida am Beginn des zweiten Teils seines Vortrags immer noch nicht begonnen zu haben scheint, sein Versprechen einzulösen. („*Nous sommes encore sur le seuil.* – Wir sind noch auf der Schwelle/am Beginn." [W 51]) Um in einer allzu ausführlichen Exegese den apokalyptischen Ton dieses Auf-der-Schwelle-Stehens nicht zu überhören, wird es vielleicht notwendig sein, das

prächtige Feuer! *(les grands feux!)*" – Würde man dem Geheimnis, das *How to avoid speaking* so direkt anspricht und das, wie man im Blick auf den Ausgangspunkt des Jerusalemer Vortrags sagen kann, von Anfang an an die Dekonstruktion, und damit auch an die hier vorgelegte Lektüre, appelliert, sie motiviert und antreibt, würde man sich diesem Geheimnis, das eines der Sprache bleibt, vielleicht auch über das (Pfeifen-)Bild René Magrittes mit der Aufschrift „*Ceci n'est pas une pipe./Dies ist keine Pfeife.*" (R. Magritte, Der Verrat der Bilder, 1928/29) annähern können, vielleicht mehr noch über Michel Foucaults Briefwechsel mit dem Maler und seine anschließende Reflexion in *Dies ist keine Pfeife* (mit zwei Briefen und vier Zeichnungen von René Magritte; München: Hanser, 1997 [fr. 1973])? (René Magritte hat etwa auf die Reproduktion von »Dies ist keine Pfeife«, die er an Foucault gesandt hatte, geschrieben: „Der Titel widerspricht dem Bild nicht; er affirmiert anders." [Foucault, ebd. 60 Anm. 3]) Wäre auch hier das Geheimnis in der Sprache, in der Schrift angesprochen? Wird man die Vielfalt der Bezüge auf ein in der Sprache der Schrift erinnertes Geheimnis, auf die Vorgängigkeit eines Anspruchs, als nachträgliche Bestätigung einer bestimmten dekonstruktiven Lektüre lesen dürfen?

Tempo der Lektüre dieses zweiten Teils zu beschleunigen und sich – wie Derrida das selbst in Cerisy-la-Salle getan hatte[437] – tatsächlich auf die Struktur des Textes zu beschränken. Der zitierte Eröffnungssatz gibt dazu einen ersten Hinweis, insofern das Motiv der Schwelle *(seuil)* im Laufe des Vortrags mehrfach wiederkehren wird [W 51. 79. 93f. 106].[438] Entscheidend ist: In diesem Motiv weist Derrida noch über die Bewegung der *différance*, die an den Rändern der Philosophie sichtbar wurde,[439] hinaus. – Auf dieser Schwelle, *Im Anfang stehend,* werden die Beobachtungen des ersten Teils als Ausgangspunkt für die folgenden Erörterungen noch einmal zusammengefasst:

> „In dem Moment, wo die Frage »wie nicht sprechen?« *(how to avoid speaking?* [i.O. engl.]*)* sich stellt und sich in allen ihren Modalitäten artikuliert, mag es sich um die logisch-rhetorischen Formen des Sagen oder um die einfache Tat, dass man spricht, handeln, ist es bereits, wenn man das sagen kann, *zu spät.* Es stellt sich gar nicht mehr die Frage, nicht zu sagen *(de ne pas dire).* Selbst wenn man spricht, um nichts zu sagen *(pour ne rien dire),* selbst wenn eine apophatische Rede sich des Sinns oder des Gegenstands benimmt, findet sie Statt. Das, was diese eingeleitet/verpflichtet *(engagé)* oder möglich gemacht hat, *hat Statt gefunden.* Auch die eventuelle Abwesenheit des Referenten macht noch Zeichen/gibt noch einen Wink, und wenn schon nicht auf die Sache zielend, von der man spricht (so *G*ott, der nichts ist, weil er *ohne Statt (sans lieu), jenseits des Seins,* Statt *(lieu)* findet, so zumindest | auf den anderen zielend (anders als das Sein *[autre que l'être]*), der ruft oder dem dieses Sprechen bestimmt ist/sich schickt, selbst wenn es zu ihm spricht, um zu sprechen oder um nichts zu sagen. Dieser Ruf des anderen *(appel de l'autre),* der stets bereits dem Sprechen vorangegangen, dem er also niemals ein einziges Mal gegenwärtig gewesen ist, er kündigt sich im voraus an als ein *Rückruf (rappel).* Eine solche Referenz auf den anderen wird stets Statt gefunden haben." [W 52f]

Es ist diese „Referenz", die über die Bewegung der *différance* hinausweist, – besser: diese in eine Affirmation in Form einer Adresse umkehrt. [vgl. W 72] Der Ruf, auf den hier angespielt wird, erfordert eine Affirmation, die noch „vor jeder Proposition

437 Vgl. A 85ff.

438 Ein Exeget könnte feststellen, dass der zweite Teil des Vortrags von diesem Motiv „gerahmt" wäre. Es findet sich sowohl im ersten wie im letzten Satz des Haupttextes. [W 51.106] Während der Haupttext also bis zuletzt „auf der Schwelle" bleibt, wird im daran sich noch anschließenden „Post-Scriptum" [W 106-110] mit der Ankündigung des Endes („*Encore un mot pour finir*/Noch ein Wort, um zu enden ..." [W 106]) ein eschatologischer Ton angeschlagen, der uns noch beschäftigen wird. Auf jeden Fall wird man erkennen, dass die Frage nach dem *Wie* in „Wie nicht sprechen" von Anfang an die Frage nach dem Modus eines Übergangs *(passage)* ist, der zugleich in einer bestimmten Weise unmöglich bleibt.

439 Vgl. etwa den Titel des Buches *Marges de la philosophie*/*Randgänge der Philosophie*, in dem der Vortrag *La différance* erschienen ist. Die Schwelle *(seuil)* ist, wenn man dieses Wortspiel bemühen möchte, dem *Jenseits des Seins* einen Schritt *(pas)* näher als die Bewegung an den Rändern. – Zur Forderung, die Bewegung der *différance* noch einmal affirmativ wahrzunehmen, die Vorgängigkeit positiv anzuerkennen, siehe auch oben S. 173.

und sogar vor jedem Diskurs schlechthin *(avant tout discourse en général)*" [W 53] spricht. Derrida gibt dieser Affirmation sogar Namen: „Versprechen, Gebet, Lobpreisung, Feier *(promesse, prière, louange, célébration)*." [ebd.]

(Es könnte hier der Eindruck entstehen, dass die Schwelle zwischen Philosophie und Theologie mit diesen Begriffen – die im Vortrag nicht singulär auftauchen, sondern bis zum Ende das Thema bestimmen – bereits überschritten worden sei. Dies würde allerdings im Kontext des Werkes von Jacques Derrida, wie bereits mehrfach erwähnt, wenig sinnvoll, wenn nicht gar als widersprüchlich erscheinen. Die sich an diese Namensgebung anschließenden Ausführungen werden vielmehr auch hier noch einmal eine entscheidende Differenzierung erkennen lassen.)

Die genannten Sprachformen werden nicht gleichwertig nebeneinander gestellt, sondern noch einmal strikt nach der Negativität ihres Sprechens unterschieden. Während Lobpreis und Feier in ihrer Form der Affirmation des vorgängigen Anrufs, diese Referenz bereits (theologisch) zu deuten wagen und ihr Sprechen, wenngleich in Form der Antwort, bereits wieder attributiv geworden ist, bewahrt das Gebet, insofern es „reine Adresse an den anderen" ist, die Negativität und spricht allein aus der Konsequenz der Erfahrung eines unhintergehbaren Versprechens. Derrida kommt auf diese Unterscheidung zwar erst später, im Vorfeld der Lektüre einiger Texte des Dionysios explizit zu sprechen [W 76-78][440], sie führt dort allerdings auch innerhalb einer „*christlichen* Apophatik" [W 53] auf den Begriff der Schwelle, bezüglich der das Gebet vom Lobpreis auch theologisch zu unterscheiden wäre. Vor dem Horizont dieser Unterscheidung nähert sich Derrida dann allerdings durchaus einer differenzierten Anerkennung eines theologischen Sprechens:

> „Die Sprache hat begonnen ohne uns, in uns vor uns. Das ist dies, was die Theologie *G*ott nennt und es ist geboten/man muss, es wird geboten gewesen sein zu sprechen/man wird gesprochen haben müssen." [W 55] – „Und das ist dies, was der Name *G*ottes stets nennt, vor den anderen Namen oder jenseits von ihnen: die Spur dieses einzigartigen Ereignisses, welches das Sprechen möglich gemacht haben wird, noch bevor dieses sich, um darauf zu antworten, hin zu dieser ersten oder letzten Referenz zurückwendet. Und deshalb muss auch die apophatische Rede mit einem Gebet eröffnet werden, das dessen Bestimmung anerkennt, anweist oder absichert: der *A*ndere als Referent eines *legein*, welches nichts anderes ist als seine *U*rsache." [W 54]

Die Wahrnehmung dieser Referenz, die im nicht-attributiven Verständnis des Gebets zum Ausdruck kommt, ist es auch, die die Dekonstruktion auf die theologische *via negationis* verweist. Eine philosophische Dialektik, wie sie etwa in der platonischen Idee des Guten, das sich „jenseits der Gegenwärtigkeit oder des Wesens, *epekeina tes*

[440] Vgl. insbesondere auch die ausführliche, erst nachträglich für die Publikation angefügte Auseinandersetzung mit Jean-Luc Marion, der Gebet und Lobpreis denselben Charakter zusprechen zu können meint: siehe W 123ff Anm. 35.

ousias, der Seiendheit des Seins" hält [W 59ff], oder der *khôra,* der Erfahrung jenes „Ortes", der für Platon weder dem Sensiblen noch dem Intelligiblen angehört, sondern als „drittes Geschlecht" *(triton genos)* noch ein *Jenseits* desselben markiert [W 64ff], vermag die notwendige Referenz, die in jenem *Versprechen* liegt, von dem zu sprechen nicht vermieden werden kann, nicht zu affirmieren, sondern nur negativ zur Sprache zu bringen.

> „Der Durchgang durch die Negativität der Rede mit der *khora* als Sujet ist weder ein letztes Wort noch die Vermittlung im Dienste einer Dialektik, einer Erhebung/Aufhebung *(élévation)* hin zu einem positiven oder eigen(tlich)en Sinn, einem *G*uten oder einem *G*ott. Es handelt sich hierbei nicht um negative Theologie, es gibt da weder Referenz auf ein Ereignis noch auf eine Gabe, nicht auf eine Anordnung und auch | nicht auf eine Verheißung [...] Nicht, dass wir verpflichtet wären, davon zu sprechen *(obligés d'en parler)*, sondern wenn wir, bewegt durch ein Müssen, das nicht von ihr herkommt, sie denken und von ihr sprechen, dann ist es geboten, die Einzigartigkeit dieser Referenz zu achten. Obschon er nichts sein mag, scheint dieser Referent irreduzibel und irreduzibel anders zu sein: man kann ihn nicht erfinden. Doch so wie er der Ordnung der Anwesenheit und der Abwesenheit fremd bleibt, so geht alles vonstatten, als ob man ihn nur erfinden könnte selbst noch in seiner Andersheit – im Moment der Adresse." [W 71f]

Durch alle negative Vermittlung, durch alle negative Dialektiken hindurch, sucht der Jerusalemer Vortrag nach einem Sprachmodus, der es erlaubt, nicht nur *von* etwas, im Sinne von *über* etwas zu sprechen, sondern in der Vermeidung dieser Objektivierung *von jenem erfahrenen Anspruch her* zu sprechen, also einen Sprachmodus zu finden, der reine Antwort wäre ohne das andere als Objekt zu benennen. Zwischen der philosophischen Apophasis und dem theologischen Sprechen sucht Derrida nach einem Übergang *(passage)*, einer Übersetzung, einer Erfahrung der Schwelle, die hinüberführt von den diskursiven Möglichkeiten zu ihrem diskursiv nicht mehr einholbaren Grund. Kurz und bündig wird ein solcher „Diskurs" zunächst genannt, um danach erst bewährt zu werden: „Diese Erfahrung ist die des Gebetes." [W 75] Mit Verweis auf die theologische Bedeutung dieses Sprechens wird dabei vor allem sein philosophisch wahrnehmbarer Gehalt unterstrichen:

> „Das Gebet ist hier keine Präambel, kein nebenhergehender Modus des Zugangs *[zum »jenseits des Seins«; Anm. PZ]*. Es bildet ein wesentliches Moment, es richtet die diskursive Askese ein, den Übergang durch die Wüste des Diskurses, die augenscheinliche referentielle Leerheit, die den schlechten Wahn und das Geschwätz nur vermeiden wird, indem sie damit beginnt, sich an den anderen, an dich, zu wenden. [...] | Es müsste in jedem Gebet eine Adresse an den anderen geben und ich möchte sagen, auf die Gefahr hin zu schockieren, *Gott zum Beispiel.* Als Akt, sich an den anderen als anderen zu adressieren, muss er gewiss beten *(prier)*, das heißt bitten *(demander)*, anflehen, ersuchen. Worum, das zählt wenig, und das reine Gebet bittet den anderen um nichts anderes als es anzuhören, es anzunehmen, für es gegenwärtig zu sein, der andere als

solcher, Gabe, Ruf und sogar Ursache des Gebetes zu sein. Dieser erste Zug kennzeichnet also eine Rede (einen Akt von Sprache, selbst wenn das Gebet schweigend erfolgt), die als solche nicht prädikativ, theoretisch (theo*logisch*) oder konstativ ist." [W 75f]

Die wichtigste Eigenschaft des Gebetes, die dieses Sprechen für die apophatische Rede der Dekonstruktion und vor allem für die sog. „ethischen" oder „praktischen" Ansätze, die in den späteren Texten entwickelt werden, von Bedeutung sein lässt, ist, dass sich das Gebet zwar adressiert, dass es affirmativ ist, seinen Referenten aber nicht in einem identifizierenden und darin stets auch gewalttätigen Akt bestimmt. Derrida betont daher auch die „eigentümliche Bewegung des Gebetes, welches nicht *von*, sondern *zu* spricht." [W 78] Das Gebet verbleibt an der Schwelle zwischen möglichem und unmöglichem Sprechen, es wahrt eine diskursiv nicht überschreitbare Distanz. So taucht auch an dieser Stelle das Motiv der „Schwelle" auch buchstäblich wieder auf – in einem Zitat des Dionysios Areopagita: „… auf der Schwelle/im Beginn *(au seuil)* einer jeden Verrichtung, aber besonders, wenn es um die Theologie geht, muss man mit Gebeten beginnen, nicht, um zu uns heranzuziehen diese *K*raft, die ganz beisammen überall und nirgends anwesend ist, sondern um uns in ihre Hände zu begeben …"[441] – Hatte Derrida zwar soeben noch argumentiert, verschwindet in weiterer Folge dieser Ton wiederum hinter detaillierten Lektüren: diesmal von Texten Meister Eckeharts. Wir werden hier daher zunächst nur die Struktur der bisherigen Argumentation zurückbehalten.

Derridas abschließende Hinweise auf Martin Heidegger und seine Bezugnahmen auf apophatische Überlieferungen [W 95ff], vor allem auf seine eigene durchkreuzte Schreibweise von ~~Sein~~ in *Zur Seinsfrage* (1952) [W 99ff], bleiben sehr kursorisch. Interesse erweckt jedoch vor allem eine knappe Bemerkung Heideggers auf Anfragen von Studenten der Universität Zürich im November 1951:

„Wenn ich noch eine Theologie schreiben würde, wozu es mich manchmal reizt, dann dürfte in ihr das Wort »Sein« nicht vorkommen. Der Glaube hat das Denken des Seins nicht nötig. Wenn er das braucht, ist er nicht mehr Glaube. Das hat Luther verstanden, sogar in seiner eigenen Kirche scheint man das zu vergessen. Ich denke über das Sein, im Hinblick auf seine Eignung, das Wesen Gottes theologisch zu denken, sehr bescheiden. Mit dem Sein ist hier nichts auszurichten. Ich glaube, dass das Sein niemals als Grund und Wesen von Gott gedacht werden kann, dass aber gleichwohl die Erfahrung Gottes und seiner Offenbarkeit (sofern sie dem Menschen begegnet) in der Dimension des Seins sich ereignet, was niemals besagt, das Sein könne als mögliches Prädikat für Gott gelten. Hier braucht es ganz neue Unterscheidungen

441 Dionysios Areopagita, *Die Mystische Theologie*, 680d; hier zitiert nach W 79.

und Abgrenzungen." (Zürcher Seminar. Aussprache mit M. Heidegger am 6.Nov.1951; vgl. W 102f)[442]

Derrida interessiert sich dafür, dass Heidegger, *wenn er noch eine Theologie schreiben würde*, dies zum einen ohne Rückgriff auf das Wort »Sein« tun müsste, zum anderen aber anerkennt, dass der Erfahrung Gottes und seiner Offenbarkeit (nicht der Offenbarung der Religionen, sondern deren Möglichkeit [W 103], *sofern es sie gibt*) in der „Dimension des Seins" durchaus ein „Zugang zur Ankunft *(avènement)*, zur Erfahrung dieses *G*ottes, zur Begegnung mit diesem *G*ott, der dennoch nicht ist" [W 103] eröffnet wäre. Dies resultiert in der zugespitzten Formulierung: „Heidegger *sagt* [...], dass er, wenn er eine Theologie *schreiben würde*, das Wort Sein vermeiden würde. [...] | Aber hat er sie nicht geschrieben? Und hat er es vermieden, darin das Wort »Sein« zu schreiben?" [W 104f] –

In dieser abschließenden, keineswegs in Frage stellenden, sondern (neben der Umkehrung der „Anklage" im ersten Teil) vielleicht einzigen *dekonstruktiven Relecture*, die sich in diesem Jerusalemer Vortrag findet, weist Derrida noch einmal eindrücklich auf die affirmativen Konsequenzen, die sich auf der Schwelle zwischen Philosophie und dem *Jenseits des Diskurses* als Möglichkeiten für die unhintergehbare Antwort auf den vorgängigen Ruf des anderen zeigen, hin.

> „So wie das Sein nicht (ein Seiendes) ist und in Wahrheit nichts ist (welches wäre), welchen Unterschied gibt es dann zwischen *Sein* schreiben, dieses Sein, welches nicht ist, und *Gott* schreiben, dieser *G*ott, von dem Heidegger gleichfalls sagt, dass er nichts ist? [...] Welchen Unterschied gibt es – in Anbetracht dessen, dass er anerkennt, dass *G*ott sich in der »Dimension des Seins« der Erfahrung ankündigt – zwischen dem Schreiben einer Theologie und dem Schreiben über das Sein, vom Sein, einem Tun, mit dem Heidegger niemals aufgehört hat? [...] Hat Heidegger nicht das geschrieben, von dem er sagt, dass er es gerne geschrieben hätte, eine Theologie *ohne* das Wort Sein? Aber hat er nicht genauso auch das geschrieben, von dem er sagt, dass er es nicht schreiben dürfte, dass es geboten gewesen wäre, es nicht zu schreiben, nämlich eine durch das Wort »Sein« eröffnete, beherrschte, befallene Theologie?" [W 105]

Derrida hatte schon zuvor angemerkt, dass in Heideggers kreuzweiser Ausstreichung von ~~Sein~~, das Wort »Sein« selbst immer noch lesbar geblieben war [W 99], letztlich hat er eine Spur hinterlassen [W 106], die mehrfach gelesen werden kann: Zum einen ist die Vermeidung des Schreibens einer Theologie dort nicht gelungen, wo die „Dimension des Seins" selbst noch einmal als *Ort* einer Erfahrung Gottes aussagbar wird. Diesbezüglich macht es keinen Unterschied das Wort *Sein* oder das Wort *Gott* zu schreiben bzw. *vom* Sein zu schreiben oder eine Theologie zu verfassen. Beide

442 Dieser ursprünglich vom Vortragssausschuß der Studentenschaft der Universität Zürich 1952 privat herausgegebene Text, der nach einer Anmerkung von H.D. Gondek, von Martin Heidegger „durchgesehen, ergänzt und gebilligt" [W 135 Anm. 66] wurde, ist hier nach der *Gesamtausgabe* (Bd. 15: Seminare; Frankfurt/M.: Klostermann, 1986) zitiert (hier: S. 437).

Schreibweisen versuchen in der Schrift das *Jenseits der Schrift* zum Ausdruck zu bringen. Insofern Heidegger betont, „Mit dem Sein ist hier *[in bezug auf Gott; PZ]* nichts auszurichten“, kommt diese Theologie durchaus *ohne* das Wort Sein aus. Zum anderen aber, so betont Derrida, bleibt jene, indirekt bekräftigte Theologie, doch durch das Wort „Sein“ vermittelt, vom Sein befallen. Ist dazu eine apophatische Alternative denkbar?

Derridas Vortrag schließt mit einem Post-Scriptum. Die letzten Seiten unterziehen das Werk Heideggers, nicht einen bestimmten Text, sondern eine bestimmte Haltung dieses Philosophen einer Deutung bzw. suchen selbst eine abschließende Konsequenz aus den bisherigen Erörterungen zu ziehen. Es fällt auf, wie Derrida zunächst um Vergebung bittet und die Bedeutung dieses Schlusses zu unterstreichen sucht: „*P.S.* Noch ein Wort, um zu enden, ich bitte Sie, es mir nachzusehen. Ich bin nicht sicher, ob es sich nur um Rhetorik handelt.“ [W 106] Die Frage, die er danach aufwirft, ist die nach dem Status, nach der „diskursiven Modalität“, die mit Heideggers Vermeidung, eine Theologie zu schreiben verbunden ist, vor allem, insofern er niemals in Form eines Gebetes oder einer direkten Anrede zu sprechen scheint. [W 108] In welchem Verhältnis steht die von Derrida zuvor herausgearbeitete Unhintergehbarkeit des Gebetes zu deren Fehlen im Werk Heideggers? – Derrida lässt zwei Weisen der Interpretation zu: (1) „Dieses Fehlen bedeutet, dass in Wirklichkeit die Theologie (in dem Sinne, in dem Heidegger sie an den Glauben bindet und sie von der Theiologie und der metaphysischen Onto-Theologie unterscheidet) streng ausgeschlossen ist aus seinem Text.“ [W 108] Zwischen Glaube und Philosophie würde eine unüberbrückbare Kluft bestehen. So wie etwa Heidegger 1953 in einem Gespräch in der Evangelischen Akademie Hofgeismar betont: „Innerhalb der Gläubigkeit denkt man wohl noch; aber das Denken hat als solches keine Aufgabe mehr.“[443] – (2) Derrida entwirft aber auch noch eine andere, nicht mehr der propositionalen Form verpflichtete Interpretation. [W 109f] Sie orientiert sich nicht mehr direkt an den Aussagen Heideggers, sondern schreibt seine Vermeidung der Form des Gebetes einer darin ausgedrückten „Achtung für das Gebet“ zu. (John D. Caputo erinnert diesbezüglich an das Gebot Jesu, sich zum Gebet in die eigene Kammer zurückzuziehen; Mt 6,6)[444] Zuletzt entwirft Derrida jedoch eine eigene Deutung dieser Sprachform – mit weitreichenden Konsequenzen.

Würde sich ein Gebet, so der Anschluss an die Vermeidung Heideggers, überhaupt in eine bestimmte (philosophische) Beweisführung integrieren lassen? Ist das Gebet nicht ein singuläres Ereignis? Kann es sich, wie es in einer solchen Argumen-

443 „Gespräch mit Martin Heidegger (Dez. 1953)“, in: *Anstöße. Bericht der Evangelischen Akademie Hofgeismar*, Nr. 2 (März 1954); hier zit. nach W 108.

444 Caputo, Prayers and Tears, 40.

tation notwendig wäre, überhaupt zitieren und damit – ohne die ursprüngliche Intention sicherstellen zu können – wiederholen lassen? „Vielleicht muss es/darf es das nicht.“ [W 109] – Dem hält Derrida nun aber in einer letzten Wendung entgegen, dass es diese reine Form des Gebetes wohl nicht gibt, dass vielmehr die Notwendigkeit, die diesen Vortrag von der Erfahrung der Vorgängigkeit eines Müssens, eines Versprechens, bis hin zur Möglichkeit einer Affirmation dieser unmöglich zu benennenden Vorgängigkeit in der ohne ein bestimmtes Wissen gewagten Adresse, im Sich-richten-an-den-Anderen, das später mehrfach entfaltet wird[445], geführt hat, – dass diese Hinführung zu einer Affirmation des Vorgängigen zugleich auch die Einschreibung dieser unendlichen Affirmation, ihre Möglichkeit innerhalb des endlichen Sprechens aufgezeigt hat.

> „Aber vielleicht ist auch das Gegenteil richtig. Vielleicht gäbe es gar kein Gebet, gäbe es gar nicht die reine Möglichkeit des Gebetes ohne dieses, welches wir als eine Bedrohung oder eine | Kontamination erahnen: die Schrift, der Code, die Wiederholung, die Analogie und die – zumindest augenfällige – Vielfältigkeit der Adressen, die Initiation?“ [W 109f]

Die unhintergehbare Forderung, die die Dekonstruktion somit am Ende erkennbar werden lässt und die sie selbst, insofern sie konsequent apophatisch bleibt, nicht einlösen kann, an deren Schwelle sie nur heranzuführen vermag und gegenüber deren behaupteter Überschreitung sie stets die Unmöglichkeit des Wissens einklagen wird, ist die nach einem Diskurs, der das Wagnis der unmöglichen, gleichwohl notwendigen Affirmation eingeht.

> „Wenn es eine rein reine Erfahrung des Gebetes gäbe, bräuchte man dann noch die Religion und die Theologien, die affirmativen oder die negativen? Bräuchte man dann noch ein Supplement für das Gebet? Aber wenn es kein Supplement gäbe, wenn das Zitat nicht das Gebet falten/beugen würde *(pliait)*, wenn das Gebet nicht faltete/beugte *(pliait)*, sich nicht der Schrift gemäß faltete/der Schrift beugte/sich in die Schrift schickte *(se pliait)*, eine Theiologie [!], wäre sie möglich? Eine Theologie, wäre sie möglich?“ [W 110; Übersetzung leicht modifiziert]

Derridas Schluss scheint vieles offen zu lassen. Vielleicht aber auch nicht. – Die „rein reine Erfahrung des Gebetes *(expérience purement pur de la prière)*“ ist Fiktion oder müsste, *wenn es sie gibt*, der Unmöglichkeit ihrer Vermittlung verfallen. Keine Dekonstruktion, auch kein sonstiger apophatischer Diskurs könnte sie bewähren. Wenn aber Zitat und Gebet, endliche Form und unendliche Adresse, *nicht* auseinanderfallen, wenn der Begriff des *Supplements*, den Derrida für die Nachträglichkeit der Schrift eingeführt hatte, auf die Adresse selbst nicht anwendbar wäre – wie er auch

445 Vgl. u.a. *Gesetzeskraft* (1989), *Das andere Kap* (1990), *Politik der Freundschaft* (1994), *Glaube und Wissen* (1994).

auf die Performativität der Dekonstruktion nicht anwendbar ist[446] –, wenn das Gebet sich nicht einfach „in die Schrift schickte", sondern als (gewagte aber unhintergehbare) Antwort auf einen vorgängigen Anruf ausgezeichnet werden müsste, dann würde sich auf dieser Schwelle eine Frage formulieren lassen: Eine Theiologie[447], wäre sie möglich? Mehr noch: *Eine Theologie, wäre sie möglich?*

446 Vgl. dazu auch die pointierte, in *Gesetzeskraft* begründete Aussage „Die Dekonstruktion ist die Gerechtigkeit" [Gesetzeskraft, 30; s.o. S. 128], die aus derselben Performativität resultiert.

447 Die deutsche Übersetzung formuliert fälschlicherweise zweimal „Eine Theologie, wäre sie möglich?" – „Theiologie" im Sinne Martin Heideggers bezeichnet im Gegensatz zur theologischen Rede von *Gott*, den onto-theologischen Diskurs vom *Sein des Göttlichen.* Vgl. dazu auch W 129f Anm. 46.

„Wenn Sie also »Dekonstruktion tun« wollen – »Sie wissen schon, so etwas, was Derrida macht« (G. Bennington) – dann müssen Sie etwas neu aufführen, in Ihrer eigenen Sprache, in Ihrer eigenen singulären Situation, mit Ihrer eigenen Signatur. Sie müssen das Unmögliche erfinden ...“

Jacques Derrida, Als ob ich tot wäre, 25.

Eine Theologie – wäre sie möglich? (Nachwort)

Der Abschluss einer mehr oder minder chronologischen Lektüre der Texte des französischen Philosophen der Dekonstruktion mit dem einfachen Zitat der Frage „Eine Theologie, wäre sie möglich?“ würde vielleicht nur schwer von sich behaupten können, diesem Werk wirklich gerecht geworden zu sein. In diese Frage wird daher im Blick auf zahlreiche andere Aspekte innerhalb des Denkens von Jacques Derrida nicht zuviel hineininterpretiert werden dürfen. Andererseits muss auch von diesem Satz, sowie von all den Texten, die ihn vorbereitet haben, gesagt werden: sie wurden nicht *nicht-geschrieben*. Die Wahrnehmung der Dekonstruktion *als solcher* muss also auch diese Texte zu lesen bereit sein. – Dennoch sollte gerade der Bezug zur Theologie nicht zu direkt hergestellt werden. Wir haben bereits mehrfach, vielleicht sogar *zu* dringlich, darauf hingewiesen. Wird man daher abschließend noch einmal betonen müssen, dass Jacques Derrida bis zuletzt niemals als Theologe gelesen oder verstanden wurde – und es ganz offensichtlich auch bis heute nicht ist? Im Blick auf die in der Einleitung erörterten Krisendiagnosen hatte die Lektüre so auch bewusst versucht, kein bestimmtes Interesse in den Vordergrund zu stellen, sondern ihren Fortgang durch die Texte selbst zu legitimieren. Derridas *nachträgliches Denken* sollte in *seinem* Selbstverständnis dargestellt werden. Darin unterscheiden sich die hier vorgelegten Lektüren vielleicht von den ersten, in den letzten Jahren erschienenen, aber doch im deutschsprachigen Raum bereits bekannt gewordenen und für die Wahrnehmung der erstaunlichen Korrespondenzen zwischen Dekonstruktion und Theologie hilfreichen und weiterführenden Arbeiten zu Derrida aus dem Horizont akademischer Theologie.[448] – Die Situationsanalyse, die in der Einleitung unter den Stichworten

[448] Besonders hervorzuheben sind hier die Arbeiten von Joachim VALENTIN (*Atheismus in der Spur Gottes. Theologie nach Jacques Derrida*, M.e. Vorw. v. H. Verweyen; Mainz: Grünewald, 1997) und Johannes HOFF (*Spiritualität und Sprachverlust. Theologie nach Foucault und Derrida*, Paderborn-München-Wien-Zürich: Schöningh, 1999). Vgl. auch die Arbeiten von Hent de Vries (*Theologie im pianissimo & zwischen Rationalität und Dekonstruktion. Die Aktualität der Denkfiguren Adornos und Lévinas'*, Kampen 1989; zu Derrida: DERS., *Philosophy and the Turn to Religion*, Baltimore-London 1999), sowie das bereits mehrfach zitierte Werk des amerikanischen Philosophen John D. Caputo, *The Prayers and Tears*

Grundlagenkrise bzw. *Gotteskrise* gegeben wurde, erlaubte es aber einem selbstkritischen (fundamental-)theologischen Grundlagendiskurs zunächst gar nicht, ohne eingehendere Reflexion darauf, was angesichts dieser Krisendiagnosen heute noch universell vermittelbar als Grundlage bzw. Fundierung theologischen Denkens innerhalb eines längst pluralistisch gewordenen, keine universalen Prämissen mehr unhinterfragt akzeptierenden Wissenschafts- und Gesellschaftsdiskurses bezeichnet werden könnte, überhaupt von einem vorausgesetzten Selbstverständnis von Theologie auszugehen. Letztlich war die Lektüre der Texte Derridas sogar von diesem Dilemma motiviert.

Diese Arbeit beschränkt sich aus diesem Grund auch darauf, die *Skizze* eines philosophisch-theologischen Aufbruchs angesichts der erwähnten Grundlagenkrise zu zeichnen. Weder Kraft noch Phantasie reichen an dieser Stelle aus, die Konkretionen und Konsequenzen dieses Aufbruchs selbst zu entfalten. Lediglich einige mögliche Schlussfolgerungen, Themenfelder, sowie Kriterien für zukünftige Arbeiten sollen hier noch abschließend benannt werden:

1. *(Negativer Universalismus:)* Die Rede von universalen „Grundlagen“ des Denkens und Handelns ist auch heute, in Zeiten eines scheinbar unbegrenzten Pluralismus, keine überkommene Vorstellung. Schon die scheinbar bloß „semiotischen“ Reflexionen, die Derridas frühe Lektüren rund um die Bewegung der *différance* für viele höchst abstrakt erscheinen ließen, lassen hier vielmehr eine bestimmte negative Begründungfigur, eine Art „negativen Universalismus“ sichtbar werden, der – wie aus den späten Texten Derridas deutlich wird – auch den Anspruch erhebt, praxisfundierend sein zu können. – Wie ließe sich ein solcher „negativer Universalismus“ formulieren? Zwei Überlegungen dazu:

Erstens: Jede Rede von einem unmittelbar vorauszusetzenden (metaphysischen) Zentrum, einem logos, einer arché, oder auch nur einer „Struktur“ bleibt, so hat Derrida gezeigt, dekonstruierbar und damit (ohne von vornherein negiert zu werden – für diese Negation müsste selbst noch einmal eine Grundlage angegeben werden) als unhinterfragbarer Ausgangspunkt für einen Grundlagendiskurs problematisch. Auch eine theologische Vergewisserung der bleibenden Aktualität jener mit der Rede von Gott verbundenen Universalität wird diese nicht von Anfang an schlicht voraussetzen können. Würde Universalität deswegen durch eine *bloße* Setzung bestimmt werden, indem sich die Vergewisserung etwa darauf beschränkt, die innere Widerspruchsfreiheit einer solchen Annahme aufzuzeigen, so ließe sich der Anspruch ei-

of Jacques Derrida. Religion without Religion. – Einen Überblick über die theologische Rezeption Derridas im englischsprachigen Raum gibt J. Valentin, aaO. 218-242, sowie DERS., Das Echo Jacques Derridas in der angelsächsischen Theologie, in: *Theologische Revue* 97 (2001), 19-28.

ner solchen Setzung doch nur schwer mit *anderen,* in einer faktisch-pluralistischen Welt unweigerlich begegnenden Setzungen vermitteln. *Bloß gesetzte* Universalität verzichtet gerade auf jene Eigenschaft, die sie als *Kriterium* für die Differenzierung und Vermittlung (Übersetzung) heterogener, nicht von vornherein kommensurabler menschlicher Handlungsweisen auszeichnen würde. – Liegt andererseits die Universalität aber der Setzung voraus, so erhebt sich neben der keineswegs bereits entschiedenen Frage nach dem angemessenen Ausgangspunkt der Vergewisserung noch eine ganz andere, der Suche nach diesem Ausgangspunkt nochmals vorgängige Frage: Die Frage nach der Anerkennung der *temporalen Struktur* der Vergewisserung.

Jeder Akt der Vergewisserung ist eingespannt in eine unhintergehbare temporale Struktur. Einerseits ist die Vergewisserung der Fundierung zukünftigen (oder auch vergangenen) Wissens und Handelns verpflichtet und liegt diesem daher in einer nicht immer chronologischen Weise *voraus*; andererseits aber erkennt sie sich selbst doch auch – noch bevor sie überhaupt mit einer inhaltlichen Bestimmung begonnen hat – als *nachträglichen* Diskurs. Der Akt der Vergewisserung ist keineswegs unmittelbar zugänglich, sondern selbst der vorgängig zu bestimmenden Möglichkeit des eigenen Diskurses verpflichtet. Diese Möglichkeit kann durchaus hinterfragt werden – und wird gerade im Blick auf die Möglichkeit der Vergewisserung von Universalität in Frage zu stellen sein: kein Akt des Denkens vermag jenes *in einer angemessenen Vorgängigkeit* zu legitimieren, das er zu dessen Grundlegung zugleich voraussetzen müsste. Und Universalität wird, soll ein Selbstwiderspruch ihres Anspruchs vermieden werden, jeder Vergewisserung vorgängig gedacht werden müssen, da diese ihrer Aufgabe sonst kaum gerecht werden könnte. Vergewisserungen sind selbst einer Universalität verpflichtet. Diese Nachträglichkeit des Diskurses vermag keine Reflexion, die ihre eigenen Grundlagen zu bedenken sucht, zu umgehen. Das Prius eines *wirklichen Anfangs* wird allenfalls erst im Nachhinein als solches erkennbar. Die Erkenntnis des allem Vorgängigen kann nur nachträglich erfolgen. Ist der Erkenntnisakt in seinem Selbstverständnis auch noch so unmittelbar und ursprünglich, bleibt er in seiner Vermittlung doch erneut auf eine kommunikable Vergewisserung verwiesen. Erst in einer kommunizierten, über die individuelle Überzeugung hinaus *praktizierten* Vergewisserung könnte die partikular behauptete Universalität wirklich universell werden. Kurz: Nicht die individuelle oder kollektiv-partikulare Überzeugung eines Universalitätsanspruchs kann in der Praxis bereits als angemessenes Kriterium für Universalität angesehen werden.

Das Dilemma ist offensichtlich: Womit beginnen? Bleibt das wirkliche Prius einer Reflexion uneinholbar und muss auf den einerseits unaufgebbaren Anspruch einer Universalität als Kriterium kommunizierbarer Entscheidungen und Handlungen letztlich doch verzichtet werden? Lässt sich das „Kriterium Universalität" überhaupt noch einmal „vergewissern"? Der Verzicht wäre schlicht fatal, die bloß faktische Setzung jedoch stets nur der in sich geschlossenen Perspektive der eigenen Argumentation plausibel und daher tendenziell totalitär – zumindest aus der berechtigten Perspektive derjenigen, deren Ausgrenzung wohl unvermeidlich durch eine solche statische Setzung erzeugt wird. Die *bloße* Setzung müsste zudem auf die kommunikable, niemals abzuschließende Verantwortung ihrer Grundlagen verzichten. Genau dies aber sollte doch das friedliche Zusammenleben der Menschen angesichts gegenwärtiger und vergangener Katastrophen sichern – oder?

Die erwähnte *temporale Struktur* besitzt jedoch noch eine andere Zeitachse als die bisher genannte, eine andere Temporalität, die die Eingrenzung der Vergewisserung zwischen die Pole ihrer Vorgängigkeit gegenüber jeglichem Wissen und Handeln und ihrer Nachträglichkeit in Bezug auf die zu vergewissernde Universalität durchbricht. Ungeachtet der noch ausständigen „Vergewisserung" der Möglichkeit ihres Diskurses bleibt nämlich der Akt der Vergewisserung (wenn man will: der *Versuch* der Vergewisserung) auf seine Weise selbst ein unhintergehbares Prius, denn er ist der Universalität – nicht der *zu-vergewissernden*, wohl aber der noch ausständigen *vergewisserten* Universalität – auch vorgängig. Er liegt ihr voraus wie eine These ihrer Bewahrheitung vorangeht. Allerdings ist die *vergewisserte* Universalität, *wenn* es sie denn gibt, zunächst eine zukünftige, eine in Bezug auf den Ausgangspunkt der Vergewisserung erst im Kommen begriffene Universalität. Die Vergewisserung selbst liegt zunächst (noch) *außerhalb* dessen, was sich erst nachträglich zeigen soll. Sie vermag die Universalität nicht nur nicht aus sich zu setzen, sondern muss aus eben diesem Grund auch auf den Rückgriff auf das noch Ausständige verzichten. Es wird daher sinnvoll sein, will man die Vergewisserung nicht von Anfang an in einen Widerspruch führen, nicht von jener „zu-vergewissernden Universalität" zu sprechen, die bereits vorausgesetzt werden müsste, sondern vorsichtiger, weniger bestimmt, von einer sich allenfalls erst nachträglich als vorgängig erweisenden Universalität. Einer Universalität im Kommen. *Wenn* es sie denn gibt.

Die Suche nach einem Ausgangspunkt für die Vergewisserung einer Universalität wie sie nach dem oben gesagten immer noch unverzichtbar erscheint, wird diese temporale Struktur also ernst nehmen müssen. Diese Universalität kann daher, soll sie auch als solche vergewissert werden, nicht bereits vorausgesetzt werden. Sie besitzt zunächst allenfalls den Charakter einer These bzw. eines Bekenntnisses.

Dieser kursorische Entwurf bleibt in mehrfacher Hinsicht dem Denken Derridas verpflichtet: Dessen Betonung eines allgemeinen und unhintergehbaren Schrift-Charakters, der jeder Wahrnehmung und jeder Erfahrung innewohnt und den auch die philosophische Reflexion nicht auf einen unmittelbar zugänglichen Ursprung übersteigen kann, hatte zum einen das Denken in die Position einer „ursprünglichen"

Nachträglichkeit versetzt [vgl. schon D 39. 50], zum anderen damit aber eine folgenreiche temporale Beziehung zu einem vorgängigen Anspruch sichtbar werden lassen. Die „temporalisierende" und „verräumlichende" Bewegung der *différance* war dazu nur ein erster Hinweis. Entscheidender noch erwies sich die Wahrnehmung eines aus einer unvordenklichen Vergangenheit kommenden *Rufes*, der in allem Sprechen – und gerade dem entmystifizierendsten (auf das daher auch am wenigsten verzichtet werden kann) – hörbar wird. Dieser *nicht nicht-beantwortbare Anruf* (die Antwort wird stets stattgefunden haben) bildete das negative Kriterium für jene (positive) Kriteriologie der Antwort, die im Jerusalemer Vortrag als Gebet, als reine Adresse im konkreten Sich-richten-an-den-anderen formuliert wurde. Diese reine Adresse bleibt inhaltlich wenig bestimmt, geht aber in ihrer „Struktur" aller (notwendigen) inhaltlichen Bestimmung voraus. Insofern man nicht nicht-handeln kann, wird die Konkretisierung dieser Adresse zur unhintergehbaren Aufgabe bzw. Verantwortung. In den Texten aus der Entstehungszeit der *Politik der Freundschaft* wurde dieses Sich-adressieren daher auch als Kriterium für eine ethische und politische Grundlegung entfaltet. Eine positive Präjudizierung einer bestimmten Praxis ist damit schon per definitionem nicht verbunden, sehr wohl aber der Aufweis der Möglichkeit des Unmöglichen im gewagten Modus des Vielleicht. Die temporale Struktur des Vielleicht wurde von Derrida mehrfach als „messianische Struktur", als „struktureller Messianismus" bezeichnet.[449] Diese Messianizität zeigt sich jedoch nicht nur in der (passiven) Erwartung eines Kommenden, sondern auch in ihrer *aktiven* Dimension als Bekenntnis, als Zeugnis, als Verantwortlichsein-für. Auf diese Weise wird in Derridas Denken der Schrift die in die Praxis rufende Universalität nicht vorausgesetzt, sondern in einer negativen Argumentationsfigur als vorauszusetzende und damit positiv zu affirmierende *nachträglich* erkannt.

Zweitens: Die Theologie kennt selbst unter dem Namen der *neuen Politischen Theologie* einen „negativen Universalismus" im Sinne der Dekonstruktion. Wenn etwa Johann Baptist Metz angesichts der Katastrophen- und Leiderfahrungen der Menschheit

[449] Vgl. etwa Derridas „Glaube und Wissen. Die beiden Quellen der »Religion« an den Grenzen der bloßen Vernunft" (1994), in: DERS. / G. VATTIMO (Hg.), *Religion* (Frankfurt/M.: Suhrkamp, 2001): „Keine Zu-kunft *(à-venir)* ohne ein messianisches Gedächtnis und ohne ein messianisches Versprechen, ohne ein Gedächtnis und ein Versprechen, deren Messianizität älter ist als alle Religion, ursprünglicher als jeder Messianismus. Kein Diskurs, keine Anrede, die sich an den anderen richtet, ohne die Möglichkeit eines elementaren Versprechens. [...] Kein Versprechen folglich ohne das Versprechen einer Bestätigung des *Ja*. Dieses *Ja* wird immer schon die Zuverlässigkeit oder Treue eines Glaubens impliziert haben, es wird sie stets implizieren." (77) – Siehe dazu auch: Ders., *Marx' Gespenster* (1993), aaO. 94 (im Rückgriff auf W. Benjamins Rede von einer „*schwachen* messianischen Kraft" in seinen Thesen „Über den Begriff der Geschichte"). 101. 122. – Es handelt sich hier um jene Rede eines „strukturellen Messianismus" bei Derrida, auf die sich auch Agnes Heller in ihrem bereits in der Einleitung erwähnten Artikel „Politik nach dem Tod Gottes" (aaO.) bezieht. (s. dazu oben S. 20)

und des damit verbundenen Verdachts gegen jede Art von Universalität die konkrete Wahrnehmung des unverzichtbaren Universalismus der christlichen Gottesrede sowohl in ihrer praktischen Gestalt als auch innerhalb einer theologischen Reflexion einfordert[450], so ist gerade er sich, wie seine Rede von der „Gotteskrise" (s.o. S. 14ff) gezeigt hat, der Unzeitgemäßheit und der ausstehenden Begründung dieser Forderung bewusst. Dennoch bleibt für ihn ein solcher theologischer Universalismus unverzichtbar:

> „Wir leben in einer Welt der unhintergehbaren Pluralität. Was gefordert ist, sagt man, sei Toleranz und Dialog oder Diskurs. Ist das die ganze Antwort? Gibt es nicht auch Grenzen der Toleranz und Kriterien für den Dialog? Wie immer, der Pluralismus ist nicht einfach die Antwort, sondern zunächst die Frage und das Problem. Dieses Problem lösen heißt freilich nicht den Pluralismus auflösen, sondern eine allen Menschen zugängliche und zumutbare Form des Umgangs mit ihm zu entwickeln, um so einen kulturalistischen Relativismus zu vermeiden, | ohne doch die Kulturen selbst zu relativieren. Was aber wäre dieses »Allgemeine« (das »allgemein Gute«, das heute zumeist strikt geleugnet oder allenfalls vermißt wird), was wäre dieses »allgemein« Zugängliche und Zumutbare, das die Kulturen nicht relativiert sondern konstituiert? *Das Eingedenken fremden Leids.*"[451]

In einer Fußnote hatte Metz dieser Feststellung dann noch hinzugefügt: „Der hier angesprochene Universalismus des Leidens ist ein negativer Universalismus; er kann deshalb auch ideologie- und mythenfrei konstatiert und besprochen werden. Als

[450] Vgl. dazu die Forderung eines theologischen Universalismus gerade innerhalb der Legitimationskrise der *universitas* heute: „Universitäten heute sind Universitäten ohne Universalismus und ohne Universalisten. Nichts scheint verdächtiger als das Universale. Und so sind wohl die Theologen die letztverbliebenen Universalisten an der Universität. Denn wenn man Theologie treibt, und zwar nicht als dies oder das, sondern als den Versuch der Rede von Gott, ist man auf Universalität verpflichtet. Gott ist entweder ein universales, ein Menschheitsthema, oder überhaupt kein Thema." (J.B. METZ, Die letzten Universalisten, in: *Die Theologie auf dem Weg in das dritte Jahrtausend. FS J. Moltmann zum 70. Geburtstag* (Gütersloh: Kaiser, 1996), 25-29; vgl. DERS., Ein Wort zur Theologie. Rede anläßlich der Verleihung der Ehrendoktorwürde der Universität Wien, in: *Orientierung* 59, 1995, H.1, 8-9.) – Siehe dazu Derridas Vorstellung von einer »unbedingten Universität« *(Die unbedingte Universität,* Frankfurt/M.: Suhrkamp, 2001). [s.o. S. 201 Anm. 432]

[451] J.B. METZ, Im Eingedenken fremden Leids. Zu einer Basiskategorie christlicher Gottesrede, in: DERS. / J. REIKERSTORFER / J. WERBICK, *Gottesrede* (Münster: Lit, 2., aktualis. Aufl. 2001), 3-20, hier: 10f *(Hervorhebung PZ)*. – In „Die letzten Universalisten" (aaO., s. Anm. 450) hatte es geheißen: „Die Traditionen, denen die Theologie verpflichtet ist, kennen eine aus der Erinnerung an das Leiden geborene universelle Verantwortung. Diese memoria passionis wird dadurch zur Basis einer universellen Moral, dass sie immer die Leiden der Anderen, die Leiden der Fremden und, unbedingt biblisch, sogar die Leiden der Feinde in Betracht zieht und bei der Beurteilung der eigenen Leidensgeschichte nicht vergißt – so etwa wie Rabin und Arafat, die ihren inzwischen so fragil gewordenen Friedensprozeß mit der Versicherung begannen, nicht nur auf die eigene Leidensgeschichte zu schauen, sondern auch die Leiden der bisherigen Feinde ins Auge zu fassen."– Was es bedeutet, wenn diese Anerkennung des Leids des anderen politisch nicht gelingt, hat seitdem die Geschichte gezeigt. Vgl. dazu auch Derridas Formulierung der *compassion*, die die notwendige Selbstkritik weder vor dem politischen Gegner noch vor dem Feind oder dem Verbrecher zu verbergen sucht, im Kontext der Terroranschläge vom 11. September 2001: s.o. S. 15 Anm. 41.

Problem bleibt, wie dieser negative Universalismus (des Leidens) durch den positiven Begriff universaler Gerechtigkeit bzw. durch die Rede vom ungerechten Leiden näher zu qualifizieren sei." [ebd.][452] – Vor dem Horizont der Derridaschen Rede von Gerechtigkeit („Die Dekonstruktion *ist* die Gerechtigkeit") könnte dieser selbstkritische Vorbehalt von Metz vielleicht sogar überraschen. *Ist* die formulierte „Autorität der Leidenden" nicht schon das in die politische und theologische Praxis gewendete (positive) Kriterium für Gerechtigkeit *selbst*? Ist die *memoria passionis* in ihrer negativen Formulierung nicht schon dasjenige, was Benjamin Taubald im Blick auf den negativen Universalismus bei Metz bereits als „*materiales* Universalisierungsprinzip" (im Gegensatz zum *formalen* der Diskursethik) erkannt hatte?[453] Die Konse-

452 Zum Verständnis des zentralen Begriffs der Erinnerung mit dem die Rede vom Leid in der neuen Politischen Theologie engstens verbunden ist, vgl. jetzt die kenntnisreiche Einführung von B. TAUBALD, *Anamnetische Vernunft. Untersuchungen zu einem Begriff der neuen Politischen Theologie* (Münster: Lit, 2001), bes. 138ff „Memoria passionis als Organon von Universalität". – Zur Frage nach der kriteriologischen Kraft, die den genannten Universalismus auszeichnet, vgl. den Artikel des Verf., Maßstäbe der Kritik. Negatives Denken, »schwache Kategorien« und der Einbruch der Alterität im Kontext der neuen Politischen Theologie, in: J. REIKERSTORFER (Hg.), *Vom Wagnis der Nichtidentität. Johann Baptist Metz zu Ehren* (Münster: Lit, 1998), 79-115.

453 Taubald, Anamnetische Vernunft, 138; vgl. ebd. 140 im Kontext eines mehrfach von Metz zitierten Wortes von Theodor W. Adorno: „»Leiden beredt werden zu lassen, ist Bedingung aller Wahrheit«: mit diesem Satz aus der *Negativen Dialektik* [S. 27] ist eine Basis für ein materiales universalisierbares Moralprinzip gefunden. *Memoria passionis* ist Basis moralischer Praxis." – Ebenso: „Der einzige materiale Gehalt dieser universellen Verantwortlichkeit lautet: Es gibt kein Leid auf der Welt, das uns nichts angeht. [P. Rottländer] Ein solcher Satz ist nicht der Ausdruck »moralischer Allmachtsphantasien«, von denen wir endlich Abschied zu nehmen hätten, [...] sondern die schlichte moralische Wendung des Satzes von der Gleichheit aller Menschen, eines Satzes, auf den schließlich nicht nur die biblischen Traditionen, sondern auch die Grundgesetze moderner Rechtsstaaten verpflichten." (J.B. METZ, Universalistische Moral, in: *Dialektik*, 1995, H.2, 13-18; vgl. Taubald, aaO. 142) – Die von Metz hier affirmierte Formulierung Rottländers kann selbstverständlich letztlich nur auf eine unmögliche Übertreibung hinauslaufen, auf eine *bestimmte (positive) Unmöglichkeit*, eine Aporie oder Antinomie. Allerdings bleibt das Wagnis ihrer Realisierung unverzichtbar. Doch auch hier trifft sich die neue Politische Theologie mit den Formulierungen Derridas, der z.B. in *Das andere Kap*, von einer vielfachen, widersprüchlichen, unmöglichen und aporetischen *Pflicht* spricht, „dem Ruf, dem Appell des europäischen Gedächtnisses zu antworten, zu folgen, und jenes in Erinnerung zu bringen, erneut zu identifizieren, was sich unter dem Namen Europa als Versprechen ankündigte." [ebd. 56] Erinnert sei in diesem Dialog auch an den von Metz formulierten Appell an den „europäischen Geist" unter dem Stichwort „Athen versus Jerusalem? Was das Christentum dem europäischen Geist schuldig geblieben ist" (in: M. Wermke (Hg.), *Die Gegenwart des Holocaust – »Erinnerung« als religionspädagogische Herausforderung*, Münster: Lit, 1997, 9-14; vgl. DERS., Europäischer Geist: die jüdische Mitgift, in: *Kirche und Israel* 8, 1993, H.1, 23-32), sowie seine Rede von einer „Halbierung des Geistes des Christentums": DERS., Anamnetische Vernunft. Anmerkungen eines Theologen zur Krise der Geisteswissenschaften, in: A. HONNETH u.a. (Hg.), *Zwischenbetrachtungen im Prozeß der Aufklärung. FS J. Habermas zum 60. Geburtstag*, Frankfut/M.: Suhrkamp, 1989, 733-738.) Die doppelte Verpflichtung, von der Derrida in *Das andere Kap* gesprochen hatte, ist – damit scheint sich der Kreis zu schließen – schließlich auch für ihn nur in einer negativen Formulierung adäquat repräsentierbar: „Das Bedingende kann hier lediglich eine *negative* Form haben (ohne X kein Y). Nur dieser negativen Form kann man sich sicher sein, nur sie verleiht Sicherheit. Sobald man sie in eine positive Gewissheit verwandelt (»unter dieser Bedingung wird sich mit Sicherheit ein Ereignis ereigne[n], wird es Entscheidung, Verantwortung, Moral und Politik gegeben haben«), darf man dessen gewiss

quenzen eines bestimmten philosophischen und eines bestimmten theologischen Grundlagendiskurses nähern sich hier von verschiedenen Seiten ganz offensichtlich derselben Schwelle.

Anlässlich einer Tagung vor dem Hintergrund der gegenwärtigen Humanismusdebatte, die angesichts des biomedizinischen bzw. gentechnologischen Fortschritts die tradierten Grundüberzeugungen von der Würde des Menschen längst nicht mehr unhinterfragt vorfindet und Mühe hat, eine kommunikable, universalisierbare Sprache für diese Überzeugungen zu finden[454], hatte Johann Reikerstorfer ebenfalls die *Positivität*, insbesondere die Tragfähigkeit und Kommunikabilität dieses negativen Universalismus des Eingedenkens fremden Leids betont und gefragt:

> „Ob nämlich dieser negative Universalismus »maßgeblicher« noch als der prozedurale Universalismus kommunikativer Vernunft als ein produktives Angebot der Freiheits- und Gerechtigkeitssuche in Betracht kommen könnte. Ob also die Anerkennung der menschlichen Würde in der Wahrnehmung ihrer *Verletztheit* einen – obgleich immer gefährdeten – »Grundkonsens« zwischen Menschen unterschiedlichster Weltanschauungen zu erzeugen vermag, der auch tragfähiger und überzeugender wäre als z.B. das Konzept eines »Weltethos« auf der Basis eines kulturübergreifenden Minimalkonsenses der Werte, der Maßstäbe und Grundhaltungen? Darüber also *[wäre zu »streiten«; PZ]*, ob die im Vermissen sich erläuternde Gerechtigkeitsvision unter pluralistischen Bedingungen vielleicht deshalb kommunikabler wäre, weil sie – wenn auch religiös stimuliert – in ihrer Akzeptanz nicht von einem bestimmten religiösen Standpunkt abhängig ist?“[455]

Für Reikerstorfer läge dabei in der Leidenserinnerung, „im mitleidenden Schrei nach Gerechtigkeit für andere“, insofern dieser unweigerlich in eine klagende oder anklagende Theodizeefrage mündet, nicht allein eine gesellschaftlich oder kulturell ver-

sein, dass man gewonnen hat, sich – ja den anderen – zu täuschen.“ (ebd. 59; vgl. *Aporien*, aaO. 37-44) – „Eine Unmöglichkeit, die nicht das Gegenteil, das Negative des Möglichen ist. Man muss dieses Unmögliche tun, man muss das Unmögliche denken und tun. Wenn nur das geschähe, was möglich ist, geschähe gar nichts mehr. Wenn ich nur das täte, was ich tun kann, würde ich gar nichts tun.“ (Derrida, Niemand ist unschuldig. Interview, aaO.) – Siehe auch oben die ausführliche Fußnote zu den *Bedingungen der Unmöglichkeit* (S. 205 Anm. 435)

454 Vgl. dazu jüngst den Versuch, eine der Entscheidung der Kommunikationsgemeinschaft noch einmal entzogene „Gattungsethik“ zu formulieren: J. HABERMAS, *Die Zukunft der Menschheit. Auf dem Weg zu einer liberalen Eugenik?* (Frankfurt/M. Suhrkamp, 2001).

455 J. REIKERSTORFER, *Von der Möglichkeit und Unmöglichkeit eines Humanismus – Perspektiven einer Politischen Theologie* (Manuskript eines Vortrags am 7. Dez. 2001 anlässlich des *Ahauser Forums Politische Theologie* zum Thema »Wohin ist Gott, wohin denn der Mensch? Zur gegenwärtigen Humanismusdebatte«). – Vgl. dazu auch die Formulierungen in der aktualisierten Fassung von: DERS., Leiddurchkreuzt – zum Logos christlicher Gottesrede, in: J.B. METZ / DERS. / J. WERBICK, *Gottesrede* (Münster: Lit; 2., aktualis. Aufl. 2001 [¹1996]), 21-54, bes: 38: „Ließen sich, so die Frage, die »überschießenden« universalistischen Menschheitspotentiale der biblischen Verheißungsreligion nicht in einem »negativen Universalismus« universal-kommunikabel machen für einen *Widerstand* gegen leidvolle Unrechtserfahrungen, der selbst weltanschauliche Differenzen in der Auslegung des Menschseins hinter sich lassen könnte und auch in anderen Kulturen zumutbar wäre?“

mittelbare Universalität, sondern, in starker Parallele zu den Aussagen von Derrida in *How to avoid speaking*, „im Modus der Negation des Negativen die Gottesaffirmation als praktisches Vermissungswissen."[456] Gegenüber Kants Nachweis des Mißlingens aller philosophischen Versuche in der Theodizee[457] sucht Reikerstorfer angesichts „der Wucht und Dramatik geschichtlicher Theodizeefrage"[458] dieses von der Politischen Theologie inspirierte Vermissungswissen[459] zu entfalten, das die Verheißungen der religiösen Traditionen sowohl mit den konkreten Leiderfahrungen des Einzelnen, als auch mit den Katastrophenerfahrungen der Menschheitsgeschichte konfrontiert und gerade darin ihr theologisch-politisches Potential erkennt.

> „Müsste nicht dieses Kantische »Nichtwissen« im Blick auf die Anderen konsequenter zu einem »Vermissungswissen« radikalisiert werden, um darin auch überzeugender die Zusage göttlicher »Verheißung« im Raum der gerechtigkeitsbedürftigen Anderen »erringen«, d.h. für sie aufzuschließen und vertreten zu können?"[460]

Weit davon entfernt, diese Ansätze hier im Detail ausführen zu können, sollte doch die Nähe auch der Theologie zum (nicht-theologischen) Anspruch der Dekonstruktion im Sinne Derridas hier erkennbar werden. – Wir fragen daher abschließend noch einmal:

2. *Eine Theologie, wäre sie möglich?* – Die „entmystifizierende" philosophische Reflexion, der die Dekonstruktion stets verpflichtet bleibt, verstand sich von Anfang an als performatives Sich-selbst-riskieren-im-Nichts-sagen-Wollen.[461] Für eine Theologie, für die Affirmation eines bestimmten Glaubens, ist hier per definitionem nicht der Ort, um ihren Diskurs zu bewähren. Vielleicht ist dies jedoch gar nicht die entscheidende Frage. Insofern nämlich in *How to avoid speaking*[462] die Dekonstruktion

456 Reikerstorfer, Möglichkeit und Unmöglichkeit eines Humanismus (Manuskript). – Vgl. dazu jetzt auch: DERS., Reich-Gottes-Vision und Gerechtigkeitsdiskurs, in: I. GABRIEL / Ch. SCHNABL / P.M. ZULEHNER (Hg.), *Einmischungen. Zur politischen Relevanz der Theologie* (Ostfildern: Schwabenverlag, 2001), 60-75.

457 I. KANT, Über das Mißlingen aller philosophischen Versuche in der Theodizee, in: *Werkausgabe* Bd. XI (hg.v. W. Weischedel; Frankfurt/Main: Suhrkamp, [11]1996 [[1]1968]), 105-124.

458 Reikerstorfer, Leiddurchkreuzt, 35. – Vgl. auch die kritische Literaturübersicht zur gegenwärtigen Entwürfen zur Theodizeefrage: J.B. METZ / J. REIKERSTORFER, Theologie als Theodizee. Beobachtungen zu einer aktuellen Diskussion, in: *ThRev* 95 (1999), 179-187; sowie J. REIKERSTORFER, Vernunft der »Theodizee«? Anfragen an ein vor-kritisches Theoriekonzept, in: *Ethik und Sozialwissenschaften. Streitforum für Erwägungskultur* 12 (2001) H.2, 202-204.

459 Vgl. zu diesem Ausdruck: Metz, Im Eingedenken fremden Leids, 17.

460 Reikerstorfer, Leiddurchkreuzt, 35.

461 Derrida, Positionen (1967), 50.

462 Vgl. dazu dann auch *Sauf le nom*, sowie Derridas Vortrag auf jenem außergewöhnlichen Seminar, das 1994 auf Capri zum Thema „Religion" stattfand: J. DERRIDA, Glaube und Wissen. Die beiden Quellen der »Religion« an den Grenzen der bloßen Vernunft (1994), in: DERS. / G. VATTIMO (Hg.), *Die Religion* (Frankfurt/M.: Suhrkamp, 2001), 9-106. – Siehe dazu auch meinen Beitrag: How to avoid theology. Jacques Derrida an den Grenzen abendländischen Denkens, in: L. NAGL (Hg.),

selbst einem theologischen, allerdings nicht auf eine bestimmte Tradition einzuschränkenden Diskurs zu gleichen begann, insofern „die apophatische Rede [...] vielleicht das Theologisch-Werden einer jeden Rede zu denken [gibt]" [W 14], steht nun die Frage im Raum, in welchem Verhältnis sich die Dekonstruktion in concreto zu einer *bestimmten* theologischen Tradition hält, die sie zwar selbstverständlich niemals affirmieren, zugleich aber, insofern jene zumindest denkbare theologische Überlieferung sich ihres strikt apophatischen Grundverständnisses bewusst ist, diese auch *nicht dekonstruieren* kann. – Eine solche Theologie, wäre sie also möglich?

Es wäre leicht, die Behauptung aufzustellen, dass die großen religiösen Traditionen der Menschheit genau dieses Grundverständnis für sich in Anspruch nehmen und vielleicht auch einander zugestehen würden, dass jene Affirmation, die Derrida aus der *Vorgängigkeit eines Müssens* ableitet und als *Sprechen im Versprechen,* sowie als unhintergehbares *Sich-Adressieren* beschreibt, – dass jene Affirmationen *nicht ohne* (bewussten oder unbewussten) Rückgriff auf die theologischen Traditionen Gestalt gewinnen können. Mit dieser Behauptung wäre es allerdings nicht schon getan. Man könnte sich mit ihr nicht beruhigen. Die Affirmation muss vielmehr die Gestalt eines Zeugnisses annehmen – nicht *in* der Schrift, sondern in einer Adresse *über die Schrift hinaus.* Antwort auf die Aschenspur, die die Stimme anruft.

3. Eine Theologie, wäre sie also möglich? – *Wenn*, so wird der Theologe hier rückblickend zu antworten versuchen, – *wenn*, dann schreiben wir hier immer noch *Im Anfang* ...

Essays zu Jacques Derrida and Gianni Vattimo, »Religion« (Frankfurt/M. u.a.: Peter Lang, 2001), 69-107, bes. 95ff; sowie die Rezension DERS., Messianismus ohne Messias. Jacques Derrida zur »Wiederkehr des Religiösen«, in: *Quart. Zeitschrift des Forums Kunst - Wissenschaft - Medien* (2001) H.2, 35f.

BIBLIOGRAPHIE

Siglen

A	Derrida, Von einem neuerdings erhobenen apokalyptischen Ton in der Philosophie (1980)
CW	Derrida, Cogito und die Geschichte des Wahnsinns (1963)
D	Derrida, Différance (1968)
FA	Derrida, Feuer und Asche (1982/87)
G	Derrida, Grammatologie (1967)
GS	Derrida, »Genesis und Struktur« und die Phänomenologie (1964)
HW	Derrida, Husserls Weg in die Geschichte am Leitfaden der Geometrie (1962)
JD	Dreisholtkamp, Jacques Derrida (1999)
KB	Derrida, Kraft und Bedeutung (1963)
P	Derrida, Politik der Freundschaft (1994)
SD	Derrida, Die Schrift und die Differenz (1967)
SP	Derrida, Die Stimme und das Phänomen (1967)
SZ	Derrida, Die Struktur, das Zeichen und das Spiel im Diskurs der Wissenschaften vom Menschen (1966)
W	Derrida, Wie nicht sprechen (1986)

Literatur

ARENS, E. / MANEMANN, J., Wie sollen wir zusammen leben? Zur Debatte über den Kommunitarismus, in: *Jahrbuch Politische Theologie 1: Demokratiefähigkeit* (hg.v. J. MANEMANN; Münster: Lit, 1995), 155-187.

ARTAUD, A., *Das Theater und sein Double. Das Théâtre de Séraphin* (Frankfurt/M.: Fischer, 1969 [fr. 1964]).

BECK, U., Das Zeitalter der Nebenfolgen und die Politisierung der Moderne, in: DERS. / A. GIDDENS / S. LASH, *Reflexive Modernisierung. Eine Kontroverse* (Frankfurt/M.: Suhrkamp, 1996), 19-112.

–, *Risikogesellschaft. Auf dem Weg in eine andere Moderne* (Frankfurt a.M.: Suhrkamp, 1986).

– / GIDDENS, A. / LASH, S., *Reflexive Modernisierung. Eine Kontroverse* (Frankfurt/M.: Suhrkamp, 1996).

BENJAMIN, W., Über den Begriff der Geschichte, in: *Illuminationen. Ausgewählte Schriften* I (Frankfurt/M.: Suhrkamp, 1977), 251-261.

BENNINGTON, G., Derridabase, in: *Jacques Derrida. Ein Portrait von Geoffrey Bennington und Jacques Derrida* (Frankfurt/M.: Suhrkamp, 1994 [fr. [1]1991]).

BERNASCONI, R. The Trace of Levinas in Derrida, in: David WOOD / Robert BERNASCONI (Hg.), *Derrida and »Différance«* (Evanston: Northwestern University Press, 1988), 13-28.

BLANCHOT, M. *Der Gesang der Sirenen. Essays zur modernen Literatur* (München: Hanser, 1962). [fr.Orig.: *Le livre à venir* (Paris: Gallimard, 1959)].

BORCHARDT, K., Wandlungen im Denken über wirtschaftliche Krisen, in: K. MICHALSKI (Hg.), *Über die Krise. Castelgandolfo-Gespräche 1985* (Stuttgart: Klett-Cotta, 1986), 127-153.

CAPUTO, J.D., *The Prayers and Tears of Jacques Derrida. Religion without Religion* (Bloomington-Indianapolis: Indiana University Press, 1997).

–, *Deconstruction in a Nutshell* (New York: Fordham UP, 1997).

CIARAMELLI, F., Jacques Derrida und das Supplement des Ursprungs (1994), in: H.-D. GONDEK / B. WALDENFELS (Hg.), *Einsätze des Denkens. Zur Philosophie von Jacques Derrida* (Frankfurt/M.: Suhrkamp, 1997), 124-152

CRITCHLEY, S., *The Ethics of Deconstruction. Derrida and Levinas* (Oxford-Cambridge: Blackwell, 1992).

–, Überlegungen zu einer Ethik der Dekonstruktion, in: H.-D. GONDEK / B. WALDENFELS (Hg.), *Einsätze des Denkens. Zur Philosophie von Jacques Derrida* (Frankfurt/M.: Suhrkamp, 1997), 308-344.

DERRIDA, D., *Le problème de la genèse dans la philosophie de Husserl (mémoires d'études supérieures)* (Paris: Presses Universitaires de France, 1990). [verfaßt **1953/54**]

–, *Husserls Weg in die Geschichte am Leitfaden der Geometrie. Ein Kommentar zur Beilage III der »Krisis«* (München: Fink, 1987 [fr. **[1]1962**]). [„Juli 1961"]

–, Cogito und Geschichte des Wahnsinns, in: *Die Schrift und die Differenz* (Frankfurt/M.: Suhrkamp, [6]1994 [fr. [1]**1963**, dt. [1]1976]), 53-101.

–, Kraft und Bedeutung, in: *Die Schrift und die Differenz* (Frankfurt/M.: Suhrkamp, [6]1994 [fr. [1]1967, dt. [1]1976]) 9-52. [fr. Erstveröffentlichung, in: *Critique* 193-194 (Juni-Juli **1963**).]

–, »Genesis und Struktur« und die Phänomenologie, in: *Die Schrift und die Differenz* (Frankfurt/M.: Suhrkamp, ^{6}1994 [fr. ^{1}1967, dt. ^{1}1976]) 236-258. [fr. Erstveröffentlichung in: DE GANDILLAC / GOLDMAN / PIAGET (Hg.), *Genèse et Structure* (Den Haag, **1964**).]

–, Edmond Jabès und die Frage nach dem Buch, in: *Die Schrift und die Differenz* (Frankfurt/M.: Suhrkamp, ^{6}1994 [fr. ^{1}1967, dt. ^{1}1976]), 102-120. [fr. Erstveröffentlichung: Edmond Jabès et la question du livre, in: *Critique. Revue générale des publications françaises et étrangéres* No. 201 (**1964**), 99-115.]

–, Gewalt und Metaphysik. Essay über das Denken Emmanuel Levinas', in: *Die Schrift und die Differenz* (Frankfurt/Main: Suhrkamp, ^{6}1994 [fr. ^{1}1967, dt. ^{1}1976]), 121-235. [fr. Erstveröffentlichung in: *Revue de Métaphysique et de Morale* 69 (**1964**) H.3+4, 322-354, 425-473.]

–, Die soufflierte Rede, in: *Die Schrift und die Differenz* (Frankfurt/M.: Suhrkamp, ^{6}1994 [fr. ^{1}1967, dt. ^{1}1976]) 259-301. [fr. Erstveröffentlichung: La parole soufflée, in: *Tel Quel* 20 (Winter **1964/65**), 41-67.]

–, De la grammatologie (I+II), in: *Critique* Jg.21 (Dez. **1965**) H.223, 1016-1042 u. Jg.22 (Jan. **1966**) H.224, 23-53.

–, Freud und der Schauplatz der Schrift, in: *Die Schrift und die Differenz* (Frankfurt/M.: Suhrkamp, ^{6}1994 [fr. ^{1}1967, dt. ^{1}1976]) 302-350. [Vortrag im März **1966**; fr. Erstveröffentlichung: Freud et la scène de l'écriture, in: *Tel Quel* 26 (1966), 10-41.]

–, Das Theater der Grausamkeit und die Geschlossenheit der Repräsentation (1966), in: Die Schrift und die Differenz (Frankfurt/Main: Suhrkamp, ^{6}1994) 351-379. [Vortrag im April **1966**; fr. Erstveröffentlichung, in: *Critique* 230 (Juli 1966).]

–, Die Struktur, das Zeichen und das Spiel im Diskurs der Wissenschaften vom Menschen, in: *Die Schrift und die Differenz* (Frankfurt/M.: Suhrkamp, ^{6}1994 [fr. ^{1}1967, dt. ^{1}1976]) 422-442. [Vortrag Oktober **1966**]

–, *Die Stimme und das Phänomen. Ein Essay über das Problem des Zeichens in der Philosophie Husserls* (Frankfurt/M.: Suhrkamp, 1979 [fr. **1967**]).

–, *Grammatologie* (Frankfurt/M.: Suhrkamp, ^{6}1996 [fr. ^{1}**1967**, dt. ^{1}1983]).

–, Implikationen. Gespräch mit Henri Ronse, in: *Positionen* (Edition Passagen 8; Graz-Wien: Böhlau, 1986) 33-51. [fr. Erstveröffentlichung in: *Lettres françaises* 1211, 6-12 décembre **1967**.]

–, Die différance, in: *Randgänge der Philosophie* (Wien: Passagen, ^{2}1999 [fr. ^{1}1968/ 1973, dt. ^{1}1988]), 29-52. [Vortrag an der Sorbonne, 27. Jänner **1968**]

–, The Original Discussion of »Différance«, in: D. WOOD / R. BERNASCONI (Hg.), *Derrida and »Différance«* (Evanston: Northwestern UP, 1988), 83-95. [Diskussion im Anschluss an den Vortrag „La différance"]

–, Signatur Ereignis Kontext, in: *Randgänge der Philosophie* (Wien: Passagen, 21999 [fr. 11972]), 325-351. [Vortrag in Montreal, August **1971**]

–, *Positionen. Gespräche mit Henri Ronse, Julia Kristeva, Jean-Louis Houdebine, Guy Scarpetta* (Graz-Wien: Böhlau, 1986 [fr. **1972**]).

–, *Randgänge der Philosophie* (überarb. Neuauflage; Wien: Passagen, 21999 [fr. 1**1972**, dt. 11988]).

–, Tympanon (**1972**), in: *Randgänge der Philosophie* (Wien: Passagen, 21999), 13-29.

–, *Dissemination* (übers. v. Hans-Dieter Gondek; Wien: Passagen, 1995 [fr. **1972**]).

–, Buch-Ausserhalb. Vorreden / Vorworte, in: *Dissemination* (Wien: Passagen, 1995 [fr. **1972**]), 9-68.

–, *Die Postkarte von Sokrates bis an Freud und jenseits,* 1. Lfg: Envois / Sendungen; (Berlin: Brinkmann & Bose, 21989 [fr. **1980**]).

–, Punktierungen – die Zeit der These, in: H.-D. GONDEK / B. WALDENFELS (Hg.), *Einsätze des Denkens. Zur Philosophie von Jacques Derrida* (Frankfurt/M.: Suhrkamp, 1997), 19-39. [urspr. Verteidigung der *thèse* am 2. Juni **1980**]

–, Von einem neuerdings erhobenen apokalyptischen Ton in der Philosophie, in: Apokalypse (Edition Passagen 3; Graz-Wien: Böhlau, 1985), 9-90. [Vortrag auf einem Kolloquium v. 23.7-2.8.**1980** in Cerisy-la-Salle]

–, Letter to John P. Leavey, Jr. (2. Jan. **1981**), in: R. DETWEILER (Hg.), *Derrida and Biblical Studies* (Semeia 23; Scholars Press, 1982), 61-62.

–, *Feuer und Asche* (Übers. und mit einem Nachwort versehen v. Michael Wetzel; Berlin: Brinkmann & Bose, 1988 [fr. **1987**]).

–, *Wie nicht sprechen. Verneinungen* (Edition Passagen 29; Wien: Passagen-Böhlau, 1989 [fr. 1**1987**]).

–, The Politics of Friendship, in: *The Journal of Philosophy* 85 (**1988**) H.11, 632-644.

–, *Gesetzeskraft. Der »mystische Grund der Autorität«* (Frankfurt/Main: Suhrkamp, 1991 [fr.-amer. **1990**]).

–, Übergänge – vom Trauma zum Versprechen (**1990**), in: *Auslassungspunkte. Gespräche* (Wien: Passagen, 1998), 377-398.

–, *Das andere Kap. Die vertagte Demokratie. Zwei Essays zu Europa* (Frankfurt/M.: Suhrkamp, 1992 [fr. **1991**]).

–, »Ein 'Wahnsinn' muss über das Denken wachen«. Gespräch mit François Ewald, in: *Auslassungspunkte. Gespräche* (Wien: Passagen, 1998), 343-368. [fr. Erstveröffentlichung: März **1991**]

–, Außer dem Namen (Post-Scriptum) (**1991/92**), in: *Über den Namen. Drei Essays* (Wien: Passagen, 2000), 63-121.

–, *Marx' Gespenster. Der Staat der Schuld, die Trauerarbeit und die neue Internationale* (Frankfurt/M.: Fischer, 1996 [fr. **1993**]).

–, Bemerkungen zu Dekonstruktion und Pragmatismus, in: Ch. MOUFFE (Hg.), *Dekonstruktion und Pragmatismus. Demokratie, Wahrheit und Vernunft* (Wien: Passagen, 1999), 171-195. [Vortrag am 29. Mai **1993** beim Symposion »Pragmatismus und Dekonstruktion« in Paris.]

–, Glaube und Wissen. Die beiden Quellen der »Religion« an den Grenzen der bloßen Vernunft, in: DERS. / G. VATTIMO (Hg.), *Die Religion* (Frankfurt/M.: Suhrkamp, 2001), 9-106. [urspr. Vortrag auf dem Capri-Seminar im Februar **1994**]

–, *Politik der Freundschaft* (Frankfurt/M.: Suhrkamp, 2000 [fr. **1994**]).

–, *Aporien. Sterben – Auf die »Grenzen der Wahrheit« gefaßt sein* (München: Fink, 1998 [fr. **1996**]),

–, *Von der Gastfreundschaft* (Wien: Passagen, 2001 [fr. 1997]). – *Der Band gibt u.a. zwei Seminarsitzungen vom Jänner* **1996** *wieder.*

–, *Die unbedingte Universität* (Frankfurt/M.: Suhrkamp, 2001 [amer. **1998**]).

–, *Adieu. Nachruf auf Emmanuel Levinas* (München-Wien: Hanser, **1999**).

–, Marx & Sons, in: Michael SPRINKER (Hg.), *Ghostly Demarcations. A Symposium on Jacques Derrida's »Specters of Marx«* (London-New York: Verso, **1999**), 213-269.

–, *On Cosmpolitanism and Forgiveness* (Transl. by Mark Dooley and Michael Hughes, with a preface by Simon Critchley and Richard Kearney; London-New York: Routledge, **2001**).

–, Dankesrede anläßlich der Verleihung des Theodor-W.-Adorno-Preises **2001**, in: *Le Monde diplomatique. Deutsche Ausgabe* 8 (2002) Nr. 1, 12ff.

–, Niemand ist unschuldig. Gespräch mit U. Raulff über Philosophie im Angesicht des Terrors, in: *Süddeutsche Zeitung* (24. Sept. **2001**).

DOSSE, F., *Geschichte des Strukturalismus* (2 Bde.; Hamburg: Junius, [1]1996-1997 [fr. [1]1991]).

DREISHOLTKAMP, U., *Jacques Derrida* (München: Beck, 1999).

DUBIEL, H., *Ungewißheit und Politik* (Frankfurt/Main: Suhrkamp, 1994).

FEIFEL, E. / KASPER, W. (Hg.), *Tradierungskrise des Glaubens* (München: Kösel, 1987).

FRANZ, A. (Hg.), *Bindung an die Kirche oder Autonomie? Theologie im gesellschaftlichen Diskurs* (QD 173; Freiburg/Br.-Basel-Wien: Herder, 1999).

FRANZ, W., *Über mathematische Aussagen, die samt ihrer Negation nachweislich unbeweisbar sind. Der Unvollständigkeitssatz von Gödel* (Sitzungsberichte der Wissenschaftlichen Gesellschaft an der Johann Wolfgang Goethe-Universität Frankfurt am Main Bd. XIV, Nr.1; Wiesbaden: Franz Steiner Verlag, 1977).

FREUD, S., Entwurf einer Psychologie (1895), in: *Gesammelte Werke. Nachtragsband* (Frankfurt/M.: Fischer, 1987), 375-486.

FRIEDRICH, H., *Die Struktur der modernen Lyrik. Von der Mitte des neunzehnten bis zur Mitte des zwanzigsten Jahrhunderts* (Mit einem Nachwort von Jürgen v. Stackelberg; Hamburg: Rowohlt, [22]1985 [[1]1956]).

FOUCAULT, M., *Wahnsinn und Gesellschaft. Eine Geschichte des Wahns im Zeitalter der Vernunft* (Frankfurt/M.: Suhrkamp, [12]1996 [fr. [1]1961, dt. [1]1973]).

–, *Die Ordnung der Dinge. Eine Archäologie der Humanwissenschaften* (Frankfurt/M.: Suhrkamp, [14]1997 [fr. [1]1966, dt. [1]1974]).

–, *Dies ist keine Pfeife* (mit zwei Briefen und vier Zeichnungen von René Magritte; aus dem Französischen übersetzt und mit einem Nachwort versehen von Walter Seitter; München: Hanser, 1997 [fr. 1973]).

FUKUYAMA, F., Ende der Geschichte?, in: *Europäische Rundschau* (1989) H.4, 3-25. [Orig.: The End of History?, in: The National Interest 16 (Sommer 1989), 3-18.]

–, *Das Ende der Geschichte. Wo stehen wir?* (München: Kindler, 1992).

–, Reply to My Critics, in: *The National Interest* 18 (Winter 1989-90), 21-28.

GASCHÉ, R., Perhaps – A Modality? On the Way with Heidegger to Language, in: *Graduate Faculty Philosophy Journal* 16 (1993) H.2, 496-511.

GAUCHET, M., Tocqueville, Amerika und wir. Über die Entstehung der demokratischen Gesellschaften, in: U. RÖDEL (Hg.), *Autonome Gesellschaft und libertäre Demokratie* (Frankfurt/M.: Suhrkamp, 1990), 123-206.

GIDDENS, A., Risiko, Vertrauen und Reflexivität, in: U. Beck / A. GIDDENS / S. LASH, *Reflexive Modernisierung. Eine Kontroverse* (Frankfurt/M.: Suhrkamp, 1996), 316-337.

GÖDEL, K., Über formal unentscheidbare Sätze der Principia Mathematica und verwandter Systeme, in: *Monatshefte für Mathematik und Physik* 38 (1931), 173-198.

GONDEK, H.-D. / WALDENFELS, B., Derridas performative Wende, in: DERS. / DERS. (Hg.), *Einsätze des Denkens. Zur Philosophie von Jacques Derrida* (Frankfurt/M.: Suhrkamp, 1997), 7-18.

–, Zeit und Gabe, in: DERS. / B. WALDENFELS (Hg.), *Einsätze des Denkens. Zur Philosophie von Jacques Derrida* (Frankfurt/M.: Suhrkamp, 1997), 183-225.

GRIMM, J.u.W., *Deutsches Wörterbuch* (33 Bde.; München: dtv, 1984).

GROM, B., Glaubensvermittlung in der Tradierungskrise, in: *StZ* 208 (1990) 827-838.

HABERMAS, J., Überbietung der temporalisierten Ursprungsphilosophie. Derridas Kritik am Phonozentrismus (1985), in: *Der philosophische Diskurs der Moderne* (Frankfurt/M.: Suhrkamp, [6]1998), 191-218.

–, *Die Zukunft der Menschheit. Auf dem Weg zu einer liberalen Eugenik?* (Frankfurt/M. Suhrkamp, 2001).

HAVERKAMP, A. (Hg.), *Gewalt und Gerechtigkeit. Derrida – Benjamin* (Frankfurt/M.: Suhrkamp, 1994).

HEIDEGGER, M., *Sein und Zeit* (Tübingen: Niemeyer, [16]1986).

–, Der Spruch des Anaximander (1946), in: *Holzwege* (= Gesamtausgabe, Bd.5; Frankfurt/M.: Klostermann, [7]1994), 321-373.

–, Zur Seinsfrage (1955), in: *Wegmarken* (= Gesamtausgabe, Bd. 9; Frankfurt/M.: Klostermann, [3]1996), 385-426.

–, Zürcher Seminar. Aussprache am 6. November 1951, in: *Gesamtausgabe* Bd. 15: Seminare (Frankfurt/M. Klostermann, 1986), 423-439 [s. auch Nachbemerkungen des Herausgebers: S. 444-447.]

HELLER, Agnes, Politik nach dem Tod Gottes, in: J. HUBER / A.M. MÜLLER (Hg.), *Instanzen / Perspektiven / Imaginationen* (Basel-Frankfurt/M.: Stroemfeld, 1995), 75-94.

–, Politik nach dem Tod Gottes, in: *Jahrbuch Politische Theologie 2: Bilderverbot* (hg.v. M.J. RAINER / H.-G. JANßEN; Münster: Lit, 1997), 67-87.

HELLER, Andreas, »Der Kopf kann nicht zu den Füßen sagen, ich brauche euch nicht ...« (1Kor 12,21). Leitung in kirchlichen Organisationen, in: P.M. ZULEHNER / A. HELLER (Hg.), *Kirchenreform* (AfkS-Dossier 18; Graz-Wien: Verlag Zeitpunkt, 1998), 54-66.

HOFF, J., *Spiritualität und Sprachverlust. Theologie nach Foucault und Derrida* (Paderborn-München-Wien-Zürich: Schöningh, 1999).

HOLLANDER, Dana, Messianische Gespenster, in: *Die Philosophin. Forum für feministische Theorie und Philosophie* 11 (2000) H.21, 22-42.

HONNETH, A. (Hg.), *Kommunitarismus. Eine Debatte über die moralischen Grundlagen moderner Gesellschaften* (Frankfurt-New York: Campus, 1993).

HORKHEIMER, M. / ADORNO, Th.W., *Dialektik der Aufklärung. Philosophische Fragmente* (Frankfurt/M.: Fischer, 1988 [[1]1944/47]).

HUSSERL, E., *Ideen zu einer reinen Phänomenologie und phänomenologischen Philosophie* I (hg.v. W. Biemel; Husserliana III/1; Den Haag: Nijhoff, 1950).

–, *Logische Untersuchungen* (hg.v. E. Holenstein; Husserliana XVIII; Den Haag: Nijhoff, 1975).

–, *Zur Phänomenologie des inneren Zeitbewußtseins (1893-1917)* (hg.v. R. Boehm; Husserliana X; Den Haag: Nijhoff, 1966).

JABÈS, E., *Das Buch der Fragen* (Berlin: Alphëus, 1979). [*Le livre des Questions* (Paris: Gallimard, 1963).]

KALLSCHEUER, O., Gemeinsinn und Demokratie. Hinter dem Etikett »Kommunitarismus« verbirgt sich eine Debatte um das Selbstverständnis der USA, in: Ch. ZAHLMANN (Hg.), *Kommunitarismus in der Diskussion. Eine streitbare Einführung* (Berlin: Rotbuch, ²1997), 109-117.

–, »Kommunitarismus?« – Anregungen zum Weiterlesen. Eine subjektive Auswahl, in: Ch. ZAHLMANN (Hg.), *Kommunitarismus in der Diskussion. Eine streitbare Einführung* (Berlin: Rotbuch, ²1997), 124-151.

KANT, I., Beantwortung der Frage: Was ist Aufklärung?, in: *Werkausgabe* Bd. XI (hg.v. W. WEISCHEDEL; Frankfurt/Main: Suhrkamp, ¹¹1996 [¹1968]), 53-61.

–, Idee zu einer allgemeinen Geschichte in weltbürgerlicher Absicht, in: *Werkausgabe* Bd. XI (hg.v. W. WEISCHEDEL; Frankfurt/Main: Suhrkamp, ¹¹1996 [¹1968]), 33-50.

–, Von einem neuerdings erhobenen vornehmen Ton in der Philosophie (1796), in: *Werkausgabe* Bd. VI (hg.v. W. Weischedel; Frankfurt/M.: Suhrkamp, ⁹1996), 377-397.

KANTOROWICZ, E.H., *The King's Two Bodies* (Princeton, 1957). [dt.: *Die zwei Körper des Königs. Eine Studie zur politischen Theologie des Mittelalters* (München: dtv, ²1994).]

KASPER, W., Tradierung und Vermittlung als systematisch-theologisches Problem, in: E. FEIFEL / W. KASPER (Hg.), *Tradierungskrise des Glaubens* (München: Kösel, 1987) 30-52.

KAUFMANN, F.-X., *Kirche begreifen. Analysen und Thesen zur gesellschaftlichen Verfassung des Christentums* (Freiburg/Br.: Herder, 1979).

–, Unbeabsichtigte Nebenfolgen kirchlicher Leitungsstrukturen. Vom Triumphalismus zur Tradierungskrise, in: H.J. POTTMEYER (Hg.), *Kirche im Kontext der modernen Gesellschaft. Zur Strukturfrage der römisch-katholischen Kirche* (Freiburg: Katholische Akademie; München-Zürich: Schnell & Steiner, 1989), 8-34.

– / METZ, J.B., *Zukunftsfähigkeit. Suchbewegungen im Christentum* (Freiburg/Br.-Basel-Wien: Herder, 1987).

KERSTING, W., Liberalismus und Kommunitarismus. Zu einer aktuellen Debatte, in: *Information Philosophie* (1993) H.3, 4-19.

KIMMERLE, H., *Jacques Derrida zur Einführung* (Hamburg: Junius, ⁴1997).

KLINGER, C., Ein Streit, der keiner ist? Zur Debatte zwischen »Liberalen« und »Kommunitaristen« in den USA, in: *Transit* (1994) H.7, 122-139.

KLUGE, F., *Etymologisches Wörterbuch der deutschen Sprache*, Berlin-New York: de Gruyter, [23]1999).

KOSELLECK, R., Einige Fragen an die Begriffsgeschichte von »Krise«, in: K. MICHALSKI (Hg.), *Über die Krise. Castelgandolfo-Gespräche 1985* (Stuttgart: Klett-Cotta, 1986), 64-77.

–, Art. Krise, in: *Geschichtliche Grundbegriffe* 3 (hg.v. O. BRUNNER u.a.; Stuttgart, 1982), 617-650.

–, *Kritik und Krise. Eine Studie zur Pathogenese der bürgerlichen Welt* (Frankfurt/M.: Suhrkamp, [7]1992).

– / TSOUYPOULOS, N. / SCHÖNPFLUG, U., Art. Krise, in *HWPh* 4 (1974), 1235-1245.

KUHN, Th.S., *Die Struktur wissenschaftlicher Revolutionen* (Frankfurt/M.: Suhrkamp, [12]1993 [amer. [1]1962, dt. [1]1967]).

KUTSCHKI, N. (Hg.), *Überlieferungsschwierigkeiten des Glaubens. Chancen zur Neubesinnung* (Würzburg: Echter, 1994).

LEFORT, C., Die Frage der Demokratie, in: U. RÖDEL (Hg.), *Autonome Gesellschaft und libertäre Demokratie* (Frankfurt/M.: Suhrkamp, 1990), 281-297.

– / GAUCHET, M., Über die Demokratie. Das Politische und die Instituierung des Gesellschaftlichen, in: U. RÖDEL (Hg.), *Autonome Gesellschaft und libertäre Demokratie* (Frankfurt/M.: Suhrkamp, 1990), 89-122.

LEHMANN, H.-Th., Theater als Experimentierfeld. Mejerhold'd, Brecht, Artaud, in: Rolf GRIMMINGER / Jurij MURASOV / Jörn STÜCKRATH (Hg.), *Literarische Moderne. Europäische Literatur im 19. und 20. Jahrhundert* (Reinbek bei Hamburg: Rowohlt, 1995), 368-394.

LESCH, W., Wer hat Angst vor Dekonstruktion? Jacques Derridas Herausforderung der Theologie, in: DERS. / G. SCHWIND (Hg.), *Das Ende der alten Gewißheiten. Theologische Auseinandersetzungen mit der Postmoderne* (Mainz: Grünewald, 1993), 27-47.

LEVINAS, E., *Totalität und Unendlichkeit. Versuch über die Exteriorität* (Freiburg/Br.-München: Alber, [2]1993). [fr. [1]**1961**]

–, Die Spur des Anderen, in: *Die Spur des Anderen. Untersuchungen zur Phänomenologie und Sozialphilosophie* (Freiburg/Br.-München: Alber, 1983) 209-235. [frz. Erstveröffentlichung: La Trace de l'Autre, in: *Tijdschrift voor Filosofie* (Sept. **1963**); wiederaufgenommen in: E. LEVINAS, *En découvrant l'existence avec Husserl et Heidegger* (Paris: Vrin, 1967), 187-202.]

–, Die Bedeutung und der Sinn, in: *Humanismus des anderen Menschen* (Hamburg: Meiner, 1989), 9-59. [fr. Erstveröffentlichung: La Signification et le Sens, in:

Revue de Métaphysique et de Morale (**1964**), wiederaufgenommen in: E. LEVINAS, *Humanisme de l'autre homme* (Montpellier: fata morgana, 1972).]

–, Rätsel und Phänomen (**1965**), in: *Die Spur des Anderen. Untersuchungen zur Phänomenologie und Sozialphilosophie* (Freiburg/Br.-München: Alber, 1983), 236-260.

–, *Jenseits des Seins oder anders als Sein geschieht* (Übers.v. Thomas Wiemer; Freiburg/Br.-München: Alber, 1992 [fr. [1]**1974**]).

LUTZ-BACHMANN, M. / SCHLEGELBERGER, B. (Hg.), *Krise und Erneuerung der Kirche. Theologische Ortsbestimmungen* (Berlin: Morus, Hildesheim: Bernward, 1989).

LYOTARD, J.-F., *Das postmoderne Wissen. Ein Bericht* (Edition Passagen 7; Wien: Passagen, [3]1994 [fr. [1]1979, dt. [1]1982]).

–, *Der Widerstreit* (Supplemente Bd. 6; München: Fink, [2]1989 [fr. [1]1983, dt. [1]1987]).

–, Grundlagenkrise, in: *Neue Hefte für Philosophie* 26 (1986), 1-33.

MALLARMÉ, St., *Ein Würfelwurf. Übersetzt und erläutert von Marie-Louise Erlenmeyer* (Walter-Druck 10; Olten-Freiburg: Walter, 1966).

–, *Gedichte. Französisch und Deutsch* (Übers. u. kommentiert v. Gerhard Goebel; Werke 1; Gerlingen: Lambert Schneider, 1993).

MEISTER ECKEHART, *Deutsche Predigten und Traktate* (hg.v. J. Quint; München: Hanser, [3]1969).

METZ, J.B., *Glaube in Geschichte und Gesellschaft. Studien zu einer praktischen Fundamentaltheologie* (Mainz: Grünewald, [5]1992 [[1]**1977**]).

–, Anamnetische Vernunft. Anmerkungen eines Theologen zur Krise der Geisteswissenschaften, in: A. HONNETH / Th. MCCARTHY / C. OFFE / A. WELLMER (Hg.), *Zwischenbetrachtungen im Prozeß der Aufklärung. FS J. Habermas zum 60. Geburtstag*, Frankfut/M.: Suhrkamp, 1989, 733-738

–, Religion, Ja – Gott, Nein, in: DERS. / T.R. PETERS, *Gottespassion. Zur Ordensexistenz heute* (Herder: Freiburg/Br.-Basel-Wien, **1991**), 14-62.

–, Europäischer Geist: die jüdische Mitgift, in: *Kirche und Israel* 8 (1993) H.1, 23-32.

–, Gotteskrise. Versuch zur »geistigen Situation der Zeit«, in: *Diagnosen zur Zeit* (Düsseldorf: Patmos, **1994**), 76-92.

–, Karl Rahners Ringen um die theologische Ehre des Menschen, in: *StdZ* 212 (**1994**), 383-392.

–, »Leiden beredt werden zu lassen, ist Bedingung aller Wahrheit«, in: *Die Weltwoche* Nr.46 (17.Nov. **1994**).

–, Der unpassende Gott. Gedanken zum Kirchenvolksbegehren, in: *FAZ* (31. Aug. **1995**).

–, Der unpassende Gott, in: *»Wir sind Kirche«. Das Kirchenvolks-Begehren in der Diskussion* (Freiburg/Br.-Basel-Wien: Herder, **1995**), 200-203. [nun auch in: DERS. / J. REIKERSTORFER / J. WERBICK, *Gottesrede* (Münster: Lit; 2., aktualis. Aufl. 2001), 91-94.

–, Ein Wort zur Theologie. Rede anläßlich der Verleihung der Ehrendoktorwürde der Universität Wien, in: *Orientierung* 59 (**1995**) H.1, 8-9.

–, Kirche in der Gotteskrise, in: *Sind die Kirchen am Ende?* (Regensburg: Pustet, **1995**), 158-175.

–, Monotheismus und Demokratie. Über Religion und Politik auf dem Boden der Moderne, in: *Jahrbuch Politische Theologie 1: Demokratiefähigkeit* (hg.v. J. Manemann; Münster: Lit, **1995**), 39-52.

–, Religion und Politik auf dem Boden der Moderne. Eine Positionsbestimmung im Lichte der Neuen Politischen Theologie, in: *Frankfurter Rundschau* (10.Juni **1995**).

–, Universalistische Moral, in: *Dialektik* (**1995**) H.2, 13-18

–, Die letzten Universalisten, in: *Die Theologie auf dem Weg in das dritte Jahrtausend. FS J. Moltmann zum 70. Geburtstag* (Gütersloh: Kaiser, **1996**), 25-29;

–, Im Eingedenken fremden Leids. Zu einer Basiskategorie christlicher Gottesrede, in: DERS. / J. REIKERSTORFER / J. WERBICK, *Gottesrede* (Münster: Lit, 2. aktualis. Aufl. 2001 [[1]**1996**]), 3-20.

–, Im Pluralismus der Religions- und Kulturwelten. Anmerkungen zu einem theologisch-politischen Weltprogramm, in: DERS.; *Zum Begriff der neuen Politischen Theologie. 1967-1997* (Mainz: Grünewald, **1997**), 197-206.

–, Religion und Politik auf dem Boden der Moderne – Versuch einer Neubestimmung, in: E. BRIX / W. MANTL (Hg.), *Liberalismus. Interpretationen und Perspektiven* (Studien zur Politik und Verwaltung 65; Wien-Köln-Graz: Böhlau, **1996**), 229-240.

–, Religion und Politik auf dem Boden der Moderne. Versuch einer Neubestimmung, in: H.-J. HÖHN (Hg.), *Krise der Immanenz. Religion an den Grenzen der Moderne* (Frankfurt/M.: Fischer, **1996**), 265-279.

–, Athen versus Jerusalem? Was das Christentum dem europäischen Geist schuldig geblieben ist, in: M. WERMKE (Hg.), *Die Gegenwart des Holocaust – »Erinnerung« als religionspädagogische Herausforderung*, (Münster: Lit, 1997), 9-14

–, *Zum Begriff der neuen Politischen Theologie. 1967-1997* (Mainz: Grünewald, **1997**).

–, Bemerkungen zum »Katholischen Prinzip« der Repräsentation. Ein Nachtrag zu »Monotheismus und Demokratie«, in: *Jahrbuch Politische Theologie 2: Bilderverbot* (hg.v. M.J. Rainer / H.-G. Janßen; Münster: Lit, **1997**), 303-307.

–, Wege in der Kirchenkrise: Kirche der Compassion, in: P.M. ZULEHNER / A. HELLER (Hg.), *Kirchenreform* (AfkS-Dossier 18; Graz-Wien: Verlag Zeitpunkt, **1998**), 123-133.

–, Gott. Wider den Mythos von der Ewigkeit der Zeit (**1998**), in: T.R. PETERS / C. URBAN (Hg.), *Ende der Zeit? Die Provokation der Rede von Gott* (Mainz: Grünewald, 1999), 32-49.

– / REIKERSTORFER, J., Theologie als Theodizee. Beobachtungen zu einer aktuellen Diskussion, in: *ThRev* 95 (**1999**), 179-187.

–, Gott und Zeit. Theologie und Metaphysik an den Grenzen der Moderne, in: *StZ* 125 (**2000**) H.3, 147-159.

MICHALSKI, K. (Hg.), *Über die Krise. Castelgandolfo-Gespräche 1985* (Stuttgart: Klett-Cotta, 1986).

NACKE, B. (Hg.), *Glaubenshorizonte erweitern. Antworten auf die Tradierungskrise* (München: Pfeiffer, 1989).

NAGEL, E., / NEWMAN, J.R., *Der Gödelsche Beweis* (Scientia Nova; München: Oldenbourg, [5]1992).

NAGL, L. (Hg.), *Essays zu Jacques Derrida and Gianni Vattimo, »Religion«* (Frankfurt/M. u.a.: Peter Lang, 2001).

NIETZSCHE, F., *Jenseits von Gut und Böse. Vorspiel einer Philosophie der Zukunft* (KSA 5; München/Berlin-New York: dtv/de Gruyter, [3]1993).

PETERS, T.R., *Johann Baptist Metz. Theologie des vermißten Gottes* (Theologische Profile; Mainz: Grünewald, 1998).

–, *Mystik - Mythos - Metaphysik. Die Spur des vermißten Gottes* (Mainz-München, 1992).

PEUKERT, H., *Wissenschaftstheorie – Handlungstheorie – Fundamentale Theologie. Analysen zu Ansatz und Status theologischer Theoriebildung* (Düsseldorf: Patmos, 1976).

RAHNER, K., Die Herausforderung der Theologie durch das Zweite Vatikanische Konzil, in: *Schriften zur Theologie* VIII (Zürich-Einsiedeln-Köln: Benzinger, 1967), 13-42.

–, Das neue Bild der Kirche, in: *Schriften zur Theologie* VIII (Zürich-Einsiedeln-Köln: Benzinger, 1967), 329-354.

–, Über künftige Wege der Theologie, in: *Schriften zur Theologie* X (Zürich-Einsiedeln-Köln: Benzinger, 1972), 41-69.

RAULFF, U., Der Traum ist ein unheimliches Geschäft. Adorno-Preis an Derrida, in: *Süddeutsche Zeitung* (24. Sept. 2001).

RAWLS, J., *Eine Theorie der Gerechtigkeit* (Frankfurt/M.: Suhrkamp, 1975).

– Gerechtigkeit als Fairneß: politisch und nicht metaphysisch, in: DERS. (Hg.), *Die Idee des politischen Liberalismus. Aufsätze 1978-1989* (hg.v. W. HINSCH; Frankfurt/M.: Suhrkamp, 1994), 255-292.

REESE-SCHÄFER, W., *Was ist Kommunitarismus?* (Frankfurt/M.-New York: Campus, [2]1995).

REIJEN, W.v., Das Politische – eine Leerstelle. Zur politischen Philosophie in Frankreich, in: *Transit* (1992/93) H.5, 109-122.

REIKERSTORFER, J. (Hg.), *Zum gesellschaftlichen Schicksal der Theologie. Ein Wiener Symposion zu Ehren von Johann Baptist Metz* (Münster: Lit, 1999).

REIKERSTORFER, J., Der Gott der Christen und die Fragmentierung der postmodernen Welt, in: *Conc* 33 (**1997**) H. 3, 304-310.

–, Politische Theologie als »negative Theologie«. Zum zeitlichen Sinn der Gottesrede, in: DERS. (Hg.), *Vom Wagnis der Nichtidentität. Johann Baptist Metz zu Ehren* (Religion-Geschichte-Gesellschaft. Fundamentaltheologische Studien Bd. 11; Münster: Lit, **1998**), 11-49.

– / METZ, J.B., Theologie als Theodizee. Beobachtungen zu einer aktuellen Diskussion, in: *ThRev* 95 (**1999**), 179-187.

–, Fundamentaltheologische Modelle der Neuzeit, in: W. KERN / H.J. POTTMEYER / M. SECKLER (Hg.), *Handbuch der Fundamentaltheologie* 4 (Tübingen-Basel: Francke; 2., erw. u. aktualis. Aufl. **2000**), 242-264.

–, Leiddurchkreuzt – zum Logos christlicher Gottesrede, in: J.B. METZ / DERS. / J. W ERBICK, *Gottesrede* (Religion-Geschichte-Gesellschaft. Fundamentaltheologische Studien Bd. 1; Münster: Lit; 2., aktualis. Aufl. **2001** [[1]1996]), 21-54.

–, Vernunft der »Theodizee«? Anfragen an ein vor-kritisches Theoriekonzept, in: *Ethik und Sozialwissenschaften. Streitforum für Erwägungskultur* 12 (**2001**) H.2, 202-204.

–, Reich-Gottes-Vision und Gerechtigkeitsdiskurs, in: I. GABRIEL / Ch. SCHNABL / P.M. ZULEHNER (Hg.), *Einmischungen. Zur politischen Relevanz der Theologie* (Ostfildern: Schwabenverlag, **2001**), 60-75.

–, *Von der Möglichkeit und Unmöglichkeit eines Humanismus – Perspektiven einer Politischen Theologie* (Manuskript, vorgetragen am 7. Dez. **2001** anläßlich des *Ahauser Forums Politische Theologie* zum Thema »Wohin ist Gott, wohin denn der Mensch? Zur gegenwärtigen Humanismusdebatte«)

RICŒUR, P., Ist »die Krise« ein spezifisch modernes Phänomen?, in: K. MICHALSKI (Hg.), *Über die Krise. Castelgandolfo-Gespräche 1985* (Stuttgart: Klett-Cotta, 1986), 38-63.

RUSTER, Th., »Gotteskrise«? Nachtheistisch und pluralismusfähig von Gott reden, in: *Pastoralblatt für die Diözesen Aachen, Berlin, Essen, Hildesheim, Köln, Osnabrück* (1996) H.6, 163-175.

de SAUSSURE, F., *Grundlagen der Sprachwissenschaft* (Berlin, ^{2}1967).

SCHLOZ, R., Schaut doch dem Volk aufs Maul!. Das demo-skopische Bild der Kirche, in: *Sind die Kirchen am Ende?* (Regensburg: Pustet, 1995), 68-92.

SCHMITT, C., *Der Begriff des Politischen. Text von 1932 mit einem Vorwort und drei Corollarien* (Berlin: Duncker & Humblot, ^{2}1963).

–, Weisheit der Zelle, in: DERS., *Ex captivitate Salus. Erinnerungen der Zeit 1945/47* (Köln 1950).

–, *Theorie des Partisanen. Zwischenbemerkuung zum Begriff des Politischen* (Berlin 1963).

SCHNURR, G., Art. Krise, in: *TRE* 20 (1990), 61-65.

SCHULZE, G., *Die Erlebnisgesellschaft. Kultursoziologie der Gegenwart* (Frankfurt/M.-New York: Campus, 1992).

SCHUSTER, E. / BOSCHERT-KIMMIG, R., *Trotzdem hoffen. Mit Johann Baptist Metz und Elie Wiesel im Gespräch* (Mainz: Grünewald, 1993).

SECKLER, M., Theologie als Glaubenswissenschaft, in: *HFTh* 4 (hg.v. W. KERN / H.J. POTTMEYER / M. SECKLER; Freiburg/Br.-Basel-Wien: Herder, 1988), 180-241.

SIEFER, G., Ist der moderne Mensch institutionsmüde? Soziologische Anmerkungen zur Krise der Kirche, in: *Sind die Kirchen am Ende?* (Regensburg: Pustet, 1995), 93-109.

Sind die Kirchen am Ende? (Regensburg: Pustet, 1995).

SPAEMANN, R., Ende der Modernität?, in: P. KOSLOWSKI / R. SPAEMANN / R. LÖW (Hg.), *Moderne oder Postmoderne? Zur Signatur des gegenwärtigen Zeitalters* (Weinheim: Acta Humaniora, VCH, 1986), 19-40.

STEGMAIER, W., Die Zeit und die Schrift. Berührungen zwischen Levinas und Derrida, in: *Allgemeine Zeitschrift für Philosophie* 21 (1996) H.1, 3-24. [= DERS., Die Zeit und die Schrift. Berührungen zwischen Levinas und Derrida, in: Thomas FREYER / Richard SCHENK (Hg.), *Emmanuel Levinas - Fragen an die Moderne* (Wien: Passagen, 1996), 51-72.]

TAUBALD, B., *Anamnetische Vernunft. Untersuchungen zu einem Begriff der neuen Politischen Theologie* (Münster: Lit, 2001).

TAURECK, B., *Lévinas zur Einführung* (Hamburg: Junius, 1991).

VALENTIN, J., *Atheismus in der Spur Gottes. Theologie nach Jacques Derrida* (M.e. Vorw. v. H. Verweyen; Mainz: Grünewald, 1997).

–, Das Echo Jacques Derridas in der angelsächsischen Theologie, in: *ThRev* 97 (2001), 19-28.

VALÉRY, P. Die Krise des Geistes (1919/22), in: *Werke. Frankfurter Ausgabe* 7 (Frankfurt/M.-Leipzig: Insel, 1995), 26-54.

VATTIMO, G., *Das Ende der Moderne* (Stuttgart: Reclam, 1990).

VERWEYEN, H., *Gottes letztes Wort. Grundriß der Fundamentaltheologie* (Düsseldorf: Patmos, 21991).

WALDENFELS, B., *Phänomenologie in Frankreich* (Frankfurt/M.: Suhrkamp, 1987).

– / GONDEK, H.-D., Derridas performative Wende, in: DERS. / DERS. (Hg.), *Einsätze des Denkens. Zur Philosophie von Jacques Derrida* (Frankfurt/M.: Suhrkamp, 1997), 7-18.

–, »Derrida ist niemand, der mit dem Hammer philosophiert«. Laudatio anläßlich der Adorno-Preisverleihung an Jacques Derrida am 22. Sept. 2001, in: *Frankfurter Rundschau* (24. Sept. 2001).

WEIZENBAUM, J., *Die Macht des Computers und die Ohnmacht der Vernunft* (Frankfurt/M.: Suhrkamp, 31982).

WEIZSÄCKER, C.-F.v., Über die Krise, in: K. MICHALSKI (Hg.), *Über die Krise. Castelgandolfo-Gespräche 1985* (Stuttgart: Klett-Cotta, 1986), 11-29.

WETZEL, M., »Apokalypse now«. Der Wahrheitsbegriff der Postmoderne?, in: J. DERRIDA, *Apokalypse* (Graz-Wien: Böhlau, 1985), 133-139

–, »Lebewohl Asche«, in: J. DERRIDA, *Feuer und Asche* (Berlin: Brinkmann & Bose, 1988), 69-75.

– / RABATÉ, J.-M. (Hg.), *Ethik der Gabe. Denken nach Jacques Derrida* (Berlin: Akademie-Verlag, 1993).

WOOD, D. / BERNASCONI, R. (Hg.), *Derrida and »Différance«* (Evanston: Northwestern UP, 1988).

ZAHLMANN, Ch. (Hg.), Kommunitarismus in der Diskussion. Eine streitbare Einführung (Berlin: Rotbuch, 21997).

ZEILLINGER, P., Maßstäbe der Kritik. Negatives Denken, »schwache Kategorien« und der Einbruch der Alterität im Kontext der neuen Politischen Theologie, in: J. REIKERSTORFER (Hg.), *Vom Wagnis der Nichtidentität. Johann Baptist Metz zu Ehren* (Münster: Lit, 1998), 79-11.

–, How to avoid theology. Jacques Derrida an den Grenzen abendländischen Denkens, in: L. NAGL (Hg.), *Essays zu Jacques Derrida and Gianni Vattimo, »Religion«* (Frankfurt/M. u.a.: Peter Lang, 2001), 69-107.

–, Messianismus ohne Messias. Jacques Derrida zur »Wiederkehr des Religiösen«, in: *Quart. Zeitschrift des Forums Kunst - Wissenschaft - Medien* (2001) H.2, 35f.

ANHANG: Genealogische Bibliographie v. Jacques Derrida (*1930)

Das umfangreiche und immer noch rasant anwachsende Werk von Jacques Derrida ist heute bereits (mit einigen Jahren Verzögerung) fast zur Gänze auch in deutschen oder englischen Übersetzungen zugänglich. Dennoch wird auch diese Bibliographie nicht einen Anspruch auf Vollständigkeit erheben können. Es wurde allerdings versucht, zumindest alle in deutscher Sprache vorliegenden Publikationen (mit Ausnahme einer detaillierten Aufstellung der Interviews) zu erfassen. Kleinere Lücken sind dadurch, dass kein vollständiges Verzeichnis der in Sammelbänden erschienenen Artikel existiert, nicht ausgeschlossen. Ich war diesbezüglich auf Angaben aus der Literatur selbst angewiesen.*

Das Projekt einer »genealogischen Bibliographie« drängt sich dem/der LeserIn Derridas gerade dort auf, wo die Kontinuität dieses Werkes erahnbar wird ohne sich dabei in ein »System« schließen zu können. Auch hier gilt es also eine bestimmte Geschichte zu lesen. Da diese Geschichte oft erst in einer chronologischen Lektüre erkennbar wird, ist es von Bedeutung, die Texte nicht nur nach dem Erscheinungsdatum, sondern auch nach ihrem Entstehungsdatum zu ordnen. – Die Bibliographie gliedert sich in zwei Teile: Der *erste Teil* gibt neben den Daten zu den (mündlichen und schriftlichen) „Erstveröffentlichungen" auch Hinweise zu Übersetzungen vor allem in deutscher und englischer Sprache, sowie zu Varianten der Texte. Der *zweite Teil* gibt die Übersetzungen in chronologischer Reihenfolge wieder, auf die im ersten Teil mit den Jahressiglen am rechten Rand verwiesen wurde.

1. Originaltexte / Erstveröffentlichungen

(1954)

(1954a) *Le problème de la genèse dans la philosophie de Husserl.*

= Erste Arbeit über Husserl aus der Zeit des Aufenthalts im Husserl-Archiv in Leuven – zunächst unveröffentlicht.

fr.: *Le problème de la genèse dans la philosophie de Husserl (mémoires d'études supérieures)* (Paris: Presses Universitaires de France, 1990). **1990g**

* Hinweise zu Einzelbibliographien, sowie ein erster Überblick auch zu Interviews und Literatur *über* Derrida, finden sich in: G. BENNINGTON, *Jacques Derrida. Ein Portrait*, Frankfurt/M.: Suhrkamp, 1994, 359ff. – Als Bibliographen aus dem englischsprachigen Raum sind zu erwähnen: William R. Schutz / Levis L.B. Fried, *Jacques Derrida: An Annotated Primary and Secondary Bibliography* (New York: Garland, 1992); Albert Leventure, A Bibliography of the French and English Works of Jacques Derrida, 1962-1990, in: *Textual Practice* 5 (1991) No. 1, 94-127; sowie *Social Theory: A Bibliography Series*, No. 37: *Jacques Derrida (II): A Bibliography* (hg.v. Joan Nordquist; Santa Cruz, Calif.: Reference and Research Services, 1995).

(1959)

Vorträge:

(1959a) »Genèse et structure« et la phénoménologie, *Vortrag in Cerisy-la-Salle am 31.7.*

fr.: »Genèse et structure« et la phénoménologie, in: Maurice DE GANDILLAC / Lucien GOLDMANN / Jean PIAGET (Hg.), *Entretiens sur les notions de Genèse et de Structure* (Paris-Den Haag: Mouton & Co, 1965), 243-260. ***1965c***

fr.: in: *L'écriture et la différence* (Paris: Éditions du Seuil, 1967), 229-251. ***1967b***

dt.: »Genesis und Struktur« und die Phänomenologie, in: *Die Schrift und die Differenz* (Frankfurt/M.: Suhrkamp, 1972 [⁶1994]), 236-258. *1972α*

engl.: in: *Writing and Difference* (Chicago: Chicago UP, 1978). *1978β*

1962

Publikationen:

1962a Edmund HUSSERL, *L'origine de la géométrie. Traduction et introduction par Jacques Derrida* (Paris: Presses Universitaires de France, 1962 [²1974]).

- datiert auf den „Juli 1961" (s. dt. Ausgabe, S. 203).

engl.: J. DERRIDA, *Edmund Husserl's »Origin of Geometry«. An Introduction* (Transl., with a preface, by John P. Leavey, Jr.; Stony Brook, N.Y., 1978). 1978α

dt.: J. DERRIDA, Husserls Weg in die Geschichte am Leitfaden der Geometrie. Ein Kommentar zur Beilage III der »Krisis« (übers. v. R. Hentschel u. A. Knop; München: Fink, 1987). 1987γ

engl.: J. DERRIDA, *Edmund Husserl's »Origin of Geometry«. An Introduction* (Transl., with a preface and afterword, by John P. Leavey, Jr.; Lincoln-London: University of Nebraska Press, 1989). 1989ε

1963

Vorträge:

(1963a) Cogito et histoire de la folie, *Vortrag am 4. März 1963 am Collège philosophique.*

fr.: in: *Revue de métaphysique et de morale* (Okt.-Dez. 1963) Nr.3+4, 460-494. ***1963a***

fr.: in: *L'écriture et la différence* (Paris: Éditions du Seuil, 1967), 51-97. ***1967b***

dt.: Cogito und Geschichte des Wahnsinns, in: *Die Schrift und die Differenz* (Frankfurt/M.: Suhrkamp, 1972 [⁶1994]), 53-101. *1972α*

engl.: in: *Writing and Difference* (Chicago: Chicago UP, 1978). *1978β*

Publikationen:

1963a Cogito et histoire de la folie, in: *Revue de métaphysique et de morale* 4 (Okt.-Dez. 1963).

Orig.: Vortrag am 4. März 1963 am Collège philosophique. (1963a)

1963b Force et signification, in: *Critique* 193-194 (Juni-Juli 1963).

fr.: in: *L'écriture et la différence* (Paris: Éditions du Seuil, 1967), 9-49. ***1967b***

dt.: Kraft und Bedeutung, in: *Die Schrift und die Differenz* (Frankfurt/M.: Suhrkamp, 1972 [⁶1994]), 9-52. *1972α*

engl.: in: *Writing and Difference* (Chicago: Chicago UP, 1978). *1978β*

1964

1964a Edmond Jabès et la question du livre, in: *Critique. Revue générale des publications françaises et étrangéres* (Fev. 1964) No. 201, 99-115.

fr.: in: *L'écriture et la différence* (Paris: Éditions du Seuil, 1967), 99-116. ***1967b***

dt.: Edmond Jabès und die Frage nach dem Buch, in: *Die Schrift und die Differenz* (Frankfurt/M.: Suhrkamp, 1972 [⁶1994]), 102-120. *1972α*

engl.: in: *Writing and Difference* (Chicago: Chicago UP, 1978). *1978β*

1964b Violence et métaphysique. Essai sur la pensée d'Emmanuel Levinas, in: *Revue de métaphysique et de morale* 69 (1964) H.3, S.322-354 + H.4, S.425-473.

fr.: in: *L'écriture et la différence* (Paris: Éditions du Seuil, 1967), 117-228. - *überarbeitet!* **1967b**

dt.: Gewalt und Metaphysik. Essay über das Denken Emmanuel Levinas', in: *Die Schrift und die Differenz* (Frankfurt/M.: Suhrkamp, 1972 [61994]), 121-235. – *überarb. Version!* **1972α**

engl.: in: Writing and Difference (Chicago: Chicago UP, 1978). – überarb. Version! **1978β**

1965

1965a La parole soufflé, in: *Tel Quel* 20 (Winter 1965), 41-67.

fr.: in: *L'écriture et la différence* (Paris: Éditions du Seuil, 1967), 253-292. **1967b**

dt.: Die soufflierte Rede, in: *Die Schrift und die Differenz* (Frankfurt/M.: Suhrkamp, 1972 [61994]), 259-301. **1972α**

engl.: in: *Writing and Difference* (Chicago: Chicago UP, 1978). **1978β**

1965b De la grammatologie (I), in: *Critique* 21.Jg. (Dec. 1965) H.223, 1016-1042.

= Vorstufe zum Buch »De la grammatologie«.

fr.: *[Forts.:]* De la grammatologie (II), in: *Critique* 22.Jg. (Jan.1966) H.224, 22-53. **1966d**

fr.: *De la grammatologie* (Paris: Éditions de Minuit, 1967). – Übersetzungen siehe dort **1967c**

1965c »Genèse et structure« et la phénoménologie, in: Maurice DE GANDILLAC / Lucien GOLDMANN / Jean PIAGET (Hg.), *Entretiens sur les notions de Genèse et de Structure* (Paris-Den Haag: Mouton & Co, 1965), 243-260.

Orig.: Vortrag am 31. Juli 1959 in Cerisy-la-Salle (1959a)

1966

Vorträge:

(1966a) Freud et la scène de l'écriture: *Vortrag am Institut de Psychanalyse, März 1966.*

fr.: in: *Tel Quel* 26 (Sommer 1966), 10-41. **1966b**

fr.: in: *L'écriture et la différence* (Paris: Éditions du Seuil, 1967), 293-340. **1967b**

dt.: Freud und der Schauplatz der Schrift, in: *Die Schrift und die Differenz* (Frankfurt/M.: Suhrkamp, 1972 [61994]), 302-350. **1972α**

engl.: Freud and the Scene of Writing, in: *Yale French Studies* 48 (1972), 74-117. ??

engl.: in: *Writing and Difference* (Chicago: Chicago UP, 1978). **1978β**

(1966b) Le théâtre de la cruauté et la clôture de la représentation, *Vortrag beim Kolloquium Antonin Artaud (Festival international de théâtre universitaire) in Parma, April 1966.*

fr.: in: *Critique* 230 (Juli 1966). **1966c**

fr.: in: *L'écriture et la différence* (Paris: Éditions du Seuil, 1967), 341-368. **1967b**

dt.: Das Theater der Grausamkeit und die Geschlossenheit der Repräsentation, in: *Die Schrift und die Differenz* (Frankfurt/M.: Suhrkamp, 1972 [61994]), 351-379. **1972α**

engl.: in: *Writing and Difference* (Chicago: Chicago UP, 1978). **1978β**

(1966c) La structure, le signe et le jeu dans le discours des sciences humaines, *Vortrag am 21.10.1966 bei einem Internationalen Kolloquium der John Hopkins University (Baltimore) über „Die Kritischen Sprachen und die Wissenschaften vom Menschen".*

fr.: in: *L'écriture et la différence* (Paris: Éditions du Seuil, 1967), 409-428. **1967b**

dt.: Die Struktur, das Zeichen und das Spiel im Diskurs der Wissenschaften vom Menschen, in: *Die Schrift und die Differenz* (Frankfurt/M.: Suhrkamp, 1972 [61994]), 422-442. **1972α**

engl.: in: *Writing and Difference* (Chicago: Chicago UP, 1978). **1978β**

Publikationen:

1966a Lévi-Strauss dans le XVIIIe Siècle, in: *Cahiers pour l'analyse* 4 (Sept.-Okt. 1966).

1966b Freud et la scène de l'écriture, in: *Tel Quel* 26 (Sommer 1966), 10-41.
Orig.: Vortrag am Institut de Psychanalyse, März 1966. (1966a)

1966c Le théâtre de la cruauté et la clôture de la représentation, in: *Critique* 230 (Juli 1966).
Orig.: Vortrag beim Kolloquium Antonin Artaud (Festival international de théâtre universitaire) in Parma, April 1966. (1966b)

1966d De la grammatologie (II), in: *Critique* 22.Jg. (Jan.1966) H.224, 22-53.
= Vorstufe zum Buch »De la grammatologie«.
fr.: *[1.Teil:]* De la grammatologie, in: *Critique* 21.Jg. (Dec. 1965) H.223, 1016-1042. ***1965*b**
fr.: *De la grammatologie* (Paris: Éditions de Minuit, 1967). – Übersetzungen siehe dort **1967c**

1967

1967a *La Voix et le phénomène. Introduction au problème du signe dans la phénoménologie de Husserl* (Paris: Presses Universitaires de France, 1967 [^{2}1972, ^{3}1976, ^{4}1983...]).
dt.: *Die Stimme und das Phänomen. Ein Essay über das Problem des Zeichens in der Philosophie Husserls* (Frankfurt/M.: Suhrkamp, 1979). 1979α
engl.: *Speech and Phenomena. And Other Essays on Husserl's Theory of Signs* (Evanston: Northwestern UP, 1973). 1973α

1967b *L'écriture et la différence* (Paris: Éditions du Seuil, 1967 [^{2}1979]).
Inhalt:
- S.009-049: Force et signification
  Orig.: in: Critique 193-194 (Juni-Juli 1963). ***1963b***
- S.051-097: Cogito et histoire de la folie
  Orig.: Vortrag am 4. März 1963 am Collège philosophique. (1963a)
- S.099-116: Edmond Jabès et la question du livre
  Orig.: in: Critique. Revue générale des publications françaises et étrangéres (Fev. 1964) No. 201, 99-115. ***1964a***
- S.117-228: Violence et métaphysique. Essai sur la pensée d'Emmanuel Levinas
  Orig.: in: *Revue de métaphysique et de morale* 69 (1964) H.3, S.322-354 + H.4, S.425-473. ***1964b***
- S.229-251: « Genèse et structure » et la phénoménologie
  Orig.: Vortrag 1959 in Cerisy-la-Salle. (1959a)
- S.253-292: La parole soufflé
  Orig.: in: *Tel Quel* 20 (Winter 1965), 41-67. ***1965a***
- S.293-340: Freud et la scène de l'écriture:
  Orig.: Vortrag am Institut de Psychanalyse, März 1966. (1966a)
- S.341-368: Le théâtre de la cruauté et la clôture de la représentation
  Orig.: Vortrag beim Kolloquium Antonin Artaud (Festival international de théâtre universitaire) in Parma, April 1966. (1966b)
- S.369-407: De l'economie restreinte à l'économie générale. Un hegelianisme sans réserve
  Orig.: in: *L'Arc* (Mai 1967). ***1967*g**
- S.409-428: La structure, le signe et le jeu dans le discours des sciences humaines
  Orig.: *Vortrag am 21.10.1966 bei einem Internationalen Kolloquium der John Hopkins University (Baltimore) über „Die Kritischen Sprachen und die Wissenschaften vom Menschen".* (1966c)

• S.429-436: Ellipse *[Originalbeitrag]*

Übersetzungen:

dt.: *Die Schrift und die Differenz* (Frankfurt/M.: Suhrkamp, 1972 [61994]). 1972α

engl.: *Writing and Difference* (transl., with an Introduction and Additional Notes, by Alan Bass; Chicago: Chicago UP, 1978). 1978β

1967c *De la grammatologie* (Paris: Éditions de Minuit, 1967).

Vorstufe: De la grammatologie (I), in: *Critique* 21.Jg. (Dec.1965) H.223, 1016-1042. ***1965b***
De la grammatologie (II), in: *Critique* 22.Jg. (Jan.1966) H.224, 22-53. ***1966d***

dt.: *Grammatologie* (Frankfurt/M.: Suhrkamp, 61996). 1974α

engl.: *Of Grammatologie* (transl. by Gayatri Chakravorty Spivak; Baltimore: John Hopkins UP, 1976 [corr. Edition 1997]). 1976β

1967d [Implikationen. Gespräch mit Henri Ronse], in: *Lettres françaises* 1211 (6.-12. Dez. 1967).

fr.: in: *Positions* (Paris: Éditions de Minuit, 1972). ***1972c***

engl.: in: *Positions* (Translated und Annotated by Alan Bass; Chicago: University of Chicago Press, 1981). ***1981β***

dt.: Implikationen. Gespräch mit Henri Ronse, in: *Positionen* (Graz-Wien: Böhlau, 1986), 33-51. ***1986α***

1967e La Forme et la vouloir-dire. Note sur la phénoménologie du langage, in: *Revue internationale de philosophie* 81 (Sept. 1967) H.3, 277-299.

fr.: in: *Marges - de la philosophie* (Paris: Éditions de Minuit, 1972). ***1972b***

engl.: Form and Meaning. A Note on the Phenomenology of Language, in: J. DERRIDA, *Speech and Phenomena. And Other Essays on Husserl's Theory of Signs* (Evanston: Northwestern UP, 1973), 107-128. ***1973α***

dt.: Die Form und das Bedeuten, in: *Randgänge der Philosophie* (Wien: Passagen, 1988 [überarb. 21999]). ***1988ι***

1967f La linguistique de Rousseau, in: *Revue internationale de philosophie* 82 (1967) H.4.

engl.: [Der Genfer Linguistenkreis]: *Vortrag bei einem J.J. Rousseau gewidmeten Kolloquium in London (3.-4.2.1968).* (1968c)

1967g De l'economie restreinte à l'économie générale. Un hegelianisme sans réserve, in: *L'Arc* (Mai 1967).

fr.: in: *L'écriture et la différence* (Paris: Éditions du Seuil, 1967), 369-407. ***1967b***

dt.: Von der beschränkten zur allgemeinen Ökonomie, in: *Die Schrift und die Differenz* (Frankfurt/M.: Suhrkamp, 1972 [61994]), 380-421. ***1972α***

engl.: in: *Writing and Difference* (Chicago: Chicago UP, 1978). ***1978β***

1968

Vorträge:

(1968a) Le puits et la pyramide. Introduction à la sémiologie de Hegel, *Referat in einem Seminar von Jean Hyppolite am Collège de France am 16. Januar 1968*

fr.: in: *Hegel et la pensée moderne* (Paris, 1971). ***1971b***

fr.: in: *Marges - de la philosophie* (Paris: Éditions de Minuit, 1972). ***1972b***

dt.: Der Schacht und die Pyramide. Einführung in die Hegelsche Semiologie, in: *Randgänge der Philosophie* (Wien: Passagen, 1988 [überarb. 21999]). ***1988ι***

(1968b) La différance: *Vortrag an der Sorbonne vor der Société française de philosophie (27.1.1968)*

fr.: La différance, in: *Bulletin de la Société française de philosophie* vol. 62 (Juli-Sept. 1968) no.3, 73-101. ***1968d***

fr.: La différance, in: *Théorie d'ensemble. Coll. Tel Quel* (Paris: Seuil, 1968). ***1968e***

fr.: La différance, in: *Marges - de la philosophie* (Paris: Éditions de Minuit, 1972). ***1972b***

engl.: Differance, in: J. DERRIDA, *Speech and Phenomena. And Other Essays on Husserl's Theory of Signs* (Evanston: Nothwestern UP, 1973), 129-160. - *übers. v. David B. Allison*, mit 5 zusätzl. einleitenden Absätzen *1973α*

engl.: in: J. DERRIDA, *Margins of Philosophy* (Chicago: University of Chicago Press, 1982), 1-27. - *übers. v. Alan Bass* *1982γ*

dt.: Die différance, in: *Randgänge der Philosophie* (Wien: Passagen, 1988 [überarb. ^{2}1999]). *1988ι*

dt.: Die différance, in: Peter ENGELMANN (Hg.), *Postmoderne und Dekonstruktion. Texte französischer Philosophen der Gegenwart* (Stuttgart: Reclam, 1990), 76-113. *1990γ*

(1968c) [Der Genfer Linguistenkreis]: *Vortrag bei einem J.J. Rousseau gewidmeten Kolloquium in London (3.-4.2.1968).*

fr.: La linguistique de Rousseau, in: *Revue internationale de philosophie* 82 (1967] H.4. ***1967f***

fr.: Le cercle linguistique de Genève, in: *Marges - de la philosophie* (Paris: Minuit, 1972). ***1972b***

dt.: Der Genfer Linguistenkreis, in: *Randgänge der Philosophie* (Wien: Passagen, 1988 [überarb. ^{2}1999]). *1988ι*

(1968d) The Ends of Man, *Vortrag in New York zum Thema „Philosophie und Anthropologie" (Nov.1968).*

engl.: in: *Philosophy and Phenomenological Research* 30 (1969) H.1, 31-57. ***1969b***

fr.: Les fins de l'homme, in: *Marges - de la philosophie* (Paris: Éditions de Minuit, 1972). ***1972b***

dt.: Fines hominis, in: *Randgänge der Philosophie* (Wien: Passagen, 1988 [überarb. ^{2}1999]). *1988ι*

Publikationen:

1968a [Semiologie und Grammatologie. Gespräch mit Julia Kristeva], in: *Information sur les sciences sociales* VII (3. Juni 1968).

fr.: in: *Positions* (Paris: Éditions de Minuit, 1972). ***1972c***

engl.: in: *Positions* (Translated and Annotated by Alan Bass; Chicago: University of Chicago Press, 1981). *1981β*

dt.: Semiologie und Grammatologie. Gespräch mit Julia Kristeva, in: *Positionen* (Graz-Wien: Böhlau, 1986), 52-82. *1986α*

dt.: in: P. ENGELMANN (Hg.), *Postmoderne und Dekonstruktion. Texte französischer Philosophen der Gegenwart* (Stuttgart: Reclam, 1990), 140-164. *1986α*

1968b [Platons Pharmazie], in: *Tel Quel* (1968) Nr.32+33. - «1. Version»

dt.: Platons Pharmazie, in: *Dissemination* (Wien: Passagen, 1995), 69-190. - Buchfassung *1995β*

1968c Culture et écriture. La prolifération et la fin du livre, in: *Noroit* 132 (Nov. 1968).

1968d La différance, in: *Bulletin de la Société française de philosophie* vol. 62 (Juli-Sept. 1968) no. 3, 73-101.

Orig.: Vortrag vor der Société française de philosophie am 27.1.1968 (1968a)

1968e La différance, in: *Theorie d'esnesmble. Coll. Tel Quel* (Paris, 1968).

Orig.: Vortrag vor der Société française de philosophie am 27.1.1968 (1968a)

1968f Ousia et grammè. Note sur une not de Sein und Zeit, in: *L'endurance de la pensée (Pour saluer Jean Beaufret)* (Paris, 1968).

fr.: in: *Marges - de la philosophie* (Paris: Éditions de Minuit, 1972). ***1972b***

dt.: Ousia und gramme. Notiz über eine Fußnote in »Sein und Zeit«], in: *Randgänge der Philosophie* (Wien: Passagen, 1988 [überarb. ^{2}1999]). *1988ι*

1969

1969a Dissemination, in: *Critique* (1969) Nr.261-262. - «1. Version»
fr.: Dissemination, in: *La dissémination* (Paris: Seuil, 1972). - Buchfassung **1972a**
dt.: Dissemination, in: *Dissemination* (Wien: Passagen, 1995), 323-415. - Buchfassung 1995β

1969b The Ends of Man, in: *Philosophy and Phenomenological Research* 30 (1969) H.1, 31-57.
Orig.: Vortrag im Nov. 1968 in New York zum Thema „Philosophie und Anthropologie" (1968d)
fr.: Fines hominis, in: *Marges - de la philosophie* (Paris: Éditions de Minuit, 1972). **1972b**
dt.: Fines hominis, in: *Randgänge der Philosophie* (Wien: Passagen, 1988 [überarb. ^{2}1999]). *1988ι*

1970

1970a La Double Séance, in: *Tel Quel* (1968) Nr.32+33. - «1. Version»
fr.: La Double Séance, in: *La dissémination* (Paris: Seuil, 1972). - Buchfassung **1972a**
dt.: Die zweifache Séance, in: *Dissemination* (Wien: Passagen, 1995), 193-320. - Buchfassung 1995β

1970b Discussion, in: Richard MACKSEY / Eugenio DONATO (Ed.), *The Structuralist Controversy: The Languages of Criticism and the Sciences of Man* (Baltimore: John Hopkins UP, 1970) 265-272.

1970c D'un texte à l'écart, in: *Les temps modernes* (1970) Nr. 284.

1971

Vorträge:

(1971a) Signature événement contexte, *Vortrag auf dem Congrès international des Sociétés de philosophie de langue française (Montreal August 1971) zum Thema „La communication"*
fr.: in: *Marges - de la philosophie* (Paris: Éditions de Minuit, 1972). **1972b**
engl.: Signature Event Context, in: *Glyph. John Hopkins Textual Studies* 1 (1977), 172-197. *1977α*
dt.: Signatur Ereignis Kontext, in: *Randgänge der Philosophie* (Wien: Passagen, 1988 [überarb. ^{2}1999]). *1988ι*
engl.: in: *Limited Inc* (Evanston, Il.: Northwestern University Press, 1988, ^{6}2000), 1-23. **1988d**
fr.: in: *Limited Inc* (Paris: Galilée, 1990). **1990h**
dt.: in: *Limited Inc* (Wien: Passagen, 2001), 15-45. *2001η*

(1971b) Qual Quelle. Les sources de Valéry, *Vortrag an der John Hopkins Universität anläßlich des 100. Jahrestages der Geburt Valérys am 6. Nov. 1971.*
fr.: in: *Marges - de la philosophie* (Paris: Éditions de Minuit, 1972). **1972b**
dt.: Qual Quelle. Die Quellen Valérys, in: *Randgänge der Philosophie* (Wien: Passagen, 1988 [überarb. ^{2}1999]). *1988ι*

Publikationen:

1971a [Positionen. Gespräch mit Jean-Louis Houdebine und Guy Scarpetta], in: *Promesse* 30-31 (1971).
fr.: in: *Positions* (Paris: Éditions de Minuit, 1972). **1972c**
engl.: in: *Positions* (Translated und Annotated by Alan Bass; Chicago: University of Chicago Press, 1981). *1981β*
dt.: Positionen. Gespräch mit Jean-Louis Houdebine und Guy Scarpetta, in: *Positionen* (Graz-Wien: Böhlau, 1986), 83-184. *1986α*

1971b [Der Schacht und die Pyramide. Einführung in die Hegelsche Semiologie], in: *Hegel et la pensée moderne* (Paris, 1971).
Orig.: Referat in einem Seminar von Jean Hyppolite am Collège de France am 16. Januar 1968 (1968a)

1971c La mythologie blanche. La métaphore dans le texte philosophique, in: *Poetique* (1971) Nr.5, 1-52.
fr.: in: *Marges - de la philosophie* (Paris: Éditions de Minuit, 1972). ***1972b***
dt.: Die weiße Mythologie. Die Metapher im philosophischen Text, in: *Randgänge der Philosophie* (Wien: Passagen, 1988 [überarb. ²1999]). *1988ι*

1971d Le supplément de copule. La philosophie devant la linguistique, in: *Langages* 24 (Dez. 1971).
fr.: in: *Marges - de la philosophie* (Paris: Éditions de Minuit, 1972). ***1972b***
dt.: Das Supplement der Kopula. Die Philosophie vor der Linguistik, in: *Randgänge der Philosophie* (Wien: Passagen, 1988 [überarb. ²1999]). *1988ι*

1972

Vorträge:

(1972a) Eperons. Les styles de Nietzsche, *Vortrag auf einem Colloquium in Cerisy-la-Salle im Juli 1972.*
fr.: Éperons. Les styles de Nietzsche, in: *Nietzsche aujourd'hui?, 1. Intensités* (Paris 1973). ***1973b***
fr./dt./engl./ital.: *Eperons. Sporen. Spurs. Sproni* (Venedig, 1976). **1976a**
fr.: *Eperons. Les styles de Nietzsche* (Paris, 1978). **1978b**
dt.: Sporen. Die Stile Nietzsches, in: Werner HAMACHER (Hg.), *Nietzsche aus Frankreich* (Frankfurt/M.-Berlin: Ullstein, 1986), 129-168. *1986ζ*

Publikationen:

1972a *La dissémination* (Paris: Seuil, 1972).
Inhalt:
- S.007-067: Hors livre. Préfaces
  dt.: Buch-Ausserhalb. Vorreden / Vorworte, in: *Dissemination*, 9-68. *1995β*
- S.069-198: La pharmacie de Platon
  Orig.: in: *Tel Quel* (1968) Nr.32+33. - «1. Version» ***1968b***
  dt.: Platons Pharmazie, in: *Dissemination*, 69-190. *1995β*
- S.199-318: La double Séance
  Orig.: in: *Tel Quel* (1970) Nr.41+42. - «1. Version» ***1970a***
  dt.: Die zweifache Séance, in: *Dissemination*, 193-320. *1995β*
- S.319-407: Dissemination
  Orig.: in: *Critique* (1969) Nr.261-262. - «1. Version» ***1969a***
  dt.: Dissemination, in: *Dissemination*, 323-415. *1995β*

Übersetzungen:
engl.: *Dissemination* (Translated, with an Introduction and Additional Notes by Barbara Johnson; Chicago: University of Chicago Press, 1981). 1981α
dt.: *Dissemination* (Wien: Passagen, 1995). 1995β

1972b *Marges - de la philosophie* (Paris: Éditions de Minuit, 1972).
Inhalt:
- S. i-xxv: Tympan *[Originalbeitrag]*
- S.001-029: La différance
  Orig.: Vortrag vor der Société française de philosophie (27.1.1968) (1968b)

• S.031-078: Ousia et grammè. Note sur une not de Sein und Zeit
Orig.: in: L'endurance de la pensée (Pour saluer Jean Beaufret) (Paris, 1968). ***1968f***
• S.079-127: Le puits et la pyramide. Introduction à la sémiologie de Hegel
Orig.: Referat in einem Seminar von Jean Hyppolite am Collège de France am 16. Januar 1968 **(1968a)**
• S.129-164: Les fins de l'homme
Orig.: The Ends of Man: Vortrag in New York zum Thema „Philosophie und Anthropologie" (Nov.1968). **(1968d)**
• S.165-184: Le cercle linguistique de Genève
Orig.: Vortrag bei einem J.J. Rousseau gewidmeten Kolloquium in London (3.-4.2.1968). **(1968c)**
• S.185-207: La forme et le vouloir-dire. Note sur la phénoménologie du langage
Orig.: in: Revue internationale de philosophie 81 (1967] H.3, 277-299. ***1967e***
• S.209-246: Le supplément de copule. La philosophie devant la linguistique
Orig.: in: *Langages* 24 (Dez. 1971). ***1971d***
• S.247-324: La mythologie blanche. La métaphore dans le texte philosophique
Orig.: in: *Poetique* (1971) Nr.5, 1-52. ***1971c***
• S.325-363: Qual Quelle. Les sources de Valéry
Orig.: Vortrag and der John Hopkins Universität anläßlich des 100. Jahrestages der Geburt Valérys am 6. Nov. 1971. **(1971b)**
• S.365-393: Signature événement contexte
Orig.: Vortrag auf dem Congrès international des Sociétés de philosophie de langue française (Montreal August 1971) zum Thema „La communication") **(1971a)**

Übersetzungen:

dt.: *Randgänge der Philosophie* (übers.v. H. Beese u.a.; Frankfurt/M.-Berlin-Wien, 1974). - Teilübersetzung 1976α

amer: *Margins of Philosophy* (transl., with additional notes, by Alan Bass; Chicago: University of Chicago Press, 1982). 1982γ

dt.: *Randgänge der Philosophie* (übers.v. G. Ahrens; Wien: Passagen, 1988 [überarb. [2]1999]). – vollständige Übersetzung 1988ι

1972c *Positions. Entretiens avec Henri Ronse, Julia Kristeva, Jean-Louis Houdebine, Guy Scarpetta* (Paris: Éditions de Minuit, 1972).

engl.: *Positions* (Transl., annotated by Alan Bass; Chicago: University of Chicago Press, 1981). 1981β

dt.: *Positionen. Gespräche mit Henri Ronse, Julia Kristeva, Jean-Louis Houdebine, Guy Scarpetta* (Graz-Wien: Böhlau, 1986). 1986α

1973

1973a *»L'archéologie du frivole«. Introduction à l'Essai sur l'origine des connaissances humaines de Condillac* (Paris: Galilée, 1973).

fr.: *L'archéologie du frivole. Lire Condillac* (Paris, 1973). **1976d**

dt.: *Die Archäologie des Frivolen* (übers. v. Joachim Wilke; Berlin: Akademie Verlag, 1993). 1993ε

1973b Éperons. Les styles de Nietzsche, in: *Nietzsche aujourd'hui?, 1. Intensités* (Paris 1973).

Orig.: Eperons. Les styles de Nietzsche, *Vortrag auf einem Colloquium in Cerisy-la-Salle im Juli 1972.* **(1972a)**

1974

1974a *Glas* (Paris: Galilée, 1974).
engl.: *Glas* (English Translation by John P. Leavey, Jr., and Richard Rand; Lincoln-London: University of Nebraska Press, 1990). 1990ε

1974b Parergon, in: *Digraphe* (1974) Nr.3+4.
= tw. stark gekürzte Version, der Buchfassung
fr.: Parergon, in: *La vérité en peinture* (Paris: Flammarion, 1978). - Buchfassung ***1978a***
dt.: Parergon, in: *Die Wahrheit in der Malerei* (Wien: Passagen, 1992), 31-176. - Buchfassung *1992α*

1975

1975a +R (par-dessus la marche), in: *Derrière le miroir,* No. 214 (Mai 1975).
= Vor-Version, der Buchfassung
fr.: +R (par-dessus la marche), in: *La vérité en peinture* (Paris: Flammarion, 1978). - Buchfassung ***1978a***
dt.: +R (zu allem Überfluß des Marktes), in: *Die Wahrheit in der Malerei* (Wien: Passagen, 1992), 177-218. - Buchfassung *1992α*

1975b La réforme Haby, in: *Le Monde de l'éducation,* No. 4 (March 1975). [= « La philosophie et ses classes »]
fr.: La philosophie et ses classes, in: *Qui a peur de la philosophie* (hg.v. Greph; Paris: Flammarion, 1977). ***1977b***
fr.: La philosophie et ses classes, in: *Du droit à la philosophie* (Paris: Galilée, 1990), 229-237. **1990d**
engl.: Philosophy and Its Classes, in: *Who's afraid of Philosophy? Right to Philosophy I* (Stanford, California: Stanford UP, 2002), 158-163. *2002γ*

1975c Les corps divisés. Réponses à la Nouvelle Critique, in: *La Nouvelle Critique* (Mai-Juni 1975).
fr.: in: *Qui a peur de la philosophie* (hg.v. Greph; Paris: Flammarion, 1977). ***1977c***
fr.: in: *Du droit à la philosophie* (Paris: Galilée, 1990), 239-251. ***1990d***
engl.: Divided Bodies: Responses to *La Nouvelle Critique*, in: *Who's afraid of Philosophy? Right to Philosophy I* (Stanford, California: Stanford UP, 2002), 164-172. *2002γ*

1975d Economimesis, in: Sylvaine AGACINSKI (Hg.), *Mimesis – des articulations* (Paris: Aubier-Flammarion, 1975).
engl.: Economimesis, in: *Diacritics* 11 (1981), 3-25. *1981γ*

1976

1976a *Eperons. Sporen. Spurs. Sproni* (Venedig, 1976). – vierspr. Ausg.: fr./dt./engl./ital.
Orig.: Eperons. Les styles de Nietzsche, *Vortrag auf einem Colloquium in Cerisy-la-Salle im Juli 1972.* (1972a)

1976b Fors. Preface, in: Nicolas ABRAHAM / Maria TOROK, *Cryptonymie: Le verbier de l'Homme aux loups* (Paris: Flammarion, 1976).
dt.: »Fors«. Die Winkelwörter von Nicolas Abraham und Maria Torok, in: Nicolas ABRAHAM / Maria TOROK, *Kryptonymie. Das Verbarium des Wolfsmanns* (Frankfurt/M.-Berlin-Wien: Ullstein, 1979), 5-58. *1979β*

1976c Où commence et comment finit un corps enseignant, in: *Politiques de la philosophie* (coll. by D.Grisoni; Pairs: Galilée, 1976), 55-97.
fr.: in: *Du droit à la philosophie* (Paris: Galilée, 1990), 111-153. ***1990d***
engl.: Where a Teaching Body Begins and How It Ends, in: *Who's afraid of Philosophy? Right to Philosophy I* (Stanford, California: Stanford UP, 2002), 67-98. *2002γ*

1976d *L'archéologie du frivole. Lire Condillac* (Paris, 1973).
Orig.: »*L'archéologie du frivole*«. *Introduction à l'Essai sur l'origine des connaissances humaines de Condillac* (Paris: Galilée, 1973). ***1973a***

1977

Seminar:

(1977a) Seminar „Donner le temps I.: La fausse monnaie", *an der Ecole normale supérieure.*
Sem.: Seminar 1978/79 an der Universität Yale (1978b)
Vortr.: vier Vorträge im April 1991 an der Universität Chicago im Rahmen der »Carpenter Lectures«. (1991a)
fr.: *Donner le temps 1. La fausse monnaie* (Paris 1991). **1991c**
dt.: *Falschgeld. Zeit geben I* (Übers.v. A. Knop u. M. Wetzel; München: Fink, 1993). 1993α

Publikationen:

1977a Limited Inc a b c ..., in: *Glyph. John Hopkins Textual Studies* 2 (1977).
engl.: in: *Limited Inc* (Evanston, Il.: Northwestern University Press, 1988, [6]2000), 29-110. ***1988d***
fr.: in: *Limited Inc* (Paris: Galilée, 1990). ***1990h***
dt.: in: *Limited Inc* (Wien: Passagen, 2001), 53-168. *2001η*

1977b L'âge de Hegel, in: *Qui a peur de la philosophie* (hg.v. Greph; Paris: Flammarion, 1977).
fr.: L'âge de Hegel, in: *Du droit à la philosophie* (Paris: Galilée, 1990), 181-227. ***1990d***
engl.: The Age of Hegel, in: Samuel WEBER (Ed.), *Demarcating the Disciplines: Philosophy, Literature, Art* (Minneapolis: University of Minnesota Press, 1986), 3-44. ***1986ε***
engl.: The Age of Hegel, in: *Who's afraid of Philosophy? Right to Philosophy I* (Stanford, California: Stanford UP, 2002), 117-157. *2002γ*

1977b La philosophie et ses classes, in: *Qui a peur de la philosophie* (hg.v. Greph; Paris: Flammarion, 1977).
Orig.: La réforme Haby, in: *Le Monde de l'éducation,* No. 4 (March 1975). ***1975b***

1977c Les corps divisés. Réponses à la Nouvelle Critique, in: *Qui a peur de la philosophie* (hg.v. Greph; Paris: Flammarion, 1977).
Orig.: in: *La Nouvelle Critique* (Mai-Juni 1975). ***1975c***

1978

Vorträge / Seminare:

(1978a) Der Entzug der Metapher, *Vortrag am 1. Juni 1978 an der Universität Genf anläßlich eiines Kolloquiums zum Thema „Philosophie und Metapher".*
fr.: in: *Psyché. Inventions de l'autre* (Paris: Galilée, 1987), 63-93. ***1987a***
dt.: Der Entzug der Metapher, in: Volker BOHN (Hg.), *Romantik. Literatur und Philosophie* (Frankfurt/M.: Suhrkamp, 1987), 317-355. *1987δ*
dt.: Der »Entzug« der Metapher, in: Anselm HAVERKAMP (Hg.), *Die paradoxe Metapher* (Frankfurt/M.: Suhrkamp, 1998). - «ursprüngliche Gestalt» 1998α

(1978b) Seminar [„Donner le temps I.: La fausse monnaie"], *an der Universität Yale.*
Orig.: Seminar 1977/78 an der Ecole normale supérieure. (1977a)

(1978c) La crise de l'enseignement philosophique, *Vortrag im Dezember 1978 in Cotonou (Benin) anläßlich einer internationalen Konferenz französisch- und englischsprachiger Afrikanischer Philosophen.*
fr.: in: *Du droit à la philosophie* (Paris: Galilée, 1990), 155-179. ***1990d***
engl.: The Crisis in the Teaching of Philosophy, in: *Who's afraid of Philosophy? Right to Philosophy I* (Stanford, California: Stanford UP, 2002), 99-116. *2002γ*

Publikationen:

1978a *La vérité en peinture* (Paris: Flammarion, 1978).

Inhalt:

- S.005-018: Passe-Partout
  - **dt.:** Passe-Partout, in: *Die Wahrheit in der Malerei*, 3-31. *1992α*
- S.019-168: Parergon
  - **Orig.:** in: *Digraphe* (1974) Nr.3+4. - kürzere (tw. stark gekürzte Version) ***1974b***
  - **dt.:** Parergon, in: *Die Wahrheit in der Malerei*, 31-176. *1992α*
- S.169-209: +R (par-dessus la marche)
  - **Orig.:** in der Reihe: *Derrière le miroir, No. 214* (Mai 1975). ***1975a***
  - **dt.:** +R (zu allem Überfluß des Marktes), in: *Die Wahrheit in der Malerei*, 177-218. *1992α*
- S.211.290: Cartouches
  - **Orig.:** in: [Katalog] Gérard Titus-Carmel: The Pocket Size Tlingit Coffin (1978) ??
  - **dt.:** Kartuschen, in: *Die Wahrheit in der Malerei*, 219-300. *1992α*
- S.291-436: Restitutions. de la vérite en pointure
  - **Orig.:** in:*[Zeitschrift] Macula* Nr. 3. - nur 1. Teil ??
  - **dt.:** Restitutionen, in: *Die Wahrheit in der Malerei*, 301-442. *1992α*

Übersetzungen:

dt.: *Die Wahrheit in der Malerei* (Wien: Passagen, 1992). 1992α

1978b *Éperons. Les styles de Nietzsche* (Paris: Flammarion, 1978).

Orig.: Eperons. Les styles de Nietzsche, *Vortrag auf einem Colloquium in Cerisy-la-Salle im Juli 1972.* (1972a)

1978c Ein Porträt Benjamins, in: B. LINDNER (Hg.), *Links hatte noch alles sich zu enträtseln. Walter Benjamin im Kontext* (Frankfurt: Syndikat, 1978), 171-178.

1978d Scribble. Préface, in: William WARBURTON, *Essai sur les hiéroglyphes Egyptiens* (hg.v. Patrick Tort; Paris: Aubier-Flammarion, 1978).

dt.: Scribble. Macht/Schreiben, in: William WARBURTON, *Versuche über die Hieroglyphen der Ägypter* (Frankfurt-Berlin-Wien: Ullstein, 1980), vii-lv. *1980α*

1979

1979a Philosophie des États Généraux, in: *Libération* (20. Juni 1979).

= Eröffnung der »Generalstände der Philosophie« an der Sorbonne (Juni 1979).

fr.: in: *Du droit à la philosophie* (Paris: Galilée, 1990), 253-278. ***1990d***

fr.: in: *Etats généraux de la philosophie (16 et 17 juin 1979)* (Paris: Flammarion, 1979). ***1979b***

engl.: Philosophy of the Estates General, in: *Who's afraid of Philosophy? Right to Philosophy I* (Stanford, California: Stanford UP, 2002), 173-192. *2002γ*

1979b Philosophie des États Généraux, in: *Etats généraux de la philosophie (16 et 17 juin 1979)* (Paris: Flammarion, 1979). [= 1979a]

1980

Vorträge:

(1980a) „Mochlos; or, The Conflict of the Faculties" *vorgetragen an der Columbia University im April 1980 anläßlich der 100-Jahr-Feier der Columbia Graduate School.*

fr.: Mochlos; ou, le conflit des facultés, in: *Philosophie* 2 (April 1984), 21-53. ***1984a***

fr.: *Mochlos* – ou le conflit des facultés, in: *Du droit à la philosophie* (Paris: Galilée, 1990), 397-438. ***1990d***

engl.: Mochlos; or, The Conflict of the Faculties, in: Richard RAND (Ed.), *Logomachia. The Conflict of the Faculties* (Lincoln-London: University of Nebraska Press, 2002), 1-35. *2002β*

(1980b) „Soutenance d'une thèse de doctorat d'Etat" *vorgetragen am 2. Juni 1980 an der Sorbonne.*

engl.: The Time of a Thesis: punctuations, in: A. MONTEFIORI (Hg.), *Philosophy in France today* (Cambridge: Cambridge University Press, 1983), 34-50. ***1983c***

fr.: Ponctuations - le temps de la thèse, in: *Du droit à la philosophie* (Paris: Galilée, 1990), 439-459. ***1990d***

dt.: Punktierungen - die Zeit der These, in: Hans-Dieter GONDEK / Bernhard WALDENFELS (Hg.), *Einsätze des Denkens. Zur Philosophie von Jacques Derrida* (Frankfurt/M.: Suhrkamp, 1997) 19-39. *1997α*

(1980c) „D'un ton apocalyptique adopté naguère en philosophie", *Vortrag auf dem, dem Werk Derridas gewidmeten Colloquium "Le fins de l'homme (A partir du travail de Jacques Derrida)" in Cerisy-la-Salle (23.7.-2.8.1980)*

fr.: D'un ton apocalyptique adopté naguère en philosophie, in: Ph. LACOUE-LABARTHE / J.-L. NANCY (Hg.), *Les fins de l'homme. A partir du travail de Jacques Derrida* (Paris, Éditions Galilée, 1981). ***1981a***

engl.: Of an Apocalyptic Tone Recently Adopted in Philosophy, in: *Derrida and Biblical Studies* (Semeia 23; 1982), 63ff. - übers.v. John P. Leavey, Jr. *1982β*

überarb. Fassung:

fr.: *D'un ton apocalyptique adopté naguère en philosophie* (Paris, Éditions Galilée, 1983). **1983a**

dt.: Von einem neuerdings erhobenen apokalyptischen Ton in der Philosophie, in: Jacques DERRIDA, *Apokalypse* (Graz-Wien: Böhlau, 1985) 9-90. *1985α*

engl.: Of an Apocalyptic Tone Newly Adopted in Philosophy, in: *The Oxford Literary Review* – überarb. Übers.v. John P. Leavey, Jr.

engl.: Of an Apocalyptic Tone Newly Adopted in Philosophy, in: Harold COWARD / Toby FOSHAY (Ed.), *Jacques Derrida and Negative Theology* (New York: State University of New York Press, 1992), 25-71. – nochmals überarb. v. J.P. Leavey. Jr. *1992δ*

Publikationen:

1980a *La carte postale. De Socrate à Freud et au delà* (2 Bde.; Paris, 1980).

dt.: Die Postkarte - von Sokrates bis an Freud und jenseits (1. Lfg: Envois / Sendungen; Berlin: Brinkmann & Bose, 1982 [²1989]). 1982α

dt.: Die Postkarte - von Sokrates bis an Freud und jenseits (2. Lfg: Spekulieren - über / auf »Freud«; Berlin: Brinkmann & Bose, 1987). 1987β

1980b Nietzsche, Otobiographie oder Politik des Eigennamens. Die Lehre Nietzsches, in: *Fugen. Deutsch-Französisches Jahrbuch für Text-Analytik* (Olten/Freiburg, 1980), 64-98.

fr.: *Otobiographies, L'enseignement de Nietzsche et la politique du nom propre* (Paris 1984). - erw. Ausgabe. 1984α

dt.: Otobiographien. Die Lehre Nietzsches und die Politik des Eigennamens, in: J. DERRIDA / Friedrich KITTLER, *Nietzsche - Politik des Eigennamens. Wie man abschafft, wovon man spricht* (Berlin: Merve, 2000), 7-63. – Übers. d. erw. Ausgabe. *2000α*

1980c En ce moment même dans cet ouvrage me voici, in: F. LARUELLE (Hg.), *Textes pour Emmanuel Levinas* (Paris: Jean-Michel Place, 1980).

fr.: in: *Psyché. Inventions de l'autre* (Paris: Galilée, 1987), 159-202. ***1987a***

dt..: Eben in diesem Moment in diesem Werk findest du mich, in: M. MAYER / M. HENTSCHEL (Hg.), *Lévinas. Zur Möglichkeit einer prophetischen Philosophie* (Parabel. Schriftenreihe d. Evang. Studienwerks Villigst Bd. 12; Gießen: Focus, 1990), 42-83. *1990α*

1980d Titel (noch zu bestimmen), in: *Austreibung des Geistes aus den Geisteswissenschaften* (Paderborn-München-Wien-Zürich, 1980), 15-37.

fr.: Titre (á préciser), in: *Nuevo Corrente* 28 (1981), 7-32. *1981δ*

engl.: Title (to be specified), in: *Sub-Stance* 31 (1981), 5-22. *1981ε*

fr.: Titre (á préciser), in: *Parages* (Paris, 1986). ***1986b***

dt.: in: *Gestade* (Wien: Passagen, 1994). *1994α*

1981

1981a D'un ton apocalyptique adopté naguère en philosophie, in: Ph. LACOUE-LABARTHE / J.-L. NANCY (Hg.), *Les fins de l'homme. A partir du travail de Jacques Derrida* (Paris, Éditions Galilée, 1981).

Orig.: *Vortrag auf dem, dem Werk Derridas gewidmeten Colloquium "Le fins de l'homme (A partir du travail de Jacques Derrida)" in Cerisy-la-Salle (23.7.-2.8.1980)* (1980c)

1981b Les morts de Roland Barthes, in: *Poétique* (Sept. 1981) Nr. 47, 269-291.

dt.: Die Tode von Roland Barthes, in: *Fotogeschichte – Beiträge zur Geschichte und Ästhetik der Fotographie* 6 (1986) H.20, 11-27. *1986γ*

dt.: *Die Tode von Roland Barthes* (Berlin, 1987). *1987ε*

fr.: in: *Psychè. Inventions de l'autre* (Paris: Galilée, 1987), 273-303. ***1987α***

1982

Vorträge:

(1982a) Préjugés. Devant la loi [Vor dem Gesetz], *Vortrag auf einem Kolloquium in Cerisy-la-Salle zum Werk von J.-F. Lyotard.*

fr.: Préjugés. Devant la loi, in: *La faculté de juger* (Paris 1985), 87-139. ***1985d***

dt.: *Préjugés. Vor dem Gesetz* (Wien: Passagen, 1992 [^{2}1999]). 1992β

(1982b) [Zwei Deut für Joyce], *improvisierte Rede am 15. Nov. 1982 auf einem Kolloquium «Pour James Joyce» im Centre Georges-Pompidou.*

engl.: in: Derek ATTRIDGE / Daniel FERRER (Hg.), *Post-Structuralist Joyce. Essays from the French* (Cambridge University Press, 1984).

fr.: in: *L'Herne* 50 (1985). ***1985g***

fr.: in: *Ulysses Grammophon* (Paris, 1987). ***1987d***

dt.: Zwei Deut für Joyce, in: *Ulysses Grammophon* (Berlin: Brinkmann & Bose, 1988), 9-39. *1988ζ*

Publikationen:

1982a *Telepathie* (Berlin: Brinkmann & Bose, 1982).

fr.: in: *Psychè. Inventions de l'autre* (Paris: Galilée, 1987), 237-272. *1987α*

engl.: Telepathy, in: *Oxford Literary Review* 10 (1988), 3-41. *1988μ*

engl.: Telepathy, in: M. MCQUILLAN (Hg.), *Deconstruction. A Reader* (New York: Routledge, 2001), 496-526. *2001α*

1982b Le Langage, in: *Le Monde Dimanche* (Frühjahr 1982).

fr.: in: Christian DELACAMPAGNE (Hg.), *Douze leçons de philosophie* (Paris: La Découverte/Le Monde, 1985).

fr.: in: *Points de suspension: entretiens* (Paris: Éditions Galilée, 1992). **1992**b

dt.: Die Sprache, in: *Theatro Machinarum* 2 (1984) H.5/6 73-81. *1987α*

dt.: Die Sprache (*Le Monde* am Telefon), in: *Auslassungspunkte. Gespräche* (Wien: Passagen, 1998), 183-192. *1998β*

1982c Letter to John P. Leavey, Jr. (2. Jan. 1981), in: *Semeia* 23: »Derrida and Biblical Studies« (1982), 61-62.

1983

1983a *D'un ton apocalyptique adopté naguère en philosophie* (Paris, Éditions Galilée, 1983). **1981a**
= überarb. Version von 1981a – nähere Angaben siehe dort.

1983b La chance, in: *Tijdschrift voor Filosofie* (1983) H.1. [Leuven]
Orig.: Vortrag (Okt. 1982) „La chance. Coincidences, Chance and Hasard in Literature and Psychoanalysis" im Rahmen der „Weigert lectures" des „Forum on psychiatry and the humanities" an der „Washington School of Psychiatry".
engl.: in: W. KERRIGAN / J.H. SMITH (Hg.), *Taking chances* (1984).
fr.: in: *Cahiers confrontation* 19 (1988). [Paris]
dt.: *Meine Chancen. Rendez-vous mit einigen epikureischen Stereophonien* (Berlin: Brinkmann & Bose, 1994). - vom Autor leicht revidierte Fassung 1994δ

1983c The Time of a Thesis: punctuations, in: A. MONTEFIORI (Hg.), *Philosophy in France today* (Cambridge: Cambridge University Press, 1983).
Orig.: *Vorgetragen als „Soutenance d'une thèse de doctorat d'Etat" am 2. Juni 1980 an der Sorbonne.* (1980b)

1983d *Signéponge / Signsponge* (New York, 1983). – zweisprachige Ausgabe
fr.: *Signéponge* (Paris, 1988). **1988e**

1984

Vorträge:

(1984a) [Right To Philosophy], *Seminar im Jänner 1984 an der Ecole Normale Supérieure.*

(1984b) [Theologie der Übersetzung], *Abschlußvortrag in englischer Sprache an der Universität von Toronto anläßlich eines Kolloquiums über "Die Semiotik der literarischen Übersetzung" (im Rahmen des Fifth International Summer Institute for Semiotic and Structural Studies vom 31. Mai - 25. Juni 1984).*
fr.: Théologie de la traduction, in: *Texte* (1985) Nr.4. ***1985a***
fr.: Théologie de la traduction, in: *Qu'est-ce que Dieu? Philosophie/Théologie. Hommage à l'abbé Coppieters de Gibson* (Bruxelles: Publications des Facultés des Saint-Louis, 1985). ***1985b***
fr.: Théologie de la traduction, in: *Du droit à la philosophie* (Paris: Galilée, 1990), 371-394. ***1990d***
dt.: Theologie der Übersetzung, in: Alfred KIRSCH (Hg.), *Übersetzung und Dekonstruktion* (Frankfurt/M.: Suhrkamp, 1997), 15-36. *1997δ*

(1984c) Ulysses Grammmophon, *Vortrag am 12. Juni 1984 zur Eröffnung des Internationalen James Joyce Symposiums in Frankfurt.*
fr.: in: Claude JACQUET (Hg.), *Genèse de Babel* (CNRS, 1985). ***1985h***
fr.: in: *Ulysse gramophone. Deux mots pour Joyce* (Paris, 1987). ***1987d***
dt.: in: *Ulysses Grammophon. Zwei Deut für Joyce* (Berlin: Brinkmann & Bose, 1988), 41-116. *1988ζ*

(1984d) [Schibboleth. Für Paul Celan], *Vortrag im Oktober 1984 in Seattle anläßlich eines Internationalen Paul-Celan-Symposiums der Universität Washington.*
fr.: *Schibboleth. Pour Paul Celan* (Paris: Éditions Galilée, 1986). **1986a**
dt.: *Schibboleth. Für Paul Celan* (Wien: Passagen, 1986 [21996]) 1986β

Publikationen:

1984a Mochlos; ou, le conflit des facultés, in: *Philosophie* 2 (April 1984), 21-53.
Orig.: „Mochlos; or, The Conflict of the Faculties" *vorgetragen an der Columbia University im April 1980 anläßlich der 100-Jahr-Feier der Columbia Graduate School.* (1980a)

1985

1985a Théologie de la traduction, in: *Texte* (1985) Nr.4.

Orig.: Abschlußvortrag in englischer Sprache an der Universität von Toronto anläßlich eines Kolloquiums über "Die Semiotik der literarischen Übersetzung" (Juni 1984) (1984b)

1985b Théologie de la traduction, in: *Qu'est-ce que Dieu? Philosophie/Théologie. Hommage à l'abbé Coppieters de Gibson* (Bruxelles: Publications des Facultés des Saint-Louis, 1985). [= 1985a]

1985c No Apocalypse, not now (full speed ahead, seven missiles, seven missives), in: Jacques DERRIDA, *Apokalypse* (Graz-Wien: Böhlau, 1985) 91-132.

fr.: No apocalypse, not now (à toute vitesse, sept missiles, sept missives), in: *Psychè. Inventions de l'autre* (Paris: Galilée, 1987), 363-386. **1987a**

1985d Préjugés. Devant la loi, in: *La faculté de juger. Colloque de Cerisy* (Paris 1985), 87-139.

Orig.: Vortrag 1982 auf einem Kolloquium in Cerisy-la-Salle zum Werk von J.-F. Lyotard (1982a)

dt.: *Préjugés. Vor dem Gesetz* (Wien: Passagen, 1992 [²1999]). 1992β

1985e Des tours de babel, in: Joseph GRAHAM (Hg.), *Difference in Translation* (Ithaka: Cornell University Press, 1985). -- zweisprachig

fr.: in: *L'art des confins. Mélanges offerts à Maurice de Gandillac* (Paris: PUF, 1985). **1985f**

fr.: in: *Psychè. Inventions de l'autre* (Paris: Galilée, 1987), 203-235. **1987a**

dt.: Babylonische Türme. Wege, Umwege, Abwege, in: Alfred HIRSCH (Hg.), *Übersetzung und Dekonstruktion* (Frankfurt/M.: Suhrkamp, 1997), 119-165. **1997ε**

engl.: in: *Acts of Religion* (Edited and with and Introduction by Gil ANIDJAR; New York-London: Routledge, 2002), 104-134. **2002α**

1985f Des tours de babel, in: *L'art des confins. Mélanges offerts à Maurice de Gandillac* (Paris: PUF, 1985). -- zweisprachig **1985e**

1985g [Zwei Deut für Joyce], in: *L'Herne* 50 (1985).

Orig.: [Zwei Deut für Joyce], *improvisierte Rede am 15. Nov. 1982 auf einem Kolloquium «Pour James Joyce» im Centre Georges-Pompidou.* (1982b)

1985h Ulysses Grammophon, in: Claude Jacquet (Hg.), *Genèse de Babel* (CNRS, 1985).

Orig.: Ulysses Grammmophon, *Vortrag am 12. Juni 1984 zur Eröffnung des Internationalen James Joyce Symposiums in Frankfurt.* (1984c)

1985i *Lectures de:* "Droit de regards" (Paris: Minuit, 1985). - gem.m. Marie-Françoise PLISSART/B. PEETERS

dt.: *Recht auf Einsicht* (Wien: Passagen, 1985 [²1997]). - gem. m. Marie-Françoise PLISSART [Photographie] 1985β

1986

Vorträge:

(1986a) How To Avoid Speaking, *englisch gesprochener Vortrag im Juni 1986 in Jerusalem zur Eröffnung eines Kolloquiums »Absence et négativité«, das von The Hebrew University und The Institute for Advanced Studies veranstaltet wurde.*

fr.: Comment ne pas parler. Dénégations, in: *Psychè. Inventions de l'autre* (Paris: Galilée, 1987), 535-595. **1987a**

dt.: *Wie nicht sprechen. Verneinungen* (Wien: Passagen, Böhlau, 1989). 1989α

engl.: How To Avoid Speaking. Denials, in: Sanford BUDICK / Wolfgang ISER (Ed.) *Languages of the Unsayable: The Play of Negativity in Literature and Literary Theory* (New York: Columbia University Press, 1989). **1989ζ**

engl.: How To Avoid Speaking. Denials, in: Coward / Foshay (Ed.), *Derrida and Negative Theology* (New York, 1992), 73-142. *1992ε*

Publikationen:

1986a *Schibboleth. Pour Paul Celan* (Paris: Éditions Galilée, 1986).
Orig.: [Schibboleth. Für Paul Celan], *Vortrag im Oktober 1984 in Seattle anläßlich eines Internationalen Paul-Celan-Symposiums der Universität Washington.* (1984d)

1986b *Parages* (Paris, 1986).
(*Inhalt: s. dt. Ausgabe* 1994α)
dt.: *Gestade* (Wien: Passagen, 1994). 1994α

1986c *Mémoires – for Paul de Man* (New York, 1986).
fr.: *Mémoires – pour Paul de Man* (Paris, 1987). 1987α
dt.: *Mémoires – für Paul de Man* (Wien: Passagen, 1988). 1988γ

1986d *Forcener le subjectile. Etude pour les dessins et portraits d'Antonin Artaud* (hg.v. P. THÉVENIN / Jacques DERRIDA; Paris, 1986).
dt.: Das Subjektil ent-sinnen, in: Paule THÉVENIN / Jacques DERRIDA, *Antonin Artaud. Zeichnungen und Portraits* (München: Schirmer/Mosel, 1986) 51-109. *1986δ*

1986e P. THÉVENIN / Jacques DERRIDA, *A. Artaud. Zeichnungen und Portraits* (München, 1986).
- S.051-109: **dt.:** Das Subjektil ent-sinnen *1986δ*
  fr.: Forcener le subjectile (Paris, 1986). **1986d**

1986f *Altérités* (Paris: Osiris, 1986).

1986g Fragen an die Phänomenologie. Abschied vom Prinzipiellen?, in: M. BENEDIKT / R. BURGER (Hg.), *Die Krise der Phänomenologie und die Pragmatik des Wissenschaftsfortschritts* (Wien, 1986).

1987

1987a *Psyché. Inventions de l'autre* (Paris: Galilée, 1987).
Inhalt:
- S.011-061: Psyché, Invention de l'autre (1983-84)
  engl.: Psyche. Inventions of the Other, in: Lindsay WATERS / Wlad GODZICH (Hg.), *Reading de Man Reading* (Minneapolis: University of Minneapolis Press, 1989). *1989γ*
  engl.: Psyche. Invention of the Other *[Auszüge]*, in: J. DERRIDA., *Acts of Literature* (ed. by Derek Attridge; New York-London: Routledge, 1992), 310-343. *[- S.37-58 des fr. Orig. ausgelassen]* *1988λ*
- S.063-093: Le retrait de la métaphore (1978)
  Orig.: Vortrag in Genf am 1. Juni 1978 (1978a)
  dt.: Der Entzug der Metapher, in: V. BOHN (Hg.), *Romantik. Literatur und Philosophie* (Frankfurt/M.: Suhrkamp, 1987), 317-355. *1987δ*
  dt.: Der »Entzug« der Metapher, in: Anselm HAVERKAMP (Hg.), *Die paradoxe Metapher* (Frankfurt/M.: Suhrkamp, 1998). - «urspr. Gestalt» *1998α*
- S.095-103: Ce qui reste à force de musique (1979)
- S.105-108: Illustrer, dit-il (1979)
- S.109-143: Envoi (1979-1980)
- S.145-158: Moi – la psychanalyse (1979)

- S.159-202: En ce moment même dans cet ouvrage me voici (1980)
  - **Orig.:** in: F. LARUELLE (Hg.), *Textes pour Emmanuel Levinas* (Paris: Jean-Michel Place, 1980). **1980c**
  - **dt.:** Eben in diesem Moment in diesem Werk findest du mich, in: M. MAYER / M. HENTSCHEL (Hg.), *Lévinas. Zur Möglichkeit einer prophetischen Philosophie* (Parabel. Schriftenreihe d. Evg.. Studienwerks Villigst 12; Gießen: Focus, 1990), 42-83. *1990α*
- S.203-235: Des tours de Babel (1980)
  - **bil.:** in: Joseph GRAHAM (Hg.), *Difference in Translation* (Ithaka: Cornell University Press, 1985). -- zweisprachig **1985e**
  - **bil.:** in: L'art des confins. Mélanges offerts à Maurice de Gandillac (Paris: PUF, 1985). -- zweisprachig **1985f**
  - **dt.:** Babylonische Türme. Wege, Umwege, Abwege, in: Alfred HIRSCH (Hg.), *Übersetzung und Dekonstruktion* (Frankfurt/M.: Suhrkamp, 1997), 119-165. *1997ε*
- S.237-270: Télépathie (1981)
  - **dt.:** *Telepathie* (Berlin: Brinkmann & Bose, 1982). **1982a**
- S.271-272: Ex abrupto (1981)
- S.273-303: Les morts de Roland Barthes (1981) **1981b**
  - **dt.:** Die Tode von Roland Barthes, in: *Fotogeschichte – Beiträge zur Geschichte und Ästhetik der Fotographie* 6 (1986) H.20, 11-27. *1986γ*
  - **dt.:** Die Tode von Roland Barthes (Berlin, 1987). 1987ε
- S.305-325: Une idée de Flaubert. La lettre de Platon (1981)
- S.327-352: Géopsychanalyse « and the rest of the world » (1981)
- S.353-362: Le dernier mot du racisme (1983)
- S.363-386: No apocalypse, not now (à toute vitesse, sept missiles, sept missives) (1984)
  - **dt.:** No Apocalypse, not now (full speed ahead, seven missiles, seven missives), in: DERS., *Apokalypse* (Graz-Wien: Böhlau, 1985), 91-132. **1985c**
- S.387-393: Lettre à un ami japonais (1985)
  - **engl.:** Letter to a Japanese Friend (1985), in: D. WOOD / R. BERNASCONI (Hg.), *Derrida and »Différance«* (Evanston: Northwestern UP, 1988) 1-5. *1988λ*
- S.395-414: Geschlecht: différence sexuelle, différence ontologique (1983)
  - **dt.:** Geschlecht. Sexuelle Differenz, ontologische Differenz, in: DERS., *Geschlecht (Heidegger)* (Wien: Passagen-Böhlau, 1988), 11-43. *1988α*
- S.415-451: La main de Heidegger (Geschlecht II) (1984-1985)
  - **dt.:** Heideggers Hand (Geschlecht II), in: DERS., *Geschlecht (Heidegger)* (Wien: Passagen-Böhlau, 1988), 45-99. *1988β*
  - **dt.:** Heideggers Hand (Geschlecht II) (1984/85), in: P. ENGELMANN (Hg.), *Postmoderne und Dekonstruktion. Texte französischer Philosophen der Gegenwart* (Stuttgart: Reclam, 1990), 165-223. *1990δ*
- S.453-475: Admiration de Nelson Mandela ou Les lois de la réflexion (1986)
  - **dt.:** Die Bewunderung Nelson Mandelas oder Die Gesetze der Reflexion, in: DERS. (Hg.), *Für Nelson Mandela* (Reinbek, 1987), 11-45. *1987ζ*
- S.477-493: Point de folie - maintenant l'architecture (1986)
  - **dt.:** Am Nullpunkt der Verrücktheit – Jetzt die Architektur, in: Wolfgang WELSCH (Hg.), *Wege aus der Moderne. Schlüsseltexte* *1988κ*

der Postmoderne-Diskussion (Berlin: Akademie Verlag, [2]1994/ [1]1988), 215-232.

- S.495-508: Pourquoi Peter Eisenman écrit de si bons livres (1986)
- S.509-518: Cinquante-deux aphorismes pour un avant-propos (1986)

  dt.: Zweiundfünfzig Aphorismen für eine Vorrede, in: Andreas PAPADAKIS (Hg.), *Dekonstruktivismus. Eine Anthologie* (Stuttgart: Klett-Cotta, 1989), 67-71. ***1989β***

- S.519-533: L'aphorisme à contretemps (1986)

  engl.: Aphorism Countertime, in: J. DERRIDA, *Acts of Literature* (New York-London: Routledge, 1992), 414-435. ***1992η***

- S.535-595: Comment ne pas parler. Dénégations (1986)

  Orig.: Vortrag im Juni 1986 in Jerusalem (1986a)

  dt.: *Wie nicht sprechen. Verneinungen* (Wien: Passagen, Böhlau, 1989). **1989α**

  engl.: How To Avoid Speaking. Denials, in: Sanford BUDICK / Wolfgang ISER (Ed.) *Languages of the Unsayable: The Play of Negativity in Literature and Literary Theory* (New York: Columbia UP, 1989). ***1989ζ***

  engl.: How To Avoid Speaking. Denials, in: COWARD / FOSHAY (Ed.), *Derrida and Negative Theology* (New York, 1992), 73-142. ***1992ε***

- S.597-638: Désistance (1986)
- S.639-650: Nombre de oui (1987)

  engl.: A number of yes (Nombre de oui), in: Martin MCQUILLAN (Hg.), *Deconstruction. A Reader* (New York: Routledge, 2001), 97-106. ***2001β***

1987b *feu la cendre* (Paris: des femmes, 1987).

dt.: *Feuer und Asche* (Berlin: Brinkmann & Bose, 1988). 1988η

1987c *De l'esprit. Heidegger et la question* (Paris: Éditions Galilée, 1987).

dt.: *Vom Geist. Heidegger und die Frage* (Frankfurt/M.: Suhrkamp, 1988 [[2]1993]). 1988ε

1987d *Ulysse gramophone. Deux mots pour Joyce* (Paris, 1987).

(*Inhalt: s. dt. Ausgabe* 1988ζ)

Orig.: Ulysses Grammmophon, *Vortrag am 12. Juni 1984 zur Eröffnung des Internationalen James Joyce Symposiums in Frankfurt.* (1984c)

dt.: *Ulysses Grammophon. Zwei Deut für Joyce* (Berlin: Brinkmann & Bose, 1988). 1988ζ

1987e Chora, in: *Poikilia: Etudes offertes à Jean-Pierre Vernant* (Paris: Ecole des Hautes Etudes en Science Sociales, 1987). - « 1. Version »

dt.: Chora (Wien: Passagen, 1990). - «1. Version» 1990β

fr.: *Khôra* (Paris: Éditions Galilée, 1993). - «2. Version» **1993a**

engl.: Khôra, in: *On the Name* (Stanford, California: Stanford University Press, 1995) 89-127. - «2. Version» ***1995α***

dt.: Chora, in: *Über den Namen. Drei Essays* (Wien, 2000) 123-170. - «2. Version» ***2000ε***

1987f Antwort an Apel, in: *Zeitmitschrift* 3 (1987), 76-85.

1988

Interviews / Vorträge:

(1988a) Video-Interview mit Christopher Norris (März 1988)

- *Das Interview wurde während einer zweistündigen Sitzung im März 1988 im Haus von Jacques Derrida aufgezeichnet und während des Tate-Symposium, bei dem Derrida auch an einer Podiumsdiskussion teilnehmen sollte, vorgeführt.*

dt.: Im Gespräch mit Christoher Norris, in: A. PAPADAKIS (Hg.), *Dekonstruktivismus. Eine Anthologie* (Stuttgart: Klett-Cotta, 1989), 73-78. *1989δ*

(1988b) Interpretations at War: Kant, the Jew, the German, *engl. Vortrag auf einem Internationale Kolloquium in Jerusalem (5.-11. Juni 1988), das unter dem von Derrida zwei Jahre zuvor vorgeschlagenen Titel « Die Institutionen der Interpretation » stand.*

fr.: Interpretations at War: Kant, le Juif, l'Allemand, in: *Phénoménologie et Politique: Mélanges offerts à Jacques Taminiaux* (Bruxelles: Ousia, 1989). ***1989a***

dt.: Interpretations at War. Kant, der Jude, der Deutsche, in: Elisabeth WEBER / Georg Christoph THOLEN (Hg.), *Das Vergessen(e). Anamnesen des Undarstellbaren* (Turia+Kant: Wien, 1997), 71-139. *1997ζ*

engl.: in: *New Literary History* 22 (1991), No.1. *1991β*

engl.: in: *Acts of Religion* (Edited and with and Introduction by Gil ANIDJAR; New York-London: Routledge, 2002), 137-188. *2002α*

Publikationen:

1988a *Comme le bruit de la mer au fond d'un coquillage. La guerre de Paul de Man. Mémoires II* (Paris 1988).

dt.: *Wie Meeresrauschen auf dem Grund einer Muschel .... Paul de Mans Krieg. Mémoires II* (Wien: Passagen, 1988). 1988δ

1988b Heideggers Schweigen, in: G. NESKE / E. KETTERING (Hg.), *Antwort. Martin Heidegger im Gespräch* (Pfullingen, 1988) 157-162.

1988c The Politics of Friendship, in: *The Journal of Philosophy* 85 (1988) H.11, 632-644.

Orig.: APA symposium on law and society, December 30, 1988.

Resp.: Thomas A. MCCARTHY, On the Margins of Politics, in: *The Journal of Philosophy* 85 (1988) H.11, 645-648.

Buchfassung: *Politiques de l'amitié* (Paris: Éditions Galilée, 1994). - *s.auch dt. Übers.* **1994a**

1988d *Limited Inc* (Evanston, Il.: Northwestern UP, 1988, [6]2000).

Inhalt:

- S.001-023: Signature Event Context
  - **Orig.:** *Vortrag am Congrès international des Sociétés de philosophie de langue française (Montreal Aug. 1971) zum Thema „La communication"* (1954a)
  - **engl.:** Signature Event Context, in: *Glyph. John Hopkins textual Studies* 1 (1977), 172-197. *1977α*
- S.025-027: [Zusammenfassung von:] John R. SEARLE, Reiterating the Differences. A Reply to Derrida, in: *Glyph. John Hopkins textual Studies* 2 (1977).
- S.029-110: Limited Inc a b c ...
  - **Orig.:** in: Glyph. John Hopkins Textual Studies 2 (1977). ***1977a***
- S.111-160: Afterword: Toward An Ethic of Discussion

Übersetzungen:

fr.: in: *Limited Inc* (Paris: Galilée, 1990). **1990h**

dt.: in: *Limited Inc* (Wien: Passagen, 2001). 2001η

1988e *Signéponge* (Paris, 1988).

Orig.: *Signéponge / Signsponge* (New York, 1983). – zweisprachige Ausgabe **1983d**

1988f *Choral Work* (London, 1988). – gem. m. P. Eisenman

1988g Heideggers Schweigen, in: Emil KETTERING (Hg.), *Antwort* (Pfullingen: Neske, 1988), 157-162.

1989

Vorträge:

(1989a) Force of Law: The »Mystical Foundation of Authority«, *Vortrag im Okt. 1989 an der Cardozo Law School (New York) anläßlich des Colloquiums »Deconstruction and the Possibility of Justice«.*

- Der zweite Teil des Textes („First name of Benjamin / Prénom de Benjamin") wurde schriftlich zur Verfügung gestellt und erst am 26. April 1990 als Eröffnungsrede bei dem von Saul Friedländer veranstalteten Colloquium *Nazism and the »Final Solution«: Probing the Limits of Representation* (University of California, Los Angeles) vorgetragen.

bil.: Force of Law: The »Mystical Foundation of Authority« / Force de loi: Le »Fondement Mystique de L'Autorité«, in: *Cardozo Law Review* Vol .11 (July/August 1990) No. 5-6, 920-1045. ***1990a***

dt.: *Gesetzeskraft. Der »mystische Grund der Autorität«* (Frankfurt/M.: Suhrkamp, 1991). – überarbeitete Fassung 1991α

fr.: *Force de loi* (Paris: Galilée, 1994). – überarbeitete Fassung **1994c**

engl.: in: *Acts of Religion* (Edited and with and Introduction by Gil ANIDJAR; New York-London: Routledge, 2002), 230-298. – überarbeitete Fassung *2002α*

Publikationen:

1989a Interpretations at War: Kant, le Juif, l'Allemand, in: *Phénoménologie et Politique: Mélanges offerts à Jacques Taminiaux* (Bruxelles: Ousia, 1989).

Orig.: Interpretations at War: Kant, the Jew, the German, *engl. Vortrag auf einem Internationale Kolloquium in Jerusalem (5.-11. Juni 1988), das unter dem von Derrida zwei Jahre zuvor vorgeschlagenen Titel « Die Institutionen der Interpretation » stand.* (1988b)

1990

Interviews / Vorträge:

(1990a) Philosophie und Literatur, *Gespräch (mit Übersetzung auf Englisch geführt) mit Natal'ja Avtonomova, Valerij Podoroga und Michail Ryklin in Moskau (Februar 1990).*

dt.: Philosophie und Literatur. Ein Gespräch mit Jacques Derrida, in: A. ACKERMANN / H. RAISER / D. UFFELMANN (Hg.), *Orte des Denkens. Neue russische Philosophie* (Wien: Passagen, 1995), 173-199. ***1995a***

(1990b) »Back from Moscow, in the USSR«, *Vortrag (April 1990) auf Einladung der »Critical Theory Group« am UC Irvine.*

dt.: »Back from Moscow, in the USSR«, in: Jutta GEORG-LAUER (Hg.), *Postmoderne und Politik* (Tübingen: edition diskord, 1992), 9-55. ***1992g***

(1990c) [Die Zeit (der Übersetzung) geben], *Vortrag 1990 in Kassel*

dt.: « Die Zeit (der Übersetzung) geben », protokolliert v. E. Weber, in: Ch.G. THOLEN / M.O. SCHOLL (Hg.), *Zeit-Zeichen* (Weinheim, 1990). **1990i**

(1990d) [Wenn es Gabe gibt– oder: »Das falsche Geldstück«], *Vortrag am 8.12.1990 in Royaumont.*

fr.: in: *Donner le temps 1. La fausse monnaie* (Paris 1991). **1991c**

dt.: Wenn es Gabe gibt – oder: »Das falsche Geldstück«, in: M. WETZEL / J.-M. RABATÉ (Hg.), *Ethik der Gabe. Denken nach Jacques Derrida* (Berlin: Akademie-Verlag, 1993), 93-136. *1993β*

dt.: in: *Falschgeld. Zeit geben I* (Übers.v. Andreas Knop u. Michael Wetzel; München: Fink, 1993). 1993α

Publikationen:

1990a Force of Law: The »Mystical Foundation of Authority« / Force de loi: Le »Fondement Mystique de L'Autorité«, in: *Cardozo Law Review* Vol .11 (July/August 1990) No. 5-6, 920-1045. [New York]

= 1. Teil: Vortrag Okt. 1989 an der Cardozo Law School (New York) anläßlich des Colloquium *Deconstruction and the Possibility of Justice.* (1989a)

2. Teil: Eröffnungsrede am 26. April bei dem von Saul Friedländer veranstalteten Colloquium Nazism and the »Final Solution«: Probing the Limits of Representation (University of California, Los Angeles). - Dieser Teil wurde an der Cardozo Law School zwar diskutiert, aber nicht vorgetragen.

1990b L'autre cap. Mémoires, réponses et responsabilités, in: *Liber*, no.5 (Okt.1990).
= Beilage zu: *Le Monde*, 29.9.1990. - gekürzte Fassung

fr.: in: *L'autre cap suivi de La démocratie ajournée* (Paris 1991). - vollständige Fassung ***1991α***

engl.: in: *The Other Heading. Reflections on Today's Europe* (Transl. by Pascal-Anne Brault and Michael B. Naas; Bloomington-Indianapolis: Indiana UP, 1992). - vollständige Fassung ***1992θ***

dt.: Das andere Kap, in: *Das andere Kap. Die vertagte Demokratie. Zwei Essays zu Europa* (Frankfurt/M.: Suhrkamp, 1992). - vollständige Fassung ***1992γ***

1990c *Mémoires d'aveugle. L'autoportrait et autres ruines* (Paris 1990), 9-130.
- *anlässlich einer Ausstellung im musée du Louvre vom 26.10.1990 bis 21.1.1991.*

engl.: *Memoirs of the Blind. The Self-Portrait and Other Ruins* (Translated by Pascale-Anne Brault and Michael Naas; Chicago-London: The University of Chicago Press, 1993). **1993δ**

dt.: *Aufzeichnungen eines Blinden. Das Selbstporträt und andere Ruinen* (hg. u. m. e. Nachwort vers. v. Michael Wetzel; aus dem Franz. v. A. Knop u. M. Wetzel; München: Fink, 1997). **1997η**

1990d *Du droit à la philosophie* (Paris: Galilée, 1990).

Inhalt:

- S.009-108: Privilège. Titre justificatif et Remarques introductives (1990)
  engl.: Privilege: Justificatory Title and Introductory Remarks, in: *Who's afraid of Philosophy? Right to Philosophy I* (Stanford, California: Stanford UP, 2002), 1-66. ***2002γ***
- S.111-153: Où commence et comment finit un corps enseignant (1976)
  Orig.: Où commence et comment finit un corps enseignant, in: *Politiques de la philosophie* (coll. by D.Grisoni; Pairs: Galilée, 1976), 55-97. ***1976c***
- S.155-179: La crise de l'enseignement philosophique (1978)
  Orig.: Vortrag im Dezember 1978 in Cotonou (Benin) anläßlich einer internationalen Konferenz französisch- und englischsprachiger Afrikanischer Philosophen. **(1978c)**
- S.181-227: L'âge de Hegel (1977)
  Orig.: L'âge de Hegel, in: *Qui a peur de la philosophie* (hg.v. Greph; Paris: Flammarion, 1977). ***1977b***
- S.229-237: La philosophie et ses classes (1975)
  Orig.: La réforme Haby, in: *Le Monde de l'éducation,* No. 4 (March 1975). ***1975b***
- S.239-251: Les corps divisés. Réponses à la Nouvelle Critique (1975)
  Orig.: Les corps divisés. Réponses à la Nouvelle Critique, in: *La Nouvelle Critique* (Mai-Juni 1975). ***1975c***

- S.253-278: Philosophie des États Généraux (1979)
  Orig.: in: *Libération* (20. Juni 1979). **1979a**
- S.283-309: S'il y a lieu de traduire (I): La philosophie dans sa langue nationale (vers une »licterature en françois«) (1984)
  dt.: Wenn übersetzen statt hat. Die Philosophie in ihrer Nationalsprache, in: F. KITTLER / M. SCHNEIDER / S. WEBER (Hg.), *Diskursanalysen 2* (Opladen, 1990). **1990η**
- S.311-341: S'il y a lieu de traduire (II): Les romans de Descartes ou l'économie des mots
- S.343-370: Chaire vacante: censure, maîtrise, magistralité (1985)
- S.371-394: Théologie de la traduction (1984)
  Orig.: Abschlußvortrag in englischer Sprache an der Universität von Toronto anläßlich eines Kolloquiums über "Die Semiotik der literarischen Übersetzung" (Juni 1984) **(1984b)**
- S.397-438: *Mochlos* – ou le conflit des facultés (1980)
  Orig.: „Mochlos; or, The Conflict of the Faculties" Vortrag an der Columbia University im April 1980. (1980a)
- S.439-459: Ponctuations: le temps de la thèse (1980)
  Orig.: Vorgetragen als „Soutenance d'une thèse de doctorat d'Etat" am 2. Juni 1980 an der Sorbonne. (1980b)
- S.461-498: Les pupilles de l'Université. Le principe de raison et l'idee de l'Université (1983)
- S.499-510: Éloge de la philosophie (1981)
- S.511-524: Les antinomies de la discipline philosophique (1984)
- S.525-535: Popularités. Du droit à la philosophie du droit (1985)
- S.539-550: «Qui a peur de la philosophie ?« (1980)
- S.551-576: Titres (pour le Collège International de Philosophie) (1982)
- S.577-618: Coups d'envoi (pour le Collège International de Philosophie) (1985)
- S.619-659: Rapport de la Commission de Philosophie et d'Épistémologie (1990)

1990e Some statements and truisms about neologisms, newisms, postisms, parasitisms, and other small seismisms, in: David CARROLL (Hg.) *The states of »theory«. History, art and critical discourse* (New York: Columbia UP, 1990).
Orig.: Vortrag beim Kolloquium The states of »theory«. History, art and critical discourse 1986 in Irvine (Kalifornien)
dt.: *Einige Statements und Binsenweisheiten über Neologismen, New-Ismen, Post-Ismen, Parasitismen und andere kleine Seismen* (Berlin: Merve, 1997). – überarb. Fassung **1997β**

1990f Let us not forget - psychoanalysis, in: *Oxford Literary Review* 12 (1990) H.1/2, 3-7.
dt.: Vergessen wir nicht – die Psychoanalyse, in: *Vergessen wir nicht – die Psychoanalyse!* (Übers. v. H.-D. Gondek; Frankfurt/M.: Suhrkamp, 1998), 7-14. **1998γ**

1990g *Le problème de la genèse dans la philosophie de Husserl (mémoires d'études supérieures)* (Paris: Presses Universitaires de France, 1990).
Orig.: Erste Arbeit über Husserl aus der Zeit des Aufenthalts im Husserl-Archiv in Leuven – zunächst unveröffentlicht. **(1954a)**

1990h *Limited Inc* (Paris: Galilée, 1990).
Inhalt: siehe engl. Original **1988d**

1990i « Die Zeit (der Übersetzung) geben », protokolliert v. E. Weber, in: Ch.G. THOLEN / M.O. SCHOLL (Hg.), *Zeit-Zeichen* (Weinheim, 1990).
Orig.: [Die Zeit (der Übersetzung) geben], *Vortrag 1990 in Kassel.* **(1990c)**

1991

Vorträge:

(1991a) Vortragsreihe [„Donner le temps I.: La fausse monnaie"], *vier Vorträge im April 1991 an der Universität Chicago im Rahmen der »Carpenter Lectures«.*
Orig.: Seminar 1977/78 an der Ecole normale supérieure. (1977a)

Publikationen:

1991a *L'autre cap, suivi de: La démocratie ajournée* (Paris, 1991).
Inhalt:
- 1.Teil: **fr.:** L'autre cap. Mémoires, réponses et responsabilités, in: *Liber*, no.5 (Okt. 1990) = Beilage zu *Le Monde* (29.9.1990). - gekürzte Fassung ***1990b***

engl.: *The Other Heading. Reflections on Today's Europe* (Transl. by Pascal-Anne Brault and Michael B. Naas; Bloomington-Indianapolis: Indiana UP, 1992). 1992θ
dt.: *Das andere Kap. Die vertagte Demokratie. Zwei Essays zu Europa* (Frankfurt/M.: Suhrkamp, 1992). 1992γ

1991b Circonfession, in: Geoffrey BENNINGTON / Jacques DERRIDA, *Jacques Derrida* (Paris 1991).
engl.: Circumfession, in: Geoffrey BENNINGTON / Jacques DERRIDA, *Jacques Derrida* (Chicago-London: University of Chicago Press, 1994). *1993γ*
dt.: Zirkumfession, in: Geoffrey BENNINGTON / Jacques DERRIDA, *Jacques Derrida. Ein Portrait* (Frankfurt/M.: Suhrkamp, 1994). *1994β*

1991c *Donner le temps 1. La fausse monnaie* (Paris 1991).
Orig.: Seminar 1977/78 an der Ecole normale supérieure. (1977a)
Orig.: [Wenn es Gabe gibt– oder: »Das falsche Geldstück«], *Vortrag am 8.12.1990 in Royaumont.* (1990d)
dt.: *Falschgeld. Zeit geben I* (Übers.v. Andreas Knop u. Michael Wetzel; München: Fink, 1993). 1993α

1991d Pour l'amour de Lacan, in: Bibliothèque du Collège international de philosophie, *Lacan avex les philosophes* (Paris: Albin Michel, 1991), 397-420.
dt.: Aus Liebe zu Lacan, in: *Vergessen wir nicht – die Psychoanalyse!* (Übers. v. H.-D. Gondek; Frankfurt/M.: Suhrkamp, 1998), 15-58. *1998γ*

1991e *Qu'est-ce que la poésie? / Was ist Poesie? / What is poetry? / Che cos'è la poésie?* (Berlin 1991). – viersprachige Ausgabe

1992

1992a Donner la mort, in: J.M. RABATÉ / M. WETZEL (Hg.), *L'éthique du don. Jacques Derrida et la pensée du don* (Paris 1992).
= Sammelband zum Colloque de Royaumont, 1990
dt.: Den Tod geben, in: Anselm HAVERKAMP (Hg.), *Gewalt und Gerechtigkeit. Derrida - Benjamin* (Frankfurt: Suhrkamp, 1994), 331-445. *1994γ*
engl.: *The Gift of Death* (Translated by David Wills; Religion and Postmodernism; Chicago-London: University of Chicago Press, 1995). 1995γ

1992b *Points de suspension: entretiens* (Paris: Éditions Galilée, 1992).
dt.: *Auslassungspunkte. Gespräche* (Wien: Passagen, 1998). 1998β
Inhalt:
- S. ...: Le Langage
  - **Orig.:** Le Langage, in: *Le Monde Dimanche* (Frühjahr 1982). ***1982b***
  - **dt.:** Die Sprache, in: *Theatro Machinarum* 2 (1984) H.5/6 73-81. *1987α*
  - **dt.:** Die Sprache (*Le Monde* am Telefon), in: *Auslassungspunkte. Gespräche* (Wien: Passagen, 1998), 183-192. 1998β

1992c »Être juste avec Freud«. L'histoire de la folie à l'âge de la psychoanalyse, in: *Penser la folie. Essais sur Michel Foucault* (Paris: Galilée, 1992), 141-195.

dt.: »Gerecht sein gegenüber Freud«. Die Geschichte des Wahnsinns im Zeitalter der Psychoanalyse, in: *Vergessen wir nicht – die Psychoanalyse!* (Übers. v. H.-D. Gondek; Frankfurt/M.: Suhrkamp, 1998), 59-127. *1998γ*

1992d Résistances, in: *La notion d'analyse*, Actes du Colloque francopérucien »La notion d'analyse«, Paris-Strasbourg-Toulouse, 30.10.-6.11.1991 (Toulouse: Presses universitaires du Mirail, 1992), 37-69.

dt.: Widerstände, in: *Vergessen wir nicht – die Psychoanalyse!* (Übers. v. H.-D. Gondek; Frankfurt/M.: Suhrkamp, 1998), 128-178. *1998γ*

1992e Post-Scriptum. Apories, Ways and Voices, in: COWARD, Harold / FOSHAY, Toby (Hg.), *Derrida and Negative Theology* (New York: State University of New York Press, 1992).

= Post-Scriptum anläßlich eines Kolloquiums über "Derrida und Negative Theologie" am Calgary Institute for the Humanities (Kanada) unter der Leitung von Harold Coward., bei dem Derrida verhindert war.

fr.: *Sauf le nom* (Paris, 1993). **1993c**

engl.: Sauf le nom (Post-Scriptum), in: *On the Name* (Stanford, California: Stanford University Press, 1995) 35-85. *1995α*

dt.: Außer dem Namen (Post-Scriptum), in: *Über den Namen. Drei Essays* (Wien: Passagen, 2000) 63-121. *2000δ*

1992f Du »sans prix«, ou le »juste prix« de la transaction, in: Roger-Pol DROIT (Hg), *Comment penser L'Argent* (Paris: Le Monde Éditions, 1992).

dt.: *Über das »Preislose«, oder »the price is right« in der Transaktion* (b_books; o.A., 1999). *1999α*

1992g »Back from Moscow, in the USSR«, in: Jutta *Georg-Lauer* (Hg.), *Postmoderne und Politik* (Tübingen: edition diskord, 1992), 9-55.

Orig.: »Back from Moscow, in the USSR«, Vortrag (April 1990) auf Einladung der »Critical Theory Group« am UC Irvine. (1990b)

1993

Vorträge:

(1993a) [Bemerkungen zu Dekonstruktion und Pragmatismus], *Vortrag am 29. Mai 1993 beim Symposion »Pragmatismus und Dekonstruktion« in Paris.*

dt.: Bemerkungen zu Dekonstruktion und Pragmatismus, in: Chantal MOUFFE (Hg.), *Dekonstruktion und Pragmatismus. Demokratie, Wahrheit und Vernunft* (Wien: Passagen, 1999), 171-195. **1999b**

(1993b) History of the Lie. Prolegomena, *Vortrag 1993 an der New School for Social Research anläßlich einer Vortragsreihe zu Ehren von Hannah Arendt.*

engl.: History of the Lie, in: *Graduate Faculty Philosophy Journal*, New School for Social Research Vol. 19,2-20,1.

engl.: History of the Lie. Prolegomena, in: Richard RAND (Hg.), *Futures. Of Jacques Derrida* (Stanford, California: Stanford UP, 2001), 65-98. ***2001d***

engl.: History of the Lie. Prolegomena, in: *Without Alibi* (Edited, Translated, and with an Introduction by Peggy Kamuf; Stanford, California: Stanford UP, 2002), 28-70. ***2002d***

Publikationen:

1993a *Khôra* (Paris: Éditions Galilée, 1993). - «2. Version»

Orig.: Chora, in: *Poikilia: Etudes offertes à Jean-Pierre Vernant* (Paris: Ecole des Hautes Etudes en Science Sociales, 1987). - « 1. Version » ***1987e***

engl.: Khôra, in: *On the Name* (Stanford, California: Stanford University Press, 1995) 89-127. - «2. Version» *1995α*

dt.: *Chora* (Wien: Passagen, 1990). - «1. Version» 1990β

dt.: Chora, in: *Über den Namen. Drei Essays* (Wien, 2000) 123-170. - «2. Version» 2000ε

1993b *Passions* (Paris, 1993).

engl.: Passions. »An oblique Offering«, in: David WOOD (Hg.), *Derrida. A Critical Reader* (Oxford-Cambridge: Blackwell, 1992), 5-35. *1992ι*

engl.: Passions. »An Oblique Offering«, in: *On the Name* (Stanford, California: Stanford UP, 1995) 3-31. *1995α*

dt.: Passionen. »Die indirekte Opfergabe«, in: *Über den Namen. Drei Essays* (Wien: Passagen, 2000) 15-62. *2000γ*

1993c *Sauf le nom* (Paris, 1993).

Orig.: Post-Scriptum. Apories, Ways and Voices, in: COWARD, Harold / FOSHAY, Toby (Hg.), *Derrida and Negative Theology* (New York: SUNY Press, 1992). ***1992e***

1993d *Spectres de Marx* (Paris: Éditions Galilée, 1993).

dt.: *Marx' Gespenster. Der Staat der Schuld, die Trauerarbeit und die neue Internationale* (Aus d. Franz. v. Susanne Lüdemann; Frankfurt/M.: Fischer, 1996). 1996α

1994

Vorträge:

(1994a) [Taking a stand for Algeria], *Vortrag am 7. Feb. 1994 während einer öffentlichen Versammlung des « International Committee in Support of Algerian Intellectuals » (ICSAI).*

fr.: Parti pris pour l'Algérie, in: *Les temps modernes* 580 (1995), 233-241. ***1995b***

engl.: in: *Parallax* 4 (1998) No.2. *1998ζ*

engl.: in: *Acts of Religion* (Edited and with and Introduction by Gil ANIDJAR; New York-London: Routledge, 2002), 301-309. *2002α*

(1994b) Foi et Savoir. Les deux sources de la »religion« aus limites de la simple raison, *Referat am 28. Februar 1994 auf dem von Derrida und Vattimo auf Capri veranstalteten Seminar zum Thema « Religion ».*

fr.: Foi et Savoir. Les deux sources de la »religion« aus limites de la simple raison, in: Jacques DERRIDA / Gianni VATTIMO (Hg.), *La religion* (Paris: Seuil, 1996). ***1996b***

engl.: Faith and Knowledge. The Two Sources of »Religion« at the Limits of Reason Alone, in: J. DERRIDA / G. VATTIMO (Hg.), *Religion* (Cambridge: Polity Press, 1998), 1-78. *1998ε*

dt.: Glaube und Wissen. Die beiden Quellen der »Religion« an den Grenzen der bloßen Vernunft, in: Jacques DERRIDA / Gianni VATTIMO (Hg.), *Die Religion* (Frankfurt/M.: Suhrkamp, 2001), 9-106. *2001δ*

fr.: Foi et Savoir. Les deux sources de la »religion« aus limites de la simple raison, in: *Foi et Savoir. suivi de »Le Siècle et le Pardon« (entretien avec Michel Wieviorka)* (Paris: Seuil, 2001), 7-100. ***2001a***

engl.: Faith and Knowledge. The Two Sources of »Religion« at the Limits of Reason Alone, in: *Acts of Religion* (Edited and with and Introduction by Gil ANIDJAR; New York-London: Routledge, 2002), 42-101. *2002α*

(1994c) The Villanova Roundtable. A Conversation with J. Derrida, *Podiumsdiskussion am 2. Oktober 1994 anläßlich der Inauguration eines « doctoral program in philosophy » an der Villanova University*

engl.: The Villanova Roundtable. A Conversation with Jacques Derrida, in: John D. CAPUTO (Ed.), *Deconstruction in a Nutshell* (New York: Fordham UP, 1997), 1-28. ***1997d***

Publikationen:

1994a *Politiques de l'amitié* (Paris: Éditions Galilée, 1994).

– enthält auch „L'oreille de Heidegger. Philopolémologie (Geschlecht IV)", 341-419. ***1994b***

engl.: The Politics of Friendship, in: *The Journal of Philosophy* 85 (1988) H.11, 632-644. - *(Vorstufe)* ***1988c***

engl.: *Politics of Friendship* (translated by George Collins; London-New York: Verso, 1997). 1997γ

dt.: *Politik der Freundschaft* (Übers.v. Stefan Lorenzer; Frankfurt/M.: Suhrkamp, 2000). 2000β

1994b L'oreille de Heidegger. Philopolémologie (Geschlecht IV), in: *Politiques de l'amitié* (Paris: Galilée, 1994), 341-419.

dt.: Heideggers Ohr. Philopolemologie (Geschlecht IV) (1994), in: *Politik der Freundschaft* (Frankfurt/M.: Suhrkamp, 2000), 411-492. *2000ζ*

1994c *Force de loi* (Paris: Galilée, 1994). – Überarbeitete Fassung

Orig.: Force of Law: The »Mystical Foundation of Authority«, *Vortrag im Okt. 1989 an der Cardozo Law School (New York) anläßlich des Colloquiums »Deconstruction and the Possibility of Justice«.* (1989a)

1995

Vorträge:

(1995a) History of the Lie. Prolegomena, *Vortrag auf einem Symposium zum Thema « Futures » an der Universität von Alabama in Tuscaloosa vom 28.-30. September 1995.*

Orig.: *Vortrag 1993 an der New School for Social Research anläßlich einer Vortragsreihe zu Ehren von Hannah Arendt.* (1995b)

engl.: History of the Lie. Prolegomena, in: Richard RAND (Hg.), *Futures. Of Jacques Derrida* (Stanford, California: Stanford UP, 2001), 65-98. ***2001d***

Publikationen:

1995a Philosophie und Literatur. Ein Gespräch mit Jacques Derrida, in: A. ACKERMANN / H. RAISER / D. UFFELMANN (Hg.), *Orte des Denkens. Neue russische Philosophie* (Wien: Passagen, 1995), 173-199.

Orig.: Philosophie und Literatur, *Gespräch (mit Übersetzung auf Englisch geführt) mit Natal'ja Avtonomova, Valerij Podoroga und Michail Ryklin in Moskau (Februar 1990).* (1990a)

1995b Parti pris pour l'Algérie, in: *Les temps modernes* 580 (1995), 233-241.

Orig.: [Taking a stand for Algeria], *Vortrag am 7. Feb. 1994 während einer öffentlichen Versammlung des « International Committee in Support of Algerian Intellectuals » (ICSAI).* (1994a)

1995c *Mal d'Archive. Une impression freudienne* (Paris, 1995).

dt.: *Dem Archiv verschrieben. Eine Freudsche Impression* (übers.v. H.-D. Gondek u. H. Naumann; Berlin: Brinkmann+Bose, 1997). 1997θ

1996

Vorträge:

(1996a) Question d'étranger: venue de l'étranger, *4. Seminar am 10. Januar 1996.*

fr.: in: *De l'hospitalité. Anne Dufourmantelle invite Jacques Derrida à répondre* (Calmann-Lévy, 1997). **1997c**

engl.: Foreigner Question. Coming from Abroad / from the Foreigner, in: *Of Hospitality. Anne Dufourmantelle invites Jacques Derrida to respond* (Stanford, California: Stanford UP, 2000), 3-73. 2000η

dt.: Frage des Fremden: vom Fremden kommend, in: *Von der Gastfreundschaft. Mit einer »Einladung« von Anne Dufourmantelle* (Wien: Passagen, 2001), 13-57. 2001ζ

(1996b) Pas d'hospitalité, *5. Seminar am 17. Januar 1996.*

fr.: in: *De l'hospitalité. Anne Dufourmantelle invite Jacques Derrida à répondre* (Calmann-Lévy, 1997). **1997c**

engl.: Step of Hospitality / No Hospitality, in: *Of Hospitality. Anne Dufourmantelle invites Jacques Derrida to respond* (Stanford, California: Stanford UP, 2000), 75-155. 2000η

dt.: Schritt der Gastfreundschaft, in: *Von der Gastfreundschaft. Mit einer »Einladung« von Anne Dufourmantelle* (Wien: Passagen, 2001), 59-110. **2001ζ**

Publikationen:

1996a *Le monolingualisme de l'autre: ou la prothèse d'origine* (Paris: Éditions Galilée, 1996).
= Buchfassung eines urspr. frz., aber nur in dt. erschienen Vortrags

dt.: Die Einsprachigkeit des Anderen oder die Prothese des Ursprungs, in: Anselm HAVERKAMP (Hg.), *Die Sprache der Anderen. Übersetzungspolitik zwischen den Kulturen* (Frankfurt/M.: Fischer, 1997) 15-41. - Vortragsfassung **1997a**

engl.: *Monolingualism of the Other; or, The Prosthesis of Origin* (Stanford, California: Stanford UP, 1998). **1998δ**

1996b Foi et Savoir. Les deux sources de la »religion« aus limites de la simple raison, in: Jacques DERRIDA / Gianni VATTIMO (Hg.), *La religion* (Paris: Seuil, 1996).
Orig.: Referat am 28. Februar 1994 auf Capri. (1994b)

1996c A Silkworm of One's Own (Points of View Stitched on the Other Veil), in: *Oxford Literary Review* 18 (1996) No. 1-2.
= datiert mit 24.-28.Nov. 1995 (Buenos Aires), 29.-Nov.-4.Dez.1995 (Santiago de Chile-Valparaiso), 4.-8.Dez.1995 (São Paulo)

engl.: in: *Acts of Religion* (Edited and with and Introduction by Gil ANIDJAR; New York-London: Routledge, 2002), 311-355. *2002α*

fr.: Un ver à soie: Points de vue piqués sur l'autre voile, in: Hélène CIXOUS / Jacques DERRIDA, *Voiles* (Paris: Galilée, 1998). **1998c**

engl.: in: Hélène CIXOUS / Jacques DERRIDA, *Veils* (Stanford: Stanford UP, 2001), 17-92. *2001θ*

1997

1997a Die Einsprachigkeit des Anderen oder die Prothese des Ursprungs, in: Anselm HAVERKAMP (Hg.), *Die Sprache der Anderen. Übersetzungspolitik zwischen den Kulturen* (Frankfurt/M.: Fischer, 1997), 15-41.
= Übers. der urspr. Vortragsfassung, siehe 1996a

fr.: *Le monolingualisme de l'autre: ou la prothèse d'origine* (Paris: Éditions Galilée, 1996). - Buchfassung **1996a**

1997b *Adieu à Emmanuel Lévinas* (Paris: Éditions Galilée, 1997).
= 1. Grabrede anläßlich des Todes von E. Levinas am 27.12.95 (Friedhof v. Pantin)
2. „Wort zum Empfang" (7.12.1996) anläßlich der Eröffnung einer zweitägigen Veranstaltung (*Hommage für Emmanuel Levinas*) unter dem Titel »Visage et Sinaï«

dt.: *Adieu. Nachruf auf Emmanuel Levinas* (München-Wien: Hanser, 1999). 1996β

engl.: Adieu. Emmanuel Levinas (1995), in: Martin MCQUILLAN (Hg.), *Deconstruction. A Reader* (New York: Routledge, 2001) 476-484. *1996γ*

engl.: Adieu (1995), in: *The Work of Mourning* (hg.v. Pascale-Anne Brault and Michael Naas; Chicago-London: University of Chicago Press, 2001) 200-209. **2001b**

1997c *De l'hospitalité. Anne Dufourmantelle invite Jacques Derrida à réspondre* (Paris: Calmann-Lévy, 1997).
= (a) *4. Seminar* „Question d'étranger: venue de l'étranger" / „Foreigner Question. Coming from Abroad / from the Foreigner" (10. Jan. 1996) (1996a)
(b) *5. Seminar* „Pas d'hospitalité" / „Step of Hospitality / No Hospitality" (17. Jan. 1996) (1996b)

engl.: *Of Hospitality. Anne Dufourmantelle invites Jacques Derrida to respond* (Stanford, California: Stanford UP, 2000). 2000η

dt.: *Von der Gastfreundschaft. Mit einer »Einladung« von Anne Dufourmantelle* (Wien: Passagen, 2001). 2001ζ

1997d The Villanova Roundtable. A Conversation with Jacques Derrida, in: John D. CAPUTO (Ed.), *Deconstruction in a Nutshell* (New York: Fordham UP, 1997), 1-28.

Orig.: *Podiumsdiskussion am 2. Oktober 1994 anläßlich der Inauguration eines « doctoral program in philosophy » an der Villanova University* (1994c)

1997e The Villanova Roundtable. A Conversation with Jacques Derrida, in: John D. CAPUTO (Ed.), *Deconstruction in a Nutshell* (New York: Fordham UP, 1997), 1-28.

1998

Vorträge:

(1998a) The Future of the Profession or the Unconditional University, *englischer Vortrag im April 1998 in der Reihe der Presidential Lectures an der Universität Stanford in Kalifornien*

engl.: Vortrag am 11. Oktober 1999 an der Universität Albany (1999c)

dt.: Vortrag im Sommer 2000 in Frankfurt. (2000a)

dt.: *Die unbedingte Universität* (Frankfurt/M.: Suhrkamp, 2001). 2001ε

engl.: The University Without Condition, in: *Without Alibi* (Stanford, California: Stanford UP, 2002). **2002d**

(1998b) Typewriter Ribbon: Limited Ink (2), *Vortrag 1998 auf einer Konferenz am Humanities Center der University of California, Davis.*

engl.: in: Barbara COHEN et al. (Ed.), *Material Events: Paul de Man and the Afterlife of Theory* (Minneapolis: University of Minnesota Press, 2001). **2001e**

engl.: in: *Without Alibi* (Edited, Translated, and with an Introduction by Peggy Kamuf; Stanford, California: Stanford UP, 2002), 71-160. **2002d**

Publikationen:

1998a *Demeure. Maurice Blanchot* (Paris: Galilée, 1998).

engl.: Demeure. Fiction and Testimony, in: Maurice BLANCHOT / Jacques DERRIDA, *The Instant of My Death / Demeure. Fiction and Testimony* (Stanford: Stanford UP, 2000), 13-114. **2000θ**

1998b Thomas ASSHEUER, Ein Gespräch mit dem Philosophen Jacques Derrida über die Intellektuellen, den Kapitalismus und die Gesetze der Gastfreundschaft. »Ich misstraue der Utopie, ich will das Un-mögliche«, in: *Die Zeit* (1998) Nr. 11.

1998c Un ver à soie: Points de vue piqués sur l'autre voile, in: Hélène CIXOUS / Jacques DERRIDA, *Voiles* (Paris: Galilée, 1998).

Orig.: A Silkworm of One's Own (Points of View Stitched on the Other Veil), in: *Oxford Literary Review* 18 (1996) No. 1-2. **1996c**

1999

Vorträge:

(1999a) Forgiving the Unforgivable, *Vortrag an der Goethe-Universität in Frankfurt/M. am 5. Februar.*

(1999b) *Vortrag ohne Titel (nachträglicher Titel:* « Lyotard et *nous*«*) am Collège International de Philosophie in Paris im März 1999; mit einigen Modifikationen vorgetragen im Oktober 1999 an der Emory University in Atlanta.*

fr.: Lyotard et *nous*, in: Dolorès LYOTARD / Jean-Claude MILNEE / Gérald SFEZ (Hg.), *Jean-François Lyotard. L'exercice du différend* (Paris: Presses Universitaires de France, 2001). **2001a**

engl.: Lyotard and *Us*, in: *The Work of Mourning* (Paris: Presses Universitaires de France, 2001), 216-241. **2001b**

dt.: *Lyotard und* wir (Übers.v. Susannne Lüdemann; Berlin: Merve, 2002). 2002δ

(1999c) The Future of the Profession or the Unconditional University, *Vortrag am 11. Oktober 1999 an der Universität Albany*

Audio: http://www.albany.edu/history/derrida.html **1997c**

Orig.: *englischer Vortrag im April 1998 in der Reihe der Presidential Lectures an der Universität Stanford in Kalifornien* (1998a)

<u>Publikationen:</u>

1999a Le Siècle et le Pardon. Entretien avec Michel Wieviorka, in: *Monde des débats* 9 (Dec. 1999).

fr.: in: *Foi et Savoir. suivi de »Le Siècle et le Pardon« (entretien avec Michel Wieviorka)* (Paris: Éditions du Seuil, 2001), 101-133. **2001a**

1999b Bemerkungen zu Dekonstruktion und Pragmatismus, in: Chantal MOUFFE (Hg.), *Dekonstruktion und Pragmatismus. Demokratie, Wahrheit und Vernunft* (Wien: Passagen, 1999), 171-195.

Orig.: Bemerkungen zu Dekonstruktion und Pragmatismus], *Vortrag am 29. Mai 1993 beim Symposion »Pragmatismus und Dekonstruktion« in Paris.* (1993a)

1999c Marx & Sons, in: Michael SPRINKER (Hg.), *Ghostly Demarcations. A Symposium on Jacques Derrida's »Specters of Marx«* (London-New York: Verso, 1999), 213-269.

2000

<u>Vorträge:</u>

(2000a) [Die unbedingte Universität], *Vortrag in Frankfurt/M.*

Orig.: *englischer Vortrag im April 1998 in der Reihe der Presidential Lectures an der Universität Stanford in Kalifornien* (1998a)

dt.: *Die unbedingte Universität* (Frankfurt/M.: Suhrkamp, 2001). 2001ε

<u>Publikationen:</u>

2000a »A Self-Unsealing Poetic Text«. Zur Poetik und Politik des Zeugnisses, in: Peter BUHRMANN (Hg.), *Zur Lyrik Paul Celans* (Text & Kontext Sonderreihe, Bd. 44; Kopenhagen-München: Fink, 2000) 147-182.

Orig.: Vortrag am 20. März 1999 in Oslo.

2000b *Le toucher, Jean-Luc Nancy* (Paris: Galilée, 2000).

2000c *Etats d'âme de la psychanalyse* (Paris: Galilée, 2000).

engl.: Psychoanalysis Searches the States of Its Soul. The Impossible Beyond of a Sovereign Cruelty, in: *Without Alibi* (Stanford, California: Stanford UP, 2002) 238-280. ***2002d***

2001

<u>Vorträge:</u>

(2001a) [Dankesrede anläßlich der Verleihung des Theodor-W.-Adorno-Preises], *Frankfurt/M., 22. September 2001.*

dt.: Die Sprache des Fremden und das Räubern am Weg. Dankesrede anläßlich der Verleihung des Theodor-W.-Adorno-Preises 2001, in: *Le Monde diplomatique. Deutsche Ausgabe* 8 (2002) Nr.1, 12ff. ***2002c***

<u>Publikationen:</u>

2001a *Foi et Savoir. suivi de »Le Siècle et le Pardon« (entretien avec Michel Wieviorka)* (Paris: Éditions du Seuil, 2001).

<u>Inhalt</u>:

- S.007-100: Foi et Savoir. Les deux sources de la »religion« aus limites de la simple raison.

Orig.: Foi et Savoir. Les deux sources de la »religion« aus limites de la simple raison, *Referat am 28. Februar 1994 auf dem von Derrida und Vattimo auf Capri veranstalteten Seminar zum Thema « Religion ».* (1994b)

- S.101-133: Le Siècle et le Pardon. Entretien avec Michel Wieviorka.

Orig.: in: *Monde des débats* 9 (Dec. 1999). ***1999a***

2001b *The Work of Mourning* (hg.v. Pascale-Anne Brault / Michael Naas; Chicago-London: University of Chicago Press, 2001).

2001c »Niemand ist unschuldig«. Adorno-Preis: Ein Gespräch mit Ulrich Raulff über Philosophie im Angesicht des Terrors, in: *Süddeutsche Zeitung* (24. Sept. 2001).

2001d History of the Lie. Prolegomena, in: Richard RAND (Hg.), *Futures. Of Jacques Derrida* (Stanford, California: Stanford UP, 2001), 65-98.

Orig.: *Vortrag auf einem Symposium zum Thema « Futures » an der Universität von Alabama in Tuscaloosa vom 28.-30. September 1995.* (1995a)

2001e Typewriter Ribbon: Limited Ink (2), in: Barbara COHEN et al. (Ed.), *Material Events: Paul de Man and the Afterlife of Theory* (Minneapolis: University of Minnesota Press, 2001).

Orig.: *Vortrag 1998 (Konferenz am Humanities Center der University of California, Davis)* (1998b)

2002

2002a The Eyes of Language. The Abyss and the Volcano, in: *Acts of Religion* (Edited and with and Introduction by Gil ANIDJAR; New York-London: Routledge, 2002), 191-227. *2002α*

= Von G. Anidjar stark überarbeitete Übersetzung, die ursprünglich von Joseph Adamson und Jean Wilson für Derrida in den 80er-Jahren erstellt wurde.

2002b Hostipitality, in: *Acts of Religion* (Edited and with and Introduction by Gil ANIDJAR; New York-London: Routledge, 2002), 356-420. *2002α*

= Der Text gibt vier Sitzungen (8. Jan., 12. Feb., 5. März, 7. Mai 1997) eines Seminars über „Gastfreundschaft" wieder.

2002c Die Sprache des Fremden und das Räubern am Weg. Dankesrede anläßlich der Verleihung des Theodor-W.-Adorno-Preises 2001, in: *Le Monde diplomatique. Deutsche Ausgabe* 8 (2002) Nr.1, 12ff.

Orig.: *Dankesrede, gehalten in Frankfurt/M. am 22. September 2001* (2001a)

2002d *Without Alibi* (Edited, Translated, and with an Introduction by Peggy Kamuf; Stanford, California: Stanford UP, 2002).

Inhalt:

- S.xv-xxv: Provocation: Forewords
- S.001-027: Peggy KAMUF, Introduction: Event of Resistance
- S.028-070: History of the Lie: Prolegomena

  Orig.: *Vortrag 1993 an der New School for Social Research anläßlich einer Vortragsreihe zu Ehren von Hannah Arendt.* (1993b)

- S.071-160: Typewriter Ribbon: Limited Ink (2)

  Orig.: *Vortrag 1998 auf einer Konferenz am Humanities Center der University of California, Davis.* (1998b)

- S.161-201: »Le Parjure,« *Perhaps*: Storytelling and Lying
- S.202-237: The University Without Condition

  Orig.: The Future of the Profession or the Unconditional University, *englischer Vortrag im April 1998 in der Reihe der Presidential Lectures an der Universität Stanford in Kalifornien* (1998a)

• S.238-280: Psychoanalytic Searches the States of Its Soul: The Impossible Beyond of a Sovereign Cruelty
Orig.: *Etats d'âme de la psychanalyse* (Paris: Galilée, 2000). **2000c**

2. Deutsche und Englische Übersetzungen

1972

1972α *Die Schrift und die Differenz* (übers. v. R. Gasché; Frankfurt/M.: Suhrkamp, 1972 [⁶1994]).
Orig.: *L'écriture et la différence* (Paris: Éditions du Seuil, 1967). **1967b**

1973

1973α *Speech and Phenomena. And Other Essays on Husserl's Theory of Signs* (Evanston: Nothwestern UP, 1973). - *inkl. «La différance» and «Form and Meaning»*
Orig.: *La Voix et le phénomène. Introduction au problème du signe dans la phénoménologie de Husserl* (Paris: Presses Universitaires de France, 1967 [²1972, ³1976, ⁴1983...]). **1967a**

1974

1974α *Grammatologie* (übers. v. H.-J. Rheinberger u. H. Zischler; Frankfurt/M.: Suhrkamp, 1974 [⁶1996]).
Orig.: *De la grammatologie* (Paris: Éditions de Minuit, 1967). **1967c**

1976

1976α *Randgänge der Philosophie* (übers.v. H. Beese u.a.; Frankfurt/M.-Berlin-Wien, 1974). - Teilübersetzung
Orig.: *Marges – de la philosophie* (Paris: Éditions de Minuit, 1972). **1972b**
dt.: *Randgänge der Philosophie* (übers.v. G. Ahrens; Wien: Passagen, 1988 [überarb. ²1999]). – vollständige Übersetzung 1988ι

1976β *Of Grammatologie* (transl. by Gayatri Chakravorty Spivak; Baltimore: John Hopkins UP, 1976 [corr. Edition 1997]).
Orig.: *De la grammatologie* (Paris: Éditions de Minuit, 1967). **1967c**

1977

1977α Signature Event Context, in: *Glyph. John Hopkins Textual Studies* 1 (1977), 172-197.
Orig.: *Vortrag auf dem Congrès international des Sociétés de philosophie de langue française (Montreal August 1971) zum Thema „La communication"* (1971a)

1978

1978α *Edmund Husserl's »Origin of Geometry«. An Introduction* (Transl., with a preface, by John P. Leavey, Jr.; Stony Brook, N.Y., 1978).
Orig.: Edmund HUSSERL, *L'Origine de la géométrie. Traduction et introduction par Jacques Derrida* (Paris: Presses Universitaires de France, 1962 [²1974]). **1962a**

1978β *Writing and Difference* (transl., with an Introduction and Additional Notes, by Alan Bass; Chicago: Chicago UP, 1978).
Orig.: *L'écriture et la différence* (Paris: Éditions du Seuil, 1967 [²1979]). **1967b**

1979

1979α *Die Stimme und das Phänomen. Ein Essay über das Problem des Zeichens in der Philosophie Husserls* (übers. u. mit einem Vorw. vers. v. J. Hörisch; Frankfurt/M.: Suhrkamp, 1979).
Orig.: *La voix et le phénomène* (Paris, 1967). **1967a**

1979β »Fors«. Die Winkelwörter von Nicolas Abraham und Maria Torok, in: Nicolas ABRAHAM / Maria TOROK, *Kryptonymie. Das Verbarium des Wolfsmanns* (Frankfurt/M.-Berlin-Wien: Ullstein, 1979), 5-58.
Orig.: Fors. Preface, in: Nicolas ABRAHAM / Maria TOROK, *Cryptonymie: Le verbier de l'Homme aux loups* (Paris: Flammarion, 1976). ***1976b***

1980

1980α Scribble. Macht/Schreiben, in: William WARBURTON, *Versuche über die Hieroglyphen der Ägypter* (Frankfurt-Berlin-Wien: Ullstein, 1980), vii-lv.
Orig.: Scribble. Préface, in: William WARBURTON, *Essai sur les hiéroglyphes Egyptiens* (hg.v. Patrick Tort; Paris: Aubier-Flammarion, 1978). ***1978d***

1981

1981α *Dissemination* (Translated, with an Introduction and Additional Notes by Barbara Johnson; Chicago: University of Chicago Press, 1981).
Orig.: *La dissémination* (Paris: Seuil, 1972). **1972a**

1981β *Positions* (Translated und Annotated by Alan Bass; Chicago: University of Chicago Press, 1981).
Orig.: *Positions* (Paris: Éditions de Minuit, 1972). **1972c**

1981γ Economimesis, in: *Diacritics* 11 (1981), 3-25.
Orig.: Economimesis, in: Sylvaine AGACINSKI (Hg.), *Mimesis – des articulations* (Paris: Aubier-Flammarion, 1975). ***1975*d**

1981δ Titre (á préciser), in: *Nuevo Corrente* 28 (1981), 7-32.
Orig.: Titel (noch zu bestimmen), in: *Austreibung des Geistes aus den Geisteswissenschaften* (Paderborn-München-Wien-Zürich, 1980), 15-37. ***1980*d**

1981ε Title (to be specified), in: *Sub-Stance* 31 (1981), 5-22.
Orig.: Titel (noch zu bestimmen), in: *Austreibung des Geistes aus den Geisteswissenschaften* (Paderborn-München-Wien-Zürich, 1980), 15-37. ***1980*d**

1982

1982α *Die Postkarte - von Sokrates bis an Freud und jenseits* (1. Lfg: Envois / Sendungen; übers.v. H. Metzger; Berlin: Brinkmann & Bose, 1982 [[2]1989]).
Orig.: *La carte postale. De Socrate à Freud et au delà* (Paris, 1980). **1980a**

1982β Of an Apocalyptic Tone Recently Adopted in Philosophy, in: *Derrida and Biblical Studies* (Semeia 23; 1982), 63- ??? - übers.v. John P. Leavey, Jr.
Orig.: *Vortrag auf dem, dem Werk Derridas gewidmeten Colloquium "Le fins de l'homme (A partir du travail de Jacques Derrida)" in Cerisy-la-Salle (23.7.-2.8.1980)* (1980c)

1982γ *Margins of Philosophy* (transl., with additional notes, by Alan Bass; Chicago: University of Chicago Press, 1982).
Orig.: *Marges – de la philosophie* (Paris: Minuit, 1972). **1972b**

1984

1984α *Otobiographies, L'enseignement de Nietzsche et la politique du nom propre* (Paris 1984). - erw. Ausgabe
Orig.: Nietzsche, Otobiographie oder Politik des Eigennamens. Die Lehre Nietzsches, in: *Fugen. Deutsch-Französisches Jahrbuch für Text-Analytik* (Olten/Freiburg, 1980) 64-98. ***1980b***
dt.: Otobiographien. Die Lehre Nietzsches und die Politik des Eigennamens, in: Jacques DERRIDA / Friedrich KITTLER, *Nietzsche - Politik des Eigennamens. Wie man abschafft, wovon man spricht* (Berlin: Merve, 2000), 7-63. – Übers. d. erw. fr. Buchausgabe. *2000α*

1985

1985α Von einem neuerdings erhobenen apokalyptischen Ton in der Philosophie, in: Jacques DERRIDA, *Apokalypse* (Graz-Wien: Böhlau, 1985), 9-90.
Orig.: *D'un ton apocalyptique adopté naguère en philosophie* (Paris, Éditions Galilée, 1983). **1983a**
[= überarb. Fassung eines Vortrags auf dem, dem Werk Derridas gewidmeten Colloquium "Le fins de l'homme (A partir du travail de Jacques Derrida)" in Cerisy-la-Salle (23.7.-2.8.1980).] (1980c)

1985β *Recht auf Einsicht* (Wien: Passagen, 1985 [[2]1997]). - gem. m. Marie-Françoise PLISSART [Photographie]
Orig.: *Lectures de:* "Droit de regards" (Paris: Minuit, 1985). - gem.m. Marie-Françoise PLISSART/B. PEETERS **1985i**

1986

1986α *Positionen. Gespräche mit Henri Ronse, Julia Kristeva, Jean-Louis Houdebine, Guy Scarpetta* (übers.v. D. Schmidt u. Miabr. v. A. Wintersberger; Graz-Wien: Böhlau, 1986).
Orig.: *Positions. Entretiens avec Henri Ronse, Julia Kristeva, Jean-Louis Houdebine, Guy Scarpetta* (Paris: Éditions de Minuit, 1972). **1972c**

1986β *Schibboleth. Für Paul Celan* (Wien: Passagen, 1986 [[2]1996])
Orig.: [Schibboleth. Für Paul Celan], *Vortrag im Oktober 1984 in Seattle anläßlich eines Internationalen Paul-Celan-Symposiums der Universität Washington.* (1984d)

1986γ Die Tode von Roland Barthes, in: *Fotogeschichte – Beiträge zur Geschichte und Ästhetik der Fotographie* 6 (1986) H.20, 11-27.
Orig.: Les morts de Roland Barthes, in: *Poétique* (Sept. 1981) Nr. 47, 269-291. **1981b**
dt.: *Die Tode von Roland Barthes* (Berlin, 1987). *1987ε*

1986δ Das Subjektil ent-sinnen, in: Paule THÉVENIN / Jacques DERRIDA, *Antonin Artaud. Zeichnungen und Portraits* (München: Schirmer/Mosel, 1986) 51-109.
Orig.: *Forcener le subjectile* (Paris, 1986). **1986d**

1986ε The Age of Hegel, in: Samuel WEBER (Ed.), *Demarcating the Disciplines: Philosophy, Literature, Art* (Minneapolis: University of Minnesota Press, 1986), 3-44.
Orig.: L'âge de Hegel, in: *Qui a peur de la philosophie* (hg.v. Greph; Paris: Flammarion, 1977). ***1977b***

1986ζ Sporen. Die Stile Nietzsches, in: Werner HAMACHER (Hg.), *Nietzsche aus Frankreich* (Frankfurt/M.-Berlin: Ullstein, 1986), 129-168.
Orig.: Eperons. Les styles de Nietzsche, *Vortrag auf einem Colloquium in Cerisy-la-Salle im Juli 1972.* (1972a)

1987

1987α *Mémoires – pour Paul de Man* (Paris, 1987).
Orig.: *Mémoires – for Paul de Man* (New York, 1986). **1986c**
dt.: *Mémoires – für Paul de Man* (Wien: Passagen, 1988). 1988γ

1987β *Die Postkarte - von Sokrates bis an Freud und jenseits* (2. Lfg: Spekulieren - über / auf »Freud«; übers.v. H. Metzger; Berlin: Brinkmann & Bose, 1987).
Orig.: *La carte postale. De Socrate à Freud et au delà* (Paris, 1980). **1980a**

1987γ *Husserls Weg in die Geschichte am Leitfaden der Geometrie. Ein Kommentar zur Beilage III der »Krisis«* (übers. v. R. Hentschel u. A. Knop; München: Fink, 1987).
Orig.: Edmund HUSSERL, *L'origine de la géometrie. Traduction et introduction par Jacques Derrida* (Presses Universitaires de France, 1962 [[2]1974]). ***1962a***

1987δ Der Entzug der Metapher, in: Volker BOHN (Hg.), *Romantik. Literatur und Philosophie* (Frankfurt/M.: Suhrkamp, 1987) 317-355. - Erstübersetzung
Orig.: Vortrag in Genf am 1. Juni 1978. (1978a)
fr.: Le retrait de la métaphore (1978), in: *Psychè. Inventions de l'autre* (Paris: Galilée, 1987), 63-93. ***1987a***

1987ε *Die Tode von Roland Barthes* (Berlin, 1987).
Orig.: Les morts de Roland Barthes, in: *Poétique* (Sept. 1981) Nr. 47, 269-291. ***1981b***

1987ζ Die Bewunderung Nelson Mandelas oder Die Gesetze der Reflexion, in: J. DERRIDA (Hg.), *Für Nelson Mandela* (Reinbek, 1987), 11-45.
Orig.: Admiration de Nelson Mandela ou Les lois de la réflexion (1986), in: *Psychè. Inventions de l'autre* (Paris: Galilée, 1987), 63-93. ***1987a***

1988

1988α Geschlecht. Sexuelle Differenz, ontologische Differenz, in: Jacques DERRIDA, *Geschlecht (Heidegger)* (Wien: Passagen-Böhlau, 1988) 11-43.
Orig.: in: *Psychè. Inventions de l'autre* (Paris: Galilée, 1987), 395-414. ***1987a***

1988β Heideggers Hand (Geschlecht II), in: Jacques DERRIDA, *Geschlecht (Heidegger)* (Wien: Passagen-Böhlau, 1988) 45-99.
Orig.: La main de Heidegger (Geschlecht II) (1984-1985), in: *Psychè. Inventions de l'autre* (Paris: Galilée, 1987), 415-451. ***1987a***

1988γ *Mémoires – für Paul de Man* (Wien: Passagen, 1988).
Orig.: *Mémoires – for Paul de Man* (New York, 1986). **1986c**

1988δ *Wie Meeresrauschen auf dem Grund einer Muschel .... Paul de Mans Krieg. Mémoires II* (Wien: Passagen, 1988).
Orig.: *Comme le bruit de la mer au fond d'un coquillage. La guerre de Paul de Man. Mémoires II* (Paris 1988). **1988a**

1988ε *Vom Geist. Heidegger und die Frage* (Frankfurt/M.: Suhrkamp, 1988 [²1993]).
Orig.: *De l'esprit. Heidegger et la question* (Paris: Éditions Galilée, 1987). **1988a**

1988ζ *Ulysses Grammophon. Zwei Deut für Joyce* (Berlin: Brinkmann & Bose, 1988).
Orig.: *Ulysse gramophone. Deux mots pour Joyce* (Paris, 1987). **1987d**

Inhalt:

- S.9-39: Zwei Deut für Joyce
  Orig.: [Zwei Deut für Joyce], *improvisierte Rede am 15. Nov. 1982 auf einem Kolloquium «Pour James Joyce» im Centre Georges-Pompidou.* (1982b)
- S.41-116: Ulysses Grammophon. Ja-hören-sagen von Joyce
  Orig.: Ulysses Grammmophon, *Vortrag am 12. Juni 1984 zur Eröffnung des Internationalen James Joyce Symposiums in Frankfurt.* (1984c)

1988η *Feuer und Asche* (Berlin: Brinkmann & Bose, 1988).
Orig.: *feu la cendre* (Paris: des femmes, 1987). **1987b**

1988ι *Randgänge der Philosophie* (übers.v. G. Ahrens; Wien: Passagen, 1988 [überarb. ²1999]). – vollständige Übersetzung
Orig.: *Marges – de la philosophie* (Paris: Éditions de Minuit, 1972). **1972b**

1988κ Am Nullpunkt der Verrücktheit – Jetzt die Architektur (1986), in: Wolfgang WELSCH (Hg.), *Wege aus der Moderne. Schlüsseltexte der Postmoderne-Diskussion* (Berlin: Akademie Verlag, ²1994/¹1988), 215-232.
Orig.: Point de folie - maintenant l'architecture (1986), in: *Psychè. Inventions de l'autre* (Paris: Galilée, 1987), 477-493. ***1987a***

1988λ Letter to a Japanese Friend (1985), in: David WOOD / Robert BERNASCONI (Hg.), *Derrida and »Différance«* (Evanston: Northwestern University Press, 1988) 1-5.

Orig.: Lettre à un ami japonais (1985), in: *Psyché. Inventions de l'autre* (Paris: Galilée, 1987), 387-393. ***1987a***

1988μ Telepathy, in: *Oxford Literary Review* 10 (1988), 3-41.

Orig.: *Telepathie* (Berlin: Brinkmann & Bose, 1982). **1982a**

1989

1989α *Wie nicht sprechen. Verneinungen* (Wien: Passagen, Böhlau, 1989).

Orig.: Vortrag im Juni 1986 in Jerusalem. (1986a)

1989β Zweiundfünfzig Aphorismen für eine Vorrede, in: A. PAPADAKIS (Hg.), *Dekonstruktivismus. Eine Anthologie* (Stuttgart: Klett-Cotta, 1989), 67-71.

Orig.: Cinquante-deux aphorismes pour un avant-propos, in: *Psyché. Inventions de l'autre* (Paris: Galilée, 1987), 509-518. ***1987a***

1989γ Psyche. Inventions of the Other, in: Lindsay WATERS / Wlad GODZICH (Hg.), *Reading de Man Reading* (Minneapolis: University of Minneapolis Press, 1989).

Orig.: Psyché, Invention de l'autre, in: *Psyché. Inventions de l'autre* (Paris: Galilée, 1987), 11-61. ***1987a***

1989δ Im Gespräch mit Christoher Norris, in: A. PAPADAKIS (Hg.), *Dekonstruktivismus. Eine Anthologie* (Stuttgart: Klett-Cotta, 1989) 73-78.

Orig.: Video-Interview mit Christopher Norris (März 1988). (1988a)

1989ε *Edmund Husserl's »Origin of Geometry«. An Introduction* (Transl., with a preface and afterword, by John P. Leavey, Jr.; Lincoln-London: University of Nebraska Press, 1989).

Orig.: Edmund HUSSERL, *L'Origine de la géométrie. Traduction et introduction par Jacques Derrida* (Paris: Presses Universitaires de France, 1962 [²1974]). **1962a**

1989ζ How To Avoid Speaking. Denials, in: Sanford BUDICK / Wolfgang ISER (Ed.) *Languages of the Unsayable: The Play of Negativity in Literature and Literary Theory* (New York: Columbia University Press, 1989).

Orig.: Vortrag im Juni 1986 in Jerusalem. (1986a)

1990

1990α Eben in diesem Moment in diesem Werk findest du mich, in: Michael MAYER / Markus HENTSCHEL (Hg.), *Lévinas. Zur Möglichkeit einer prophetischen Philosophie* (Parabel 12; Gießen: Focus, 1990), 42-83.

Orig.: in: *Psyché. Inventions de l'autre* (Paris: Galilée, 1987), 159-202. ***1987a***

1990β Chora (Wien: Passagen, 1990). - «1. Version»

Orig.: Chora, in: *Poikilia: Etudes offertes à Jean-Pierre Vernant* (Paris: Ecole des Hautes Etudes en Science Sociales, 1987). - « 1. Version » ***1987e***

fr.: *Khôra* (Paris: Éditions Galilée, 1993). - «2. Version» **1993a**

engl.: Khôra, in: *On the Name* (Stanford, California: Stanford University Press, 1995) 89-127. - «2. Version» *1995α*

1990γ Die différance, in: Peter ENGELMANN (Hg.), *Postmoderne und Dekonstruktion. Texte französischer Philosophen der Gegenwart* (Stuttgart: Reclam, 1990), 76-113.

Orig.: La différance, *Vortrag vor der Société française de philosophie am 27.1.1968* (1968b)

1990δ Heideggers Hand (Geschlecht II) (1984/85), in: Peter ENGELMANN (Hg.), *Postmoderne und Dekonstruktion. Texte französischer Philosophen der Gegenwart* (Stuttgart: Reclam, 1990), 165-223.

Orig.: La main de Heidegger (Geschlecht II) (1984-1985), in: *Psyché. Inventions de l'autre* (Paris: Galilée, 1987), 415-451. ***1987a***

1990ε *Glas* (English Translation by John P. Leavey, Jr., and Richard Rand; Lincoln-London: University of Nebraska Press, 1990).

Orig.: *Glas* (Paris: Galilée, 1974). **1974a**

1990ζ Semiologie und Grammatologie. Gespräch mit Julia Kristeva, in: P. ENGELMANN (Hg.), *Postmoderne und Dekonstruktion. Texte französischer Philosophen der Gegenwart* (Stuttgart: Reclam, 1990), 140-164.

Orig.: [Semiologie und Grammatologie. Gespräch mit Julia Kristeva], in: *Information sur les sciences sociales* VII (3. Juni 1968). ***1968a***

1990η Wenn übersetzen statt hat. Die Philosophie in ihrer Nationalsprache, in: F. KITTLER / M. SCHNEIDER / S. WEBER (Hg.), *Diskursanalysen 2 (Institution Universität)* (Opladen, 1990).

Orig.: S'il y a lieu de traduire (I): La philosophie dans sa langue nationale (vers une »literature en françois«), in: *Du droit à la philosophie* (Paris: Galilée, 1990), 283-309. ***1990d***

1991

1991α *Gesetzeskraft. Der »mystische Grund der Autorität«* (Frankfurt/M.: Suhrkamp, 1991).

Inhalt:

- 1.Teil: Vortrag Okt. 1989 an der Cardozo Law School (New York). (1989a)
- 2.Teil: Eröffnungsrede vom 26. April 1990 am Kolloquium "Nazism and the »Final Solution«. Probing the Limits of Representation"

1991β Interpretations at War. Kant, der Jude, der Deutsche, in: *New Literary History* 22 (1991), No.1.

Orig.: Interpretations at War: Kant, the Jew, the German, *engl. Vortrag auf einem Internationale Kolloquium in Jerusalem (5.-11. Juni 1988), das unter dem von Derrida zwei Jahre zuvor vorgeschlagenen Titel « Die Institutionen der Interpretation » stand.* (1988b)

1992

1992α *Die Wahrheit in der Malerei* (übers.v. M. Wetzel; Wien: Passagen, 1992).

Orig.: *La vérité en peinture* (Paris: Flammarion, 1978). **1978a**

1992β *Préjugés. Vor dem Gesetz* (Wien: Passagen, 1992 [²1999]).

Orig.: Vortrag 1982 (Kolloquium in Cerisy-la-Salle zum Werk von J.-F. Lyotard) (1982a)

fr.: Préjugés. Devant la loi, in: *La faculté de juger* (Paris 1985), 87-139. ***1985d***

1992γ *Das andere Kap. Die vertagte Demokratie. Zwei Essays zu Europa* (Frankfurt/M.: Suhrkamp, 1992).

Orig.: *L'autre cap, suivi de: La démocratie ajournée* (Paris 1991). **1991a**

1992δ Of an Apocalyptic Tone Newly Adopted in Philosophy, in: Harold Coward / Toby FOSHAY (Ed.), *Jacques Derrida and Negative Theology* (New York: SUNY Press, 1992), 25-71. – *überarb. Übers. v. John P. Leavey. Jr.*

Orig.: *Vortrag auf dem, dem Werk Derridas gewidmeten Colloquium "Le fins de l'homme (A partir du travail de Jacques Derrida)" in Cerisy-la-Salle (23.7.-2.8.1980).* (1980c)

1992ε How To Avoid Speaking. Denials, in: Harold Coward / Toby Foshay (Hg.), *Derrida and Negative Theology* (New York: SUNY Press, 1992), 73-142.

Orig.: *Vortrag im Juni 1986 in Jerusalem* (1986a)

1992ζ Psyche. Invention of the Other *[Auszüge]*, in: J. DERRIDA., *Acts of Literature* (ed. by Derek Attridge; New York-London: Routledge, 1992), 310-343.

- *S.37-58 des fr. Orig. sind ausgelassen*

Orig.: Psyché, Invention de l'autre (1983-84), in: *Psychè. Inventions de l'autre* (Paris: Galilée, 1987), 11-61. ***1987a***

1992η Aphorism Countertime, in: J. DERRIDA, *Acts of Literature* (ed. by Derek Attridge; New York-London: Routledge, 1992), 414-435.

Orig.: L'aphorisme à contretemps (1986), in: *Psychè. Inventions de l'autre* (Paris: Galilée, 1987), 519-533. ***1987a***

1992θ *The Other Heading. Reflections on Today's Europe* (Transl. by Pascal-Anne Brault and Michael B. Naas; Bloomington-Indianapolis: Indiana UP, 1992).

Orig.: *L'autre cap suivi de La démocratie ajournée* (Paris 1991). *1991α*

1992ι Passions. »An oblique Offering«, in: David WOOD (Hg.), *Derrida. A Critical Reader* (Oxford-Cambridge: Blackwell, 1992), 5-35.

Orig.: *Passions* (Paris, 1993). **1993b**

1993

1993α *Falschgeld. Zeit geben I* (Übers.v. Andreas Knop u. Michael Wetzel; München: Fink, 1993).

Orig.: Seminar 1977/78 an der Ecole normale supérieure. (1977a)

fr.: *Donner le temps 1. La fausse monnaie* (Paris 1991). **1991c**

1993β Wenn es Gabe gibt – oder: »Das falsche Geldstück«, in: M. WETZEL / J.-M. RABATÉ (Hg.), *Ethik der Gabe. Denken nach Jacques Derrida* (Berlin: Akademie-Verlag, 1993), 93-136.

Orig.: [Wenn es Gabe gibt– oder: »Das falsche Geldstück«], *Vortrag am 8.12.1990 in Royaumont.* (1990d)

1993γ Circumfession, in: Geoffrey BENNINGTON / Jacques DERRIDA, *Jacques Derrida* (Chicago-London: University of Chicago Press, 1994).

Orig.: Circonfession, in: Geoffrey BENNINGTON / Jacques DERRIDA, *Jacques Derrida* (Paris 1991). ***1991b***

1993δ *Memoirs of the Blind. The Self-Portrait and Other Ruins* (Translated by Pascale-Anne Brault and Michael Naas; Chicago-London: The University of Chicago Press, 1993).

Orig.: *Mémoires d'aveugle. L'autoportrait et autres ruines* (Paris 1990), 9-130. ***1990c***

1993ε *Die Archäologie des Frivolen* (übers. v. J. Wilke; Berlin: Akademie Verlag, 1993).

Orig.: *»L'archéologie du frivole«. Introduction à l'Essai sur l'origine des connaissances humaines de Condillac* (Paris: Galilée, 1973). ***1973a***

1994

1994α *Gestade* (Wien: Passagen, 1994).

Orig.: *Parages* (Paris, 1986). **1986b**

Inhalt:

- S.021-118: **dt.:** Pas
- S.119-217: **dt.:** Überleben
- S.219-244: **dt.:** Titel (noch zu bestimmen)
  Orig.: in: *Austreibung des Geistes aus den Geisteswissenschaften* (Paderborn-München-Wien-Zürich, 1980), 15-37. ***1980d***
- S.245-283: **dt.:** Das Gesetz der Gattung

1994β Zirkumfession, in: Geoffrey BENNINGTON / Jacques DERRIDA, *Jacques Derrida. Ein Portrait* (Frankfurt/M.: Suhrkamp, 1994).

Orig.: Circonfession, in: Geoffrey BENNINGTON / Jacques DERRIDA, *Jacques Derrida* (Paris 1991). ***1991b***

1994γ Den Tod geben, in: Anselm HAVERKAMP (Hg.), *Gewalt und Gerechtigkeit. Derrida - Benjamin* (Frankfurt: Suhrkamp, 1994), 331-445.

= Beitrag am Colloque de Royaumont, 1990

Orig.: Donner la mort, in: J.M. RABATÉ / M. WETZEL (Hg.), *L'éthique du don. Jacques Derrida et la pensée du don* (Paris 1992). ***1992a***

engl.: *The Gift of Death* (Translated by David Wills; Religion and Postmodernism; Chicago-London: University of Chicago Press, 1995). 1995γ

1994δ *Meine Chancen. Rendez-vous mit einigen epikureischen Stereophonien* (Berlin: Brinkmann & Bose, 1994). - vom Autor leicht revidierte Fassung

Orig.: Vortrag (Okt. 1982) „La chance. Coincidences, Chance and Hasard in Literature and Psychoanalysis" im Rahmen der „Weigert lectures" des „Forum on psychiatry and the humanities" an der „Washington School of Psychiatry".

fr.: La chance, in: *Tijdschrift voor Filosofie* (1983) H.1. [Leuven] ***1983b***

engl.: in: W. KERRIGAN / J.H. SMITH (Hg.), *Taking chances* (1984).

fr.: in: *Cahiers confrontation* 19 (1988). [Paris]

1995

1995α *On the Name* (Stanford, California: Stanford University Press, 1995).

Inhalt:

- S.003-031: Passions. »An Oblique Offering«
  - **Orig.:** *Passions* (Paris, 1993). **1993b**
  - **engl.:** Passions. An oblique Offering, in: David WOOD (Hg.), *Derrida. A Critical Reader* (London: Blackwell, 1992), 5-35. *1992ι*
- S.035-085: Sauf le nom (Post-Scriptum)
  - **Orig.:** Post-Scriptum. Apories, Ways and Voices, in: COWARD, Harold / FOSHAY, Toby (Hg.), *Derrida and Negative Theology* (New York: State University of New York Press, 1992). **1992e**
- S.089-127: Khôra. - «2. Version»
  - **Orig.:** Chora, in: *Poikilia: Etudes offertes à Jean-Pierre Vernant* (Paris: Ecole des Hautes Etudes en Science Sociales, 1987). - « 1. Version » ***1987e***
  - **dt.:** Chora (Wien: Passagen, 1990). - «1. Version» 1990β

1995β *Dissemination* (Wien: Passagen, 1995).

Orig.: *La dissémination* (Paris: Seuil, 1972). **1972a**

1995γ *The Gift of Death* (Translated by David Wills; Religion and Postmodernism; Chicago-London: University of Chicago Press, 1995).

= Beitrag am Colloque de Royaumont, 1990

Orig.: Donner la mort, in: J.M. RABATÉ / M. WETZEL (Hg.), *L'éthique du don. Jacques Derrida et la pensée du don* (Paris 1992). ***1992a***

dt.: Den Tod geben, in: Anselm HAVERKAMP (Hg.), *Gewalt und Gerechtigkeit. Derrida - Benjamin* (Frankfurt: Suhrkamp, 1994), 331-445. *1994γ*

1996

1996α *Marx' Gespenster. Der Staat der Schuld, die Trauerarbeit und die neue Internationale* (Aus d. Franz. v. Susanne Lüdemann; Frankfurt/M.: Fischer, 1996). **1993d**

1997

1997α Punktierungen - die Zeit der These, in: Hans-Dieter GONDEK / Bernhard WALDENFELS (Hg.), *Einsätze des Denkens. Zur Philosophie von Jacques Derrida* (Frankfurt/M.: Suhrkamp, 1997) 19-39.

Orig.: Vorgetragen als „Soutenance d'une thèse de doctorat d'Etat" am 2. Juni 1980 an der Sorbonne. (1980b)

1997β *Einige Statements und Binsenweisheiten über Neologismen, New-Ismen, Post-Ismen, Parasitismen und andere kleine Seismen* (Berlin: Merve, 1997). – überarb. Fassung

Orig.: Beitrag beim Kolloquium The states of »theory«. History, art and critical discourse 1986 in Irvine (Kalifornien)

engl.: Some statements and truisms about neologisms, newisms, postisms, parasitisms, and other small seismisms, in David CARROLL (Hg.) *The states of »theory«. History, art and critical discourse* (Irvine Studies in the Humanities Volumes; New York: Columbia University Press, 1990). ***1990e***

1997γ *Politics of Friendship* (translated by George Collins; London-New York: Verso, 1997).

Orig.: *Politiques de l'amitié* (Paris: Éditions Galilée, 1994). **1994a**

engl.: The Politics of Friendship, in: *The Journal of Philosophy* 85 (1988) H.11, 632-644. - *(Vorstufe)* ***1988c***

1997δ Theologie der Übersetzung, in: Alfred KIRSCH (Hg.), *Übersetzung und Dekonstruktion* (Frankfurt/M.: Suhrkamp, 1997), 15-36.

Orig.: Abschlußvortrag in engl. Sprache an der Universität v. Toronto anläßlich eines Kolloquiums über "Die Semiotik der literarischen Übersetzung" (Juni 1984) (1984b)

1997ε Babylonische Türme. Wege, Umwege, Abwege, in: Alfred HIRSCH (Hg.), *Übersetzung und Dekonstruktion* (Frankfurt/M.: Suhrkamp, 1997), 119-165.

Orig.: Des tours de babel, in: Joseph GRAHAM (Hg.), *Difference in Translation* (Ithaka: Cornell University Press, 1985). -- zweisprachig **1985e**

1997ζ Interpretations at War. Kant, der Jude, der Deutsche, in: Elisabeth WEBER / Georg Christoph THOLEN (Hg.), *Das Vergessen(e). Anamnesen des Undarstellbaren* (Turia+Kant: Wien, 1997), 71-139.

Orig.: Interpretations at War: Kant, the Jew, the German, *engl. Vortrag auf einem Internationale Kolloquium in Jerusalem (5.-11. Juni 1988), das unter dem von Derrida zwei Jahre zuvor vorgeschlagenen Titel « Die Institutionen der Interpretation » stand.* (1988b)

1997η *Aufzeichnungen eines Blinden. Das Selbstporträt und andere Ruinen* (hg. u. m. e. Nachwort vers. v. Michael Wetzel; aus dem Franz. v. Andreas Knop u. Michael Wetzel; München: Fink, 1997).

Orig.: *Mémoires d'aveugle. L'autoportrait et autres ruines* (Paris 1990), 9-130. **1990c**

1997θ *Dem Archiv verschrieben. Eine Freudsche Impression* (übers.v. H.-D. Gondek u. H. Naumann; Berlin: Brinkmann+Bose, 1997).

Orig.: *Mal d'Archive. Une impression freudienne* (Paris, 1995). **1995c**

1998

1998α Der »Entzug« der Metapher, in: Anselm HAVERKAMP (Hg.), *Die paradoxe Metapher* (Frankfurt/M.: Suhrkamp, 1998). - Neuübersetzung

Orig.: Vortrag in Genf am 1. Juni 1978. (1978a)

fr.: in: *Psyché. Inventions de l'autre* (Paris: Galilée, 1987), 63-93. **1987a**

1998β *Auslassungspunkte. Gespräche* (Wien: Passagen, 1998).

Orig.: *Points de suspension: entretiens* (Paris: Éditions Galilée, 1992). **1992b**

Inhalt:

- S. 183-192: **dt.:** Die Sprache (*Le Monde* am Telefon), in: *Auslassungspunkte. Gespräche* (Wien: Passagen, 1998), 183-192. 1998β
  Orig.: Le Langage, in: *Le Monde Dimanche* (Frühjahr 1982). ***1982b***
  dt.: Die Sprache, in: *Theatro Machinarum* 2 (1984) H.5/6 73-81. *1987α*

1998γ *Vergessen wir nicht – die Psychoanalyse!* (herausgeg., übers. u.m.e. Nachwort v. H.-D. Gondek; Frankfurt/M.: Suhrkamp, 1998).

Inhalt:

- S.007-014: Vergessen wir nicht – die Psychoanalyse
  Orig.: Let us not forget - psychoanalysis, in: *Oxford Literary Review* 12 (1990) H.1/2, S.3-7. ***1990f***
- S.015-058: Aus Liebe zu Lacan
  Orig.: Pour l'amour de Lacan, in: Bibliothèque du Collège international de philosophie, *Lacan avex les philosophes* (Paris: Albin Michel, 1991), 397-420. ***1991d***
- S.059-127: »Gerecht sein gegenüber Freud«. Die Geschichte des Wahnsinns im Zeitalter der Psychoanalyse
  Orig.: »Être juste avec Freud«. L'histoire de la folie à l'âge de la psychoanalyse, in: *Penser la folie. Essais sur Michel Foucault* (Paris: Galilée, 1992), 141-195. ***1992c***
- S.128-178: Widerstände
  Orig.: Résistances, in: *La notion d'analyse*, Actes du Colloque francopérucien »La notion d'analyse«, Paris-Strasbourg-Toulouse, 30.10.-6.11.1991 (Toulouse: Presses universitaires du Mirail, 1992), 37-69. ***1992d***

1998δ *Monolingualism of the Other; or, The Prosthesis of Origin* (Stanford, California: Stanford UP, 1998).
Orig.: *Le monolingualisme de l'autre: ou la prothèse d'origine* (Paris: Éditions Galilée, 1996). **1996a**

1998ε Faith and Knowledge. The Two Sources of »Religion« at the Limits of Reason Alone, in: Jacques DERRIDA / Gianni VATTIMO (Hg.), *Religion* (Cambridge: Polity Press, 1998), 1-78.
Orig.: Referat am 28. Februar 1994 auf Capri. (1994b)

1998ζ Taking a stand for Algeria, in: *Parallax* 4 (1998) No.2.
Orig.: *Vortrag am 7. Feb. 1994 während einer öffentlichen Versammlung des « International Committee in Support of Algerian Intellectuals » (ICSAI).* (1994a)

1999

1999α *Über das »Preislose«, oder »the price is right« in der Transaktion* (b_books; 1999).
Orig.: Du »sans prix«, ou le »juste prix« de la transaction, in: Roger-Pol DROIT (Hg), *Comment penser L'Argent* (Paris: Le Monde Éditions, 1992). ***1992f***

1999β *Adieu. Nachruf auf Emmanuel Levinas* (München-Wien: Hanser, 1999).
Orig.: Adieu à Emmanuel Lévinas (Paris: Éditions Galilée, 1997). **1997b**

2000

2000α Otobiographien. Die Lehre Nietzsches und die Politik des Eigennamens, in: Jacques Derrida / Friedrich Kittler, *Nietzsche - Politik des Eigennamens. Wie man abschafft, wovon man spricht* (Berlin: Merve, 2000) 7-63. – Übers. d. erw. Ausgabe
Orig.: Nietzsche, Otobiographie oder Politik des Eigennamens. Die Lehre Nietzsches, in: *Fugen. Deutsch-Französisches Jahrbuch für Text-Analytik* (Olten/Freiburg, 1980) 64-98. ***1980b***

fr.: *Otobiographies, L'enseignement de Nietzsche et la politique du nom propre* (Paris 1984). - erw. Ausgabe 1984α

2000β *Politik der Freundschaft* (Übers.v. Stefan Lorenzer; Frankfurt/M.: Suhrkamp, 2000).

– enthält auch „Heideggers Ohr. Philopolemologie (Geschlecht IV)", 411-492. *2000ζ*

engl.: The Politics of Friendship, in: *The Journal of Philosophy* 85 (1988) H.11, 632-644. - *Kurzfassung (Erstfassung)* ***1988c***

Orig.: *Politiques de l'amitié* (Paris: Éditions Galilée, 1994). -- Buchfassung **1994a**

engl.: *Politics of Friendship* (translated by George Collins; London-New York: Verso, 1997). 1997γ

2000γ Passionen. »Die indirekte Opfergabe«, in: *Über den Namen. Drei Essays* (Wien: Passagen, 2000) 15-62.

Orig.: *Passions* (Paris, 1993). **1993b**

2000δ Außer dem Namen (Post-Scriptum), in: *Über den Namen. Drei Essays* (Wien: Passagen, 2000) 63-121.

Orig.: Post-Scriptum. Apories, Ways and Voices, in: COWARD, Harold / FOSHAY, Toby (Hg.), *Derrida and Negative Theology* (New York: SUNY Press, 1992). ***1992e***

2000ε Chora, in: *Über den Namen. Drei Essays* (Wien: Passagen, 2000) 123-170. - « 2. Version »

Orig.: Chora, in: *Poikilia: Etudes offertes à Jean-Pierre Vernant* (Paris: Ecole des Hautes Etudes en Science Sociales, 1987). - « 1. Version » ***1987e***

2000ζ Heideggers Ohr. Philopolemologie (Geschlecht IV) (1994), in: *Politik der Freundschaft* (Frankfurt/M.: Suhrkamp, 2000), 411-492.

Orig.: L'oreille de Heidegger. Philopolémologie (Geschlecht IV), in: *Politiques de l'amitié* (Paris: Galilée, 1994), 341-419. ***1994b***

2000η *Of Hospitality. Anne Dufourmantelle invites Jacques Derrida to respond* (Stanford, California: Stanford UP, 2000).

Orig.: *De l'hospitalité. Anne Dufourmantelle invite Jacques Derrida à réspondre* (Paris: Calmann-Lévy, 1997). **1997c**

2000θ Demeure. Fiction and Testimony, in: Maurice BLANCHOT / Jacques DERRIDA, *The Instant of My Death / Demeure. Fiction and Testimony* (Stanford: Stanford UP, 2000), 13-114.

Orig.: *Demeure. Maurice Blanchot* (Paris: Galilée, 1998). **1998a**

2001

2001α Telepathy, in: M. MCQUILLAN (Hg.), *Deconstruction. A Reader* (New York: Routledge, 2001), 496-526.

Orig.: *Telepathie* (Berlin: Brinkmann & Bose, 1982). **1982a**

2001β A number of yes, in: Martin MCQUILLAN (Hg.), *Deconstruction. A Reader* (New York: Routledge, 2001) 97-106.

Orig.: Nombre de oui, in: *Psyché. Inventions de l'autre* (Paris: Galilée, 1987), 639-650. **1987a**

2001γ Adieu. Emmanuel Levinas (1995), in: Martin MCQUILLAN (Hg.), *Deconstruction. A Reader* (New York: Routledge, 2001) 476-484.

Orig.: in: *Adieu à Emmanuel Lévinas* (Paris: Éditions Galilée, 1997). **1997b**

2001δ Glaube und Wissen. Die beiden Quellen der »Religion« an den Grenzen der bloßen Vernunft, in: Jacques DERRIDA / Gianni VATTIMO (Hg.), *Die Religion* (Frankfurt/M.: Suhrkamp, 2001) 9-106.

Orig.: Referat am 28. Februar 1994 auf Capri. (1994b)

2001ε *Die unbedingte Universität* (Frankfurt/M.: Suhrkamp, 2001).
Orig.: englischer Vortrag im April 1998 in der Reihe der Presidential Lectures an der Universität Stanford in Kalifornien (1998a)
dt.: zugl. Vortrag im Sommer 2000 in Frankfurt. (1998a)

2001ζ *Von der Gastfreundschaft. Mit einer »Einladung« von Anne Dufourmantelle* (Wien: Passagen, 2001).
Orig.: *De l'hospitalité. Anne Dufourmantelle invite Jacques Derrida à réspondre* (Paris: Calmann-Lévy, 1997). **1997c**

2001η *Limited Inc* (Wien: Passagen, 2001).
Orig.: *Limited Inc* (Evanston, Il.: Northwestern University Press, 1988, [6]2000). **1988d**

2001θ A Silkworm of One's Own (Points of View Stitched on the Other Veil), in: Hélène CIXOUS / Jacques DERRIDA, *Veils* (Stanford: Stanford UP, 2001), 17-92.
Orig.: in: *Oxford Literary Review* 18 (1996) No. 1-2. **1996c**

2001ι Jacques DERRIDA / Maurizio FERRARIS, *A Taste for the Secret* (Translated from the French and Italian by Giacomo Donis; Polity Press, 2001).
Orig.: *Il Gusto del Segreto* (Roma-Bari, 1997). **1997e**

2002

2002α *Acts of Religion* (Edited and with and Introduction by Gil ANIDJAR; New York-London: Routledge, 2002).

Inhalt:

- S.042-101: Faith and Knowledge: The Two Sources of »Religion« at the Limits of Reason Alone (1994)
  Orig.: Foi et Savoir. Les deux sources de la »religion« aus limites de la simple raison, *Referat am 28. Februar 1994 auf dem von Derrida und Vattimo auf Capri veranstalteten Seminar zum Thema « Religion ».* (1994b)
- S.104-134: Des Tours de Babel (1985)
  Orig.: Des tours de babel, in: Joseph GRAHAM (Hg.), *Difference in Translation* (Ithaka: Cornell University Press, 1985). -- zweisprachig **1985e**
- S.137-188: Interpretations at War: Kant, the Jew, the German (1988)
  Orig.: *engl. Vortrag auf einem Internationale Kolloquium in Jerusalem (5.-11. Juni 1988), das unter dem von Derrida zwei Jahre zuvor vorgeschlagenen Titel « Die Institutionen der Interpretation » stand.* (1988b)
- S.191-227: The Eyes of Language. The Abyss and the Volcano (2002, *Erstveröffentlichung*) ***2002a***
- S.230-298: Force of Law: The »Mystical Foundation of Authority«
  Orig.: *Vortrag im Okt. 1989 an der Cardozo Law School (New York) [Colloquium »Deconstruction and the Possibility of Justice«]* (1989a)
- S.301-309: Taking a stand for Algeria (1994)
  Orig.: *Vortrag am 7. Feb. 1994 während einer öffentlichen Versammlung des « International Committee in Support of Algerian Intellectuals »* (1994a)
- S.311-355: A Silkworm of One's Own (Points of View Stitched on the Other Veil) (Nov.-Dez. 1995)
  Orig.: in: *Oxford Literary Review* 18 (1996) No. 1-2. **1996c**
- S.356-420: Hostipitality (Jän.-Mai 1997, *Erstveröffentlichung*) ***2002b***

2002β Mochlos; or, The Conflict of the Faculties, in: Richard RAND (Ed.), *Logomachia. The Conflict of the Faculties* (Lincoln-London: University of Nebraska Press, 2002), 1-35.

Orig.: „Mochlos; or, The Conflict of the Faculties" *vorgetragen an der Columbia University im April 1980 anläßlich der 100-Jahr-Feier der Columbia Graduate School.* (1980a)

2002γ *Who's afraid of Philosophy? Right to Philosophy I* (transl. By Jan Plug; Stanford, California: Stanford UP, 2002).

Inhalt:

- S.001-066: Privilege: Justificatory Title and Introductory Remarks
  Orig.: Privilège. Titre justificatif et Remarques introductives, in: *Du droit à la philosophie* (Paris: Galilée, 1990), 9-108. **1990d**
- S.067-098: Where a Teaching Body Begins and How It Ends
  Orig.: Où commence et comment finit un corps enseignant, in: *Politiques de la philosophie* (coll. by D.Grisoni; Pairs: Galilée, 1976), 55-97. ***1976c***
- S.099-116: The Crisis in the Teaching of Philosophy
  Orig.: La crise de l'enseignement philosophique, *Vortrag im Dezember 1978 in Cotonou (Benin) anläßlich einer internationalen Konferenz französisch- und englischsprachiger Afrikanischer Philosophen.* (1978c)
- S.117-157: The Age of Hegel
  Orig.: L'âge de Hegel, in: *Qui a peur de la philosophie* (hg.v. Greph; Paris: Flammarion, 1977). ***1977b***
- S.158-163: Philosophy and Its Classes
  Orig.: La réforme Haby, in: *Le Monde de l'éducation,* No. 4 (March 1975). ***1975b***
- S.164-172: Divided Bodies: Responses to *La Nouvelle Critique*
  Orig.: Les corps divisés. Réponses à la Nouvelle Critique, in: *La Nouvelle Critique* (Mai-Juni 1975). ***1975c***
- S.173-192: Philosophy of the Estates General
  Orig.: in: *Libération* (20. Juni 1979). ***1979a***

2002δ *Lyotard und* wir (Übers.v. Susannne Lüdemann; Berlin: Merve, 2002).

Orig.: *Vortrag ohne Titel (nachträglicher Titel:* « Lyotard et *nous*«*) am Collège International de Philosophie in Paris im März 1999; mit einigen Modifikationen vorgetragen im Oktober 1999 an der Emory University in Atlanta.* (1999b)

Religion – Geschichte – Gesellschaft

Fundamentaltheologische Studien

hrsg. von Johann Baptist Metz (Münster / Wien), Johann Reikerstorfer (Wien) und Jürgen Werbick (Münster)

Johann Baptist Metz; Johann Reikerstorfer; Jürgen Werbick
Gottesrede
Bd. 1, 2. erw. Aufl. 2001, 104 S., 10,90 €, br., ISBN 3-8258-2470-5

Jürgen Manemann
"Weil es nicht nur Geschichte ist"
Die Begründung der Notwendigkeit einer fragmentarischen Historiographie des Nationalsozialismus aus politisch-theologischer Sicht
Bd. 2, 1995, 320 S., 30,90 €, gb., ISBN 3-8258-2345-8

José A. Zamora
Krise – Kritik – Erinnerung
Ein politisch-theologischer Versuch über das Denken Adornos im Horizont der Krise der Moderne
Bd. 3, 1995, 512 S., 40,90 €, gb., ISBN 3-8258-2389-X

Martha Zechmeister
Gottes-Nacht
Erich Przywaras Weg negativer Theologie
Bd. 4, 2. Aufl. 2000, 344 S., 25,90 €, br., ISBN 3-8258-3105-1

Gabriele Grunden
Fremde Freiheit
Jüdische Stimmen als Herausforderung an den Logos christlicher Theologie
Bd. 5, 1996, 276 S., 30,90 €, gb., ISBN 3-8258-2572-8

Ottmar John
"... und dieser Feind hat zu siegen nicht aufgehört" (W. Benjamin)
Die Bedeutung Walter Benjamins für eine Theologie nach Auschwitz
Bd. 6, Frühjahr 2002, ca. 480 S., ca. 30,90 €, br., ISBN 3-8258-2705-4

Hans-Gerd Janßen
Dem Leiden widerstehen
Aufsätze zur Grundlage einer praktischen Theodizee
Bd. 7, 1996, 112 S., 12,90 €, br., ISBN 3-8258-3012-8

Dieter Henrich; Johann Baptist Metz; Bernd Jochen Hilberath; R. J. Zwi Werblowsky
Die Gottrede von Juden und Christen unter den Herausforderungen der säkularen Welt
Symposion des Gesprächskreises "Juden und Christen" beim Zentralkomitee der deutschen Katholiken am 22./23. November 1995 in der Katholischen Akademie Berlin
Bd. 8, 1997, 104 S., 12,90 €, br., ISBN 3-8258-3192-2

Ulrich Engel
Umgrenzte Leere
Zur Praxis einer politisch-theologischen Ästhetik im Anschluß an Peter Weiss' Romantrilogie "Die Ästhetik des Widerstands"
Bd. 9, 1998, 472 S., 40,90 €, gb., ISBN 3-8258-3444-1

Reinhold Boschki; Dagmar Mensink (Hrsg.)
Kultur allein ist nicht genug
Das Werk von Elie Wiesel – Herausforderung für Religion und Gesellschaft
Bd. 10, 1998, 432 S., 35,90 €, br., ISBN 3-8258-3576-6

Johann Reikerstorfer (Hrsg.)
Vom Wagnis der Nichtidentität
Johann Baptist Metz zu Ehren
Bd. 11, 1998, 184 S., 17,90 €, br., ISBN 3-8258-3767-x

Jürgen Manemann; Johann Baptist Metz (Hrsg.)
Christologie nach Auschwitz
Stellungnahmen im Anschluß an Thesen von Tiemo Rainer Peters
Bd. 12, 2. Aufl. 2001, 192 S., 15,90 €, br., ISBN 3-8258-3979-6

Karl Rahner Akademie (Hrsg.)
Geschichte denken
Mit Beiträgen von H. M. Baumgartner, K. Flasch, J. Maier, J. B. Metz, A. Schmidt, H. Schnädelbach und H. Schweppenhäuser
Bd. 13, 1999, 128 S., 15,90 €, br., ISBN 3-8258-4176-6

Johann Reikerstorfer (Hrsg.)
Zum gesellschaftlichen Schicksal der Theologie
Ein Wiener Symposium zu Ehren von Johann Baptist Metz (November 1998). Mit Beiträgen von E. Jüngel, J. B. Metz u. a.
Bd. 14, 1999, 176 S., 20,90 €, br., ISBN 3-8258-4175-8

Ulrich Willers
Nietzsches Jesus
Bd. 15, Frühjahr 2002, ca. 128 S., ca. 15,90 €, br., ISBN 3-8258-4925-2

Barbara Nichtweiß (Hrsg.)
Vom Ende der Zeit
Geschichtstheologie und Eschatologie bei Erik Peterson. Symposium Mainz 2000. Mit Beiträgen von Klaus Berger, Ferdinand Hahn, Karl Lehmann, Eduard Lohse, Hans Maier, Christoph Markschies u. a.
Bd. 16, 2001, 344 S., 25,90 €, gb., ISBN 3-8258-4926-0

Maureen Junker-Kenny (ed.)
Memory, Narrativity, Self and the Challenge to Think God
The Reception within Theology of the Recent Work of Paul Ricoeur
Bd. 17, Frühjahr 2002, ca. 200 S., ca. 20,90 €, br., ISBN 3-8258-4930-9

Benjamin Taubald
Anamnetische Vernunft
Untersuchungen zu einem Begriff der neuen Politischen Theologie
Bd. 18, 2001, 208 S., 20,90 €, br., ISBN 3-8258-5151-6

Detlef Schneider-Stengel
Christentum und Postmoderne
Zu einer Neubewertung von Theologie und Metaphysik
Bd. 19, Frühjahr 2002, ca. 296 S., ca. 25,90 €, br., ISBN 3-8258-5011-0

Jürgen Werbick
Gebetsglaube und Gotteszweifel
Bd. 20, 2001, 288 S., 20,90 €, gb., ISBN 3-8258-5379-9

Paulus Budi Kleden
Christologie in Fragmenten
Die Rede von Jesus Christus im Spannungsfeld von Hoffnungs- und Leidensgeschichte bei Johann Baptist Metz
Bd. 21, 2001, 448 S., 40,90 €, br., ISBN 3-8258-5198-2

Bernhard Nitsche
Göttliche Universalität in konkreter Geschichte
Eine transzendental-geschichtlichen Vergewisserung der Christologie in Auseinandersetzung mit Richard Schaeffler und Karl Rahner
Bd. 22, 2001, 562 S., 40,90 €, gb., ISBN 3-8258-5136-2

Klaus Kienzler; Josef Reiter; Ludwig Wenzler (Hrsg.)
Das Heilige im Denken
Ansätze und Konturen einer Philosophie der Religion. Zu Ehren von Bernhard Casper
Bd. 23, Frühjahr 2002, ca. 454 S., ca. 45,90 €, br., ISBN 3-8258-5533-3

K. Hannah Holtschneider
German Protestants Remember the Holocaust
Theology and the Construction of Collective Memory
Bd. 24, 2001, 232 S., 25,90 €, br., ISBN 3-8258-5539-2

Ulrich Willers; Gotthard Fuchs (Hrsg.)
Theodizee im Zeichen von Dionysos
Mit Beiträgen von Johann Figl, Hans Gerald Hödl, Magnus Striet, Christoph Türcke u. a.
Bd. 25, Frühjahr 2002, ca. 208 S., ca. 20,90 €, br., ISBN 3-8258-5561-9

Ansgar Koschel (Hrsg.)
Katholische Kirche und Judentum im 20. Jahrhundert
Mit Beiträgen von Herbert Bettelheim, Ernst-Ludwig Ehrlich, Mehachem Kanafi, Gerhard Riegner, Herbert Smolinsky und Erich Zenger
Bd. 26, Frühjahr 2002, ca. 168 S., ca. 17,90 €, br., ISBN 3-8258-5507-4

Lydia Bendel-Maidl
Tradition und Innovation
Zur Dialektik von historischer und systematischer Perspektive in der Theologie am Beispiel von Transformationen in der Rezeption des Thomas von Aquin im 20. Jahrhundert
Bd. 27, Frühjahr 2002, ca. 504 S., ca. 45,90 €, br., ISBN 3-8258-5589-9

Christian Heller
John Hicks Projekt einer religiösen Interpretation der Religionen
Darstellung und Analyse – Diskussion – Rezeption
Bd. 28, 2001, 528 S., 40,90 €, br., ISBN 3-8258-5528-7

LIT Verlag Münster – Hamburg – Berlin – London
Grevener Str. 179 48159 Münster
Tel.: 0251 – 23 50 91 – Fax: 0251 – 23 19 72
e-Mail: vertrieb@lit-verlag.de – http://www.lit-verlag.de
Preise: unv. PE